本书为河南省社会科学规划项目
"启蒙时期的法德理性观比较研究"
(项目号：2015BZX010) 的研究成果

宋清华　霍玉敏　著

欧洲启蒙时期的
理性观比较研究

以法国、德国为例

中国社会科学出版社

图书在版编目(CIP)数据

欧洲启蒙时期的理性观比较研究：以法国、德国为例/宋清华，霍玉敏著. —北京：中国社会科学出版社，2022.5

ISBN 978 – 7 – 5203 – 9917 – 3

Ⅰ.①欧… Ⅱ.①宋… ②霍… Ⅲ.①理性主义—对比研究—法国、德国 Ⅳ.①B089

中国版本图书馆 CIP 数据核字(2022)第 047012 号

出 版 人	赵剑英
责任编辑	刘亚楠
责任校对	张爱华
责任印制	张雪娇

出　　版	中国社会科学出版社
社　　址	北京鼓楼西大街甲 158 号
邮　　编	100720
网　　址	http://www.csspw.cn
发 行 部	010 – 84083685
门 市 部	010 – 84029450
经　　销	新华书店及其他书店

印刷装订	北京明恒达印务有限公司
版　　次	2022 年 5 月第 1 版
印　　次	2022 年 5 月第 1 次印刷

开　　本	710×1000　1/16
印　　张	23
插　　页	2
字　　数	385 千字
定　　价	138.00 元

目　录

绪　论 ·· 1

第一章　两种理性观及其理论来源 ······················· 9
　一　两种理性观 ··· 11
　二　两种理性观的理论来源 ························· 14

第二章　两种理性观及其逻辑进路 ····················· 63
　一　法国的启蒙理性观及其逻辑进路 ············· 63
　二　德国的启蒙理性观及其逻辑进路 ············· 110

第三章　两种理性观之比较 ······························· 169
　一　两种理性观的相同点 ···························· 170
　二　两种理性观的不同点 ···························· 216

第四章　两种启蒙理性的嬗变与现代民族国家的兴起 ········· 256
　一　强制与借贷的结合——现代民族国家的兴起 ········· 256
　二　启蒙理性的嬗变与军商一体的资本主义殖民国家的建立 ········· 302

结　语 ·· 333

参考文献 ·· 353

后　记 ·· 361

绪　论

启蒙运动，在西方一直是一个弥久而常新的话题，也是许多西方学者引以为傲的历史事件和思想事件，它在西方历史和思想史上无疑具有十分重要的地位和极为深远的影响力，它开启了西方的现代性和近代化的进程，促进了资本主义的大发展，也奠定了资本主义的政治经济制度，特别是以信用为基础的契约社会，这种契约社会继承了古老的债务和信用理论，并由此发展出了契约理论和近代民族国家战争债务借贷制度，伴随着启蒙理性的畸变和西方殖民扩张与战争征伐的加剧，这种战争借贷制度发生了新的变化，它使得信用与金融资本主义更为紧密地结合在一起，并为西方现代金融垄断和军事霸权相融合的全球资本主义制度的形成奠定了基础。

应该说，启蒙运动是欧洲任何一个试图摆脱封建生活方式的国家在其文化发展中所必经的一个阶段。启蒙运动从根本上说是具有民主性质的平民化运动，这是一种有利于普通民众的文化。启蒙运动的主旨在于使所有人都受到教育和获得知识。复兴自由个性的理想成了普遍的原则。启蒙运动要求其参加者不仅要关心自己，而且要关心他人，关心自己在社会中的地位。这个运动所依据的是社会性这一思想，最美好的社会制度问题成了其关注的中心。启蒙运动的平等观念激动人心，它要求人们不仅要在上帝面前人人平等，而且在法律面前、在他人面前也要一律平等。这种平等尽管是形式上的，但对资产阶级法律秩序来说已经是难能可贵了。启蒙运动把传播知识当作解决一切社会纠纷和问题的灵丹妙药。知识就是力量，使一切人获得知识，使知识成为大家共同的财富，也就意味着把打开人类生存奥秘的钥匙交到人们的手中。人们通过知识可以自己掌握自己的命运。这样，知识被滥用的可能性就基本排除了。早期的启蒙运动具有理性主义的色彩，那是一个理性思维的世纪。然而失望也接踵而至，理性的社会并没有带来想象中的美好生活，由资本和民族国家相结合的战争借贷制度不仅没有给人们带来进步和理想的生活，反而带来不断的战争征伐和沉重的国家债务负担，以及公民为获得权利而必须付出的代价——承受资本的盘剥和民族国家的兵役等契约，这些都是以公民的信用为前提的，也是这种新型的理性社会即契约社会的新特征。不过只要知识的任何增长都依然被看作财富本身时，启蒙运动的那些理想就依然是神圣的。

启蒙运动的另一个特性就是历史乐观主义。进步和发展的思想是这一时代的一大成就。以往的时代从不考虑要为自己的存在进行辩护。古希腊罗马时代从不要求了解自己的先辈是谁，基督教把自己的出现视为天意，甚至充当两种先前文化冲突的仲裁人的文艺复兴时代都不把向前发展当作自己的任务，而是把返回到原始时代视为自己的使命。启蒙运动第一次意识到自己是一个不断进步和追求进步的新时代。它试图用历史主义的思维方式来看待事物，尽管并不是所有的启蒙主义者都能做到这一点，但历史观点的种子已经深埋在这个时代了。另外，启蒙思想家还与宗教狂热、宗教偏见和对人民的欺骗与愚弄、封建迷信等进行了不懈的斗争。他们认为自己是理性之光的传播者，其职责在于擦亮人们的眼睛，使他们看清自己的本性和使命，能够独立并勇敢地运用理性，修正错误，促使人们走上真理之路。因此，一位英国学者这样评价启蒙运动："启蒙运动已经被确认为一种人类合理性和人类善行的崇高境界，是一种对进步和人类自我改善能力的信念——虽然还有保留并时有怀疑。启蒙运动被普遍理解为是主张所有人有权由自己而不是由他人来决定自己的命运，主张（差不多是同样的意思）每个人尽可能地过自己的美好生活，不由得神谕来帮助或妨碍。自由、宽容、非教条、世俗化等对政治的现代理解，普遍主义的各种现代形式，从对人类本质上统一性以及对奴隶制和种族主义的罪恶性的认识，直到'无国界医生组织'背后的人文情怀，所有人都享有基本人权，……这一尚在缓慢行程中的信念也被普遍认为在思想上起源于启蒙运动。作为一场智识运动，启蒙运动也促使了一些学科的产生——经济学、社会学、人类学、政治学和道德哲学的某些分支。这些学科指导着我们的认知，并试图约束我们今天的生活。"① 当然，启蒙思想家的思想并不是一致的，在很多方面众说纷纭，甚至是正相反对的，但启蒙思想家

---

① ［英］安东尼·帕戈登：《启蒙运动为什么依然重要》，王丽慧、郑念、杨蕴真译，上海交通大学出版社 2017 年版，"序言"第 1—2 页。

确实存在一些共同的观念，"它所依赖的三个最有力的支柱是：对理性的信仰，即依赖证明和确证的逻辑上相互联系的规律和概括结构；对超时间的人的本质的同一性和普遍的人类目标的可能性的信仰；最后，相信通过实现第一支柱，便可以达到第二个支柱，相信通过受到逻辑和经验指导的批判智识（它原则上能够把万物分析至最根本要素，能够发现万物之间的相互关系以及它们所遵循的单一规律体系，由此，但凡是清楚的头脑为了发现真理而提出的一切问题，它都能够解答）的力量，可以确保物质和精神的和谐与进步"①。另外，还有对理性方法的绝对信仰以及对乌托邦著述的迷信，相信"存在着某些普遍的真理，它对无论何时何地的所有人都是真实的，而且这些真理就体现在普遍的法则之中"②。

　　需要指出的是，启蒙运动并不是同时发生的，封建关系的解体在不同国家是在不同时期产生的。荷兰和英国走在欧洲其他国家之前，接着是法国。启蒙运动最先发生的是英国，然后是法国，但法国的启蒙运动开展得最为广泛和深刻，影响也最大。德国的启蒙运动则是在 18 世纪才到来。同英法相比，德国是一个落后的国家，在政治和经济上四分五裂是这一时期德意志民族历史发展的特点。德意志被分割为许许多多的诸侯国，因而不是一个统一的国家。德意志的进步人士在思考自己国家的命运时认识到，只有铲除封建秩序和实现国家统一，才能实现国家繁荣富强的愿望。民族统一的思想在启蒙主义者的作品中成为一条主线，但在整个 18 世纪，这种思想却从来没有转化为民族主义和沙文主义。一切民族都是平等的，正像一切人都是平等的一样，以"世界公民"自居，反对民族狭隘性和夜郎自大，在知识界是一种时髦。尽管德国的启蒙思想发生得比较晚，而且在启蒙运动的早期阶段也没有产生什么重要影响力的思想家或哲学家，但到了 18 世纪之后，深受英法启蒙思想洗礼的德国思想界，在思想或哲学领域，产生了不少具有重要影响力的哲学家和思想家，比如康德、莱辛、费希特、谢林，以及后来的黑格尔等人，使德国迅速成为人类哲学史和思想史上最为重要的国家之一，对启蒙思想和运动都产生了极为重要的影响力。

――――――――――

　　① ［英］以赛亚·伯林：《启蒙的三个批评者》，马寅卯、郑想译，译林出版社 2014 年版，第 300 页。

　　② ［英］以赛亚·伯林：《扭曲的人性之材》，岳秀坤译，译林出版社 2009 年版，第 33 页。

尽管启蒙思想十分复杂，许多思想相互反对，彼此对立，具有很大的差异性；但也有一些共同的信念，究其原因，它们都与启蒙的逻辑进路和精神取向以及精神气质具有很大关系，正是基于此，我们选取了法德启蒙时期的理性观进行比较，以剖析其内在的复杂关系。同时，选取二者进行比较，也是因为二者都属于大陆理性主义传统，有着共同的理性主义基础，特别是法国启蒙运动及其思想文化对后进的德国启蒙理性具有重要的影响，二者具有相似性，但也在各自的发展中产生了很大的差异性，形成了彼此各具特征的不同理性观，这两种不同的理性观对近代欧洲，乃至全世界的历史进程都产生了极其重大的影响。因此，我们立足于法国和德国启蒙理性观比较的维度，希望达到这些目标：（1）厘清法德启蒙理性及其价值观与西方现代性的关系问题；（2）揭示启蒙思想并不必然导致良好的社会制度、统一的价值共识和和谐的世界；（3）促使人们从启蒙思想的迷思中觉醒，认清启蒙思想畸变的严重性，构建中国社会的理性共识和价值共识。同时，我们还试图澄清以下问题：第一，澄清启蒙思想并非仅仅始于欧洲，它在很大程度上深受亚洲思想的影响，这便于破除欧洲中心主义的神话；第二，消除启蒙思想的神话，以为启蒙思想就是我们从传统向现代必须经历的思想盛宴；第三，从启蒙理性及其价值观与古老的债务关系、契约、近代国家战争借贷制、殖民扩张、信用与金融资本主义相结合的维度研究西方现代性及其问题，进一步拓宽人们的视野，澄清启蒙思想与现代资本主义体系的内在关联性。同时，对启蒙理性的正本清源，有助于祛除人们对西方启蒙思想的过度迷恋和盲目崇信，便于破除一些人所以为的中国社会必须通过宪政主义和公民社会才能实现现代民主国家的谬误思想，促使人们认真思考如何从启蒙思想和中国文化传统中汲取有价值的东西，以重建中国社会的共同价值和理想信念。

本书的主要框架结构：

两种理性的理论来源及其产生。两种理性最早源于古希腊的自然哲学，苏格拉底、柏拉图和亚里士多德的理性思想，以及罗马文化、基督教文化的影响；中世纪经院哲学思想也对其有影响；另外还有来自的亚洲思想对两种理性观的影响；法国的启蒙理性兴起于文艺复兴运动并在对17世纪的形而上学和神学的批判中逐渐形成。它反对从原理、原则、公理演绎出现象和事实，强调应从现象和事实上升到原则和原理。德国的启蒙理性直到18世纪才登上历史舞台，它强调理性与信仰的和谐，主张宗教与自然科学的妥协，提倡理性主义，追求理性王国的目标。

两种理性观的不同逻辑进路和精神取向。法国的启蒙理性强调抽象的理性及其原则，重视演绎推理的方法，法国启蒙理性继承了古希腊哲学的逻各斯精神，但对努斯精神不感兴趣，因此它对超验世界较为冷漠，其批判的矛头主要指向了世俗社会，并以启迪民智为使命，本质上是一种批判的理性；法国启蒙理性要求享有至高的权力，要对一切事物进行批判和审查，任何限制都是不可接受的；法国启蒙理性具有工具理性的功利价值取向，对超验的至善不感兴趣。德国的启蒙理性汲取并充分发展了古希腊的努斯精神和逻各斯精神，并且将它们很好地结合起来，使努斯无论在经验世界为经验立法，还是在超验世界寻求普遍性之物，都无一例外地要遵从逻各斯精神，自觉地按逻各斯的要求行使自己的职责；德国启蒙理性反对英法科学世界观，力图重建知识与智慧、理论与实践、事实与价值的密切关系，恢复古代世界观在人类世界中的应有位置；德国启蒙理性重视辩证法思想，从中还发展出了辩证逻辑方法，并借此将辩证法思想推进到一个新的高度；德国启蒙理性体现的是一种理性批判的精神，它强调要审慎地对待理性，在使用理性之前，首先要对理性的能力进行考察，甚至对理性要进行严格的审查和批判，从而划定理性在不同领域的权界范围；德国启蒙理性具有鲜明的价值理性取向，它重视超验世界和对至善形而上的理想的追求。

二者的异同及其与启蒙的关系。共同的理性主义基础，使它们彼此存在一些相同点：(1)法德启蒙理性都重视自然法和理性法；(2)法德启蒙理性观都以理性为根据界定人——这是一种自然人，并由此界定人权、平等、民主和博爱等概念；(2)二者都属于大陆理性主义传统，都在本体论和知识论上强调理性的根源性；(3)二者都具有一定的先验性、抽象性的特点。法德启蒙理性不同的逻辑进路和精神取向又使得它们存在着较大的差异性：(1)法国启蒙理性立足于个体，注重从具体的情感、审美情趣出发，寻求人的解放、自主性及终极目的的启蒙价值，将批判指向了宗教和社会，但它不太关注逻辑的严谨性；德国启蒙理性立足于社会，强调逻辑的严谨性，将批判指向了理性自身，但对宗教表示宽容和尊重，批判主要集中在哲学和历史领域，它寻求超验的普遍价值。(2)法国启蒙理性表现为工具理性特征，德国启蒙理性表现为价值理性特征；二者在天赋人权的内在冲突上表现为自由与平等的对立，本可缓解其冲突的博爱因与宗教有染而被遗弃。(3)在价值取向上的巨大差异性:法国启蒙理性立足于个体,追求人的自由和解放,强调自由、平等与博爱的启蒙价值,以及自由、平等与博爱的价值为何被自由、民主与人权的价值所取代(启蒙价值的畸变);德国启蒙理性立足于社会,强调社会价值,反对个体价值至上,重视群体、社会和国家权,关注市民社会的发展。

两种启蒙理性及其畸变和现代民族国家的兴起:(1)强制与借贷的结合促成了现代民族国家的兴起——现代民族国家从雏形到发展壮大。(2)启蒙理性对现代民族国家理性的塑造:西方传统的马基雅维利主义强调国家理性要效法"狮子"与"狐狸"的技艺,善于使用野兽和人类所特有的斗争方法进行国家治理;启蒙理性则将自然法和理性法的内容注入国家理性:法国理性为国家理性加入了普遍理性的因素,德国理性则将特殊性注入其中;法国理性将自由、平等与博爱观念与国家理性相结合,德国理性则将人道主义与民族意志与国家理性相融合;法国理性将建构性、人造型的民族观融入国家理性,而德国理性则将有机的民族观注入国家理性之中;法国理性将个体观引入国家理性,坚持个人主义原则,而德国理性则将整体观念融入国家理性,奉行整体主义原则。(3)启蒙理性的嬗变:法国理性从强调自由、平等、博爱到追求自由、民主、人权的转换,其实质乃是资产阶级的资本价值追求在政治上的体现,它体现的是由古老的债务关系逐渐进化为金融信用体系进而从近代国家向军商一体的现代民族国家的转换;德国理性发展到黑格尔的辩证法思想,则是对康德启蒙理性思想的颠覆和反叛,也是以理性的方式将康德的道德法则转换为现代金融信用法则的基础;在政治哲学上则是从康德的永久和平论转向了黑格尔的马背上的世界精神,从而为德国建立近代民族国家提供了理论支持。(4)启蒙理性的嬗变促成了军商一体的资本主义殖民国家的建立。法德启蒙理性观的畸变,为国家理性使用武力提供了合法性,同时,也使得本就有着资本债务借贷和国家相结合传统的民族国家制度开始转向军商一体的殖民主义体系。

两种启蒙理性观对我们的启示及意义:(1)启蒙理性并不必然导致和谐的社会和公正的制度;(2)启蒙的价值追求并不必然导致价值观的共识或统一的价值观;(3)认真应对启蒙理性畸变后形成的全球资本主义制度体系的挑战。

本书的几个关键概念:(1)法国启蒙时期的理性观是指法国启蒙运动即

17世纪中叶至18世纪末形成的理性观，它代表的是一种法国式的思维方式和价值取向。它是一种抽象的理性，喜欢抽象的原则，试图寻找一种普遍的理性以认识真理和安排社会生活和社会秩序的普遍有效的方法，是一种指向社会和政治批判的理性。（2）德国启蒙时期的理性观则是指在18世纪德国启蒙运动时期形成的理性观，它展示的是德国式的思维方式和价值取向。德国的启蒙理性是一种超现实的抽象，即认为在历史中发展着的理性是超越个人和社会现实的本体存在，是一种形而上的理性。（3）现代民族国家的最主要特征是"主权"的形成，即国家是由人民组成的社会，占有一定的领土，不受外来势力的统治，拥有一个有组织的政府。国家以维护秩序和安全以及增进公民的福祉为主要目的，它拥有以武力做后端的一套法律制度来实现其目的。它在固定的地域内拥有主权，主权对内最高的属性是指国家的政治统治权力，它通过立法、行政、司法、军事、经济、文化等手段来实现，体现在法律的颁布、废除、决定国家组织原则、行政原则、经济体制、统帅军队等权力。

本书的重点、难点在于：

重点：（1）理性观的转换与其价值观变迁是怎样发生的，其内在逻辑是什么；（2）它们与西方现代制度又是怎样的复杂关系。

难点：（1）理性观及其价值观变迁与西方的契约、信用制度、金融垄断之间的跨领域关联性是怎样展开的；（2）从近代民族国家到帝国主义、再到霸权主义，它们的价值理论与启蒙思想如自由、民主、人权等价值又是怎样的逻辑关系；（3）由于涉及哲学、经济史、文化人类学等多个领域，如何将它们融合为一体、展示出哲学应有的思辨性特征也是一大挑战。

本书的研究方法：

1. 综合运用哲学、历史学、文化人类学和经济史相结合的方法探讨启蒙时期的法德理性观及其与西方现代性的复杂关系。本书特别强调史论相结合的方法，既要看重理论的逻辑性，又要借助历史的客观事实性（借助历史、经济社会发展史）来验证逻辑本身的合理性问题，澄清我国社会对启蒙的一些误解，还原启蒙理性的本来面目。

2. 借助理性解构和建构相结合的方法分析法德启蒙理性观，既要解构西方中心主义对启蒙理性的神化，指出其思想来源的多重性，又要指出启蒙理性观的积极价值和意义，尝试建构我们社会的理性共识和价值共识。

　　本书第一部分讨论法德理性观的理论来源；第二部分研究法德启蒙理性观的内容及其不同的逻辑进路和精神取向；第三部分探讨由此不同的逻辑进路和精神去向所导致的思想差异性和某些特有的共同特性；第四部分分析说明两种启蒙理性及其畸变和现代民族国家的兴起；最后部分指明两种启蒙理性观对我们的启示及意义。

第一章　两种理性观及其理论来源

在我国学术界，自 20 世纪 80 年代以来对欧洲的启蒙运动和启蒙思想一直十分重视，甚至将启蒙思想和中国的现代化相联系，认为中国如果要走出文化传统的桎梏、实现现代化就必须经过理性启蒙的洗礼。其实，这种态度是对发生在 20 世纪初期"五四运动"的思想和文化的一种回响或延续，"五四运动"所倡导的民主与科学的精神也是欧洲启蒙思想在现代中国的反响，并且在今天的学术界仍然有较大的影响。不过，需要指出的是，"五四运动"的民主和科学精神体现的乃是一种爱国主义精神，是广大青年为了救亡图存而奋起抗争的爱国主义运动。但一些启蒙学者则认为"五四运动"没有引入启蒙的真精神，即自由思想及其制度，所以启蒙并不彻底。因此。他们认为中国的启蒙运动尽管经过了近一百年的历史，但并没有真正完成，还需要进一步进行启蒙，甚至有人认为需要再进行一次新的启蒙，但无论怎样，这种启蒙都需要借助西方的启蒙思想来完成。

欧洲的启蒙思想主要是指 17 世纪中叶至 18 世纪末这段思想文化运动（德国的启蒙运动比较晚，直到 17 世纪末才开始，在 18 世纪 20—50 年代达到高潮），涉及英国、法国、德国众多哲学家或思想家，启蒙运动最初发起者无疑是来自英国的哲学家或思想家，后来在法国得到发扬光大，并将启蒙运动推向高潮；而在德国这一思想文化运动得到了进一步的巩固和发展，其最重要的代表人物是康德。启蒙运动是一个涵盖极其广泛的思想文化运动，它几乎涉及人类社会生活的各个领域，要准确地描述它是困难的，只能从某个视角去探讨它，这里我们将从启蒙理性观出发来讨论它，因为理性及其运用乃是启蒙的一个重要特征或中心议题，这可以从康德对启蒙的经典定义中得到印证。康德因此将启蒙定义为："启蒙就是从他咎由自取的受监护状态走出。……因此，Sapere aude［要敢于认识］！要有勇气使用你自己的理智！这就是启蒙的格言。"① 新康德主义哲学家卡西尔也从理性的角度讨论启蒙思想，他指出："启蒙思想的真正性质，从它的最纯粹、最鲜明的形式上是看不清楚的，……只有着眼于它的发展过程，着眼于它的怀疑和追求、破坏和建设，才能搞清楚它的真正性质。……启蒙哲学与其说是由一些个别学说组成的，不如说是由一般理智活动的形式和方式组成的。这里所说的基本理智力量，只有在思想的活动和不断地演变过程中，才能为人们所把握。启蒙运动的内在精神生活的搏动，只有在发展的过程中才能被觉察。"② 现代德国哲学家奥特弗利德·赫费也认可这一思想，强调"启蒙其实是一个过程，其特征在于下定决心，独立思考。这一决定将启动排除谬误和偏见的进程，也会将人从特殊限定中渐渐解放出来，逐步释放具有普遍人性和严格的普遍性的理性"③。可见，从理性观的视角来分析启蒙运动及其思想还是有其必要性和可行性的。

由于启蒙时期的理性观涉及的内容比较广泛，很难把握。我们在此想从启蒙思想的理性思维方式及其价值观的维度来切入论题，选取法德启蒙时期的理性观进行比较研究，以探讨其理性的思维方式的不同特点及其价值观的不同内涵和取向，分析它们为何引发出不同的理论趋向及其对后世的影响，着重思考进而理清一下问题：第一，探讨法德启蒙理性观的理论来源的多维性，澄清启蒙思想并非仅仅始于欧洲，它在很大程度上深受亚洲思想的影响，这便于破除欧洲中心主义的神话；第二，从不同的逻辑进路或精神取向上比较分析法德理性观在思维方式和价值取向上的异同，以及这两种存在差异性的理论如何导向了不同的启蒙思想；第三，探讨法德启蒙理性及其价值观与古老的债务、契约、近代国家战争债务借贷制、殖民扩张、信用与金融资本主义相结合的维度研究启蒙思想及其问题，进一步拓宽人们的视野，澄清启蒙思想与现代资本主义体系的内在关联性。同时，对中国社会来说，我们需要对启蒙理性进行正本清源，以助于祛除人们对西方启蒙思想的过度迷恋和盲目崇信，消除启蒙思想的神话，以为启蒙思想就是我们从传统向现代必须经历的思想盛宴，以便于破除一些人所以为的中国社会必须通过宪政主义和公民社会才能实现现代民主国家的谬误思想，促使人们认真思考如何从启蒙

---

① 李秋零主编：《康德著作全集》（第八卷），中国人民大学出版社 2010 年版，第 40 页。

② ［德］卡西尔：《启蒙哲学》，顾伟铭等译，山东人民出版社 1988 年版，第 5 页。

③ ［德］黄燎宇、奥特弗利德·赫费编：《以启蒙的名义》，北京大学出版社 2010 年版，第 9 页。

思想和中国文化传统中汲取有价值的东西，以重建中国社会的共同价值和理想信念。

一 两种理性观

（一）法国的启蒙理性观

法国启蒙时期的理性观是指法国启蒙运动即 17 世纪中叶至 18 世纪末形成的理性观，它代表的是一种法国式的思维方式和价值取向。这种启蒙理性是一种抽象的理性，喜欢抽象的原则，它试图寻找一种普遍的理性以认识真理和安排社会生活和社会秩序的普遍有效的方法。法国的理性是一种超历史的抽象，即试图找到适用于任何历史时代的思想原则。法国的理性也是对社会现实的直接批判，它是战斗的启蒙思想的一个组成部分。这种理性是批判的理性，它要对一切东西进行批判——批判宗教，否定传统，颠覆习俗，更新风尚，否定旧制度，创立新规范，重新审视一切。因为这些东西对最独立的思想家包括普罗大众在思想、道德、情感上形成极大的控制和困扰，只有破除它们的桎梏，才能赢得思想或理性的解放，获得自由。法国人在反对教会和国家、争取言论自由和人道的刑法的斗争中，在反对"迷信"的论战中获得乐趣。正因此，批判的理性要把理性与历史、理性和现实完全对立起来，使得真与假、善与恶、美与丑、好与坏、理智与愚昧泾渭分明，唯有如此，才能唤起人民的热情，吸引他们的注意力，提升他们的觉悟，启蒙他们的思想。法国理性把一切理论都现实化，使理论由理念变成现实，在现实世界中建构出理想的王国，实现启蒙的价值追求。因此，理性在法国表现为对群众的启蒙，法国的英雄史观使杰出人物去动员和教育群众，以便使理性之光普照世界，以便唤起群众改造旧世界的热情，启蒙思想家要用群众对旧世界进行物质的批判，以便创造一个新世界，他们要用启蒙的思想理论改造现实，使现实理论化。即使那个认为理性进步同时也意味着历史退步的卢梭，也幻想着在现实世界中按照新的"社会契约"重建自由的理性国度。法国的理性更重视政治上的自由，为了唤起群众的现实的物质力量，法国的理性一般来说更倾向于唯物主义和无神论，并且使得理性和宗教成为一种不可调和的对抗性矛盾，以便通过这种对抗不仅解除宗教对人们的思想的禁锢，破除宗教加在人们身上的枷锁，而且也要借此向封建王权开火，彻底清除旧世界的影响。因此，法国的启蒙理性观具有抽象性，这种抽象的理性不仅喜欢抽象的原则，还试图利用这种原则和其价值改造社会现实，以便将理论现实化，为此它要动员和启蒙群众改造现实，并对宗教神权和封建王权进行物质的批判，最终实现启蒙的理想和诉求。这就是法国启蒙理性观的实质。

（二）德国的启蒙理性观

德国启蒙时期的理性观则是指在 18 世纪德国启蒙运动时期形成的理性观，它展示的是德国式的思维方式和价值取向。德国的启蒙理性是一种超现实的抽象，即认为在历史中发展着的理性是超越个人和社会现实的本体存在。好像是回到了古代宇宙理性的范畴，但德国哲学家们强调只有通过自我主体理性的辩证发展过程，本体理性才能得以实现，故此，康德强调："必须永远有公开运用自己理性的自由，并且未有它才能带来人类的启蒙。"① 事实上，黑格尔的"绝对精神"也不过是人类自由意识的全部发展过程而已。所以德国的启蒙理性更少社会和历史导向，更多哲学导向。不过，德国启蒙理性的历史感是以牺牲现实感为代价的。由于超历史性，它不关心或不敢关心理性的社会和历史的现实性问题，只肯在哲学思辨中理性超验史，它对现实或历史最多不过是一种范导性的范畴，而不是一种规范性的范畴；它是一种先验的理念或先验的理想，永远在彼岸的或超验的世界指点江山，激扬文字，但并不染指现实问题，就像柏拉图的理念一样，它是和现实世界绝缘的，是神圣世界中的东西；现实世界之物只能仰视它或模仿它，但永远不可能达到它或实现它。由是，德国的启蒙理性表现为内在的意识，是对社会现实的间接批判，它是思辨哲学的组成部分，由于担心理性的不纯粹性，害怕理性的胡作非为，特别是对经验世界的好奇心和过度关心，怕它失足到经验世界里，玷污了自己纯洁的身份，因此对理性要做一些必要的限制，这种限制的达成就需要对理性进行批判，所以德国的启蒙理性是一种理性的批判。理性的批判需要考察理性或意识本身发展的全过程，它把现实视为历史过程的一个必要环节，要用理性规定或审视一切，为现实建立尺度或标准，要用理性为现实立法，用理性解释、分析现实、规范现实，甚至要利用现实达到理性的目的，所以德国的启蒙理性要用理性使全部现实问题都理论化，以理论的形式解决现实问题——但仅仅是在理论领域里对现实进行批判和审查，绝不诉诸实际的行动。德国的启蒙理性深受法国启蒙理性的影响，特别是笛卡尔的理

---

① ［德］康德：《历史理性批判文集》，何兆武译，商务印书馆 1991 年版，第 24 页。

性主义，也具有抽象性，但这种抽象性更具有形而上性——一种哲学的、先验形式的理性理念。这是由德国的特殊的社会历史条件所限定的。当德国的资产阶级开始以理性的名义争取自己的权利时，德国的无产阶级也已经开始了自身的独立运动，而法国大革命中的雅各宾党人的革命恐怖又使得"德国庸人"吓破了胆，因此启蒙理性在德国表现为思想家和天才人物的思想创造。为了避免法国革命式的结局，德国资产阶级宁愿让理性止步于超验世界，保留在天才的直觉或哲学家、思想家的内在意识里，以免扰乱了人们的思想、干扰了现实世界的秩序，因此，法国思想家敢于用群众对现实进行"物质的批判"，德国思想家则害怕甚至敌视群众，宁愿龟缩在自己的大脑里进行精神或思想的批判。在启蒙时期的德国，即使像康德、莱辛等思想家承认对群众进行教育的重要性，但他们也要把社会理性变革的可能性推迟到人们无法看到的遥远的将来，因为革命的恐怖比较变革或进步来说更令他们不敢越雷池一步，宁愿社会如蜗牛般的缓慢地进步，也不要法国那种疾风暴雨般的革命，所以发达的大脑的革命也一样有其价值，即使这种形而上的革命来得极其缓慢，但比较而言，还是能够接受的，所以德国的哲学家最不缺的就是思想或理论领域的变革，其激烈程度也可以与现实世界的革命相媲美。就像英国哲学家伯林所说："哲学或形而上学的力量，无疑是非常伟大的；它是间接的力，却又是深远的力；哲学家决不是无害的咬文嚼字者，而是一股巨大的或善或恶的力量，是人类未被认识的立法强人中的佼佼者。"① 由是之故，德国的启蒙理性沉湎于道德上的自由，而漠视政治上的自由，因为那会引发群众的"物质的力量"，就如同法国革命一样，无论如何道德上的革命也是革命，但不会诱发社会的动荡或令人恐怖的革命，那就不妨在道德或形而上领域发动革命，这同样可以展现德国人的勇敢和智慧，即使不能引发社会变革，也可使得人的大脑发生变革或革命，这同样是伟大的，而能做到这一点的则非德国哲学家莫属。因此，德国的启蒙理性思想更多地甚至是必然地导向唯心主义。

可见，法德两种启蒙时期的理性观存在着较大的差异性，尽管它们对理性都极为遵从，这一点似乎是共同的，但即使在这一对待理性的态度上，也

---

① ［英］麦基编：《思想家》，周穗明、翁寒松译，生活·读书·新知三联书店1987年版，第13—14页。

还存在着不同的温差。这一差异或许对我们理解它们何以会在许多问题上有着极大的分歧可能是有帮助的，我们将从分析理性观及其理论来源开始我们的追索之路。

二 两种理性观的理论来源

（一）法国启蒙理性观的理论来源

法国启蒙理性观主要受古希腊时期的自然哲学本原说的影响，以及亚里士多德的哲学，特别是其逻辑学理论的影响，还有来自伊壁鸠鲁哲学的影响；此后，在中世纪那里得到进一步发展。法国启蒙理性不像德国启蒙理性那样，对努斯精神那么感兴趣［具体论述见本节（二）］，它更多的是对逻各斯精神感兴趣，它不喜欢那种超越性极强的努斯精神，尽管它对自由很感兴趣，但并不喜欢无尽的、向往虚空世界的追求，只喜欢现实世界中的政治自由。德国理性喜欢超验世界的存在，对现实世界的感性事物不感兴趣，因为那妨碍了理性的纯粹性和对无限超验存在的追求；法国理性则更喜欢将理性追求与经验世界联系起来，理性不能离现实经验世界太远，尘世的生活需要理性的指导，需要理性逻辑的讯问。这就导致了二者在精神气质和所设定的目的方面存在的差异性。

1. 古希腊自然哲学和亚里士多德哲学的影响

古希腊的自然哲学对法国理性具有较大的影响。自然哲学家对本源的探讨和追求，为法国哲学追求确定性和普遍性的理性之物提供了一种理论范本。从米利都学派的水本源说到无定说，再到气本源理论，尽管是一种对世界本源的追求，但其要为这个世界寻找一种更为明确和具有说服力的理论，以解说世界万物是如何从某种具体的本原那里生成的。这种理论对渴望寻找促成社会进步和启迪人们心智的法国理性哲学家具有重要意义。此后的毕达哥拉斯学派、爱利亚学派的理论都在不同程度上对法国启蒙理性产生了某种影响，但赫拉克利特的学说无疑对其产生了更为显著的影响，特别是他的逻各斯学说。赫拉克利特强调火是世界本源，认为万物都是从火中产生的，也都消灭并复归于火。他肯定万物是变化的，"万物皆流，无物常驻"。但认为世界的运动变化是由"逻各斯"支配的，"逻各斯"不是被创造的，而是永恒存在的。逻各斯可以被理解我"话语""理性的言语""原则""规律"，后来也或多或少地被理解为一种抽象的"世界原则"。如果人们把逻各斯理解为支配世界万物的世界理性，而人也是它的一部分，人们在死后，其灵魂也要复归于它。那么这种逻各斯就开始影响和决定人的灵魂了，这就无疑会对后来启蒙理性将理性视为对人影响最重要的东西提供了理论铺垫，因此，我们不难发现后来法国启蒙理性从中找到的思想武器。至于在往后的阿那克萨戈拉的努斯理论，法国启蒙理性似乎对其并不是太在意。尽管努斯代表了一种精神的自由和超越性，也能够为法国理性提供某种自由的精神资源，但这种精神一直永不安分和永不停息地追求和超越，特别是它那种要脱离感性世界束缚的"拧巴劲"，却是法国理性所不喜欢的，因为彻底地脱离经验世界，即现实世界，就使得自由本身失去了其政治动员力的意义，现实世界需要的是批判的理性和理性的法则的引导和规范，不需要超越尘世的先验之物，只要能在经验世界搅动人们对旧世界的愤怒和激情就是最好的东西，而努斯显然不符合这种要求。这或许是法国理性疏远阿那克萨戈拉努斯理论的原因。

　　至于柏拉图的理念说，法国理性也没有太多兴趣，不仅仅在于理念在超验世界，还在于理念说将"努斯"精神和逻各斯较好的结合在一起，合力去追求超验的理念，这是法国理性不能接受的。一个努斯就已经令他们头大了，努斯的不安于室的行为，实在不好控制。如果再加上逻各斯，换句话说，把逻各斯也拉入了努斯的队伍去追求超验的理念，这无论如何是不能容忍的。法国启蒙理性需要的是在现实世界能发挥作用的武器，以便于它向封建王权和宗教神权发起攻击，而理念是超验世界的存在，并且远离现实世界，它最多对现实世界起一种范导性的作用，而不是建构性的作用，而且它本身还和宗教有着密切关联性的嫌疑，如何能够利用它来反对旧世界。这注定了柏拉图学说无法进入法国理性哲学家的法眼。

　　相比之下，亚里士多德就不同了。亚里士多德的理论在精神本质上是反对柏拉图的。他将古希腊的超越精神和求实精神结合在一起，也就是说他将努斯的超越性和逻各斯的规范性结合在一起，但更为重视对现实世界的规范和引领。亚里士多德曾说过，要将哲学带回到地面上，这部分是为了回应柏拉图，部分是他自身禀赋导致的必然结果。他将对人的研究和对自然的研究结合起来，并将这一结合推进到后人无法企及的高度上，因为在亚里士多德之后，再也没有人可以做到用一种主要的方法，将如此之多截然不同的领域囊括在一起。亚里士多德是自然主义的代表，自然主义是指相信自然世界由实在构成。自然主义认可宇宙中是有秩序的，这个宇宙中所有的东西都要遵循那些不变的显而易见的自然法。所有事物都可以经由这些基本的自然法而得到理解。没有什么可以独立于时空而存在。自然总是带着目的运动，理解事物的诀窍就在于找到它的主要目的。这种哲学上的自然主义否认存在一种独立于现实的超自然规则。他们认为人类虽然是一种特别的存在，但他们依然是自然秩序的一部分，他们总是依照那些固定的法则和原则行动。因此，要想清楚地了解人类的行为，就必须先把自然弄清楚。伦理和政治（社会）科学势必要建立在真实的生活意义之上，必须采取一种科学的方法去进行考察、去收集资料，不能用那种仅仅是推理的、非现实的理性主义方法。亚里士多德将其哲学定位为对独立、现实事物的仔细考察，而不是对数学法则或"纯粹理念"进行空洞的考察。亚里士多德的哲学是一种研究存在的哲学，而对存在的解释则是通过其形式和质料的关系来解说的。在他看来，形式可以从质料中抽离出来，但并不能独立于质料而存在；这种形式有时候被当作要素。质料是在一系列事物之中发现的共同材质；在某种形式进入其中之前，或者内在于事物的形式实现出来之前，质料并无独特的性质。个别事物乃是形式化的质料。他主张对一种事物的完整理解需要确定其"四因"，四因是质料因（构成事物的质料），形式因（为事物赋形的形式），动力因（使事物开始运动的动机或推动力），以及目的因（事物存在的最终目的或目标）。在他眼里，形式是一个赋形的过程，是一个动态的能动过程，它体现的是一种"努斯"精神、一种能动性精神。亚里士多德认为，所有事物都有其目的，这种目的就是其内在冲动的原因，它是一种成为独特自我、寻找其形式的推动力，是一种隐德来希，隐德来希（entslscheia）的希腊文原意是"完成"，亚里士多德用来指一件事物完成的、所要达到的目的就是"隐德来希"，也把它作为"现实"的同义词，是目的的实现。其形式在质料中的实现就是隐德来希的推动的。所以亚里士多德将这种内在冲动视之为"生命本源"，意思是在"自身之中实现自身之目的"。事物并不只是发生——它们根据设计而发展，自然"内在地"进行规范和引导。这种思想用技术性的命名方式来构建其目的论，该词出自希腊语的 telos，指的是结果、目的和目标。在亚里士多德看来，善是所有事物的目的。善，所有事物都指向这个目标，这是它们自身的生命本原。因此，亚里士多德理论是一种目的论。目的论是一种方法，可以用它从事的终极目标或最终原因等方面来解释或理解一个事物，也可以从整体与部分的角度去理解事物的功能。亚里士多德的伦理观和德性概念都是目的论的。

此外，亚里士多德还发明了形式逻辑，提出了分门别类的科学的思想。他认为，逻辑和科学有密切的联系，这是因为他把逻辑看作一种工具，能用来在分析某门科学所涉及的问题时，对语言进行正确的组织。在他看来，在进行逻辑演示或证明之前，我们必须为推理找到一个清晰的起点。必须先确定所要讨论的对象，接着还要加上那些与这种事物相关的属性和原因。由此，他提出了范畴的思想，该思想解释了我们对事物的思考方式。在他看来，范畴代表了对科学知识所使用的概念进行的分类，它们代表了任何存在的东西存在或被认识到的特定方式，我们在思考时，这些范畴对事物进行整理，把范畴分为属、种和个别事物。我们把个别的事物视为种中的一员，而把这个种看作与属相关的。他认为它们在心灵之外、在事物之中有其实际的存在，事物是由于它们自身的本性而从属于各种类别的。他认为，思想与事物存在的方式有关，而这是逻辑和形而上学之间密切关系的基础。思想总是关涉某种具体的个别事物即一个实体。但一个事物并不仅仅是存在而已，它总有其存在的方式和存在的根据。亚里士多德坚信，存在着一个通向科学的次序，这一次序首先是事物的存在以及它们的过程；其次是我们对事物及其表现的思想；最后是将我们关于事物的思想转化为词语。语言是形成科学的工具，逻辑式语言的分析，是推理的过程，是语言和推理相关于实在的方式。同时，亚里士多德的逻辑学是以三段论为基础的，他将之定义为"三段论是一种论证，其中只要确定某些论断，某些异于它们的事物便可以必然地从如此确定的论断中推出"[1]。三段论分为大前提、小前提和结论三部分，由此，亚里士多德创立了一套规则来确定逻辑推理时候结论能够由其前提正确地推导出来。直到19世纪，哲学家们还相信，亚里士多德的三段论已经把逻辑学要谈的内容囊括无余了。此后的几十年间，才出现了另外一些逻辑体系，取代了亚里士多德的解释。

可以说，法国的启蒙理性从亚里士多德哲学中汲取的营养最多，无论是其实在与超越精神相结合的思想，还是其形式质料说（这是法国理性立足哲学理论与现实结合的理论来源之一），以及其自然主义理论，还有他的努斯精神，尽管法国理性对努斯的无尽追求超越性不满，但对努斯的主动性、能动性精神还是颇感兴趣的。另外，亚里士多德的逻辑学思想，即演绎推理对法

---

[1]　苗力田主编：《亚里士多德全集》（第一卷），中国人民大学出版社1990年版，第84—85页。

国哲学也产生了重要影响，法国理性的理性主义特征在很大程度上与之相关。可以这么说，亚里士多德的哲学思想，在一定程度上塑造了法国哲学的精神气质，对法国启蒙理性产生了十分重要的影响。英国哲学家伯林曾这样概括启蒙思想的特征，启蒙理性存在着对整个进步和文明的某些或多或少共同的信仰，这也是将其成为一个独立运动的原因。"这些信念包括：世界或自然是一个整体，这个整体受到唯一一套规律的支配，这些规律在原则上是可以被人的聪明才智发现的；统治无生命的自然界的规律原则上与统治植物、动物和有知觉的存在物的那些规律是一样的；人能够提升自己；存在某些可以公正地说所有人都在追求的客观上可以认识的人类目标，即幸福、知识、正义、自由，以及那些在一定程度上被模糊地叙述为美德却得到很好理解的东西；这些目标对所有人都是实际上共同的，并非不可实现的，也并非不相容的，人的痛苦、罪恶和愚蠢主要是由于对包含着这些目标的东西的无知，或是对实现它们的手段的无知——而无知反过来是由于对自然规律认识的不充分。"①柏林指出，从根本上说，启蒙理性相信人的本性在一切时间和空间中是相同的；与永恒的内核相比，地方的和历史的变化是无关紧要的，正是根据这个内核，人类才能够被界定为一个独立的物种。由此，发现统治人们行为的一般规律，把它们清楚且逻辑地整合为科学体系——心理学、社会学、经济学、政治科学等等（尽管当时可能并不使用这些名词），决定它们在包含一切可以发现的事实的伟大知识体系中的位置，所有这些通过替代猜想、传统、迷信、偏见、教条、幻象以及迄今为止被当作人类知识和人类智慧的"自私的错误"（教会至今仍是它们的主要保护者和蛊惑者），来创造一个崭新、健全、理性、快乐、公正，且能使自身永存的人类社会，在到达可以实现的完善顶峰之后，这个社会将能够保护自己免受一切敌对的影响，只有少数不可抵抗的自然力量除外。伯林认为，这是从文艺复兴直到法国大革命，甚至超出了大革命，直到我们这个时代的启蒙运动的伟大传统所包含的高贵、乐观、理性的信条和理想。

2. 亚里士多德之后的希腊罗马哲学的影响

斯多葛派哲学对法国启蒙理性的影响。斯多葛派在亚里士多德所创造的基础上对逻辑学作了进一步的发展，他们将逻辑学划分为修辞学和辩证法，

---

① ［英］以赛亚·伯林：《启蒙的三个批评者》，马寅卯、郑想译，译林出版社 2014 年版，第 299 页。

修辞学是独白的艺术，辩证法是与人交谈即对话的艺术。在个体或全体能否认识实在的问题上完全站在亚里士多德一边。因为只有个体对象才能真实存在，于是他们从中得出结论，一切人必须从对个别事物的感觉出发，因而可以说它们是经验主义者，人的心灵在出生时就像一块尚未被写上字的白板，只有与外物接触并获得经验后才能在上面留下痕迹。他们将亚里士多德的范畴从十个缩减到四个。它的物理学具有以下特征：首先它是唯物主义的，世界上的一切东西都是有形体的，有些形体较为粗糙，有些则较为精细。其次，它是一元论的，宇宙原则只有一种，并不存在两种或更多种。再次，他们接受了赫拉克利特的学说，认为宇宙中存在一种严格的内在规律性，他们将这种内在的决定性力量看成是逻各斯、努斯、灵魂、必然性、天命或上帝（宙斯）。最后，对他们来说，神与生生不息的宇宙是合二为一的，因此，其学说也可以被称为泛神论。显然，斯多葛派的唯物主义、认识论、逻辑学和逻各斯等思想对法国启蒙理性产生了一定的影响。

此外，还有伊壁鸠鲁派的影响。人们通常把伊壁鸠鲁学派的信徒视为一个追求享乐安逸生活方式的人，这实际上并不恰当。我们可以从其逻辑学和物理学理论印证这一点。伊壁鸠鲁和斯多葛派一样认为，逻辑学和物理学是伦理学的前提。逻辑学能够使人避免错误，物理学则是我们采取正确行动的基础。物理学的任务就在于告诉人们，世界万物是完全可以用一种自然关系加以解释的，上帝既不会创造世界，也不会干预世界的运行，因此人们就可以从恐惧中解脱出来。他认为，物理学对宇宙的认识，其任务在于祛除人们心中对超自然力量的恐惧，否则人的心灵会永远受压抑，人们由此变得完全自由，从而能够真正地享受尘世的生活。这才是伊壁鸠鲁真正倡导的生活。但是，伊壁鸠鲁并不是教导人们去毫无节制地追求感官享乐。尽管他认为人生的唯一目的就是内心感到幸福，并且把这种幸福简单地定义为活的快乐并避免痛苦，不过，他知道，每一种类型的过分纵欲其结果往往都会适当其反，伴随而来的是更大的痛苦，所以追求幸福必须通过理性的引导并有所节制。理性告诉我们，只有在一种轻松愉快安逸宁静的生活中，在精神的祥和平静中，我们才能获得真正的幸福。就这一点而言，伊壁鸠鲁和斯多葛派的人生观并无二致，尽管他们常常意见相左。事实上，伊壁鸠鲁一直过着一种模范性的节制生活。他认为，实际的人生智慧要比知识本身更为重要。他将肉体的快乐——痛苦亦然——与灵魂的快乐区别开来，肉体的快乐是短暂的，而灵魂的快乐既可以在回首往事中，也可以在展望未来中获得。所以为了消除当前的痛苦，人们可以回忆过去的快乐，也可以期望未来的快乐。谁若是摆脱了对上帝和死亡的恐惧，那么他就会获得内心的平静。因为死亡是超出了我们的经验范围之外的事情，所以死亡对我们的生命来说是无关紧要的。伊壁鸠鲁哲学对法国启蒙哲学的影响主要在于其唯物主义和对幸福和情感生活的重视上，其幸福观在法国理性那里具有较大的影响。

当然基督教文化对法国启蒙理性也具有一定的影响力，在讨论德国启蒙理性的思想来源时我们将会详细论及，详见本节（二）内容。

3. 中世纪哲学对法国启蒙哲学的影响

在梳理法国启蒙哲学的中世纪哲学的影响时，我们先引述一位法国哲学史家的话来说明这项工作的复杂性和困难程度，法国哲学史家丹尼斯·于思曼认为，"中世纪法国哲学家，就算他们的确存在，也肯定会因为中世纪思想在启蒙时代名誉扫地而集体蒙羞。"① 这是因为在启蒙时代，以当时的通用语言——法语写下的有关思想的文字冷峻无情，基本上没有任何鼓励这个国家的人们记住并维系那段历史的意思，这个"过去"被全面遗弃了。我们以孔狄亚克的《研究课程》为例，在孔狄亚克看来，中世纪哲学史在研究和认知方法上完全像是一部对逻辑学恶意侵权的历史。由于不能对各种观念进行合理推理，经院哲学家们只好推敲字眼，做做三段论。可以想象，这种极为简单的技艺，只要极不确定问题的性质也不限定词义就行。如此方法，只能徒曾辩论，得不出任何有益的结果，只是增加了诡辩术而已。简言之，人们是在推理，但采用的是被阿拉伯人注释过却未加评论的亚里士多德式的逻辑，而且还把它大大地歪曲了。至于同样荒谬的形而上学，则充斥着蹩脚的抽象概念，人们把它奉为圭臬，而且它要解释一切，因为人们不会推理。这样，中世纪的哲学就被冠以不好的名声，被视为是外来的，是令人厌恶的阿拉伯之物，里面没有任何法国的东西。因此，人们认为，经院哲学式舶来品，它之于精神，如同哥特式风格之于艺术，是对法兰西品位的一种败坏。这种败坏来自十字军东征、对拜占庭的掠夺以及对阿拉伯式亚里士多德主义的发现。"法国人在占领了君士坦丁堡之后，代理会了由阿拉伯人注释过的亚里士多德的书籍，于是就引进了一种出自阿维森纳和其他非洲注释家之手的哲学。阿

---

① ［法］丹尼斯·于思曼：《法国哲学史》，冯俊、郑鸣译，商务印书馆 2015 年版，第 15 页。

拉伯人的糟糕品味带坏了各学派，就像哥特式建筑腐蚀了建筑和其他艺术一样。粗俗野蛮且毫无用处的繁琐取代了早期哲学，还侵蚀了逻辑学和形而上学，而它几乎是当时哲学家们唯一的对象。"① 在这样的氛围下，中世纪哲学就成为难以被法国哲学家接受的东西而与之无缘。

其实，要追溯法国启蒙理性的来源，就要从雅典—罗马—巴黎的哲学传承中去寻找其理论来源。在这个链条上，人类的始祖将知识传给了希伯来人，希伯来人传递给古埃及人，古埃及传给雅典，雅典传给罗马，罗马传给了巴黎。但这一传承并不仅仅是此前人们所说的知识的传承，它也是哲学的传承。而获得这一传承的则是法国的巴黎大学，它不仅成为文化的中心，也成为欧洲的形而上中心，另一个能与之相媲美的是英国的牛津大学。因此，巴黎是哲学之城，它甚至一度超过了牛津，直到 14 世纪才有所暗淡。巴黎的这种地位可以从统计学的角度来证实：从 1200 年到 1400 年，全欧洲最有才智的人都被吸引和集中到了巴黎，并在此定居。中世纪最有名的德国哲学家大阿尔伯特就在巴黎大学执教。在其后，还有几位德国人同样在历史上留下了自己的烙印——迪特里希·德·佛莱堡和艾克哈特·德·霍根海姆。他们在德语中世纪文学史上之所以享有"大师"称谓，应归功于他们在"巴黎大学名师"的身份。巴黎大学还是欧洲最早的几所大学之一。巴黎与中世纪哲学的关系极为密切，比利时哲学家歌德弗华德·德·封丹（Godefroid de fontaines）和西格尔·德·布拉班特（Siger de Brabant）等，其所赢得的哲学家身份都应归功于巴黎，他们是巴黎大学的名师。在当时，巴黎的哲学舞台具有压倒一切的优势地位。从 1200 年开始，在哲学实践中为"法国"空间下定义的是巴黎大学。其中，巴黎大学的文学院是研究"哲学在中世纪的法国"的历史学家所获得的第一个阵地。同其他所有中世纪哲学史一样，一部"哲学在中世纪法国"史的主要对象是"智力实践"，它承载、规范、陪伴或限定概念生产活动。哲学是被传授的，它也能自存。它首先存在于被传授的地方，存在于传授活动本身。在巴黎如同在牛津，以及当时的其他大学一样，哲学家存在于某种制度框架之内。但要真正理清法国启蒙思想的理论来源还是需要我们回到其思想的源头处，这就是加洛林时代的法国。

这个源头要追溯到查理大帝，在 800 年，查理大帝接受了教皇列奥三世

---

① ［法］丹尼斯·于思曼：《法国哲学史》，冯俊、郑鸣译，商务印书馆 2015 年版，第 16—17 页。

的加冕，成为罗马人的皇帝，并在 809 年的一次主教会上，他被宣布为"圣子"——这是三位一体教义的一种"奥古斯丁"式表达方式。由是，加洛林王朝被铭刻在哲学史上，法国哲学开始了自己的历史。但真正的加洛林时代的文艺复兴是在查理二世那里出现的。查理二世对推动宫廷学校的发展起到了决定性的作用，它还成功地吸引到了中世纪早期最伟大的哲学家，约翰·司各特·爱留根纳——第一位法国哲学家，尽管他是爱尔兰人，这一时期的法国的伟大哲学家很少出生于法国，但他们都是在法国生活的。约翰·司各特在 840 年来到法国，他参与了灵魂前定论的论战，其论点在于：一是命运不可能是双重的；二是命运不可能预先注定。第一点的论据来自神作为实体的唯一性，神的属性和他的预见力一样是不可分的；第二点否定了所有关于上帝的现时性描述：上帝的法力既没有之前也没有之后，它不存在于时间中，不可能预知任何事物。有关神的属性的任何时间性描述都不是其固有的属性。更为重要也是更加危险的是约翰·司各特提出了报偿与惩罚理论。宿命论的问题是提出了恶之根源的问题。约翰在此求助于一种很有名的理论即恶的非实体性理论。它来自奥古斯丁的哲学。在一种非本体论法则（总的说来，这种法则构成了中世纪时期恶之或然性判断的主体，使人们不可能回归善恶二元论）的武装下，司各特确信，恶既然没有任何正面意义，上帝就不可能是其根源。正如奥古斯丁所言，恶并非一种存在，而是一种虚无、一种欠缺，是善的缺乏、缺失；它没有动力因，只有缺乏因。简言之，这不是一种现实存在，而是一种丧失、一种缺乏。因此，下述两种恶中的任何一种都不应该归诸上帝：一是罪孽本身，二是对恶人的惩罚。罪孽产生于意志力消退或缺失的时候。这是意志的一种缺乏，一种虚无化。所以惩罚不过是罪孽的结果而已。司各特重拾奥古斯丁神学的一个核心主题，并且赋予它一种不说是离经叛道、至少也可说是独树一帜的风格。人们所谓的惩罚之恶（或折磨之恶）是过错之恶（或罪孽之恶）所固有的。所谓惩罚，就是不可能犯哪怕最小的罪孽。犯罪者所得到的惩罚是这样一个事实：他永远不可能达到其所犯罪行的实质，也永远不可能成为罪人。就像奥古斯丁所阐明的那样，如果罪孽是一种向着不可能而去的堕落——因为完全的虚无是不可能达到的，那么对罪人的惩罚就是：他不能够达到他所向往的虚无，不能够脱离存在，因而也就不能够脱离作为存在之源的上帝。对他而言，折磨着罪人和下地狱者的是同一回事，即脱离存在、脱离善、脱离其自身是不可能的。上帝为罪人的邪恶设了限，那就是罪孽之不可靠性。罪人无法迷失在罪孽之中。他既不能让恶成为存在，也不能让罪孽成为存在。也就是说，罪孽是不可能的，罪人无论做什么，就是不能作恶。对他的惩罚就在于此。司各特的理论更接近于哲学，而非基督教：在复活之时，所有的肉体都将重新经受火炼。上帝选民们的肉体化为以太，既不会被焚毁，也不会变热。被判入地狱之人的肉体则化为空气，只有它们才会被火焚毁——它们的灵魂只能忍受缺失之苦，被它修理。另外，司各特还讨论了作为万物的"自然"，认为它是包罗万象的，或者说是全体中的存在—此在。它以"四种差异"的方式分为"四种类型"。第一类是创造者而非被创造者，是"主管者"上帝，是本原，其本身没有另外的本原；第二类既是创造者又是被创造者，是"起始因"的范型世界，是存在于圣言之中的普遍因或神的显现，与上帝的本质并不相同，然而万物皆来自它们，无论可见的还是不可见的；第三类是被创造者而非创造者，是根据不可分割的时空的第一个范畴而产生并组成的世界，它与原始物质共存，这原始物质尚未分化，它先于其他一切被创造物，且规范着这些被创造物的大小和进程；第四类，既非创造者亦非被创造者，是作为万物终端的上帝，是创造者的回归和永息。凝结了以分化为特征的动态宇宙的运动是一种"出走"或"行进"、"持续"和"回归"的新柏拉图式循环。上帝自我创造并在人世间中自我昭示，即以各种面目进行神的显现。这些思想对后世的启蒙哲学的唯物主义、自然法学说、自然律、法则、规则、规律等思想具有重要的影响，但在当时却遭到了教皇的禁毁。

到了 12 世纪，尽管战乱不断，但巴黎在知识传播方面的影响丝毫未受影响，它召唤和凝聚着来自全欧洲的知识精英汇聚于此。这种影响力很大程度上来自巴黎创办的一批专门教授逻辑学的学校。这一城市教学设施立刻成为新知识的载体，同时也是新的实践。旧的修道院文化反对这种新型实践，被视为基督教本身代表的"隐修院学派"就以某种机制对立的方式群起反对刚刚崭露头角的哲学界，其中以贝尔纳·德·克莱尔沃（Bernard de Clairvaux）和阿伯拉尔之间的论战最具代表性。这些在塞纳河左岸落脚的新星学校当时被称为"教派"，通常是由某个教师按照自己的个性进行教学。其中最著名的是唯名论者和四个唯实论派别：波利塔尼派、阿尔布力加尼派、罗伯尔提尼派和帕维彭塔尼派。巴黎这次的崭露头角，既是一次全局动荡的结果，也是一场整体革命，那是 12 世纪的学校革命。从这场革命中产生的一种新型学校模式引入了"教士""主教""大主教"学校。它们设在市区和各大教堂周围，其社交方式以主教学校为基石和典范，与僧侣学校的生活方式背道而驰。安静而孤独地学习和冥想古代文本让位于一种相互交流的模式，这也正是城市模式，是理智和语言之间温和而富于成果的结合，它让城市里的人们团结在一起，这些主教学校已经为世俗知识敞开了大门。不过每所学校都有其专长：奥尔良助攻语法；查尔特勒（Chartres）主攻四艺（即算术、几何、天文学和音乐）以补充三艺（语法、修辞、逻辑）；巴黎大学的专长是辩证法。12世纪的知识地图最后聚焦在两个焦点或者说两个极点上，它们以各自的方式印证着那道二选一的难题，它承载着自6世纪新柏拉图经院哲学以来的整个古希腊哲学：一个是拥护柏拉图的查尔特勒，另一个是拥护亚里士多德的巴黎。但查尔特勒—巴黎轴心并不是一个协和的轴心，首先在于缺乏有助和解的文本和学说——当时仅有亚里士多德的《范畴篇》和《解释篇》，以及柏拉图的一篇更为残缺不全的文本《蒂迈欧篇》，才导致查尔特勒的柏拉图主义与巴黎的亚里士多德主义的分庭抗礼。其次，巴黎诸学院之间的分裂也引人注目。可以说，查尔特勒是同质的，柏拉图主义者借助于"四艺"来钻研《蒂迈欧篇》，形成了唯一的思潮。而巴黎则是一座异质的城市，是充满了分歧和论战的地方。无论如何，笼罩了整个中世纪的这个哲学问题是在巴黎提出来的，之后它以各种相互纠缠的形式再次出现在现当代哲学中：这就是共相问题。

事实上，12世纪巴黎唯实论与唯名论之间的对抗，其部分原因确实来自对亚里士多德、波尔费留以及他们的翻译家兼注释家波爱修的"创始"文本的相反诠释，然而也有同样多的原因来自每天都在进行的逻辑辩论。应该说，"唯名论"和"唯实论"其实还没有作为哲学整体中的交替出现的两个分支而存在。正是在阿伯拉尔对纪尧姆的批判中产生了这一"难题"。但无论如何，这种对抗无法掩饰地显示了中世纪"法国"哲学与生俱来的分析性格。

在这场论战中，唯实论的第一个根本命题便直接涉及共相问题。其最常见的用语是"种属即物"。阿伯拉尔正是用纪尧姆及其继承者们赋予它的各种形式来不断拷问这句话。唯实论的另一根本命题是"不可能就是不可能"，这个纯形式逻辑定理恰与唯名论的"亚当主义定论"针锋相对；根据这一原则，"一切都来自不可能"。亚当主义定论这一称谓来自巴黎小桥学派。由是，唯名论者清晰地表述了"唯名"一派或鸽派的这两个中心命题。两个命题属于本体论:"我们关于共相的定理共有两个:第一,我们一致认为共相与种属和种类一样是名词;第二,与唯实论的意见相反,我们提出个体之外什么都不存在。"① 在唯名论和唯实论的这场争论中,唯名论哲学家阿伯拉尔被视为唯名论之王,其理论使得他的同时代的逻辑学者黯然失色。对他来说,亚里士多德和波尔费留的文献及其所传达的知识,即辩证法——首先是由音而不是物组成的。阿伯拉尔最初是语音观的支持者,但当他找到了自己的真理时就放弃了这种理论:如果把声音一词的两层含义区分开,即表示物质本身的"声音"和作为表意载体的"声音",他最终认为"声音"这个词属于第一层含义,而第二层含义实际属于"词语"这个词,也正是基于这一新用法,他得出了共相问题的答案,"在共相上存在着与理性更为和谐的另一方;它既不把共同性归于物,也不把它归于音;根据其持有者,无论它们是特殊还是普遍,它们都是词语"②。阿伯拉尔究竟是唯名论者、"唯音论者",还是唯词论者都不重要,他在中世纪法国哲学的意义在于让分析法介入了哲学和神学。正是这种方法使他在本体论上取得了最为惊人的成就,该方法使其彻底摧毁了纪尧姆有关共相的早期理论——所谓"取自物质精华"的唯实论。阿伯拉尔认为,唯实论在本体论上是荒谬的,无论是一个个还是整体看待事物,它们都不具有所谓普遍性,即好几个主语的宾词。正确的命题是把普遍归于词,且只归于词的命题,这就是人们所言的"唯名论"。其实,阿伯拉尔的本体论的一般原则也属于唯名论:一是本体论上的特殊性原则,强调一切存在,如物质、差异、偶然性都是特殊的;二是个体的基本个性原则,它既赞同物质不是由于它们的形式(差异和偶然性)而被个体化的,又赞成"形式"(差异和偶然性)不是由于它们的固有主体(物质)而被个性化的。他不仅"非唯实"了一般概念,还让事物的状态或命题含义也遭受了同样待遇。强调没有任何复杂事物符合命题,无论是一般事物还是复杂事物。正是阿伯拉尔的唯名论理论,使得他在法国哲学史上占有重要地位,法国整个中世纪的晚期思想可谓逻辑学来自阿伯拉尔,神学来自皮埃尔·隆巴尔德。这种唯名论对法国启蒙理性也具有较为重要的影响。

　　需要指出的是,从 1200 年直到 15 世纪末,逻辑学一直居于法国哲学的

---

① ［法］丹尼斯·于思曼:《法国哲学史》,冯俊、郑鸣译,商务印书馆 2015 年版,第 39 页。
② ［法］丹尼斯·于思曼:《法国哲学史》,冯俊、郑鸣译,商务印书馆 2015 年版,第 42 页。

主导地位，甚至在大学考试中也居于重要地位，比如逻辑学一门科目所占考题的比例比其他哲学科目——语法、物理、形而上学、伦理学等加在一起的都多。但对亚里士多德的诠释则是自由的，并没有受到限制。逻辑学是日常逻辑，是服务于被普及了的注释工作的一种分析工具，而学院逻辑是一门独立学科，通过严格系统化了的一系列训练或辩论来探索其领域，并给所有种类的教学和文学形式留出空间，其中最主要的是诡辩、难题、责任三种形式。应该说，欧洲大陆哲学也是在法国哲学的基础上在 13 世纪下半叶开始出现的，最初的差异是英法诡辩术教学运用的年级不同，英国是在低年级教学中使用，而法国是在毕业班使用。这还不是决定性的因素，决定性因素是巴黎文学院的教师们将诡辩术用于神学领域。此后，英国哲学和大陆哲学的分离之势不断增长，神学也以越来越明确的方式加入进来。最终，发生对抗的不仅仅是两种哲学研究形式，两种神学研究形式也开始对抗，英国哲学和大陆哲学的分离就此发生了。随之而来的是国家意识的增强，法国和英国也开始建立自己的哲学，在此就不再多述了。当然，对启蒙理性发生影响的还有拉乌尔·勒布雷东的意向心理学、约翰·德·冉顿以及拉丁的阿威罗依主义、约翰·布里丹的法国式唯名论思想等，由于篇幅所限也不再讨论了。

4. 东方思想对法国启蒙思想家的影响

东方思想对法国思想界的影响，除此前的传教士将其传播到法国外，在思想界首先做出反应的著名人物是蒙田。蒙田以自己的方式鼓吹人文道德，反对宗教偏狭，他非常敏感地利用刚从东方传来的有限的思想文化，为自己的理论服务。在其著作中，蒙田多次提到中国的思想，以此鼓励人们以更为开放的心胸和眼光看待欧洲的事务，要求人们反思世界的广阔与多种多样，远远超出我们的祖先以及我们自己所知。蒙田用东方的思想来支持其思想，即知识的不可靠、世界具有无限多样性、道德规则具有普遍性等。而蒙田之后的时代，则是西方对中国及东方思想兴趣更加广泛的时代，法国哲学家马勒伯朗士对东方的思想文化兴趣更大，他甚至写了《一个基督教哲学家和一个中国哲学家关于上帝的存在及其本质的对话》小册子，他把儒家学说描述为某种形态的斯宾诺莎主义，借此思想他向当时法国的正统观念示威。马勒伯朗士与诸多启蒙思想家一样，都将东方哲学作为有效武器用以对抗欧洲的旧思想和旧制度。由此我们不难发现，中国哲学及东方的思想已经开始在这一时期的欧洲的思想文化生活中承担一定的角色了。同时代的另一位法国思想家皮埃尔·贝尔同样喜欢以东方思想为武器，他是一位名为"自由思想家"激进哲学圈子中的成员，该团体崇奉反独裁的怀疑论，贝尔用其颠覆性的思想和方法有力地影响了18世纪百科全书派，他以中国为武器反对当时的封建王权制度，他借助中国古代思想来颠覆传统的圣经年代，用中国在宗教上的开明态度来攻击欧洲宗教的偏执、不宽容和迫害行为。而其哲学则坚决反对以宣称以形而上学和宗教形式获得真理的理论。在他的《历史与批评词典》一书中，贝尔质疑一切信仰中不言自明的哲学假设，甚至质疑斯宾诺莎、莱布尼茨等人，试图从普遍意义上建立宽容的原则。与耶稣会士相反，他坚持认为中国人是无神论者，以便证明基督教有神论并不是建立健全道德良好的社会秩序的必要条件。

启蒙时期的中国爱好者首推伏尔泰。在其作品《中国孤儿》和《查蒂格》一书中，他按照当时东方主义的习惯，以一种虚构的东方形象批评欧洲风俗。在其巨著《风俗论》中，他很明确地肯认儒家思想，并借此对当时的政治、宗教制度进行抨击，他坚信中国的道德哲学及其政治体系具有与生俱来的优越性，伏尔泰颇为欣赏中国的政治体系，认为它是建立在理性原则上的，摆脱了贵族世袭制。他甚至宣称，在东方能找到最古老的文明、最古老的宗教形态，以及一切艺术的源头，乃至于西方的一切都要归功于东方。应该强调的是，伏尔泰一生都在从事推翻国家和教会的现存秩序，在《哲学书简》中，他既引用牛顿和洛克的思想攻击法国的制度，也同样引用中国儒家思想批判"古老王权"的暴政、顽固和偏邪。从耶稣会士那里，伏尔泰知道孔子是一位理想的政治哲学家———一位典型的理性主义者，孔子不但提倡对宗教教条敬而远之的思想，还被公认为奠定了中国社会稳定与和谐的政治基础。同时，伏尔泰还用中国武器对付天主教派。伏尔泰认为，儒家学者是自然神论信仰者，他们对最高神性的信仰不是宗教信仰，而是对理性的自然之光的崇尚。他相信，中国人对神的崇拜，很大程度上避免了具有迷信色彩的偶像崇拜和奇迹兜售，仅限于皇帝主持的四季祭祀和个人的祖先祭祀。儒家的成功之处在于它提供的理论为构建一种道德、社会秩序奠定了基础，其思想的作用比欧洲的思想更为有效。对他而言，欧洲巨大的基督教神学大厦，包括其信仰、豪华仪式以及其腐朽的制度，都是欧洲的冗赘。伏尔泰并不喜欢东方的佛教、道教、印度教等，但对儒家思想情有独钟，他相信在中国能够发现宽容的宗教信仰结出的花朵，它没有教条，没有牧师，而是纯粹的自然神论。此外，伏尔泰还用东方思想抨击天主教、基督教、教会，甚至国家的现存秩序与正统的行为，从事这项工作的启蒙思想家还有狄德罗、爱尔维修等，这些思想家是激进启蒙运动的杰出代表，他们秉持东方思想对基督教社会展开了批判和否定，对他们而言，唯有完全清除旧秩序、旧制度之后，才能建立新的秩序、新的制度。

另一位深受东方思想影响的是重农主义的杰出代表魁奈。他深受中国思想文化的影响，并以"欧洲的孔子"而广为人知。魁奈的著作《中华帝国的专制制度》视中国为开明统治者治理国家的典范，这种类型的国家不会因统治者的一时兴起而做出决定，它会依据法律而动，它以全体人民的幸福为目的，社会方面的和谐运转则是统治者最关注的核心问题。魁奈和他同时代的人将中国视为理想的社会，它为欧洲提供了一个可供模仿的范本，他认为中国的制度是建立在睿智的、不可改变的法律之上的。他还对中国的教育体系极为佩服，在这个体系下，年轻人经过严格的学习过程以为公共服务做好准备，并借助科举考试获得晋身之阶。中国的这些方面对启蒙思想家有着莫大的吸引力，他们在中国那里找到了解决其社会特权和血统问题的钥匙，即通过学习和才干进入政府，这对此后的英法两国实施借助竞争进入公共服务机构的举措具有重要的影响。还有一位法国学者皮埃尔·普瓦弗，他写了介绍中国的文章，在他看来，中国是世界上组织得最好和最幸福的国家，因为它的行为模式最接近自然本身的运转方式即农业。国家很明确地支持这一基本原则，以鼓励农业发展，并尽可能将它从法规和税收的负担下解脱出来。它在哲学观念上表现为自然倾向于和谐平衡的状态，不但不用强制的手段达到这种状态，也不强求按照它的方式达到。在中国，皇帝的作用不是去指导、操控经济，而是确保经济的自然运转方式得到尊重，皇帝的角色在很大程度上是象征性的。比如皇帝每年春天都会以亲耕第一犁的方式来宣布耕种季节的开始，这一举动也被法国的路易十四皇帝效仿。自然必须被尊重，不是因为其庄严神圣——此观念已经被启蒙思想家所扬弃——而是因为它是一种自我调节体系，当人们听从自然法则的要求时，就能给一切事物带来最好的结果。明智的统治者懂得，在一定程度的控制之下，最好的政策在某种意义上就是什么也不做，这种政策被总结为一个哲学原则"无为"，译为法文则是"laissez-faire"。历史学家巴兹尔·盖伊（Basil Guy）解释道："法律制定者和法律本身都要认识自然秩序的原则，与中国的无为观念相一致——这一观念是他们政府理念的灵感源头。"① 正是在这一原则的激励下，魁奈及其弟子亚当·斯密才开始他们的现代经济理论的思考。

（二）德国启蒙理性观的理论来源

德国的启蒙理性的理论来源可以追溯到古希腊哲学思想、古罗马的文化和基督教文化的影响，除此之外，还有来自东方文化的作用，也对其形成具有重要影响。

1. 古希腊哲学思想的影响

西方哲学无论怎样发展，取得如何了不起的成就，它们都会追溯到古希腊哲学思想或文化，甚至是在遭遇到挫折或停滞不前的时候，它们也都会回到古希腊的源头寻找发展的契机，因为那是它们哲学的家园，也是它们哲学共同的童年时代，更是它们获得永不枯竭的力量的源泉，是它们共同的根、思想发生之源，所以是它们共同的故乡，是它们生生不息的根源。如同古希腊的一位离不开大地的神祇，必须从大地获得力量一样，西方诸国的哲学也都要时不时地回到它们精神的家园、思想的故乡来获得新生和力量。

要想理解法德启蒙理性从古希腊那里获得多少滋养，就需要追溯到公元前800年荷马所撰写的《荷马史诗》一书，直到今天，它仍是西方人最重要的历史学习素材，荷马的叙述特洛伊毁灭的《伊利亚特》和奥德赛陷入迷途的《奥德赛》这两部伟大诗作，为早期希腊人赢得了世界性的文化影响力。诗人荷马被希腊人视为伟大的教诲者，他的诗作具有一种典范式的教化意义，借助于奥林匹亚诸神的神话故事，他建构了在与政治和宗教紧密相连的伦理道德之中的人的形象。这一时代的贵族的行为方式决定了人类早期阶段的世界图景。在荷马之后，希腊的时代精神集中体现在新的艺术形式的悲剧中。剧院遂成为希腊文化的中心，特别在雅典最为典型。当时的伟大悲剧剧作家有埃斯库罗斯、索福克勒斯和欧里庇德斯。这些悲剧着重表现了当时的人类对自身命运的一种新的解读，即在传统的政治和宗教秩序中的人的自我形象的塑造或建构。索福克勒斯在其一首诗中写道：

任何事物不管有多么庞大，

---

① ［美］J. J. 克拉克：《东方启蒙：东西方思想的遭遇》，于闽梅、曾祥波译，上海人民出版社2011年版，第72页。

都不如人的伟大。

人越过灰茫茫的大海，

在冬天般寒冷的南方风暴中，

穿过海浪的颠簸。

最神圣的诸神、大地，

被不知疲倦、不知劳累的人，

征服。

用骏马拖着犁耙，一年又一年，

翻耕着坚硬的土地。

还有语言，风一般快速的

思想，和那城市秩序的意义。

他学会了，

在毫无遮拦的天空下，

如何躲避不可忍受的寒冷，

和那瓢泼的暴雨。

他懂得这一切，

便不会以无知

去面对他所面临的一切困难。

——索福克勒斯《安提戈涅》

从诗中我们不难看出，诗人对人之伟大、智慧、坚韧、执着的品性颂扬，甚至大地和诸神都被人所征服。这些具有独特性历史和神话的悲剧性主题对今天的剧作家仍不乏挑战性，它帮助人们从表现充满命运色彩的故事，逐渐进入一种具有伦理意义的自我意识之中，人生的哲学意味开始彰显出来。从中我们能够似曾相识地在哲理诗人荷尔德林和大哲学家海德格尔的思想中寻觅到类似的踪迹。而在悲剧之外，阿里斯托芬的戏剧则通过对世俗和时代的批判来展现这种意识。

其实，古希腊人很早就开始寻找一种理性的世界秩序。他们试图通过认知自然的起源及其事物本质的内在联系。这种思想的前提催生了哲学，也为所有欧洲思想奠定了理论基础。古希腊形而上学的形成有两个基本条件：其一，就是对未知事物的一种强烈的求知欲。希腊人并不满足于对事物的知其然，还要探求其所以然，要追问为何是这样的问题。这种追问源于人们对世界的一种惊异感，这种惊异感促使人们去认识世界，弄清世界的奥妙和神秘，因此就是对智慧之爱。对世界万物的兴趣，体现为一种追求，就是"爱"。希腊人把这种追求看作人之本性，人就是要追求令人惊奇的东西，追求其所不知道之物，表现为一种强烈的好奇心和求知欲。所以能够自由地追求自己的兴趣所指向的对象，是形而上学产生的第一个条件。第二个条件就是他们对语言的重视。语言在古希腊形而上学的形成和发展过程中起着重要作用，希腊人认为在语言与对象之间有一种对应的关系，语言与现实是一一对应的关系，比如语法、逻辑与世界的现实结构就是对应的。这在现代西方哲学中也有此类似观点。于是，对语言、命题即逻辑、语法的重视，又兼对未知事物的爱，即求知欲，合起来就左右了古希腊以来西方哲学的发展方向和趋势，在此过程中，爱就是一种动力，对语言的重视则使得形而上学成现为一种合乎理性和逻辑的过程。因为需要运用语言、语法、逻辑来表达世界的结构，"爱"则使这种逻辑结构处于一种"演进"中。所以后来黑格尔把哲学史看作范畴的逻辑演进。在古希腊，这种逻辑演进是受希腊人对个体自由、个人兴趣即精神的追求引导的，其追求是好奇心、求知欲的展现，是超功利的、为好奇而好奇、为知识而知识，没有其他目的，因此是自由的学问。同时，对语言的重视，作为前提，语言被推到了神圣的位置，语言是逻各斯，语言具有神圣性，是上帝的话、神的话语，是对存在的展示。

同时，在古希腊的形而上学的发展历程中，还表现为另一种特征，就是伴随着对理性秩序的追寻，形而上学也从自然哲学过渡到精神哲学，也即从对自然世界的关注到对精神世界的关注。在古希腊的科学里面，已经孕育了形而上的层次，包含了自然哲学。但是"自然"的概念不仅仅指自然界，或者我们所言的物理学，也包括心理学（精神科学），最初 physics 的含义就是指一切事物的本性，不仅包括物理事物的自然，也包括精神事物的自然。精神的自然后来从物理学中独立出来，形成了一种区别于物理学自然的精神之学，它是自然形而上学在自我否定中生成的精神形而上学。所以可以说，自然形而上学就包含着精神形而上学，其后的精神形而上学的从中的分立或独立，则是形而上发展的一个高级阶段，实质上是自然哲学的自我否定所导致的结果。

古希腊的自然哲学分为三个阶段：第一是早期的始基说，也就是本源说；

第二是爱利亚派的存在哲学，这派学说继承了始基派的理论研究存在问题的，自然哲学就与存在论（本体论）问题或者说形而上学有了相当的关系，此后的亚里士多德所研究的本体论也就是存在论；第三阶段是古希腊结构性的自然观理论。① 这派学说实际上是始基派理论与存在论学说结合在一起的结果，形成了一中队自然界的总体的结构派，用结构的方式来解说自然世界，已经不再是始基说了。在始基派理论里，始基只有一个，始基是万物的本源；但到了这一阶段，哲学家认为，仅仅用一个世界是不能解释整个宇宙的，需要用一种结构来理解，这种结构就是存在的结构，经过爱利亚学派的存在哲学才发展到这一层次。开始摆脱自然形而上学、进入精神形而上学阶段。

　　"始基"这一概念最早是由阿那克西曼德提出来的，然而，古希腊的第一位哲学家则是其老师泰勒斯。泰勒斯用"始基"一词试图将宇宙统一在一起，即万物由此始基构成，这是一种将宇宙万物归总在一起的初步努力。它也表现了早期希腊形而上学力图研究的问题——宇宙统一于何处？这种倾向，在古希腊之前主要表现在荷马史诗和赫西俄德的《神谱》中，如赫西俄德的《神谱》即表达了一种系统化的谱系思想，古希腊的诸神被赫西俄德按他们的血缘、世袭、代际关系理出来，用一条逻辑线索把神的谱系梳理得条理清晰、传承分明的神谱，蕴含了一种大一统、系统化的倾向。在此排序过程中，有一种明显的自然生殖线索将诸神的族谱串了起来。但《神谱》的主导原则是权力或者统治，如同尼采的"权力意志"，而不是血缘关系。在《神谱》中，诸神的地位是可变的，最开始统治宇宙的天神乌拉诺斯被其儿子克洛诺斯推翻，并被阉割，失去统治权；而后的克洛诺斯又被其儿子宙斯打败，并关入地狱，宙斯通过改变统治方法和划分诸神的势力范围获得了永久的统治权，成为最高主宰者。这意味着谁占据统治地位，谁就可以为王的法则，因此，《神谱》虽以血缘关系为主线，但其中已经渗透着权力意志的因素。正是在血缘生殖原则走向权力意志原则的过程中，形成了希腊形而上学。希腊语中的"始基"概念含义有二：其一是指开端之意，又称本源（后因巴门尼德对存在的分析、界定而改称"本原"），但这种开端不是生殖意义上的开端，而是指根源、源头、根基之意。其二是指"执政官"之意，也就是权力意志。"始基"概念的提出表示着希腊人已经把立足点转移到权力意志之上了，体现出

――――――
① 在此我们借鉴了邓晓芒老师《古希腊罗马哲学演讲录》里的观点。

一种权力、意志，而非原来的血缘关系，西语中有关建筑、建筑术、原创的词，都是源于"始基"一词。

从米利都学派的最初的始基"水"，再到无定形，然后是气，其根本原则是无定形（也译为"无限"），也是其核心概念。水本身体现了无定形的特点，水无形，而又能变化，生成万物。阿那克西曼德提出万物的始基是无定形，一切无定形之物都是万物的始基，而始基就是万物由之产生的东西，万物消灭而又复归于它。所以始基具有唯一性但无定形又有多样性，二者如何统一？阿那克西曼德指出，各种无定形者都是从一个唯一的"混沌"中分化出来的，唯一的本原其实是各种无定形的混沌体。水、火、气都是先作为一个无定形的混沌体，然后才分化出来各种不定形的东西，再从各种无定形的东西中形成万物。分离就是产生，体现为各种分离的对立的东西，如冷热、干湿等，由此才有了定形。阿那克西美尼提出了万物的始基是气的学说，这就使无定性之物变得具体了，这是一个重要的跨越，体现了多样性的统一原则，既有统一的普遍性又有单一性。万物都是由气生成，气本身事宜具体物，具有单一性，他把泰勒斯的水和阿那克西曼德的无定性综合在一起，实现了理论的超越。气体现的是一种力量、一种权力意志，它由两方面的力构成，即凝聚和扩散。不再是生殖力形成万物，而是通过凝聚产生的吸引力和扩散产生的排斥力生成万物，这种排斥和吸引的力有能力构成万物，因此也是一种权力意志的体现。实际上，这种吸引和排斥的理论已经是物理学的理论解释了。

但始基为气的理论存在一个缺陷，即动力源出自何处？这就出现了两个解决方案，一个方案是转换立场，抛弃无定性学说，认为万物本来就是有定形的，这是毕达哥拉斯的数论，另一个方案是使无定形与有定形相统一，万物的动力来自无定形物之内，定形就在无定形中。这是赫拉克利特的火理论。两个方案都解决了动力源的问题。毕达哥拉斯通过数理论否定了动力源问题，认为本源是有定形的，而数是有定形的，本原就是数。如此，不以无定形为基点，就不用解决动力源问题。万物一开始就是有定形的，有定形的本源是数，万物都是由数来定形，但该理论的问题是无法解释变化和运动的问题。毕达哥拉斯的办法就是否定运动、变化和不定形的真实性，认为那是感性的变幻不定之物，不具有真实性。超感官的数才是万物的本源，数是不变的、永恒的，一切感性的、变化的无定形后面都有抽象的有定形的数决定。数的决定权本身也是一种权力意志的体现。同时，我们也可看到，到此为止，本源理论开始由具体的物开始变成某种更加抽象的东西，开始往精神方面转换。不过毕达哥拉斯虽然否定了运动、变化和无定形的真实性，但对这些现象的解释不力，仍是其理论难题，这个问题的解决就由赫拉克利特来完成了。赫拉克利特提出万物的始基是火。他认为水、气、无定形等都无法解释运动，不能说明动力源问题。而火解决了这一问题，火本身就是能动的。尽管赫拉克利特重返了感性的自然界，重新回到了无定形，的确是对毕达哥拉斯哲学的反动，但他找到了一种可以自我定形的元素——火，火本身既是无定形的，又是定形的。说它无定形是因为它没有固定的形状，飘忽不定；说它定形，是因为它的不断变形又有自己的定形。人们无法给火定一个方的或圆的形状。火是通过自我定形的元素，自我定形就意味着既是无定形的，又是定形的。它无别物给予它的形状或形态，但可以自己定形，形成火舌、火苗、火花、冲天大火，可以有自己的形状，这也是一种权力意志，自己主宰自身。它带有一种主动性，不能由外在地强加于它的任何规定。但它有自己内在的尺度，有它的分寸，也就是逻各斯。所以他说，整个宇宙都是一场永恒的活火，这个活火里面就有生命的原则的存在，生命与火在古希腊人那里是极为接近的。有生命的原则存在，它就是活的，就是不能被强制之物。他强调火按照一定的尺度燃烧，按照一定的尺度熄灭。这就解决了万物的动因问题，即动力源问题。动力源就是在自然里，就在自然的本源里，那就是火。火本身就是自动的，它不由外物所推动，它是能动的。所以"一切皆流，无物常驻"。一切都在变动，无物是不变的。其他的变动都是由外物决定的或推动的，只有火是自我能动的。并且它按照一定的逻各斯能动着。赫拉克利特的逻各斯概念，本来是语言学的概念，即"说话""话语"之意。海德格尔认为它本来的意思是"表述"。但在古希腊，人们的说话是要承担责任的，所以这个话语又包含规律、法则之意。规律也就是尺度了，毕达哥拉斯的数仅仅是量的方面进行衡量，赫拉克利特的尺度则强调质，着眼于不同的事物，甚至是相反的事物。有了逻各斯的尺度，就可以把相互反对的东西统一起来，统一为一个新的尺度。这就是矛盾思想。赫拉克利特认为对人类而言，最基本的矛盾就是存在和非存在。存在的概念首次进入哲学视域，赫拉克利特还没有意识到这一点，他强调人不能两次踏进同一条河流，人们走下而又不走下同一条河，人们存在又不存在。将存在概念纳入哲学范畴里，他还是不自觉的，没有意识到它的巨大意义，但当他说人们存在又不存在时，人们的存在和不存在是统一的，都是同一个主词，人们既存在又不存在，这一问题引发了后世无数次的争论，并由此催生了后世的存在哲学和形而上学。那么存在和非存在统一在什么基础上？在赫拉克利特那里就是统一于火，火又具有能动性，就是运动。运动就是存在和非存在的统一。因此，应该说赫拉克利特是辩证思维的创始人。然而，在讨论存在与非存在的问题时，他遇到了一个基本矛盾问题，即感性和理性的矛盾。而存在与非存在的矛盾，其实就是感性和理性的矛盾，非存在、变化具体现在感性之中，感性都是变幻不定的，是不确定的，而理性则是逻各斯，是不变的。它又贯穿于一切变化的事物中，作为其尺度，规定着事物，是永恒的逻各斯。由于它们是在同一个尺度上燃烧和熄灭，所以又是同一的。但这里存在一个问题，即这个同一与整个感性世界的不断变化的事物又怎样统一起来呢？普遍的逻各斯与火的感性形象怎样统一起来呢？由于火是可看到的，逻各斯则是观察不到的，所以只能通过理性来把握。由是，他已经上升到理性主义的立场了，但也保留有感性的成分。由赫拉克利特的形而上学出发，这种理性的逻各斯再往前提升一步，就会进入爱利亚学派的形而上思想。

古希腊哲学的第二阶段就是爱利亚派的存在哲学，其存在哲学不再从感性自然世界寻找某种元素作为始基或本源，它关注的是如何对宇宙整体作一个抽象的规定的问题。因此，理性需要再往上提升到更抽象的层级，这就是宇宙整体的规定性。对于宇宙整体的规定，人们无法用对此整体的规定来解释万物，因为它们都是变幻不定的，都是非存在的，所以对它们的解释都是意见，而真理在事物表象的背后。真正的真理只有深入现象背后才有可能，这就为未来的形而上学做好了理论准备。爱利亚学派的存在哲学由塞诺芬尼开始，他提出一个重要的概念"一"，一与二是对立的，一是真理，二是意见，意见就不是真理。这个一就是神，一是神所特有的，神就是整个宇宙，是一个整体。这个神无所不能，他全知、全能、全听。他虽然并不创造一切，但他可以毫不费力地以他的心思和思想力左右一切、改变一切。我们不能用任何东西来规定它，只能承认它是一。当然，仅仅提出神是一，还不能成为哲学范畴，需要把神学的东西清除出去，这就是巴门尼德的工作。巴门尼德首次正式提出存在概念，为本源说奠定了理性之根或存在之根，他使得本源说或本体说从逻辑上得以规定。

巴门尼德认为，我们所谈论的"它是"或译为"存在是存在的"，其中主词就是本源，因此，在宣称本源是水或其他之前，我们应该先弄清本源的规定性，然后才能对本源进行经验性的描述。他指出，人们在本源论思路中，虽没见过它，但不断地用感觉经验中的事物谈论它、描述它，这是不合适的。为了更准确地把握它，我们需要对它进行更明确地界定，理清它是什么。"本源"一词是由阿那克西曼德最先使用的，但未被广泛使用，直到巴门尼德时代才被广泛接受。巴门尼德认为，"本源"是思想的对象，而不是感觉的对象，它的规定性不能不能通过经验描述或想象给出，而是必须在论证中呈现。巴门尼德由此给它做出如下几个规定：首先，它必须是不生不灭的。如果它是生出来的，那么是什么东西把它生出来的呢？如果它有一个生产者，那么这个生产这才是真正的本源，而这个"它"就不是本源。它生产万物，但自己不能是产生的。"产生"这个词表明，存在一个在先者，从而可以不断追问在先者。他认为，无论过去、现在、将来，我们都不能谈论本源的产生问题。因此，本源作为原始存在，一定不是生出来的，而且它必须是不会灭亡的。如果本源会消失，等于说，本源是个"无"。当本源消灭后，我们无法谈论本源——我们无法谈论一个不存在的事物。"无"不是我们认识的对象，不是真理的对象，而是意见的对象。因此，本源作为源始的存在，万物都从它那里产生出来，所以它必须存在，而且它不能消失，不能变成无，由是，它是不生不灭的。其次，它是一，不能是多，也不能是两个本源。本源作为原始存在，必须是单一的，否则，人们就会追究更加根本的或更为原始的存在，本源只能是一个。本源必须是圆满的，必须是不缺的，不能有任何一点的缺乏。为何它必须是圆满的？作为万物的本源，万物都是从它那里产生出来的，如果它不是圆满的，那就意味着万物当中有一个或者两个东西是它所缺的，那就意味着它不是真正的本源。这一两个东西存在于万物之中，却不来自它，那么它从哪儿来？如此，这个本源就不是真正的本原，因为它未能提供这两个东西的来源。所以它必须是圆满的，不能有一点点匮乏。这就是本源的三个特征。

巴门尼德的学生芝诺的主要贡献就是提出了归谬法，即矛盾法来进行论证。当一个命题无法从正面进行证明时，就需要反证法论证明，证明反命题存在着矛盾，以此来证明正题的合理性。芝诺的反证法主要表现在两个命题上：一个是证明存在是静止的；另一个是关于一与多的命题。前者在巴门尼德那里是同一个命题，存在是静止的、不运动的，它一运动就是非存在了。

因此非存在是解释运动的。芝诺通过证明静止来反对运动，驳倒了运动也就驳倒了非存在，从而证明了存在的正当性。就后者而言，存在是一而非多，他证明了多的不可能性，也就证明了一的可能性和必然性，从而就证明了存在的必然性，因为一是存在的一个根本性质。

古希腊哲学第三个阶段就是结构的自然观。结构自然观如同芝诺所说的存在与非存在、一与多、运动和静止的矛盾，或者避开矛盾，或者提供一种不矛盾的结合方式，由此提出了有关自然观的新的理论，即用一种概念的系统架构来解释自然，不再用一个本源来解释自然万物或宇宙整体。这就是古希腊的结构自然观。如前所述，古希腊自然哲学前两个阶段分别是始基自然观和存在学说，第三阶段是结构自然观，它重返始基的自然观立场，探讨具体自然物的形成，回到感性世界。但它同米利都学派不同的是，它不是要从感觉引出自然的始基或本源，乃是要寻求一个结构来解释自然世界。所以这个结构就是抽象的、理性的，由是，理性和感性就在这一阶段中结合起来了。这种自然观在爱利亚学派那里已经开始产生，爱利亚学派的麦里梭试图把存在和非存在、一与多统一起来，认为存在是多，最终归结为一。作为巴门尼德的弟子，其观点已偏离了其老师。巴门尼德的存在是唯一的，就是宇宙整体。此后的哲学家将这个整体变成了自然万物，变成为多，但这些多的每一碎片又都是一，又都是不可分的、永恒的。因此是在更高层次上回到了早期形而上学家的多样性，如此一来，存在和非存在就能同时存在、和谐相处了。麦里梭是最先这样解释自然的，此后的恩培多克勒提出"四根说"，即四元素说来解释自然，认为宇宙是由四根所构成的。四根是多元的，每一元素都是有定形的、不灭的，但都不是以一种纯粹的方式呈现出来的，而是按不同的比例混合而成的。尽管万物都是由四根按比例构成的，但每一根有各自为一，它们合起来构成多。自然界具体事物的统一是暂时的，都要分裂或消亡，唯有每一个根本身是永恒的、不灭的，只有由四根构成的自然界整体才是不生不灭的。如此，他就统一了自然界的万事万物，又囊括了宇宙整体，宇宙整体和四根都是永恒的。由于万物都是有形的、是占有空间的，所以四根构成的万物是由多种结构构成的事物。因此，用多元素解释宇宙万物的生成和消灭，相比较单纯的始基或本源说，就是从多元结构上解说宇宙，这种思维方式在此后的阿那克萨戈拉和德谟克利特那里得到了进一步的发展，甚至影响了柏拉图的思想。

　　阿那克萨戈拉在哲学上的贡献主要是提出了种子说和努斯说。他认为，万物都是由种子构成的，种子是不生不灭的、永恒的，种子有无限多，种子和种子之间，物质与物质之间没有空隙。他认为每一个种子都能被感知到，但感性的种子又是无限小的，只能用理性来认知。至于运动，则是由努斯引起的。在古希腊，努斯来源于灵魂、心灵，灵魂是自发的，所以努斯代表着一种自发的自由精神和自由的冲动，意味着对感性的超越，不受感性控制。理性灵魂不受感性的束缚，超感性的理性就是努斯，不断向上攀升，接近于神，最高的努斯就是神。阿那克萨戈拉提出努斯概念，视之为神，他认为努斯是伟大的灵魂、精神，并且努斯置身于宇宙之外。这就在宇宙之外设定了一个神的存在、一个纯精神的存在，并认定它是运动的来源，因为精神具有自发性、自动性或能动性，它推动事物运动。整个宇宙都是由努斯推动的，因此，努斯是运动的来源。所以努斯的提出在哲学史上具有极为重要的意义，它首次区分了精神和物质，并将精神视为运动的动因，这一概念的提出对包括德国哲学在内的西方哲学转向重视精神哲学的研究具有重要的影响力。从此，努斯精神开始在西方哲学中生根发芽，努斯概念主要有以下几层意思：其一是精神，它具有超越一切、追求至上的理想或至善的无尽的超越性；其二是理性，它是人的一种认识能力，超越感性世界之上来认识更高层次的本质这样一种能力；其三是它有意志，能支配一切、驾驭一切；其四是它是第一推动者、是一切运动的来源；其五是它有目的性，把世界安排得井然有序；其六是它有大有小，大的努斯就是最高的神，在宇宙之外；小的努斯就是人，人的努斯就是对神的模仿，人心和神是相同的，人心也类似于上帝。由是，努斯精神和逻各斯精神共同构成了西方哲学最为持久的精神动力，成为西方哲学生生不息的力量源泉，后世的许多哲学家的思想中无不显现着这两种精神的幽灵。此后的德谟克利特提出了原子和虚空的概念，认为万物都是由原子构成的，原子是最小的不可再分的东西，无法用感觉感知，只能用理性把握。他强调原子是在虚空中作直线运动，但他无法解释运动的动因问题，这种动因没有物质的原因的话，就只能用精神的动因来说明，这就为后来过渡到精神哲学奠定了基础。

　　再往后的柏拉图和亚里士多德两位哲学家，创造性地提出了这个世界的基础是由精神构成的思想。在柏拉图的理论中，他提出了诸多影响深远的哲学范畴，诸如理念、自由、不朽、理性、正义、美德、法律和政治秩序等。

亚里士多德则将哲学构思为一种囊括了存在所有领域的形而上体系，在他看来，形而上学是对存在的研究，因为它是一切被探索的事物的起源和原因。他通过四因说来解释存在，但四因说中最终的决定者是形式因、动力因和目的因，而不是质料因，特别是他将目的因视为最后的原因，显然也是一种精神决定论者，为精神哲学的发展奠定了理论基础。

　　总之，古希腊哲学发现了人类理性，重视知识对人类的重要价值。而其形而上学和伦理学的创立，使人类能够从理论的视角理解这个世界，并在实践中塑造这个属人的世界。德国哲学和文化始终对古希腊哲学和文化具有浓厚的兴趣，古希腊哲学对启蒙时期的德国的思想和文化产生了极为重要的影响力，正像英国知名德意志问题专家 Eliza Marian Butler 所言："如果说希腊人是暴君，那么德意志人便是注定了的奴隶。这样一个希腊深刻影响了现代文明的整体走向，希腊人的思想、标准、文学形式、意象、视野和梦想，只要是世人能够寻获的，都在这场运动中发挥出足够的威力。然而，在此一纵横四海的希腊影响力潮流当中，德意志成为至高的典范，以一己之身见证了这场希腊精神的大跃进。德意志人以无出其右的奴隶状态效仿希腊，希腊精神最为彻底地渗透并征服了德意志人的精神和梦境，同时，德意志人较之其他任何族群更为彻底地吸纳了希腊精神。简言之，希腊精神之欧洲影响力是难以估量的，不过，其烈度在德意志臻于顶峰。"① 同样，在形而上学领域，希腊思想也产生了重要影响，德国由此产生了诸多古希腊哲学大家，如康德、黑格尔、海德格尔等，古希腊的形而上思想不断地滋养着德国的启蒙哲学，并在莱布尼茨、康德、费希特、谢林和黑格尔那里结出丰硕的果实，为人类的哲学宝库贡献出了影响深远的形而上思想，展示了德意志民族极为深邃的哲学智慧。

　　2. 古罗马文化的影响

　　同古希腊思想相比，古罗马文化有着实践多于理论的思维方式的特征。探讨这个世界和人的本质，在古罗马人那里并不具有第一位重要的意义。他们认为，第一位有重要价值的是要有建立一套完整的国家秩序的意志。所以罗马人以一种对西方国家具有本质意义的方式，构建起了自己对法和事实公

---

① ［英］伊莉莎·玛丽安·巴特勒：《希腊对德意志的暴政》，林国荣译，社会科学文献出版社2017 版，第 8—9 页。

正的理解。

罗马是罗马文化的精神和政治中心，由于其悠久漫长的历史，因而被称为永恒的罗马。罗马曾经是一个逐步扩张的世界帝国的中心。部落、族裔或城市不再拥有历史的主导权，由此发展出了一种包容诸多民族的帝国思想。由于古罗马帝国勤勉的管理效益，罗马的商业、经济和文化得以交流、交换和沟通，为古代文明的发展创造了广阔的空间。直到今天，人们仍能在意大利看到，罗马人是以怎样庞大的规模修建了他们的道路和水管系统；海岸的灯塔和码头保障了海上交通航行的安全；相对稳定的金银货币体系保证了共同消费市场的稳定发展，保持一个永存的帝国；并且这个帝国的理念由 SPOR 这四个字母组成，即 Senatus Populusque Romanus（罗马元老院和民众大会），是罗马的文化成就。这样一个帝国要想长期存在下去，就需要确认和崇尚一套政治和宗教理论。公民意识在很长时间里影响着罗马人。罗马公民从自由的理念出发，承认每个个体在共和国内的自由权利和承担国家共同事务的义务。在此备受古典文化影响的国度里，帝国承担的重要任务是对内的保持稳定和对外保护罗马的安全、抵御战争。事实上，在罗马历史中的所有权力斗争都是这种理念的反映，而这些理念也构成了罗马文化的连续性。

同时，由于罗马帝国的不断扩张和侵略，造就了罗马人的团结、好战、冷血、贪婪、富有侵略性和喜欢冒险的精神特质，而罗马精神是农夫和士兵的精神，但既非农夫，也非士兵，而是农夫—士兵相结合的精神。不懈的劳作是农夫的命运，因为季节不等人，仅靠劳作并不能保证收成，必须筹划、准备，耕耘和播种；他必须有耐心还得靠天吃饭；更多的时候，他只有合作才能达到自己的目的。同时，按部就班是其生活的规律：播种—生长—收获都是不变的秩序。就此而言，源于实践的知识比沉思的理论更有价值。其美德是诚实和节俭，计划和耐心，劳作、坚韧和勇气，自信，单纯，以及面对比自己伟大的事物时的谦恭，这同样也是士兵的美德。士兵懂得按部就班的价值，这是纪律的一部分，也是对突发命令的直觉性反应。他能察觉某些看不见的力量，并忠于那些为其目的而战的将军，对人、对地方、对朋友奉献其忠诚。这就是农夫—士兵的精神。罗马精神的标志是自我服从意识。"因为你臣服于诸神，所以你能统治整个世界。"[1] 在一千年的时间中，罗马人所受

---

① ［英］R. H. 巴洛：《罗马人》，黄韬译，上海人民出版社 2000 年版，第 238 页。

的教育与其他任何民族均不相似，他们保持着那种服从意识。因为服从产生出力量。罗马人伟大的服从禀赋，在罗马法的种种伟大理想中发育成熟，它是在付出无数代价汲取教训后形成的理念。罗马人是一个有法律直觉的民族，法律的理念铭记在最早的罗马人为自己树立的种种理想和品质之中，并在后世罗马人中得以继承发扬和普遍应用。罗马人还重视种种永恒的价值，即诸神的意志，以及在人类实际生活中作为这些价值表现的客观权力；重视人的人格和彼此关系——无论在家庭或国家或朋友圈子中，它源自一种对每个个体人格的尊重，并在对自由的维护中生成；他们重视传统，这种传统牢牢地掌握着因其包含了并非一人一时所能提供的长年累月积淀下来的智慧而代代相传的东西；看重权威，但不是对优势力量的服从，而是对那些其经验和知识值得敬佩的人的判断的尊重；他们还重视誓言和坦诚的意图，即罗马人的信用，依靠这种信用，罗马人与朋友和依靠他们的人保持和睦，此乃他们生活中至为神圣之事。这就是罗马人的精神，这些精神的形成是通过一定的训练为先决条件的：家庭的训练，公共生活的训练，生活本身的训练，以及来自于自我的训练。这种类型的训练造就了一种对重要之事高度重视和承担责任的精神气质。于是，一旦手执梨柄，一个人便不会瞻前顾后或犹疑不定，而是紧盯目标，绝不放松警惕。正是这些品质构成了罗马人的禀赋，这些精神无疑对德国人的精神和他们的启蒙理性产生了重要影响，比如德国人的规则意识、宗教意识、服从命令、重视永恒的价值和忠诚品质等，无不与之有某种扯不断的联系。

另外，罗马的精神世界曾深受希腊思想的广泛影响。在希腊化时代，希腊语在很长时间内甚至取代了拉丁语。但是伟大的拉丁语诗人、作家和历史学家们仍保持着自己的罗马特征。他们是贺拉斯、奥维德、塔西佗、西塞罗等人。罗马的作家将拉丁文发展为一种完美的艺术形式，直至今天，仍是学校拉丁语课的基础和追求的目标。

西欧地区在罗马帝国数百年的统治下开始拉丁化，后来的基督教文化又逐渐渗透进这种文化之中。在古典时代的后期，基督教文化规定了人们全部的精神生活。这期间在口语化庸俗拉丁语的基础上，形成了各种不同的罗马语言，它们成为各个民族文化的前提。与此同时，日耳曼语在德意志中北部地区，取代了拉丁语被广泛使用，而其余的凯尔特人则生活在边缘地区。但准确地说，拉丁语仍是那个时期西部欧洲的超地域性语言。这也是为何直到

17世纪早期，欧洲的主要学术著作和文学艺术作品还在沿用拉丁文写作的原因。拉丁文及其承载的文化价值和精神取向无疑会对德国的启蒙理性产生重要的影响。

3. 基督教文化的影响

基督教是一种宗教，它给欧洲文化打上了宗教和精神性的烙印。当罗马帝国东部地区产生出以东正教教义解释的基督教时，西部则形成了以罗马城为中心的以天主教教义解释的基督教。但这两种不同的神学解释，在最初的几百年其理论差异并不是很大，双方还能按期举行宗教会议。直到中世纪后的宗教改革时期，才在对基督教的教义解释中产生了真正较大的分歧。自此之后，德国的哲学和文化生活才受到天主教和新教的深刻影响。

基督教把自己视为一种历史宗教，其文化起源可追溯到一些东方宗教。基督教形成于作为其历史前提的犹太教，并接纳了犹太教的许多重要思想。它和犹太教都认可《圣经·旧约》，因为信仰同一个上帝，即创造天地和掌握世间命运的至上之神。基督教把历史理解为神的救赎史、救世史，神给予背负异教徒罪名和罪恶感的人们拯救的希望。神拯救人的时间意识，并不是周期性的，而是以整个人类最终获得拯救为最终目标。大部分以希伯来文写成的《圣经·旧约》，与由4份福音书以及使徒书信和启示录构成，并以希腊语写成的《圣经·新约》，一起构成了神圣的经典，即一切书之上的书——《圣经》。它作为一本有关信仰的书及一份世界文学的见证进入人类思想文化史，通过翻译成拉丁文，即当时的通用语言，《圣经》在整个中世纪的欧洲得以广泛传播。

> 1. 最初是文字，是上帝的字，上帝就是文字。2. 与此相同，上帝就是开端。3. 一切已经造就的事物也都与此相同，没有这一相同性，即使已经造就，还是如同没有造就。
>
> ——《新约·约翰福音》的开端

在基督教史上，耶稣的生活和著作是理解基督教信仰的基础。对基督教徒来说，耶稣不只是一位宗教的创建者，对他的认知也是在传播一种信仰。正因为此，那个历史上的耶稣，不断地经历着人们对他所做的各种不同的新的解释，从把他作为上帝的儿子，一直到智慧的导师或社会的变革者，他的意义远远地超越了在历史进程中形成的基督教教会的范围。基督教信仰不仅涉及对绝对性的诉求，也包括对普遍性的追求和思考，这些都是与严格的基督教有关上帝的理念关联在一起的。接受人类文化至今所达到的一切善与真，特别是古典时代的遗产，并以基督教的精神重新复活，这对基督教而言，在古典时代的晚期以及整个中世纪都是自然而然的事。基督教对世界存在的严酷性理解，根源于其有关人类事务应承担责任的信念。它既没有许多东方宗教所特有的遁世逃避的意味，也不像某些典型的意识形态毫不怀疑地肯定这个世界。它涉及的是在极为不同但又有些变化的国家秩序中，基督徒重新构想这个世界的努力。这就存在着基督徒与世俗国家之间的紧张关系，许多信徒基于宗教的信仰，无法屈从于这种世俗的政权，因而在罗马帝国时代就已经出现了对基督徒的迫害。尽管遭受迫害，基督徒并不拒绝接纳古典文化。他们将宗教的爱解释为对所有人的爱，不论出身于哪个阶层，进而发展成为一种凝聚社会的力量，使得基督教拥有了一种超越希腊罗马晚期的斯多葛派等以自我完善为目标的伦理体系所具有的优势。

就像犹太教和伊斯兰教一样，基督教也将自己视为一种用语言传教的宗教，通过《圣经》传播基督教思想。同时，它还把自身看作一种拯救性的宗教，试图对人生的苦难、罪与恶、生与死等人生问题给予答案。它把耶稣的受难作为一种拯救和救赎的象征。十字架由此成为基督教的标志。在基督教产生的最初几百年里，人们每年都在庆祝基督教信仰中的奇迹现象。正是在基督教的信仰中，衍生出受礼拜日规定的礼拜规则，以及由此形成的基督教节日庆祝活动和教会年历。直至今日，仍留存下来的基督教的重要节日有：圣诞节、复活节和圣灵降临节。这些节日是对基督的诞生、受难、复活以及圣灵降临的纪念。另外，基督教救赎历史的思想与古典哲学理论和实践，二者的相互融合成为对西方国家具有决定性影响的文化前提。这一综合的倾向首先出现在亚历山大学派的思想中，其代表人物有克莱门斯（Klemens）和奥利金（Origenes）。通过他们的努力，基督教的历史哲学接纳了教育这一起源于古希腊的观念，并进一步依据这一观念，把历史展现为一种由上帝掌控的人类教育。古典哲学的其他重要观念如逻各斯、理念、智慧、不朽、灵魂和精神等，也经过重新解释而成为基督教的精神财富。甚至一些教父哲学家声称，希腊哲学都是受到上帝的启示而形成的，它们本身就是上帝的思想的展现。

　　基督教通过将人理解为个人从而拓宽了古希腊人的人道主义思想：在上帝面前，人人拥有同等的价值，并且人人都是不可替代的。基于对人的这种理解，基督教也赋予了古希腊的奴隶阶层同样的一种人的价值。虽然鉴于当时的经济和政治状况，并不能立即废除奴隶制，但基督教的每个人都是上帝的子民、人人平等的思想，为以后奴隶解放提供了合理合法的思想前提。

　　基督教文化对启蒙时期的德国思想的影响主要通过宗教和文化的形式逐步渗透的。在基督教化的历程中，日耳曼民族原有的宗教和文化理念丢失了许多，在基督教化后，日耳曼人的价值观念和生活习俗都被视为异教徒的、未开化民族的，深受蔑视。而基督教会的刻意干扰，更让日耳曼宗教处于被遗忘和遗弃的境地。事实上，有关日耳曼人的生活，仅仅流传下来很少的资料，主要集中在罗马作家凯撒和历史学家塔西佗的著作中。日耳曼人自己的文字也是在很晚才出现的。真正要描述日耳曼人的生活及其价值观念是非常困难的。所谓的日耳曼人，其实会涉及许多相互在文化上不尽相同的部落和族群。对德意志民族的历史和文化具有重要影响的不是哥特、伦巴第、勃艮第等一些大部落的日耳曼族群，而是定居在那里的或逐渐向南迁移的西日耳曼人的部落，即后来的德意志人部落，如萨克森、法兰克、图林根、阿勒曼尼和巴伐利亚等部落。

　　日耳曼人的所有部落都对上帝持有一种虔诚的宗教信仰，他们崇拜的是在自然界中的上帝。因而，他们并不建造庙宇，而是在山顶或神圣的丛林中敬仰其上帝，并借助宗教解释自然现象和日月星辰的变化。当然，也曾有不同的宗教观点：在与人相似的诸神的世界中，宗教表现的仅仅是对英雄和氏族的构想。日耳曼语中一周中的每一天的名字都来源于日耳曼神话。如今仍留存下来的诸多生活习惯和民俗，则是日耳曼宗教思想的基督教化后的产物。民族大迁徙的结果使得东日耳曼大部落逐渐走向衰落，而日耳曼异教世界观则染上了一种浓厚的悲观色彩。因此，基督教化后的日耳曼人开始皈依基督教信仰，使得基督教信仰逐渐取代原始的日耳曼宗教，成为日耳曼人的主要宗教信仰。

　　随着西罗马帝国的灭亡，欧洲开始进入民族大迁徙时代，一些原属罗马帝国的地区纷纷独立，开启了民族国家历史的发展，包括受罗马帝国统治的日耳曼地区。尽管罗马帝国崩溃了，但罗马帝国的精神比帝国本身更具生命力，它在罗马帝国消亡后，又延续了下去，进而成为整个中世纪主导欧洲历史的力量。当然，罗马帝国的解体，势必导致整个罗马文化影响力的大幅度下降，这就为面向将来的一种新文化的形成提供了可能性。此时，与欧洲毗邻的地区，已经形成了一些有重要影响力的文明中心，如拜占庭帝国和伊斯兰社会。

中世纪的文化思想是建基于希腊罗马文化和基督教思想传统的基础上的。人们想学习和研究古代文化和典籍。对德国文化而言，与古典文化的这种根源性联系始终具有十分重要的价值，因为此时德国贫瘠的思想需要古典文化的滋养和孕育，才能形成自己的思想文化。事实上，不仅在中世纪的起始阶段，甚至在更长的时期内，在诸多精神领域，都在延续着对古典文化的学习和研究。加洛林时代最重要的事件是采纳拉丁文和进行以"人文科学"为基础的教育。各个不同时期强调的重点也各不相同：经院哲学时期是哲学；人文主义和文艺复兴时期是艺术、伦理和语言学；在经典文化时期则是一种对古典艺术的复兴。在中世纪以后的年代，如果说人们为摆脱当时那种已经达到顶峰的文化而刻意去追溯古典文化的话，那么中世纪的文化则是一种在继承传统文化的基础上而造就了与其有诸多相似性的文化。古典文化由此得以传承，但这也导致文化在漫长的中世纪中陷于停滞，特别是自然科学领域。该领域的知识几乎都只停留在古典时期的水准上，而那些古典时代已有的重要科学成就，则被传统文化以综合的方式整合为一种新的有效的统一体的知识。因此，它以一种相对一致的世界图景在精神生活的多样性中塑造一切，这既保障了基于基督教而信仰一个无所不在的上帝的原则，又设置了许多不同等级的阶层和机构，使它们都与上帝保持密切的联系。正是基于中世纪的形而上学理论，人们才能在浪漫主义文化中为中世纪思想文化构建一幅理想的画面。而基督教信仰中关于罪恶和苦难的理论，弥补了形而上学中有关人与政治的理论缺失。中世纪之所以引起思想史的关注，乃是因为它严格地规定了人们生活的所有领域之间的相互关系，从而形成了中世纪统一的思想基础——基督教哲学，唯有从这一思想基础出发，才能更好地理解西方文化包括德国启蒙哲学的进一步发展。

在中世纪的精神生活中，哲学和神学具有至高无上的地位。这两个学科相互协调，力求寻求对人们生活世界的普遍性解释。整个欧洲的思想家都投身于这一工作，并为此做出了贡献。12 世纪形成的早期经院哲学，主要是从救赎史的纬度出发，来研究精神如何对所有存在进行渗透；而 13 世纪出现的包罗万象的经院哲学，才具有了更多的形而上色彩。

在经院哲学家看来，人类的历史只是这个世界的一部分，这个世界是由上帝创造的："这个世界拥有上帝的两部作品，存在于这两部作品的一切，就是它们的继续存在。首先是创造这部作品，其次是复兴这部作品。通过创造作品，使原先并不存在的事物出现在存在之中；通过复兴作品，便重新创造了原先已经衰亡的事物。如此这般，被创造的作品在这个世界的创造中有着一切它所具有的存在要素；但复兴的作品却在预言的人类化中，有着一切救赎的标准，不仅包括那些在人类之前、自自然世界开始以来就应经存在的事物，同时也包括在人类之后继续存在、直至时间终结的事物。"① 这一观念也是中世纪人们的共识。因此，这种有关人类史、世界和上帝的基本构想，伴随着不同时期信仰认知所达到的高度而不断发展。除此之外，还存在另一种人类史的解释，即一种关于各大帝国相互征伐、交替和取代的历史认知。由此出发，中世纪的德国就拥有了它的历史起源、未来和神圣性。萨利安和施陶芬皇帝时代的世界编年史就是以文字的形式留下的一个值得信赖的例子。

在经院哲学那里，理性和信仰是可以相互支持、和睦共存的，他们对知识和信仰之间和谐的认知建立在这样的基础上：应尽可能认真对待人的认知，但也要清楚人的认知能力的有限性和界限，只有诉诸信仰上帝的智慧之光，才能超越这种限制或界限。信仰赋予人以明智，而知识仅仅是为了帮助人进入信仰的世界。这种思想无疑对启蒙时期德国启蒙思想的理性与宗教和谐的观念产生了重要影响，而不同于法国启蒙理性将宗教和理性视为无法共存的对抗性关系。事实上，这种哲学和神学的研究方式，绝不仅仅是单纯对概念所做的玄思，而是借助许多充满活力的争论而进行的，这些争论对人们追求知识的明晰性、确定性也非常重要，并由此造就了后来神学著作的典型风格。因此，这种研究方式不仅对推进信仰和理性的深入发展具有重要价值；而且它也维护了宗教信仰的权威性，同时又保证人们进行自由探讨和研究纯粹问题的自由权利，这也是中世纪学术和信仰相得益彰的和谐表现，对后世人们维护思想自由具有重要意义。

对鼎盛时期的经院哲学具有重要贡献的德意志人首推多米尼加的僧侣阿尔贝图斯·马格努斯，其贡献甚至超过了其学生托马斯·冯·阿奎那。他对

---

① ［德］威廉·格斯曼：《德国文化简史》，王旭译，广西师范大学出版社 2017 年版，第 38 页。

欧洲哲学史的意义，首先在于他将由阿拉伯地区传到欧洲的亚里士多德主义，富有成效地使其为基督教所用，从而发展出一种具有独立性的形而上思维方式。另一位同样伟大的自然科学家阿尔贝图斯也对此做出了贡献，他以独特的研究自然的方法，开拓了一条直接观察和研究自然的道路。

新柏拉图主义和亚里士多德主义是中世纪的两大主要哲学流派。尽管这两种哲学思潮在诸多层面相互渗透、相互影响，但新柏拉图主义是一种以垂直性思维起点为特征的哲学，亚里士多德主义则更看重一种地平线式的思想特点。新柏拉图主义的垂直性思维是从一个最高原理推论出现象的多样性的哲学，而后世界就必须将这些多样性现象整合为回归的模式，直线地返回到最高原理，即从本原出发而又回到本原的思维模式（如后世的黑格尔哲学就深受其影响）；而有着地平线式广阔思维方式的亚里士多德主义则采纳了逻辑的原则，并以此构建了辩证的论证方法。然而中世纪最有影响力的哲学家则是奥古斯丁，没有一个思想家在思想权威方面能与之匹敌。人们从他那儿引经据典，汲取智慧的灵感，以守护哲学论证中的神学传统，也保障形而上思辨的理性特征。通过与神学的联姻，哲学获取了自己最后或最高的基础，即上帝作为根本的原因，作为第一原因，作为一切存在表述的本质，以及作为人类一切思想追求的目标；同样，通过与哲学的联姻，神学使得自身的存在获得了理性的支持，通过形而上的理性论证，借助逻辑法则的支持，神学理论更加严谨、更具说服力，并从哲学形而上学中获得更多的思想资源来充实和丰富神学理论，使得神学也具有了理性的合法性。中世纪的全部精神生活的本质，就在于在以上帝为中心的世界与人的秩序中，寻求对自身的解释。哲学和神学以这种联姻的方式，不仅为诗歌和艺术，而且为整个文化生活指明了方向。它们的联姻在此后的德国启蒙哲学里得到了继承和发扬，并在德国启蒙哲学里发展出了不同于英法哲学的独特思想特质——它使得理性和信仰、哲学和神学极为和谐地结合在一起，使得理性的批判和神学的启示并行不悖的共同面对这个不确定的世界的挑战。

4. 来自东方或亚洲思想、文化的影响

关于西方文明，西方的主流观点认为，"自主的"或"纯粹的"西方独自开创了缔造近代世界的使命，由于其独创性的科学理性、理性的躁动以及民主和开明的特性，大约在1492年时，"纯粹的"西方已经站在了世界之巅。从那时起，欧洲人向外扩张征服东方和中东，同时涉及了资本主义轨道，整个世界沿着这条道路发展，就能够摆脱贫困和悲惨的处境而进入近代化的光明。无论是过去还是现在，西方完全应该占据世界历史发展舞台的中心。其实，启蒙理性观虽然产生于欧洲，但其思想也深受来自东方的其他文化的影响。如果向前追溯的话，包括古希腊文化和哲学的形成都受到了东方文化的影响。今天西方所谓的西方文明本身产生于古希腊、产生自西方而与其他文明或文化没有关联的观点，主要是西方中心主义造成的。美国学者马丁·贝尔纳认为，讨论希腊历史的有两种模式，一种将希腊视为本质上是欧洲的或雅利安的；另一种则将其视为黎凡特的，处于埃及和闪米特文化区域的边缘。这两种模式分别称为"雅利安模式"和"古代模式"。"古代模式"是希腊人在古典和希腊化时代普遍的看法。据此，希腊文化的兴起是由于殖民化，大约公元前 1500 年埃及人和腓尼基人使希腊本土居民文明化。进而，希腊人持续不断地大量借鉴近东诸文化。在他看来，西方人大脑中的雅利安模式实际上是在 19 世纪上半期才形成的。他认为，应该回归到古代模式，埃及任何腓尼基人殖民希腊的历史是真实的，希腊文明是这些殖民和此后从地中海东部地区借鉴造成的文化混合的结果。他认为，希腊的神话、文学、艺术、哲学思想，甚至科学思想、语言等都受到了埃及文化的深刻影响。他指出："如果我坚持推翻雅利安模式，而代之以修正的古代模式是正确的，那么，不仅有必要重新思考'西方文明'的基石究竟是什么，而且有必要认识到种族主义和'大欧洲沙文主义'对我们所有史学或曰历史写作哲学的渗透。古代模式没有重大的'内部'缺陷或解释力单薄的问题，它被推翻是由于外部的原因。在 18 和 19 世纪的浪漫主义和种族主义者看来，希腊不仅是欧洲的缩影，而且是欧洲纯洁的童年，认为希腊是本土欧洲人与外来殖民的非洲人和闪米特人混合的结果简直令人无法忍受。因此，古代模式必须被推翻，而代之以更能让人接受的东西。"[①] 由此可见，即使是德国哲学家雅斯贝尔斯所谓的轴心时代理论，也是无视了古希腊思想文化的东方因素。另一位英国学者约翰·霍布森基于近代史的研究认为："东方（公元 500 年至 1800 年之间比西方更先进）在促进近代西方文明的崛起方面发挥了至关重要的作用。……东方通过两个主要的步骤促进了西方的崛起：传播/吸收和掠夺。首先，东方在公元

---

① ［美］马丁·贝尔纳：《黑色雅典娜：古典文明的亚非之根》，郝田虎、程英译，吉林出版集团 2011 年版，第 2 页。

500 年后缔造了一种全球经济和全球联系网，这些更为先进的东方'资源组合'（如东方的思想、制度和技术），通过我称之为东方全球化的途径传播到西方，然后被其吸收。其次，1492 年后的西方帝国主义导致欧洲人攫取了东方的各种经济资源，从而使西方的崛起成为可能。简言之，西方并非是在没有东方帮助的情况下自主地开拓自身的发展，因为如果没有东方的贡献，西方的崛起无法想象。"①

其实，在希腊建构起西方思想的哲学基础之时，东西方在古代世界里的贸易和文化交流就已经很好地建立起来了。此后，这种交流在罗马帝国时期和基督教建立时期都保持着其兴盛，而这一切事实都因伊斯兰在中东的存在而变得暗淡。从公元前 6 世纪到公元前 4 世纪，波斯帝国的阿契美尼德王朝建立了四通八达的道路，商业交流更加便利，通商范围一直扩展到印度河流域，它不但促进了印度与幼发拉底河流域的贸易往来，还延伸至沟通地中海与东方的丝绸之路。大量史实证明，在罗马时期东西方的贸易十分繁荣，丝绸和香料可以交换羊毛和金银，在这一时期，亚历山大大帝于公元前 332 年建立的帝国迅速取代雅典成为希腊思想世界的中心，也使之成为当时东西方贸易和文化交流的交汇口。

在文化交流方面，东西方的文化沟通交流也极为频繁和密切，不仅希腊的文学、神话思想与古代埃及有着密切的关联性，即使在哲学——这一人类公认的最具思想性的领域，也深受埃及的影响。大哲学家柏拉图在公元前 390 年前后在埃及游历过一段时间，埃及是其后期作品的一个中心关切。在《斐德罗篇》中，柏拉图借苏格拉底之口宣布，埃及的智慧之神发明了数学、算术、几何，还有最重要的字母。在《斐莱布篇》（Philipus）和《伊庇诺米篇》（Epinomis）中，柏拉图更为详细地阐述了埃及智慧之神是书写的发明者，甚至是语言和所有科学的发明者。在其他地方，柏拉图还赞扬了埃及的艺术和音乐，认为希腊应该采纳它们。因此，柏拉图大体承认埃及和希腊之间古老的"发生"关系，尤其是雅典和赛斯之间的关系，后者是古代埃及的一个主要城市。柏拉图一直希望回归雅典的古代制度，但那需要求助于埃及文化。在这方面，他与苏格拉底的学生伊索克拉底一样，后者呼吁雅典和斯巴达的泛希腊联合，

---

① ［英］约翰·霍布森：《西方文明的东方起源》，孙建党译，于向东校，山东画报出版社 2009 年版，第 3 页。

又赞扬埃及宪法是斯巴达宪法的更纯粹的版本。他们对希腊真正的古代根源挖掘愈深，就愈靠近埃及。其中一个原因是，他们都坚称，伟大的立法者和哲学家，如来库古、梭伦和毕达哥拉斯都曾把埃及知识带回希腊。他们都相信埃及曾经对希腊的殖民活动，与希罗多德一样接受埃及人带来重要文化财富的事实。他们承认外来殖民以及后来从埃及和黎凡特大量的文化借用对于希腊文明形成的极端重要性。

同样，对柏拉图影响颇深的毕达哥拉斯也曾在埃及逗留过一段时间，在那里，他研究了印度哲学。而亚里士多德在埃及停留了 16 个月，还专门剃了光头，以便和那里的祭司们一起学习。希罗多德对亚里士多德的埃及观影响很大，亚里士多德显然对埃及很着迷。虽然他有时强调美索不达米亚和伊朗文明的远古性，但他深思熟虑的观点是埃及人是最远古的民族。他认为，埃及的祭司发明了数学的艺术，包括集合、算术和天文学，希腊人正在掌握它们。事实上，亚里士多德对埃及的崇拜在一个方面上超越了希罗多德，希罗多德相信，埃及人发明关键的科学几何学是出于实际的原因，即为了在尼罗河水冲走地标之后重新丈量土地；而亚里士多德则坚称，是祭司从理论上发展了几何学。在众多身份中，亚里士多德还是亚历山大大帝的老师。随着公元前 330 年对波斯帝国的异乎寻常的马其顿征服，希腊对所有东方文明的兴趣都大大上升。当公元前 327 年亚历山大大帝侵入印度时，亚历山大关心的不仅是军事征服和政治扩张，他还有一个理想——将欧洲和亚洲联姻。需要提醒的是，亚历山大大帝的老师就是亚里士多德，亚历山大还帮助其老师收集其占领地的各种物品供自己的老师研究之用。毫无疑问，亚历山大大帝及其伙伴已经对印度有所了解，他们听过希腊史学家克特西亚斯讲述的故事，在对印度的远征中还有几名哲学家伴随，包括怀疑论学派的开创者皮罗（Pyr-rho），他对所征服地域的哲学与宗教进行了研究，在印度佛祖释迦牟尼"出家"与怀疑论观念之间确实有着某些显著的相似之处：它们都意识到人生苦短，通过精神训练达到心如止水的状态。随同亚历山大大帝远征的另一位哲学家翁尼雪克里图（Onesicritus），他看到印度的天衣派信徒通过自我戒律而能够毫不抱怨地忍受极端痛苦，他们将不穿衣服作为表达"自然态度"的一种方式，他们对自然法则非常忠诚，这些都给他留下了深刻的印象，并成为犬儒派批判希腊风俗的武器。其实，公元前 5 世纪以后——这是西方拥有充足的知识的唯一的阶段，古希腊人虽然为自己及其新近的成就而骄傲，但并没有认为他们的政治制度、科学、哲学和宗教是原创的。它们通过早期的殖民和希腊人后来在国外的学习而成，它们源于东方，尤其是埃及。

欧洲与东方的对话和交流在 7 世纪被伊斯兰人的突然入侵而中断，但在 13 世纪又因为圣方济会修士皮拉诺·卡皮尼（Friars Plano Carpini）与威廉·罗伯莱克（William Rubrock）史诗般的中国之行而重新点燃人们的激情，更著名的还有马可·波罗。这些人与东方文化的接触和碰撞，显然再一次激发了西方对东方的兴趣。对中世纪的西方而言，东方仍然是"这样的一块大陆，游走着一足犬首之人，独角兽和狮身鹫首兽出没其间，天上有飞翔的蝎子，地下有掘土出金的蚂蚁，那里是万物起源的天堂，那里处处是歌革和玛各之徒"①。这些冒险家的著述和经历，使得欧洲看到了对东方兴趣和爱好的重新解释的可能性，在随后欧洲心灵对东方的想象和知识建构中起到了相当重要的作用。

此后东西方地碰撞和交流，与环球的地理大发现和随之而来的欧洲经济、政治力量在 15、16 世纪的扩张有较大的关系，在西方崛起的过程中，与之相伴的是以中国为中心的世界贸易体系逐渐衰落。自公元 10 世纪开始，在中国的推动下，逐步形成了横跨欧亚大陆，联络东洋、西洋和南洋的贸易和金融流动体系，其中，以恰克图为核心、贯通"内陆欧亚"的北方贸易体系，以及以琉球为核心、联系西洋、东洋和南洋的海洋贸易体系，乃是以中国为中心的世界体系的两个重要枢纽。16 世纪以降，随着美洲白银的输入和殖民主义军事扩张的加剧，随着世界地缘政治态势的大变动，最终导致了以中国为中心的该新的世界贸易体系和货币流动体系于 19 世纪走向瓦解。同时，在金融体系方面，中国长期没有形成自己的货币体系，致使中国经济社会的发展，长期依赖美洲的白银，一旦白银数量不足或被控，也势必阻碍中国经济社会的发展。中国自宋、元、明、清到中华民国长达数百年的历史内，由于历代政府长期实行经济、社会的放任主义，中国都没有形成自己的自主货币，宋代经济已经开始依赖南洋、西洋舶来的白银；而明隆庆之后，从美洲大量进口白银和银元，更成为解决中国经济发展和货币短缺矛盾的基本国策，从而使得中国经济社会的发展过度依赖美洲白银供给，这就成为阻碍中国长期发

---

① ［英］约翰·霍布森：《西方文明的东方起源》，孙建党译，于向东校，山东画报出版社 2009 年版，第 56 页。

展、实现革命性变革的重要瓶颈。另外，宋代以来，中国此后的政府国家组织能力的日益弱化与经济和市场的不断发展之间的矛盾，也是中国经济社会发展日趋衰落的原因。中国政治史的经验和教训表明，宋代以来之所以出现了国家组织能力下降的问题，其根源在于国家治理能力的全面下降，中国的士大夫阶层，自那个时代起，就已经不再能够承担起一个逐步近代化的国家治理之责，即他们既没有管理经济、财政、税收、司法、军事和金融的具体能力，也不再能够担负起组织人民、教育人民的责任。华而不实、日益腐化的士大夫阶层，已经日益成为中国近代社会发展的阻碍力量，而中国的基层治理早已落入了横征暴敛的胥吏手中，从那个时候始，中国其实已经出现了管理者、治理者"缺位"的危机。事实上，宋明以来，中国政治最大的弊端就是理论与实际相脱节、政治与基层民众相脱节、经济活动与国家财政金融政策相脱节，而历代统治者采取的办法竟然是放弃基层，并放手让土豪劣绅、黑社会性质的组织和非正式的"包税人"控制和鱼肉基层。这些问题正是导致中国经济社会发展逐步衰落的主要原因。

至于欧洲向东方的扩展，其动机颇为复杂，包括以下原因：由文艺复兴带来的新思想——开放心和好奇心，开拓市场的需要即绕过伊斯兰地区寻求加入以中国为中心的世界市场的目的。但西方这种目的的实现是通过强制和暴力、通过战争实现的，是通过战争手段中断了中国的朝贡体制的世界贸易体系，通过控制白银货币体系而取得的。那种认为人类通过商业得以文明化、市场会将战争的冲动转化为有意的社会繁荣的理论是骗人的，正像美国学者彭慕兰所言："认为市场经济扩散对人类社会有益的乐观看法，隐瞒了市场经济得以建立的暴力基础，以及在市场经济（特别是非欧洲人世界里的市场经济）背后武力始终不断的这一事实。'原始积累'也就是直接掠夺他人资产和强迫他人付出劳动力，几千年来屡见不鲜。……财富主要建立在人数众多、力量强大的军队和收税员上，而非生产技术和市场运作上。"[①] 这可以通过中国近代史的历史事实予以证明。另一个同样重要的目的则是宗教传播方面的诉求。东西方的交流和碰撞是通过耶稣会传教士开启的，他们是当时反宗教改革的突击队，于16、17世纪渗透到印度、中国、日本，正是他们首次详细

---

① ［美］彭慕兰、史蒂夫·托皮克：《贸易打造的世界》，黄中宪译，陕西师范大学出版社2008年版，第174页。

地了解了东方思想和文化。尽管其目的是传播基督教，但他们受到过文艺复兴时期人文主义的思想的熏陶，并非冥顽不化、心胸狭窄的传道者，他们对中华文明有着极高的评价，如中国的儒家哲学、文学、制度等，他们还将中国人的信仰和行为模式写成系统的报告发回欧洲，并用拉丁语翻译了一些儒家经典，以《中国哲人孔子》之名于 1687 年在巴黎出版。在 17 世纪后半期，这些报告和翻译在欧洲被广泛阅读，这些东方的思想对欧洲人的思想发生了深刻的影响，从而进入到启蒙时期的意识形态的讨论之中，对该时期一些主要的观念的形成具有重要作用。

为了传播基督教思想，传教士认为应将中国人和基督教徒的基本哲学观念进行近距离的比较，这能够证明中国人的教化程度足够高，以至于很容易地就使得他们接受基督教的信息。因此，他们把中国人描述为一个在道德和政治上都十分成熟的民族，他们被受过高度教育和充满智慧的统治者治理，其基本观念来自于道德和社会相关的普遍人类理性。这些描述使得欧洲人对东方文明充满了向往，并产生了浓厚的兴趣，对促进东西方文化的交流与合作具有重要价值。此后，紧随传教士著述的是其他旅行家的见闻，到了 18 世纪中期，数量庞大的有关伟大亚洲文明的著述日渐增多，并在欧洲的受教育阶层产生了广泛的影响。在前启蒙时期和启蒙时期，对东方哲学产生过持久兴趣的思想家主要有：蒙田、马勒伯朗士、贝尔、沃尔夫、莱布尼茨、伏尔泰、孟德斯鸠、狄德罗、爱尔维修、魁奈以及亚当·斯密等人，他们对东方的哲学、国家行为、教育体系都十分着迷，他们以东方为参照来审视欧洲的哲学、制度的不足，以激励西方的道德、政治和宗教改革。正像欧洲的传教士一样，许多启蒙思想家也用启蒙观念来阐释儒家思想，以此来改造欧洲成为理想乌托邦的一种政治哲学观念。无论欧洲对中国的描述是否精确，但它的确已经深入欧洲人启蒙的自觉意识中，触及了那个时代思想文化生活的各个方面，这也是不争的事实。

在此我们要特别地指出东方思想对德国启蒙思想家的影响。东方思想对德国启蒙哲学家的影响首先体现在莱布尼茨身上。莱布尼茨认真地研究了不少中国经典，并撰写了两部理论扎实的论著：分别是出版于 1697 年的《中国近事》和 1713 年出版的《论中国人的自然神学》，后者是对中国哲学的研究。莱布尼茨认为，中国已经建立了基于理性而非神学的自然宗教。莱布尼茨的目的是寻求一种和谐的原则，使得欧洲争斗不休的宗教与政治内讧能够彼此协调，中国哲学可以提供这种资源，故此，他把中国思想视为扫清使人与人隔离开的道德和精神屏障的盟友。他希望建构一个放之四海而皆准的基石，借此西方宗教可以和中国的自然神学与道德规范进行平等的交流。对中国自然神学的兴趣使得莱布尼茨认真研究了中国的建立在阴阳学说基础上的有机主义哲学及其普遍和谐的原则，他提出的单子论与中国哲学的阴阳学说有着相似的形而上意味。同时，借助《周易》思想的研究，他意识到，这不仅仅是一本预言手册，也是揭开一切象征系统的钥匙，甚至在根本上是宇宙学的。由此，他提出了一种二进制数字系统，这一系统已成为今天大多数计算机操作系统的基础。这个二进制数字系统对莱布尼茨而言，不仅仅是一种纯数学的构想，还是他雄心勃勃的建构宇宙运算体系计划的组成部分，这种思想能够带来和谐，不但能消弭欧洲的宗教纷争和分裂，还能促进亚欧之间的了解。在其《论中国人的自然神学》一书中，他指出，中国人观念中的理（第一原则）和气（生命力量）可以和西方哲学观念作极其相似的类比，在此基础上，一种共同的哲学信仰的核心就可以建立起来了。莱布尼茨对中国的热情影响了同时代的许多人，其中最著名的是沃尔夫，它是莱布尼茨的学生，德国理性主义思想的代表人物，对康德产生过重要影响。沃尔夫很重视儒家思想，并给予其中的伦理观念以高度评价，在 1721 年的一次著名演讲中，他宣称儒家的道德学说建立在理性的自然之光的基础上，而不是神启的基础上，尽管如此，它仍然和基督教道德学说具有同等的价值。他认为，儒家拥护的自然道德观念与他的理性主义前提是相一致的。这种主张让沃尔夫付出了沉重的代价，他因激怒正统的新教人士而被免去大学教职，并被逐出了普鲁士，但也因此使他成为理性的殉道者而在欧洲声名远扬。

　　来自东方对西方产生重要影响的还有印度的思想和文化。如果说中国是启蒙时期思想家关注的最主要目标，那么印度则俘获了德国浪漫主义的心灵和想象。印度真正为启蒙思想家所知，最初也是通过耶稣会传教士的报告实现的。从 17 世纪之后，有关印度的大部分信息才被欧洲获取。直到 18 世纪下半叶，在欧洲知识界展开了关于印度问题的广泛讨论，尽管印度思想中的形而上思考和神秘倾向并不合乎这一时期启蒙哲学家的口味，但它们经过欧洲人心灵透镜的适当折射后，却正好清晰地映射出浪漫时期的心灵结构，而浪漫主义由此获得了诸多滋养。德国的浪漫主义对印度文明和思想的兴趣和激情可以与启蒙时期的中国热情相媲美，以至于 19 世纪初德国哲学家弗里德里希·施莱格尔将之视为"东方的文艺复兴";法国学者施瓦布认为,19世纪晚期印度思想被介绍到欧洲,并于当时欧洲文化、哲学相结合,从而导致了一场文化革命,其意义不下于15世纪的意大利文艺复兴,他说:"梵文经典传入欧洲,引发了19世纪气氛的复苏……它造成的后果,可与15世纪君士坦丁堡陷落之后希腊手稿及其拜占庭注疏传入欧洲相媲美。"① 与启蒙时期一样,对新东方主义的首要思想推动力不是基于纯学术的需求,而是由于人们对当时欧洲流行的思想和信仰的不断幻灭而造就的。一方面,犹太基督教的精神传统已经不得人心;另一方面,启蒙时期的唯物主义和反宗教思想发展到了连精神的可能性也要完全废弃的地步。这就使得浪漫主义者处在理性主义者冰冷无情的气息间,处在欧洲基督教促使他冷静地、近乎残酷地摆脱自身渊源的氛围中,他由此痛苦地了解了自己,对他而言,印度遂成为充满希望的大陆。

与启蒙思想家一样,浪漫主义时期也明显可以感受到对新复兴的诉求,在浪漫主义身上表现为寻求孩童般的纯真和整体的观感,他们向往那个时代诗人、哲学家都能感知到的时代所失落的东西,亦即"世界大同"与"天人合一"的理想,他们希望在现代西方社会中被割裂的宗教、哲学和艺术能够重新统一起来。所以对东方的较早兴趣主要出于伦理和政治的需要,而新的兴趣则大多由形而上的欲望所激发,过去中国作为政治乌托邦被置于中心地位,而今则是印度被视为精神王国。印度思想反映出了那个时代形而上的当务之急,它使得印度在与唯物主义的西方相比较时,被视作为一种精神性的神话,因此唯心主义的印度次大陆的观念俘获了西方的想象。从政治方面看,德国知识分子对印度的迷恋部分原因在于:被法国革命激发起来,而且还在不断增长的民族热情,使得许多知识分子自相矛盾地指望一种假定的与印度的古老思想相联系,借此可以宣称自身具有某种特殊身份。在德国人的心目中,启蒙很大程度上被视为法国人的事务,而与东方有着神秘亲和力并受其推动的浪漫主义运动,则是纯德国人的,表明德国人要超越法国影响的范围,去寻求新的文化、政治身份认同。这一问题在后来的种族主义和反犹主义上有充分的表现。

---

① [美] J. J. 克拉克:《东方启蒙:东西方思想的遭遇》,于闽梅、曾祥波译,上海人民出版社2011年版,第83页。

无论如何，东方的复兴走向成熟是在德国而非英国。在英国，浪漫主义主要集中于诗人和画家，而在德国则是由剧作家和音乐家发出呼吁的。更需要强调的是，浪漫主义在非凡的哲学家和思想家家族中找到了强有力的表达方式，他们在 18 世纪末、19 世纪初活跃一时，其血统由赫尔德、歌德向下传递，经过黑格尔、谢林，直到弗里德里希·施莱格尔与叔本华。所有这些人都以某种方式被施瓦布所谓的"印度色彩"所感染，那个时代每一位主要的诗人、散文作家和哲学家都染上了这种"东方流行病"。在此意义上，康德作为当时哲学运动的源头则是一个例外，尽管他对印度宗教中不存在教条主义和不宽容的状况给予了特别的关注，也表示过对佛教道德理念的敬意。

事实上，浪漫主义也在印度身上投射了他们的理想，即一种更加充分清醒的人类生存状态和更具有整体性、更重精神性的文化。印度人被看作孩子般的民族，他们行为亲切，举止优雅，比起欧洲人来，他们更接近事物的自然秩序，他们沉浸于宁静、从容和有序的生活中，禁绝与肉食和饮酒相关的暴力行为。与欧洲人的贪婪相比，印度人被视为体现出了高尚精神性的民族。印度对于许多浪漫主义者而言，乃是一种智慧的源泉，实际上也是文明的根源。甚至还暗示了德国和印度在语言和人种上的联系，超过了德国与古代地中海文明的联系。甚至连康德，这个并非东方浪漫主义者，也在重复一些普遍的观念，说欧洲文明中的农业、数学以及国际象棋都是来自印度。同时，与印度古代智慧的联系也引发了重要的哲学共鸣。在《奥义书》中，印度智慧发展到了最高、最深奥的阶段，在此阶段一元论思想与婆罗门观念结合起来，取代了早期的《吠陀经》的多元论，阿特曼（ātman，灵魂本源）的核心原则与德国唯心主义哲学中的心智或精神（Geist）扮演的角色直接平行关联。《奥义书》的教义认为，我们借助感官认知的世界并不是"真实的"世界，而是表象甚至空幻（maya），生活的目的就是认识自我（阿特曼），通过认同绝对来达到自我认识。这一观念似乎与德国唯心主义哲学的某些核心的、典型的特点颇为融洽，这些特点可以总结为：现象世界本质上是通过精神和心智存在并组合在一起的，个人心智仅仅是绝对精神演变中的瞬息存在而已。因此，如同儒教为启蒙思想家提供了适合的理性主义者的、自然神论的哲学，印度教的《奥义书》则提供了一种崇高的形而上体系，引发了德国唯心主义的共鸣，并激发了反对在启蒙时期占主导地位的唯理论和机械论哲学的浪潮。

印度思想对德国浪漫主义思想的影响主要集中在赫尔德、歌德、费希特、谢林、黑格尔、叔本华等人身上。赫尔德，康德的学生，是一位在许多方面为浪漫主义运动设定了进程的重要代表人物，在那一代人中，他首次为了浪漫主义的理想把东方纳入视野。他崇尚印度的浪漫主义情结表现在其作品中："哦，神圣的（印度）大陆，我向你致敬，一切音乐的源头，心灵的声音"以及"将东方视为——人类的摇篮，人类情感和一切宗教的摇篮"。[①] 他还赞赏印度古迹的庄严，宣称印度是一切文明的源泉，甚至认为语言本身也不是源于地中海或中东地区，而是源于印度。赫尔德在这样做的时候，他就把欧洲人的起源和身份认同——或者更确切地说，是把德国人的文化身份认同——置于浪漫主义运动的核心。尽管他对印度的思想文化也不乏批判，如对印度的殉葬习俗、世袭制度，以及印度人的听天由命的态度等并不认同，但这并不妨碍他把印度看作一个理想的范式，以促使欧洲人观察和度量他们自身的道德缺陷。在他那里，文化本质和文化身份是其思想的核心。与启蒙主义的普世主义和理性主义者不同，赫尔德看到人类历史是由民族和传统组合而成的，每一个体既存在于完整的、有组织的整体中，又保有自身的生活和灵魂，器官生长和发展的比喻是赫尔德思想的典型特征，借助于此，他想证明欧洲和印度之间具有密切的生活联系。自然，作为路德教派的牧师，他从未质疑过基督教高于印度和东方的内在崇高性，但他对印度哲学的同情理解，特别是对印度古代经典诗歌的移情影响了整整一代德国人，其思想对浪漫主义时期的尚古主义的形成提供了巨大帮助。同时，作为一名基督教牧师，赫尔德从不对正统加以攻击，但他对东方文明悠久历史的重视，以及他所崇奉的欧洲民族源于亚洲的信念，不可避免地导致他对《创世纪》有关人类早期历史的权威性说法表示疑问。对印度思想的同情使他走得更远：他拒斥灵魂转世说，认为是虚妄，但同时又认为这是众生持有同情心的观念的来源，并把它与众生一体的观念联系起来。他还为印度的泛神论和世界灵魂（阿特曼）观念所吸引，这两者都为德国浪漫主义者所援引，以支持它们关于自然世界的基本精神和超验整体的观念。

浪漫主义运动中具有重要影响力的人物是赫尔德的朋友——伟大诗人歌德，他与赫尔德一起激发了最早的浪漫主义运动——18 世纪 70 年代的狂飙突

---

① ［美］J. J. 克拉克：《东方启蒙：东西方思想的遭遇》，于闽梅、曾祥波译，上海人民出版社 2011 年版，第 91 页。

进运动。歌德从未成为印度迷恋风潮中的明确的支持者，他自视为希腊文明的拥趸者。不过，歌德极富感应力，他对东方传来的观念和思想很感兴趣，无论是来自中国的还是印度的，在他的作品中，有大量证据显示了来自东方的影响。歌德熟悉当时德国最杰出的东方学者，比如弗里德里希·梅耶和希尔维·德·萨西，前者狂热地迷恋印度戏剧《沙恭达罗》；后者极其崇拜"无与伦比的琼斯"的著作。歌德对于东方主义风格的贡献是用中文韵律写就的诗歌《中德四季昏晨杂咏》（1827），以及一组名为《西东合集》（1819）的诗歌，它们影响了整整一代德国诗人，包括海涅和吕克特。在为后者作品所写的序言里，歌德提及赫尔德对自己的影响，认为自己想要"洞察人类的最初起源，那是他们仍能用陆地上的语言接收上帝从天上传来的训令"。歌德对丰富的印度神话并不迷恋，但他和当时的其他很多人一样具有泛神论的倾向，这在《奥义书》哲学中找到了共鸣。

事实上，《奥义书》对德国知识界包括浪漫主义时期的伟大的哲学家的吸引力，主要在于其所具有的一元唯心论思想。这种思想认为，一切事物经过最终的分析之后都仅仅是一个单一的整体，这种单一性源于现实的基本性精神实质，而事物的多样性只不过是我们有限感觉的幻象。从费希特、谢林到黑格尔、叔本华的德国唯心主义哲学运动明显在许多层面上相当关注这一思维方式。在这些哲学家中，只有叔本华被认为与东方的思维方式关系密切，他甚至以此享有大名，尽管他本人否认这一点。费希特十分精通新一代的东方学者们的观点，他的唯心主义哲学充满了许多引人入胜的与印度思想的类比，但他也不能被称为印度风尚的主要发起者。倒是在德国唯心主义自然哲学发展中的关键人物谢林的思想中，洋溢着诸多东方思想的影响。其实，在其学术生涯中，谢林一直对印度和东方研究表现出极大的兴趣，并始终给予支持。在1802年的一次演讲中，他对"印度的神圣经典"不吝赞美之词，称它们超过了《圣经》。在谢林漫长的学术生涯中，其哲学思想几经变迁，但有两个方面的思想我们可以从东方主义的纬度发现，一是他早期的自然哲学；二是他晚年有关神话的著述。18世纪90年代，谢林提出了一种从动力生长和发展的视角去关照自然的哲学思想，自然被视为一个统一的有机系统，通过对立面的协调统一过程来达到自我建构，精神从自然的子宫里产生并成为自然的最高表现，通过与"绝对"的同一，自然获得了最大程度的自我实现。他所谓的"绝对的同一"包含了在统一中消除差异，他关于绝对的核心观念是指自然万物中最终和谐统一，无论是精神上的还是物质上的，他关于有限世界的虚幻本质的观念，其泛神论、"世界精神"以及贯穿其中的直觉论，在那个时代都被认为是出自《奥义书》哲学这一共同的思想源头。尽管谢林对《奥义书》缺乏理论上的明晰性表示遗憾，但他一再强调印度哲学对他的吸引力，称印度哲学"非他，乃最崇高之唯心论"。谢林与印度神话的关系发展得尤其深，其《神话哲学》一书的前一百多页几乎都是在讨论印度思想，他将东方和西方的宗教历史系统地整合在一起。在其后半生，谢林从早年的一元唯心论重返正统的基督教一神论立场，所以他不像同时代的其他人那样，试图用印度思想作为批判正统的武器。尽管如此，在对神话的研究中，他发现吠陀梵语诗歌是神话的源头之一，它不但远远早于《圣经》，甚至都不属于地中海世界。在早年，谢林曾对典型的"所有人类只有一个上帝"这一浪漫主义观念产生过兴趣，并在后期有关神话的著述中，他将这一观念进一步发展为这么一种思想，即全世界只有一个神话，它被所有的文化传统分享。他甚至试图创造一个所有人类共有的融合的神话传统。《吠陀经》展示给谢林的是所有人类拥有一个最初的统一体，要衡量谢林在这一问题上所做的贡献，必须把它视为将人类的世界精神历史看作一个单一整体的富于建设性的若干伟大尝试之一。它提出这样的思想，普遍人性将超越一切表面化的地域与历史差异，这一尝试在 20 世纪的东方主义那里产生了重要的回响。

而对印度思想最为亲近的则是浪漫主义哲学家施莱格尔，他试图把一切事物都回溯到印度的源头，这在其著述中多有表现。在一封信中，他指出："一切事物——没错，一切事物——都能在印度找到源头。"[①] 作为浪漫主义的领军人物，施莱格尔最为精通梵语，这为他研究印度的思想文化提供了便利条件。在其 1808 年出版的《关于印度智慧和印度语言的随笔》中，他盛赞这门神圣语言的美丽与古老，以及它适宜于表达哲学观念的优越性，还对它进行了语言学和人类学的阐释，并追忆琼斯和杜百龙的观点，即北欧人的起源可能被追溯到印度。施莱格尔推测有一个充满活力的新人种在印度北部形成，他们为一些超越了必要程度的刺激所激励和驱使，蜂拥而至西方，施莱格尔甚至还宣称古代埃及曾经被印度人殖民统治过。所有对印度的赞美和仰

---

① ［美］J. J. 克拉克：《东方启蒙：东西方思想的遭遇》，于闽梅、曾祥波译，上海人民出版社 2011 年版，第 95 页。

慕都说明施莱格尔是一个对欧洲文化糟糕现状的尖锐批判者。与此同时，东方被视为道德和宗教的纯洁典范和失落了的最早的人类统一存在的典范。在施莱格尔的著作中，一直有着一种对印度古代文化田园牧歌状态的丝丝怀旧之情，在这种状态下快乐的人民与自然紧密相连地生活着，对艺术和科学和谐的渴求也随之产生了，这在印度的思想文化中历历可见。他主张回到东方文明，认为那里是迄今为止每一种宗教和神话生成的源头。

对施莱格尔而言，印度是所有语言的真正源头，甚至是所有思想的最初源头，为了强烈反对和法国有不可磨灭联系的古典主义，施莱格尔还转向古代印度去寻找德国文化的源头。浪漫主义者重视对人文——这是要寻求一种能够超越人性破碎状态的人性崇高状态——的寻求，这在施莱格尔身上有明显的表现，他与印度的对话唤醒了一种理想，这种理想早在理性主义时期就由莱布尼茨以更加冷静、更为精确的语调谈论过，莱布尼茨认为亚洲和欧洲人组成一个单一的伟大家族、一个无法分割的整体。当施莱格尔认为，"在印度存在着一切语言、一切思想和一切人类精神的表达方式的真正源头。一切事物——没错，一切事物，毫无例外——都能在印度找到其源头"，以及"所有智力发展的最初源头——一言以蔽之，整个人类文化的源头——毫无疑问可以在东方传统中发现"① 的时候，他是在为他们那一代人表达这一思想。以此为基础产生了这样一种信念：在众多繁杂的人类宗教信仰之下存在着一种普遍性的启示，如同施莱格尔所言，普遍的神话和神秘事物被假定为具有通用于人类各民族的可信的秘密，在各地域不同的神话和信仰的外衣之下隐含着同一个真理，所有人类拥有同一个上帝。因此，这也是浪漫主义者对人类精神和历史的世界原则的需求的体现，它渗透在那个时期另一位伟大的哲学家黑格尔的思想中。

黑格尔在许多方面都将浪漫主义的观点作为一个整体来评判，他并没有陷入浪漫主义者对东方的无约束的狂热中。黑格尔讨厌无节制的狂热幻想、无限制的狂热，以及他在印度文化中发现的混淆不清的偶像和神话，他将东方的过去普遍视为停滞和冻结的，并认为东方并没有能力复苏。不过，黑格尔对东方文化有一定程度的研究，他已经尽可能全面地了解东方，他对印度哲

---

① ［美］J. J. 克拉克：《东方启蒙：东西方思想的遭遇》，于闽梅、曾祥波译，上海人民出版社2011年版，第96页。

学的绝大部分理解主要来自库尔布鲁克的研究和他朋友印度学学者弗朗兹·博普（Franz Bopp）。在其晚期著作中出现了大量的印度、中国文化和哲学的参考书目，在关于哲学史、历史哲学和宗教哲学史的讲演中，他投入了大量的时间去详细分析他对中国和印度在人类精神普遍历史中之地位问题。实质上，黑格尔不是第一个把东方思想置于哲学史研究中的哲学家。约翰·戈特利布·布勒（Johann Gotlieb Buhie）在 1796 年出版的哲学史著作里就包含了中国和印度哲学的部分。但黑格尔是第一个将其作为主题加以系统研究的，他试图把它们放在人类精神——作为绝对精神的部分展开——的总体进程中去研究。黑格尔对东方的研究在许多方面表现为思想史中的一种独特解释理论，尽管这种解释此后被用来将印度完全从哲学史编纂中抽离出来的一个理由，它仍然可以作为一个例子表明黑格尔是唯一一位对印度哲学和宗教观念认真投入的重量级西方哲学家。尽管黑格尔对东方的思想文化持批评态度，但毋庸置疑的是，来自东方的思想文化无疑对其哲学思维具有重要的理论意义，也是其哲学思想的重要议题之一。

事实上，黑格尔在其理论体系中想要涵括东方思想文化的雄心是极为惊人的，这种雄心映射的是欧洲作为新出现的世界力量在该时代的历史地位的显现。但黑格尔的这种理论也受到了该领域的诸多批评，认为其理论过于抽象和玄奥，缺乏对异国思想文化的切实的、可靠性的理解或解读。其欧洲"视野"在超越东方思想的时候，却无法真正地将其融会贯通。这使得黑格尔认为，历史发展具有不可逆转的方向性，这一方向性残酷无情地由东方转向西方。与浪漫主义不同，黑格尔不认同过去，所以古代中国和印度的思想文化无法在他身上激发起那个时代的激情。相反，他认为这些文明只是在人类精神的发展历程中占据了较早的时段而已。普遍的历史就其本质而言是在精神上对自由的逐渐自觉过程，是对自由的最终认识和自由的实现。世界历史"表示'精神'的意识从它的'自由'意识和从这种'自由'意识产生出来的实现的发展"[①]。而所谓"普遍的历史"指的就是世界历史，"研究历史的人大都目的在于对于一个民族，或者一个国家，或者整个世界的全部历史——简单说来，就是对于我们所谓的普遍的历史，考察它的梗概"[②]。在他看来，趋

---

① ［德］黑格尔：《历史哲学》，王造时译，上海书店出版社 1999 年版，第 66 页。
② ［德］黑格尔：《历史哲学》，王造时译，上海书店出版社 1999 年版，第 4 页。

向自由的过程表现为一种精神的历史进程，它在欧洲的现代基督教文明里达到了顶点。黑格尔认为："东方各国只知道一个人是自由的，希腊和罗马世界只知道一部分人是自由的，至于我们知道一切人们（人类之为人类）绝对是自由的——这种说法给予我们以世界历史之自然的划分，并且暗示了它的探讨方式。"① 这一观点并不意味着较早时期的智慧就被抹杀，它们只不过被保存并带入"扬弃"，到稍后时期的更高的综合阶段。由是，东方自身就凝固了，成为僵滞的文化而停止在从前，它无法超越自身。更进一步说，只能站在我们当下的、高级的欧洲文化立场才能完全理解东方，这就为欧洲的东方学者颁发了特许证，使得他们能够以欧洲的学术语言去接管和厘清东方的思想文化，由此理论出发，东方就不可能完成自身实践的任务了。

尽管黑格尔一贯对同时代的浪漫主义者过分迷恋东方思想持批判态度，认为他们背离现实、歪曲历史，但他知道东方的思想自有其价值，他对东方的兴趣远远地超越了纯粹的古文物研究的范围。对东方的认识为其提供了比较全球人类文化历史的丰富资料，为其建构人类精神发展的历史模型提供帮助。同时，对东方的认知，包括对一切外国文化的认知，都能够为当代的过度与片面倾向提供矫正参照物和解毒剂，比如欧洲思想中的浪漫主义自身和极端个人主义，都可以从东方思想中的和谐、团结协作观念得到教益。所以黑格尔对东方思想的兴趣不能和他的反浪漫主义态度相割裂，也不能与他对现代西方思想所持的保守的过分的主观主义和人类中心主义态度相割裂。唯此，我们才能正确地评价黑格尔与东方思想文化的关联性。至于叔本华与东方思想文化的密切关系，由于与我们讨论启蒙理性观不在一个时代，在此就不再着墨了。

---

① ［德］黑格尔:《历史哲学》，王造时译，上海书店出版社 1999 年版，第 19 页。

第二章　两种理性观及其逻辑进路

一　法国的启蒙理性观及其逻辑进路

（一）法国的启蒙理性观

两种理性观在理论来源上的差异性也导致二种理论本身存在较大的差异性，表现为不同特质的理论气质。启蒙时期的法国理性观是指法国启蒙运动时期形成的理性观，它代表的是一种法国式的思维方式和价值取向。法国的启蒙理性通过否定启蒙之前的精神生活，以克服黑暗和未启蒙的状态来证明自己的正当性。同时，它还暗含着对抗历史上所有与启蒙相对立的东西：对抗偏见的统治、对抗现行权力关系基础上的政治镇压、对抗精神上和宗教上的管制、对抗（自身和外界导致的）持续的不成熟状态。面对一个可能还没有完全被黑暗势力掌控，但也始终没有被"理性之光"照耀或彻底照亮的世界，法国理性肩负着新的使命和责任——传播理性之光的任务。这不仅仅是为了让人认识到眼前的苦难，更是要消除苦难，随后建立起符合理性或完全按照理性秩序建立的世界。法国理性认为这是它所面临的最为急迫的任务。

之所以如此，乃是因为法国理性是一种基于经验，而又放弃了经验的理性，它推崇演绎法，追求理性的普遍性，但这种普遍性是一种没有基点的普遍性，或者说是一种没有根基的普遍性，因为它来自经验，而又抛弃了经验，只在纯理性的领域里满足自己的需求，所以它是一种抽象的理性，其普遍性也是一种抽象的普遍性，因为它割断了自己和个别性、具体性、特殊性的关联性，它不知道自己必须和它们建立密切的关系，理性自身才有基础和合法性；同时，法国理性还缺乏理性的终极目的性。法国理性以自身为目的，理性就是一切，它没有悬设最终的目的，没有终极目标，这样，理性就不会受到任何东西的限制或约束。理性自身就是法官和审判官，理性本身也就是终极目的本身，因此，它没有任何包袱，也没有任何羁绊能够阻挡它，因为缺少了终极性目的的规约，也就没有任何东西能够妨碍它，即使宗教的上帝也不能奈它如何，因为它眼中根本没有上帝及其权威性。正因为此，法国理性才是一种抽象的理性。因为它既没有经验的基础或根基（虽然它最初也来自经验，但它很快就剥离了自己和经验的关系），也根本不考虑为经验做事；又兼其没有了终极性目的的引导和约束，所以其行为就没有特定的指向性，也没有任何的禁区或限制性的东西，一切全凭自己的爱好和判断，这种特性使得它的形而上追求往往是浅尝辄止，不追求彻底性和终极性，于是，理性既无要追求的目标，也没有要照顾或服务的对象，如同没有妻子和儿女也失去了父母双亲的鳏夫，他既不需要上尽孝父母，下要照顾妻子儿女，为达此目的他必须有实现这些愿望的目标和追求，比如一个收入好的工作、一所能安顿家庭的大房子等等。但一个没有任何亲眷的鳏夫则没有任何这方面的需求，他只有他自身，没有其他的目的和追求，最多他自己就是目的。所以这种形而上只能是比较世俗的形而上，它缺乏超越性，虽然它割断了与经验世界的关联性，似乎没有了经验的羁绊，但也正是因为此，它也就没有了责任与义务，毕竟经验也会对理性提出各种要求的。至于它的更高的追求，则因为没有目的或终极性的目的，而只能在抽象的世界中自我欣赏、孤芳自赏，而真正的理性既要有与经验世界的密切关联性，又要有对经验世界的责任和义务，即必须对经验世界有担当，才能使得理性有使命感，从而有更高的追求，其终极追求也是在这种对经验世界的担当中形成的，因为这是来自使命的诉求。由是，法国的理性就成了一种抽象的理性，在自我的世界中顾盼自影，如同一位孤家寡人，没有语言的交流，没有亲朋好友的陪伴，没有目的可供追求，一切都在随性中存在。至于对至上的善或崇高的形而上的追求则在法国启蒙理性中找不到丝毫的踪迹，因为善和崇高也是抽象的价值符号，它们既与现实没有关联性，也与至上的形而上追求没有关系，终极的善或至上的形而上追求，必须既来自现实的诉求，具有现实的基础，同时这种现实性又必须与至善或崇高的形而上理想相联系，或者说它们本身就出自这种至善或崇高的形而上理想，唯此，这种诉求才具有现实性的基础，同时又具有至上性、神圣性的保证，从而就为自身的合法性、合理性找到了至上的根据，唯有这种根据才能在现实追求中拥有无比深厚的根基。

或许正是由于没有经验世界的牵制，又没有终极世界或神圣世界的约束和限制，理性就失去了依靠和钳制，尽管它能以自身为目的，貌似有完全的自由，但无节制的自由也是一种不自由，面对无尽的自由抉择，理性也不堪

重负，因为它无法也无力承担这数不尽的选择的风险和代价，其结果是：它
会寻找依靠和帮手，这些帮手起码能分担独自自由或选择的痛苦，千金重担
有人分，自然是可喜的事。不过，能够找到的这些帮手绝不是高尚或高贵之
物，而只能是情感等非理性，因为要获得高贵、高尚或者崇高之物的帮助，
需要理性付出极为艰辛的努力，理性还必须达到更高的境界、必须有对崇高、
高贵之物追求的崇高信念和坚强的意志力，否则便是不可能的。而情感和非
理性之物，就如同大街上那些游手好闲的不良子弟一样很容易得到，只要能
使他们获得利益或好处。当然这里所说的情感是比较低级的情感，绝不是高
尚的情感，因为高尚的情感绝不是随意就会与它物结盟的，它会认真的选择
和甄别，绝不会与低下的东西为伍。高尚的情感只会选择与高尚之物为伍和
结盟，不会放低自己交友的标准，否则，它就丧失了自己崇高和高尚的品质。
所以理性能够随意找到的就一定是这种趣味比较一般甚至比较低级的情感等
非理性之物。然而一旦与情感非理性绑定，理性就很容易与之妥协，甚至为
其所左右，从而表现为理性追求的摇摆、不确定甚至矛盾。由于情感及其他
非理性因素对人的行为具有强大的影响力，甚至在绝大多数情况下，人都是
情感和非理性的奴隶，正如休谟所言："反对我们情感的那个原则不能是理
性，而只是在不恰当的意义上被称为理性。当我们谈到情感和理性的斗争时，
我们的说法是不严格的、非哲学的。理性是、并且也应该是情感的奴隶，除
了服务和服从情感之外，再也不能有任何其他的职能。"[1] 在《道德原则研
究》里，休谟更明确地指出："在任何情况下，人类行动的最终目的都决不可
能通过理性来说明，而完全诉诸人类的情感和感情，毫不依赖于智性能力。"[2]
这种强大的内驱力使得理性不得不与情感、偏好、情绪、欲求、欲望，甚至
无意识相妥协，有时还会结成比较松散的同盟，以反对共同的敌人。再加上
抽象性的理性本就没有坚实的根基和终极的目的追求，对不朽、永恒、绝对、
崇高、高尚根本没有觉知，就更使得理性的这种朝三暮四的摇摆成为常态，
甚至成为一种习惯性的行为而肆无忌惮，这或许就是法国理性的宿命，它在
启蒙运动的思想家身上表现得更为充分。就像彼得·盖伊所描述的那样：启
蒙哲人在冷静反思的时候，会抛弃他们通常乐于采用的幼稚的二分法，会认

---

① ［英］休谟：《人性论》，关文运译，商务印书馆 1980 年版，第 499 页。

② ［英］休谟：《道德原则研究》，曾小平译，商务印书馆 2001 年版，第 145 页。

识到时代不仅仅是批判者和基督教徒之间的持久较量。狄德罗与耶稣会的贝尔捷之间有友好的通信往来；休谟指出，圣公教教义的热烈辩护士巴特列主教曾经向人推荐他的论文；伏尔泰公开斥责耶稣会教士权迷心窍、阴险诡诈、凑在一起做龌龊的鸡奸勾当，但是他私下里承认，曾经教过他的那些耶稣会教师为人正派，是可敬的学者。哲人们之所以如此，部分原因在于，现实中常常出现危机时刻，或者启蒙哲人要力战群敌，或者虔信者摆开阵势对付无信仰者。此外，从长远看，启蒙哲人向往的世俗世界与他们置身其中的宗教世界是不可能达成妥协的。尽管如此，启蒙哲人还是与他们的文明——至少与这个世界的开明部分——有着千丝万缕的联系。具有讽刺意义的是，启蒙哲人过于执着于意识形态，不愿承认这种联系。他们宣称完全没有从基督教文化受益。在政治方面，他们的错误意识则表现为另外一种形式。这次他们不把自己的时代简单划分为两个敌对的阵营，而是极力攀附权力。他们与敌人称兄道弟，为此而付出了沉重的代价。这样做导致它们的策略发生扭曲，长期限制了他们行动自由，由是还诱使他们陷入唯心的认知，最终磨钝了他们的激进锋芒。他们对殉道者的历史烂熟于心，因此不愿加入牺牲者的行列。与此同时，启蒙哲人显然常常误判了时代的潮流，也不理解启蒙思想带来的后果。伏尔泰对卢梭的《社会契约论》和狄德罗对《爱弥儿》的漠视就是典型的例证。为了突显自己，启蒙哲人不愿意消除所有的特权标志；为了让自己受到尊敬，他们根本不想破坏社会的尊卑规矩。他们说到群众时小心翼翼，随着时间的推移，也越来越不加以呵护。这种态度揭示了他们对旧秩序的依恋以及对社会巨变的恐惧。在这种变动不居的形势下，无论是合作还是敌对似乎都不是不可改变的，因此启蒙哲人和当权者们不断地合纵连横。孟德斯鸠捍卫高等法院，反抗国王；伏尔泰稍后则捍卫国王，反对高等法院。这迫使孟德斯鸠与不赞成他的自然神论的詹森派站在同一阵营，而伏尔泰则与痛恨任何启蒙哲人的掌玺大臣莫普结成统一战线。① 对此，美国学者卡尔·贝克尔指出：这些矛盾的思想和行为，说明"在这些 Philosophes［哲学家们］的著作中却有着比我们的历史书，所曾梦想到的更多的基督教哲学"②。这固然

---

① ［美］彼得·盖伊:《启蒙时代》(上)，刘北成译，上海人民出版社 2015 年版，第 20—22 页。
② ［美］卡尔·贝克尔:《18 世纪法国哲学家的天城》，何兆武译，生活·读书·新知三联书店 2001 年版，第 37 页。

是其中的一个原因，但法国理性的特殊思维方式是导致启蒙哲人的这些思想和行为混乱的更为重要的原因，这就是由其抽象性的理性所带来的。

因此，法国的启蒙理性仅仅把自身视为目的，这种目的是一种抽象的目的论，它没有现实的根基，也没有至上的善或至上的形而上根据。所以抽象的理性认为自身就是合理的、合法的，也是理想的。它可以将自己的目的或目标视为现实世界所需要的，因此必须在现实中实现或呈现出来的东西。因为被理性确证过的东西就是最为合理的，也是最为合法的东西，合理、合法的东西就是最理想的东西，它没有不实现的理由。因为由理性建构出的东西是纯粹的、合乎逻辑的，尽管它不出自现实世界，但它是现实世界合理性的要求必须予以实现的理性现实；虽然它也不是出自至善或至上的形而上理想，但理性的逻辑本身就代表了这种至善或至上的形而上理想，甚至说它就是这种至善本身，或至上的形而上理想本身。在它看来，理性不需要走那么多弯弯绕，不需要那么辛苦和曲折，理性不需要经受那么多煎熬和考验，如同要到达天堂必须通过炼狱一样，理性本身就是上帝赠送给人们的至上礼物，理性具有无比神奇的力量，理性本身就是通透的，它具有一双火眼金睛，在它眼里，任何东西都无法隐匿自身，都将现出自己的原形，所以对于至善也是如此，理性本身就能窥视到至善本身，或至上的形而上理想本身。好像是它与至善世界是一起的一样，如同柏拉图的灵魂说，它能看到天国世界或神圣世界的东西。所以理性自己就能识别这种天国的理想世界，无须那么复杂的形而上追求，理性自身就是至上的神、就是至善、就是在此岸世界中存在的神圣存在。经过理性逻辑审查过的东西就是神圣的、合理的，也是合法的东西。所以理性的东西就是对现实而言最为理想的东西，它没有理由不实现。正因为此，法国的理性将理论本身视为现实的，并且必须在现实中实现出来的东西，理性要实现理性的理想，就必须摧毁现实才能建构一个更为理想的世界，这就是法国理性为何具有无比的激情而又充满暴力性的原因。

作为一种抽象的理性，其理性目的在于获得认识真理和安排社会生活的普遍有效的方法。它在笛卡尔哲学里表现得最为明显，甚至由于笛卡尔的心灵理性使得这种抽象的理性得到更充分的表达和进一步的发展。一方面，笛卡尔的心灵不仅脱离了宇宙理性客观性的范畴而变成了个人的主观理性，而且这个主体的理性原则与历史、文化和社会的背景没有任何的关联性；另一方面，笛卡尔的理性知识都是永恒的真理，它们绝对不受特殊的历史和环境条件的限制。理性不以任何事物为根据；反之，理性是所有存在物的真实性根据。笛卡尔认为："除非有理性的根据，否则我们都决不应允许自己被任何事物的真实性所说服。"① 这些先验的真理一旦被人们的良知所领悟，就可以把普遍的理性之光洒满人间。在笛卡尔看来，真理在于它的永恒性质，随着历史条件的改变而变化的东西绝不是真理，而是虚幻的影像或多变的经验。可见，笛卡尔的抽象理性主义绝不亚于其他理性主义，事实上，近代理性主义的抽象性多是以笛卡尔为出发点的。而法国的启蒙理性更是以笛卡尔为师，所以它喜欢抽象的原则，即准则，一切都从准则出发来思考和行动。正如孟德斯鸠所说："我建立了一些原则。我看见了：个别的情况是服从这些原则的，仿佛是由原则引申出来的；所有各国的历史都不过是由这些原则而来的结果；每一个个别的法律都和另一个法律联系着，或是依赖于一个更具有一般性的法律。"② 这种准则性抽象思维也是一种形而上思维的表现，它是一种非本源性的理性诉求，这种理性在回归哲学的根源的过程中，由于受到好奇心的诱惑，在还没有真正到达理性的家园前，就被通往家园路途中的种种美景和海市蜃楼所吸引，开始把持不住自己。虽然说它也具有一定的形而上性，但它的形而上性不够纯粹，带有一些世俗的成分，它无法割断同尘世的联系，甚至有意保留和尘世的联系，目的是随时回到尘世，如同柏拉图的灵魂的马车中的欲望之马一般，总是掺杂肉体欲望的成分，总是贪图尘世的生活，"因为每一种快乐或痛苦都像有一根铆钉，把灵魂牢牢地钉在肉体上，使之成为有形体的、把身体的肯定的任何东西都当作真实的接受"。柏拉图认为："灵魂与身体一致，在相同的事情上寻找快乐，由此产生的结果是灵魂必定会变得在性格和训练上与肉身相同，这样它就决不能逃往不可见的世界，而是习惯于和肉体在一起，于是它在离开肉身后很快就又回到另一个肉身中，在那里扎根和生长。由此带来的后果就是，它成为纯洁、单一、神圣事物的同伴的可能性就被完全排除了。"③ 因此，法国的启蒙理性并未把理性的形而上之基建立在稳固的磐石上，它对至上的超验世界或至善的理想世界、神圣世界不感兴趣。它对现象世界具有强烈的好奇心，因此，更愿意在现实世界着力。

---

① ［美］S. 汉姆西尔：《理性的时代》，光明日报出版社 1989 年版，第 69 页。

② ［法］孟德斯鸠：《论法的精神》，张雁深译，商务印书馆 1961 年版，第 34 页。

③ ［古希腊］柏拉图：《柏拉图全集》（第一卷），王晓朝译，人民出版社 2002 年版，第 88 页。

为了介入现实世界，它把理性打造成为威力无比的武器，好用它向现实世界发难。对它而言，理性之强有力的潮流已经清理了中世纪积累起来的自然知识的垃圾，理性必须被引导进社会生活领域。理性是不可分割的，它将黑暗势力驱逐出自然科学王国，考虑到其足够的能量、实用性和创造力，也将会一劳永逸地解决掉社会政治问题。随着 18 世纪不断向前推进的启蒙思想，这种观点也在不断扩展。所有问题或是过时的、现在已经是自我蒙蔽的经院哲学之无意义的残存，要不就是能够以清晰的术语加以阐明，通过科学方法可以一劳永逸地加以解决。新科学的胜利在于"理性乃是矗立在我们面前的至高法庭和所有事物之最终判官，任何对抗理性的呼求都无价值和希望可言"[①]。因为此，它把理性推上历史舞台，强调理性地位的至高无上性，视理性具有无上的权威，可以有权审查任何东西，任何东西都必须在理性的法庭上为自己辩护，否则就不具有合法性、合理性，就缺少存在的根据或理由。

法国的启蒙理性是一种超越历史的抽象理性，它试图寻找到一种适应任何历史时代的思想原则，并将这种原则作为评判和建构社会和历史的基石。法国的启蒙理性依据这种普遍性的原则对社会现实进行猛烈的批判，即使是人们的宗教信仰、社会制度、道德情感等，如果不符合这种原则也会受到无情的攻击，因为任何不符合普遍性的原则的东西都是有问题的或错误的，保留它们是有害的，是不负责任的。这些普遍性的原则是由一些信条所支撑着的，而信条则来自他们的经验和他们的需要，并因此产生，但他们的经验和需要又是与传统的、既定的并且依然是强有力的教会和国家的哲学处于你死我活的、不共戴天的交锋中，所以这些信条也与之是尖锐对立的，这些信条是："（1）人并不是天生就腐化了的；（2）人生的目的就是生命本身，是在大地上的美好生活，而不是死后的赐福生活；（3）认为只有受到理性和经验的光明所引导，才能够完善大地上的美好生活；（4）大地上美好生活的首要条件就是从愚昧和迷信的枷锁之下解放人们的心灵，从既定的社会权威的专横压迫下，解放他们的人身。"[②] 有了这些信条，人性的永恒而普遍的种种原则就一定会协调一致起来，而且理性就一定能够发现和阐释这些普遍性原则

---

① ［英］以赛亚·伯林：《浪漫主义时代的政治观念》，王崇兴、张蓉译，新星出版社 2011 年版，第 36 页。

② ［美］卡尔·贝克尔：《18 世纪哲学家的天城》，何兆武译，生活·读书·新知三联书店 2001 年版，第 98 页。

的有力武器，哲学家只要善用理性就能发现这些原则。至于这些原则是什么，哲学家们已经通过理性找到了它们。哲学家们按照自己的形象培养出了理性的人，这种理性的人天生就是善良的，很容易接受启蒙，天性上是遵循理性和常识的；他们是慷慨的、富有人情味的和极具包容心的，他们更容易被理性说服和引导，由于他们是一些有德行、品质良好的公民，他们所寻求的权力只不过是所有人的天然的、不可剥夺的权利，因此，他们就有必要自愿地承担公民的义务，并服从一个公正的政府为了公共福利所施加的种种束缚。哲学家们认为研究历史就是要发现人性的永恒而普遍性的原则，理性的人就是这些普遍性的原则实施的结果。事实上，哲学家们所说的理性的人，就是他们自己，他们所要发现的那些原则正好就是他们要据以出发的那些原则。这些原则包括他们已经掌握的公正和不公正的观念，他们在着手探索人类经验世界之前，手中已经牢牢掌握有他们的普遍性原则和理性的人。由于有了这些武器，哲学家们就要开始征服整个世界了，就像要进行一次发现新世界的远航。然而，他们从未越过 18 世纪的历史边界，也从未进入过过去时代或遥远大陆的疆界。哲学家们无法摆脱 18 世纪的战场，他们在这里需要倾注全力针对基督教哲学以及支撑它的种种声名狼藉的东西——迷信、不宽容、王权的暴政等等，要与之进行一场殊死的搏斗。由于敌人力量非常强大而且非常狡诈，他们动用了理性和常识的所有力量，但仍不足以赢得战斗的胜利，敌人仍然顽固地包围着他们，理性和常识尽管令敌人畏惧，不过他们仍需要新的增援，他们认为这种新的增援只能来自人类历史事实之中——它们是理性和常识的铁证和力量源泉。然而，哲学家们只是在进行战略迂回，以便获取优势、扩大战场，便于他们从更高、更有利的位置发起进攻。哲学家们甚至要把这场冲突投射到许多世纪上面去，如此可以把它视为不仅仅是局限于 18 世纪的理性与宗教的战斗，而是人类全部历史中所呈现的斗争中的一个层面，是善与恶两种宇宙势力之间的争斗或冲突，是"光明之城"和"黑暗之城"之间的冲突，这是一种带有永恒性质的争夺人类灵魂的冲突。理性和常识已经展示了基督教哲学的邪恶性，把其行为暴露出来，但指出其罪恶影响的劣迹的则是历史学的任务。

在他们看来，经过整个人类历史所证明的乃是理性和常识的极其正确性，借助于它们，人人都能掌握必要的知识在日常生活的事务中按照自己固有的理性指导自己，保持它没有偏见，以便更好地懂得自己的权利，并按照自己的见解和自己的良心来行使自己的权利；通过它们，人们都能由于自己才能的发展而得到保障自己需求的可靠手段；运用它们，可以使愚蠢和悲惨只不过是偶然的事情，而不是社会一部分人的常态。不过，为了使它们获得更为合法的地位和最高的权威性，成为人们生活中的指路明灯，哲学家们需要在过去历史的图景中配置好耀眼的光亮部分和对比强烈的暗影部分，这样便于他们从沉睡朦胧不清的历史到严肃而又清明的历史中分辨出光明的时代和黑暗的世代。被视为违背理性和常识的时代，自然正是人类所处的无知、迷信和暴政的那些坏时代，彼时的基督教哲学具有强大的影响力，它粗暴地统治着人类的精神世界，不容争辩地横扫一切异端思想；而人类较为幸福的时代则极容易发现，它与黑暗时代形成鲜明的对比且富有教益、发人深思。哲学家动用了所有幸福的时代和民族来为理性和常识的伟大作用作证，以此来驳斥和打击基督教哲学的愚昧和迷信思想，启迪人们使用自己健全的理性和常识，走出中世纪的蒙昧世界。哲学家借此要指出天然的善和天然的恶之间的差别，寻求适合于人性的和不适宜于人性的习俗、习惯之间的区别，这是抽象的理性无法判定的。人类的经验和常识会肯认理性的这种判决的——基督教的哲学以及它所支持的那些龌龊的、可耻的东西都是与人类的福祉为敌的。伏尔泰在其大作《风俗论》中，给人们提供了这样一种明证：世界上各种伟大事件的历史几乎都不外是种种罪恶的历史，人类所经历的痛苦和黑暗时代也都是人们经受基督教及其教会统治的时代，而少有的光明时代比如知识、艺术、科学进步和发展的时代都是基督教统治松弛的时代，使得人们的心灵有闲暇去追求高尚的生活和追随理性。狄德罗因此说，这本书的主要作用就在于在读者心中激发"一种对谎言、无知、虚妄、迷信和暴政的强烈憎恨"[①]。而孟德斯鸠则强调：宗教和法律都具有使人们成为良好公民的倾向，每一个国家的政治和民法都应该是无非是人类理性的法则的特殊应用而已。吉本则在《罗马帝国衰亡史》中向人们描述了过去一千年中人间所充满的黯淡形象，人们是在一个不真实的、阴影般的世界中盲目地活动着，古怪地行事。它以忧郁而又低沉的语调向人们诉说着那个时代的人们所遭受的各种苦难、罪恶，以及各种黑暗势力强加于人类的灾难和不幸给人类造成的伤害，致使人类倍感痛

---

①　［美］卡尔·贝克尔：《18 世纪哲学家的天城》，何兆武译，生活·读书·新知三联书店 2001 年版，第 105 页。

苦，乃至对苦难的命运近乎麻木。吉本认为这是野蛮主义和宗教的凯旋，人类已经被野蛮主义和宗教出卖了，已经被逐出了伊甸园。基督教的中世纪便是人类堕落和被放逐之后的不幸时期，彼时的人们因犯错而堕落，在沉重的重压下痛不欲生地活着。但人类终于发现了 18 世纪光明的曙光，人类开始从黑暗的荒野中走出来，走向一个哲学家们期待的美好的乐土———一个新的千年王国。孔多塞则兴高采烈地宣布人类未来美好的生活前景："人类精神在解脱了所有这些枷锁、摆脱了偶然性的王国以及人类进步之敌的王国之后，就迈着坚定的步伐在真理、德行和幸福的大道上前进；……在那里他在思想上和恢复了自己天赋的权利和尊严的人们生活在一起，他遗忘了那些被贪婪、恐惧或嫉妒所折磨和腐蚀着的人们；正是在这里他才真正地和他类似的人们共同生活在一个天堂里，这个天堂是他的理性懂得怎样为自己创造的，而且是他对人道的热爱以最纯洁的欢乐精工细作做出来的。"[①] 哲学家和历史学家向人们描述的历史和现状，也展望了美好未来的理想王国，这种理想王国对现实的召唤无疑会激起启蒙时代的人们无比愤怒的情感，人们把造成这一切不平等、不自由、压迫和剥削的苦难生活都归结为宗教和旧制度，对宗教和王权的仇恨愈发不可收拾地淤积起来，直到有一天这种烈焰的总爆发，它不仅吞噬了宗教，也毁灭了旧制度。因此，当法国大革命的烈焰一举焚毁了宗教神权和波旁王朝的旧制度时，身陷囹圄中的路易十六在监牢里阅读伏尔泰和卢梭的著作时说道：这两个人毁了法国。拿破仑也指出，波旁王朝只要控制住著述的作品的话，原是可以保全自己的。大炮的出现消灭了封建制度；墨水却要扼杀近代社会组织。伏尔泰更鲜明地指出，书籍统治了世界，或者说至少是统治了世上有书写文字的那些国家；别的就相形见绌不在话下了，使人解放的莫如教育，一个国家一旦开始思想，那就不可能阻止它了[②]。难怪伯林说："不要轻视那些闭门苦思的哲学家，因为他可以产生出雷霆万钧的力量；把他视为从事着许多价值轻微的工作的无害的学究，那是低估了他的能量；假如康德没有使唯理论神学家的上帝威望扫地，罗伯斯庇尔就不会砍掉国王的脑袋。"[③] 德国诗人海

---

① ［法］孔多塞：《人类精神进步史表纲要》，何兆武译，生活·读书·新知三联书店 1998 年版，第 204—205 页。

② ［美］威尔·杜兰特：《哲学的故事》（上），金发燊等译，生活·读书·新知三联书店 1997 年版，第 280 页。

③ ［英］麦基编：《思想家》，周穗明、翁寒松译，生活·读书·新知三联书店 1987 年版，第 13 页。

涅也指出，德国的革命不会因康德的批判、费希特的先验唯心主义，以至于自然哲学的在先，就会开始变得温和些。革命的力量是通过这些学说发展起来的，它只期待着那日子的到来，那时，它要爆发出来，使全世界震惊；那时，将要出现那样一种康德主义者，他们在现象世界中丝毫也不想知道什么是虔诚，他们毫无怜悯地挥动宝剑和斧头翻掘我们欧洲人生活的基础，以便砍断属于过去的最后的根株；那时，武装起来的费希特主义者，也要登上舞台，在他们的意志狂热主义中，决不会被威逼利诱所制服，因为他们生活在精神中，不介意物质，像初期的基督徒一样，既不能被肉体的苦痛又不能被肉体的快乐所征服。在海涅看来，自然哲学家之所以可怕，在于他和自然的原始威力结合在一起，在于它能唤起古代日耳曼泛神论的魔力，而在这种泛神论中唤醒了一种在日耳曼人中间常见的斗争意欲，这种斗争意欲不是为了破坏，也不是为了胜利，而只是为了斗争而斗争。基督教——这是它的最美妙的功绩——固然在某种程度上缓和了日耳曼粗野的斗争意欲，但仍旧未能摧毁它；当这个起着驯服作用的符咒、十字架一旦崩坏时，古代战士的野性以及北方诗人讽咏已久的狂暴的勇士的愤怒必将豁然苏醒过来。那符咒已经腐朽了，它惨然崩溃的日子终将到来。然后那古代石制的诸神就会从被人忘记的废墟中站起身来，擦掉眉间的千年积尘，而雷神托尔也终将拿起巨人的铁锤跳起来，打碎哥特式教堂。海涅警告他的法国朋友，不要干预德国的事务，不要讪笑那个期望精神领域中已经出现的同一革命也要在现象领域中的梦想家。他认为："思想走在行动之前，就像闪电走在雷鸣之前一样。当然德国的雷鸣也像德国人一样，并不太迅速，而且来势有点缓慢；然而它一定会到来，并且你们一旦听到迄今为止世界史中从来未有过的爆裂声，那么你们应当知道：德国的雷公终于达到了它的目的。苍鹰们将要在这声响的同时，坠死于地，而那遥远在非洲荒漠中的群狮也将夹起尾巴，钻进它们的王者的洞穴。德国将上演一出好戏，和这出戏比较，法国革命只不过是一首天真无邪的牧歌。"[1] 因此，哲学或形而上学的力量（比如像黑格尔、马克思的哲学）无疑是非常伟大的，它是间接的力，又是深远的力，如同从大山深处流出的涓涓细流，即使你知道它的源头，也无法隔断它；即使你能隔断它，也无法阻止它再从其他地方流溢出来、继续它的事业，无论如何它都要在自然

---

　　[1]　张玉书选编：《海涅选集》，张玉书等译，人民文学出版社 1983 年版，第 339 页。

世界的大剧中扮演重要角色，发挥它的影响力。况且哲学是和信念相连接的，一旦哲学的威力和信念真正焊接的话，哲学的伟力将在人类灵魂深处爆发，到那时，就再也没有任何人、任何力量能阻止它要征服这个世界的征程。哲学注定要震惊整个世界，如同宿命一样不可避免。人类在创造出哲学或形而上学那天伊始，哲学就命定要统治这个世界，因为它首先要征服的就是人们的观念世界，接着便是信仰和信念，一旦它们被征服，从灵魂深处爆发的力量就不会被任何东西所阻遏，它必然要横扫整个物质世界，最终要确立自己的统治地位。所以哲学家绝不是无害的咬文嚼字的学究，而是一股巨大的或善或恶的力量，是人类未曾被认识的立法强人中的佼佼者！

　　法国的启蒙理性是战斗的社会启蒙思想的一部分，它除了服从理性的普遍性原则之外，不遵从任何其他的东西，哪怕是上帝的法则，任何权威的理论都不能让它屈服。理性秉持的是历史的普遍性原则是丈量人类或历史的大尺度，在它面前，没有任何权威、任何理论、任何宗教信仰、任何社会制度、任何美好的情感能够逃脱它的评判，它是一种永恒的标尺，适用于任何历史时代、任何社会，因为它是人类理性的最普遍原则，它有至高无上的权威性。法国的启蒙理性是一种批判的理性，这种理性需要把历史与现实完全地对立起来，要使善与恶、光明与黑暗、好与坏、美与丑、真与假、智慧与愚昧泾渭分明，唯有这样，才能彰显批判的理性的力量，它要将智慧的理性之光照耀世间的一切领域，并由此唤起人们的觉悟，开启人们的理性以通达智慧之门。因此法国的启蒙理性把一切理论都现实化，要在理论的现实化中实现理论的预期设想或理想的生活。法国启蒙理性的启蒙对象是普通民众，是由杰出的精英人物去教育和动员，启迪他们的心智，开启他们遭受蒙昧的精神，以使理性之光普照众生。法国的启蒙理性敢于用群众的力量对现实进行"物质的批判"，它着眼于政治上的平等和自由，为了动员群众这种物质力量，法国的启蒙理性倾向于与宗教为敌，甚至于向宗教开战，具有唯物主义和无神论思想。对法国的启蒙理性来说，宗教是理性的敌人，它导致了迷信和盲从，它和旧制度一样维护着旧的秩序，对人民进行愚昧教育，因此，理性需要向宗教开战，只有清除甚至根除宗教的影响，理性之光才能照亮整个世界。在他们看来，天主教徒、新教徒、各种异端以及他们各派内部所争论的——关于上帝意愿之知识来源、正确性、人对上帝的义务、在上帝之中和上帝之下人们彼此间承担的义务——将整个文明世界卷入了几乎是无间断的杀戮和痛苦之中，结果都是在争论根本不存在的东西——只是无知、恐惧、软弱以及阴险狡猾和野心勃勃的无赖们，披着王室或教士的外衣进行无耻的掠夺的产物。所以 18 世纪的法国哲学家都与教会为敌："他们攻击教士、教会等级、教会机构、教义，而且为了更彻底地推翻教会，他们还想将教会的基础连根拔掉。……基督教会之所以激起这样强烈的仇恨，并非因为它是一种宗教教义，而是因为它是一种政治制度；并非因为教士们自命要治理来世的事务，而是因为他们是尘世的地主、领主、什一税征收者、行政官吏；并非因为教会不能在行将建立的新社会占有位置，而是因为在正在被粉碎的旧社会中，它占据了最享有特权、最有势力的地位。"① 由此，理性为启蒙运动和法国革命提供了观念学的准备，其目标是经济和政治的，其措辞则是哲学的；这些目标的实现则需要启蒙思想排除这些障碍，需要毁坏封建特权、教会的权威以及对国王的神圣权力的信仰。截止大革命前的 1789 年，所有的欧洲国家都依赖宗教的帮助，向人们灌输政府的神圣观念、传统的知识、服从的习惯和道德的原理；这些现世权力的基础建基于宗教，国家则将上帝视同秘密的警察头子。

于是，启蒙理性在法国对宗教展开了全面的攻击和围剿，随着理性观念的深入人心，接踵而至的是信仰的破灭，旧教条相继一一被破除，显示中世纪信仰的哥特式教堂，连同它令人愉悦的精雕细刻、奇异独特的风格一起坍塌了；古老的神随着波旁王朝一起从宝座上跌落下来，天国失去了美丽的光泽变成了灰色的天空，地狱只成了一种感情的宣泄而已。爱尔维修和霍尔巴赫还使得无神论在法国沙龙里流行成风，竟连牧师都接受了；拉美特利还在普鲁士国王的保护下将它贩卖到德国。1784 年，莱辛则公开声明自己是斯宾诺莎的追随者，这使雅可比极为震惊。这是一个标志，说明信仰已经跌入低谷，理性获得了真正的胜利。因此，托克维尔在回顾法国大革命时曾深刻地认识到："法国革命的最初措施之一是攻击教会，在大革命所产生的激情中，首先燃起而最后熄灭的是反宗教的激情。即使在人们被迫忍受奴役以换取安宁、对自由的热情烟消云散之时，他们仍在反抗宗教的权威。拿破仑有能力制服法国革命的自由天赋，但他竭尽全力也不能制服它反基督教天性，甚至到了今天，我们仍看到有些人，他们以不敬上帝表示弥补了当初对政府区区

---

① ［英］托克维尔：《旧制度与大革命》，冯棠译，商务印书馆 1992 年版，第 46 页。

小吏唯命是从的过失，他们抛弃了大革命信条中最自由、最高贵、最自豪的一切，却忠于大革命中的精神自衿，因为他们仍旧不相信上帝。"① 在他看来，法国的启蒙理性之所以对宗教如此的仇视和抵触，乃在于它在呼唤一种政治革命，此后的由启蒙理性引发的法国革命就是以宗教革命的方式、带着宗教革命的外表进行的一场政治革命。它的特点与宗教革命有诸多相似之处：它不仅像宗教革命一样传播甚远，而且像宗教革命一样也是通过预言和布道深入人心的。这是一场激发布道热忱的政治革命，人们满怀激情地在国内实现革命，又以同样的热忱向国外传布。法国革命正是依照宗教革命的方式展开的；但是法国革命涉及现世，宗教革命则为来世。宗教把人看作一般的、不以国家和时代为转移的人，法国革命与此相同，也抽象地看待公民，超脱一切具体的社会。它不仅仅研究什么是法国公民的特殊权利，而且研究什么是人类在政治上的一般权利。法国理性仿佛致力于人类的新生，而不仅仅是法国的改革，所以它燃起了一股热情，在这之前，即使是最激烈的政治变革也不能产生如此巨大的热情。而法国革命又激发了传播信仰的热望，掀起了一场宣传运动。由此，它终于带上了宗教革命的色彩，使世人为之震恐，或者不如说，法国革命本身已经成为一种新的宗教，尽管是不完善的宗教，因为它既无上帝，又无礼拜，但它却像伊斯兰教一样，将它的士兵、使徒、受难者充斥整个世界。

然而，法国批判理性对宗教的批判，不过是用理性取代了上帝的位置，也就使得理性本身具有了超越理性界限的非理性的性质。理性权威的过分膨胀，反而使人和社会变得渺小了；理性的绝对权威性使之成为僵死的教条，原本革命的理性却成了权力话语的源头。法国大革命以理性的名义，对革命的敌人实施了暴力和恐怖。哲学不再是神学的婢女，也不再是王权统治者装饰门面的玩物，理性借助崇拜者手中的刀和剑，成为新的至高无上的女神。正因为此，美国学者卡尔·贝克尔认为，这些哲学家们比起他们所十分自信的或者我们通常所想象的来，更为接近于中世纪，更未能从中世纪基督教思想的成见之下解放出来。如果我们观察一下这些 Philosophers［哲学家们］在每一个关键点上都透漏出，他们有负于中世纪的思想却又并不自觉到这一点。他们谴责基督教的哲学，但做的又太过分，他们在模仿着的只不过是从他们

---

① ［英］托克维尔：《旧制度与大革命》，冯棠译，商务印书馆 1992 年版，第 45 页。

所鄙视的那些"迷信"之下半解放出来的人的作风。他们抛弃了对上帝的畏惧，却保持着一种对神明的尊敬态度。他们嘲笑了宇宙是在六天之内创造出来的这种想法，但仍然相信它是被一个至高无上的存在者按照一个合理的计划所设计出来的一架精美的机器，作为人类的居留所。毫无疑问，伊甸园在他们看来是一个神话，但是他们满腔欣羡地想往着罗马美德的黄金时代，或者更远涉重洋去寻找宾夕法尼亚所盛行的那种阿迦底亚式的文明之未受污染的无辜状态。他们否定教会和圣经的权威，但对自然界和理性的权威却表现出一种天真的信仰。他们鄙视形而上学，却对被人称为哲学家感到自豪。他们看来似乎有点早熟地就调换了天堂，因为他们还保留着自己对灵魂不朽的信仰。他们勇敢地谈论无神论，却不能在外人面前。他们勇敢地保卫宽容，却很难宽容教士们。他们否认曾经出现过奇迹，却相信人类的完美性。这些哲学家们同时既太轻信又太怀疑，他们是常识的受害者，尽管他们有理性主义和他们人道的同情心；尽管他们有对欺骗的憎恶以及他们的热情和微弱的远见；尽管他们有热忱的怀疑主义、那种动人的愤世嫉俗、那勇敢而生气勃勃的亵渎神明以及高谈阔论要用最后一名教士的场子吊死国王，——尽管有着这一切，在这些 Philosopher［哲学家们］的著作中却有着比我们的历史书所曾梦想到的更多的基督教哲学。①

（二）法国启蒙理性观的逻辑进路

法国的启蒙理性的上述特性，除了由于它所继承的理论的特殊性之外，还在于它有自己的逻辑进路和精神取向，这种逻辑进路使得它和德国启蒙理性、英国启蒙理性区别开来，并在现象世界中取得了极为辉煌的成就，被后世的人们视为启蒙运动主要就是法国的启蒙运动，至于德国和英国的启蒙运动也仅仅是第二或第三小提琴手而已。因此，我们在此要对这种逻辑进路予以探讨和说明，这种逻辑进路表现在以下方面。

1. 强调一切要遵从理性及其原则。法国启蒙理性的逻辑起点是经验，但它在形而上学领域里很快就丢掉或有意抛弃了经验的基础。在他们看来，在科学领域里，需要立足于经验，借助分析方法，寻求科学知识；但在在形而上学领域里，经验是不可靠的，必须丢掉经验或摆脱经验的桎梏才能获得真

---

① ［美］卡尔·贝克尔：《18 世纪哲学家的天城》，何兆武译，生活·读书·新知三联书店 2001 年版，第 36—37 页。

理。要获得可靠而又有普遍性的知识，只有借助理性认识，通过理性的逻辑演绎，人们就能够获得具有普遍性、客观有效性的知识，从而把握事物的本质和规律。因此他们强调数学方法的普遍有效性，倡导理性的演绎法，认为通过演绎推理，人们可以不断地加深对事物本质、规律的认识，不断地使认识得到完善，由是，也摆脱了经验知识的不确定性。而对事物本质的认识也逐步地深入发展，由初级本质到次级本质，再到更高一级的本质，如此不断向前推进，这是一个不断接近真理的过程，人的理性最终能够达到对事物的最终本质的认知。可见，人的理性的这种不断完善性，使得人能够获得确定而又完善的知识，这种知识可以作为指导人类行为的指南。这固然有来自古希腊的传统的影响，因为希腊的多数哲学家们也多主张经验的东西是幻象、是不可靠的，要获得真理就必须脱离经验世界，追求超验世界。其代表人物是柏拉图、亚里士多德、巴门尼德等人；巴门尼德关于知识的首要观点是：只有永恒且不变的事物才能给人类带来真正的知识，而非永恒的、可变的事物只能给人带来主观认识，因为随着非永恒、可变事物的改变，这类认识就经不起反复推敲。柏拉图与巴门尼德很接近，他认为数学是典型的真正的知识，因为数学就是对永恒实体的客观研究，而不是一对抽象概念系统地堆积。他认为，这个世界是不断变幻的表象，人们对这个世界只能获得主观知识，这种主观认识是暂时的、可变的，主观认识对象的本质是不稳定的。而亚里士多德也强调形式决定质料，形式比质料更重要。希腊这些更重视理性知识的思维方式对法国哲学，特别是笛卡尔思想具有重要影响，但法国理性对希腊哲学重视超验世界的永恒之物则不感兴趣。由于法国理性是一种抽象的理性，它对超验的世界、经验的知识不感兴趣，它喜欢借助数学或几何学的推理获得普遍性的知识，强调理性在知识发展中的主导性作用，不喜欢神圣世界或超验世界对知识的垄断。在这一点上，它背离了古希腊哲学和中世纪的哲学精神，古希腊和中世纪的这种精神倒是在德国启蒙理性中得到了进一步的发扬和传承。正因为此，一位法国作家说："没有哪一个民族中抽象概念扮演如此重大的角色。法国的历史充斥着如此惊人的哲学倾向，人们对事实毫不关注，但对抽象的东西充满了高度的渴望。"① 法国人偏爱围绕理想化的、

---

① ［英］苏迪·哈扎里辛格：《法国人是如何思维的》，李虎、李宋乐颖、梅应钰译，新华出版社 2017 年版，第 3 页。

形而上的概念（如君主政体、理性、共同意志、无产阶级、国家）来进行关于美善生活的争论。事实上，法国人如此喜爱形而上学，以至于这个术语甚至被认为能够适当地描述"在暑期间，购买新鲜出炉的面包时遇到的困难"。

相较超验世界或神圣世界，法国理性更重视从理性出发去寻找普遍性的理性法则，这种法则对建构社会制度和指导人们的行为具有重要意义。法国理性喜欢向过去追求光明，向未来探求理想的社会，对社会的起源不感兴趣；它既不想与过去决裂，也不想紧抱住它不放，而是想利用它；它希望从过去的历史中寻找到在人类经验之中分布如此之广而又如此之持久的那些观念、习俗和体制，以便由此推演出构成它们基础的普遍性原则；这些原则体现的乃是人性中那些永恒而普遍的原则，人们可以据之建立一套比现存更为公正的制度。法国理性认为理性具有统一性和不变性的特征，理性在一切民族、一切思维主体、一切时代和一切文化中都是同样的。宗教信仰、道德格言和道德信念、理论见解和判断是可变的，但从这种可变性中却能够抽象出一种坚实的、持久的因素，这种因素本身是永恒的，它的这种同一性和永恒性表现出理性的真正本质。事实上，法国理性不仅没有把自身限制在一个系统的理论结构的范围内，没有把它束缚在一成不变的定理以及由这些定理演绎出来的东西上，它想让理性自由运动，并在这种内在活动中发现实在的基本形式——整个自然和精神存在的形式。所以理性不再是位于自然科学、法和政治等学科的原理一旁或之上的特殊的知识领域，而是一个贯通一切的媒介，用这个媒介可以归纳和演绎、发展和建立这些原理、普遍性原则。理性不仅不能与科学、历史、法学和政治学相分离，反而应当成为这些学科得以存在和起作用的基础和前提，理性具有基础性和整合性之能，既能为一切知识奠基，又能统合所有知识的功能。理性不再是孤立的理智力量，它的真正功能，它的研究和探讨的特殊性质，它的方法和基本认识过程，能够把全部理智的面目都暴露出来。启蒙理性甚至把过往哲学概念和哲学问题通过自身的改造使之变成了能动的力量和律令，这是法国启蒙理性能够取得众多成就的原因。法国启蒙理性使得理性重新恢复了自身或者回到了自身，获得了自己原来的、真正"古典的"意义。理性不再仅仅局限于纯粹思维的世界，它要冲破这种羁绊和枷锁，要求触及并探明那些产生了全部理智活动（如思维本身）的更深层的事物，它有一个基本的信念，即理智活动必须以更深层的事物为基础，这种事物就是理性赖以存在的普遍性原理、普遍性法则。在它看来，只有当理性能够从某种直觉地把握了的最高的确定性原则出发，然后成功地将这种确定性之光播撒到一切派生的存在和一切派生的知识时才能达到。17 世纪是用证明和严格推论的方法来实现的。这种方法从某种最基本的确定性演绎出其他命题，从而将可能的知识的整个链条加以延伸，连接在一起。这个链条上的任何一个环节都不能离开或脱离整体；没有一个环节能从自身得到说明或解释。要对任何一个环节给出真正的解释，唯一可能的选择就是将其视为派生的，是经过严密而系统的演绎，指明它在存在链条中的确定性位置，从而确定它与这一源头的距离，并指明将它与这一源头分隔开来的中间环节的数量。所以把理性建基于它之上，理性就能获得合法性和神圣性，就可以对一切事物进行批判和审查，理性就有了自己的法庭，所有的一切都必须在这个法庭上为自身的合理性进行辩护。由此普遍性原则出发的理性，就不仅仅只有模仿的功能，而且还具有了塑造生活本身的力量和使命，理性思维的任务不仅把分析和解剖它视为了解事物的那种必然秩序的手段，而且在于理性能够产生这种秩序，创造出一个新的合乎理性法则的新秩序，以此来证明理性的现实性、真理性和力量。需要说明的是，在 17 世纪的法国理性那里，理性还意味着"永恒真理的王国"，是人和神的头脑里共同拥有的那些真理的王国。人们通过理性所认识的，就是我们在上帝身上直接看到的东西。理性的每一个活动，都使我们确信我们参与了神的本质，并为我们打开了通往心智世界、通过超感觉的绝对世界的大门。

当然，18 世纪的法国理性还是与 17 世纪的理性有所不同，它不再完全依赖演绎和证明的方法，吸收了自然科学的思想和方法。它要探究的是关于真理和哲学的另一种概念，其功能是扩展真理和哲学的范围，使它们更灵活、更具体、更具有生命力。因此，18 世纪法国理性吸纳了当时自然科学的方法，主要是牛顿的哲学思维的原则，这是一种以分析为主而又包含演绎的方法，而不仅仅是笛卡尔的方法，使法国理性走上了一个全新的方向。孔狄亚克号召建立实证精神和推理精神的新联盟，不再仅仅是演绎推理，也要强调实证精神，以对抗"体系癖"。对法国理性而言，实证精神和推理精神并不矛盾，它需要借助中介才能实现二者的真正的综合。所以人们不应寻求先于现象、先验地被把握的秩序、规律和理性，而应在现象的内在联系中去发现这样的规律性。人们不应寻找这种封闭体系的理性，而应让理性随着对事实知识的增长逐渐显示出来，得到日益完善。这种新逻辑使人们相信它在知识的道路上无处不在，理智应当关注丰富多彩的现象世界，应该用它们衡量自身，甚至强调只要在现象中才能找到真正的真理和标准。唯此，主体与客体、真理和实在之间的联系才能真正建立起来，才能使作为一切科学知识的条件的概念彼此和谐。18世纪法国理性采纳了牛顿的物理学方法论模式，并把它予以推广，它不仅把分析当作获得数理知识的伟大思想工具，还把它视为所有一切思维必需的、不可或缺的工具。这种观点在18世纪获得了胜利，无论个别思想家和学派的观点如何不同，但人们都认可或赞同这个认识论前提。伏尔泰甚至认为，如果人们莽莽撞撞地试图去洞悉事物的本质，认识事物的本来面目，他马上就会意识到自己的官能是很有限的，会发现自己像一个盲人去鉴别颜色的性状。而分析则是仁慈的自然赐给盲人的拐杖，有此拐杖，他就能在纷繁的现象中摸索前进，发现现象的顺序和排列，这就是他在探索人生和知识、确定理智的前进方向时所需要的一切。他指出："决不要制造假设；决不要说，让我们先创造一些原理，然后用这些原理去解释一切。应该说，让我们精确地分析事物。……没有数学的指南或经验和物理学的火炬引路，我们就绝不可能前进一步。"① 有了这些工具，人们就能够并且应该大胆地进入知识的公海。所以理性不再是一种先于一切经验、揭示了事物的绝对本质的"天赋观念"的总和。而今，人们把理性视为一种后天获得物而非先天的遗产。它不再是一座精神的宝库，将真理像金币一样窖藏起来，而是一种导引人们发现真理、确定真理和运用真理的独创性的理智力量。由此获得确定的真理，是保证一切真实而又具有确定性的真理的种子和不可或缺的前提。这是18世纪法国理性对理性的界定和解读，即不把它视为真理、知识和原理的容器，而把它看作一种能力、一种力量，这种能力和力量只有借助理性的作用和效能才能得到说明和理解。理性的性质和力量，仅仅从其结果是无法衡量的，只有依据其功用方能弄清。理性最重要的功能则是它所具有的分解和结合的能力。它可以分解一切简单的事实，分解所有的经验材料，分解人们依据启示、传统和权威所信奉的一切；不把所有这一切分解为最简单的成分，不把关于这些事物的信念和见解分解为最终因素，它是决不会终止的。分解之后则是建设，理性不能在这一堆支离破碎的废墟前止步，它要从中建

---

① ［德］卡西尔：《启蒙哲学》，顾伟铭、杨光仲、郑楚宣译，山东人民出版社1996年版，第10页。

立起一个新世界，一个真正的整体。不过，理性既然能够创造出这一世界，并按照自身的规则将各个部分拼装到一起，它就有能力对自己的创造物具有认知能力，从而获得其完备的知识。因为理性了解这个世界的结构，它能够依据其整体性、根据其个别部分或各个部分的先后顺序再生这一结构。因此，只有把理性概念描述为这种双重的理智运动，即把它理解为作用概念，而不是存在概念，才能充分揭示其特征。

如果从上述分析中，我们几乎可以得出法国理性已经走出了 17 世纪法国理性的藩篱，但需要指出的是，这仅仅是在有限的特定领域里理性所发生的改变，主要是在自然科学和某些社会科学领域里。而在人们的形而上学领域里，理性并没有走出 17 世纪。尽管机械论是 18 世纪的特征，但在哲学领域，理性还保持着自己的尊严，或者说是面子，它并不肯向经验世界低头或屈服。它认为，在自然科学和社会科学领域里，经验观察和分析自然是它们进步的基础，但在形而上学或人文学科领域，则不能由经验做主，需要理性主持大局，运筹帷幄，决胜千里。经验的短视，是不能委以大任的。因此，伏尔泰就想从大处着手考察历史，他试图寻找一种简化的原则，这个原则应该能够为整体赋予一种意义。他发现了这个原则，这就是，以叙述国王、战争和屠杀为中心的历史将被叙述社会运动和社会势力、文化和思想进步为中心的历史所取代。所以法国理性在法国大革命中，其价值诉求比如自由、民主、平等、人权无不追求其完备性，也就是绝对的自由、绝对的平等、绝对的民主和人权，这也是法国理性抽象性的体现。我们以平等为例，正像美国学者乔·萨托利所言："平等首先突出表现为一种抗议性的理想，实际上是和自由同样杰出的抗议性理想。平等体现了并刺激着人对宿命和命运、对偶然的差异、具体的特权和不公正的权力的反抗。我们还会看到，平等也是我们所有理想中最不知足的一个理想。其他种种努力都有可能达到一个保和点，但是追求平等的历程几乎没有终点，这尤其是因为，在某个方面实现的平等会在其他方面产生明显的不平等。因此，如果说存在着一个使人踏上无尽历程的理想，那就是平等。"① 事实上，只要人们只需坚信一个抗议性理想的平等观念，事情就简单多了。作为一个抽象性的理想，平等永远都在路上，它有无尽的征程。只要我们拿着平等理想的尺度来关照社会时，不平等就无处不在。

① ［美］乔·萨托利：《民主新论》，冯克利、阎克文译，东方出版社 1993 年版，第 339 页。

一旦我们去整理一份不平等，即我们失去的平等的详细的清单，我们很快就会发现，越是想把它罗列清楚，清单就越会变得没完没了。毫无疑问，这就是我们通常把这个清单限定在"不公正的不平等"和相应的"正当的平等"这一范围中的原因之一。于是，我们就开始问了：以什么为根据去选定某些平等为公正的或正当的平等？接踵而至的问题是：有效解决不公正的不平等的手段是什么？然而，一旦我们掌握了那些手段，第三个问题又冒出来了：这些手段和用于其他目标的手段能够协调一致吗？比如，平等和自由的手段能够相容吗？从结构上看，平等的概念仍然具有两面性。我们可以看一下平等和自由的关系：平等既可以成为自由的最佳补充，也可以成为自由最凶恶的敌人。平等与自由的关系是一种既爱又憎的关系，这取决于我们所要求的是与差异相适应的平等，即基于现实基础的平等，还是在每一项差异中找出不平等来的平等，即以绝对平等的理想尺度的抽象平等。平等越是等同于相同，越是作为一种绝对的理想，被如此理解的平等就越能煽动起对多样化、自主精神、杰出人物，归根到底就是对自由的厌恶。在现实社会中，平等通过民主制度变成了数字上的平等，而不是成比例的平等。亚里士多德发现了这一问题，他指出："平民性质的正义不主张按照功勋为准的平等而要求数学（数量）平等。依从数学的观念，则平民群众必须具有最高权力；政事裁决于大多数人的意志，大多数人的意志就是正义。所谓'平等'就是说全体公民人人相等：因此，在平民政体中，穷人既属多数而多数决定一切，这样穷人就具有较高于富室的权力。"[1] 亚里士多德的记载证明了一个 2000 多年之后受到托克维尔和穆勒诟病的事实：平等的理想在城邦中立刻就能蜕变成在数量上占优势的多数派专制。按托克维尔的说法，平等散发着一股"邪"味，"有一种要求平等的豪壮而合法的激情，在鼓舞人们同意大家都强大和受到尊敬。这种激情希望小人物能与大人物平起平坐，但人心也有一种对于平等的变态爱好：让弱者想法把强者落下到他们的水平，使人们宁愿在束缚中平等，而不愿在自由中不平等"[2]。可见，平等作为一种抽象的理想，其实也是一种道德辩护，但这又是一种太容易堕落的理想。它以恢复公正这一纯洁的努力开始，却以成为贬低他人抬高自己的托词告终。而且如同此平等者希望能与他

———————

① ［古希腊］亚里士多德：《政治学》，吴寿彭译，商务印书馆 1995 年版，第 312（1317b）页。

② ［法］托克维尔：《论美国的民主》（上），董果良译，商务印书馆 1993 年版，第 60 页。

们的上司平等一样，想平等者可能变本加厉地要成为超等者，即凌驾于相等者之上。果真如此，平等的实践就可能击败它的原则：它的雄辩术将会刺激追求不平等的人疯狂地打击或侵凌于他们平等的人。当法国革命以法律的形式确认人人生而平等的原则时，它正是在抽象意义上强调平等权利的，而法国大革命的暴力也是这种平等观的现实版的绝佳注脚，而这种抽象的平等观仍然是法国启蒙理性观对抽象的或普遍性的原则的信奉的结果。所以形而上的理想和信念一旦注入一个民族的精神和灵魂世界中，这个民族就不能不受它的主宰和统治，即使要千方百计地想摆脱它，那也仅仅是无望的挣扎，除非彻底根除这种形而上思想。但这对一个浸淫了数百年乃至数千年某种特定的形而上思想、思维方式的民族而言，要摆脱它的纠缠，恐怕比自己毁灭自己的民族还难。因为它就如同血液融入人体的每一个部分一样融入了这个民族的精神和灵魂中，要摆脱它，就意味着这个民族要么灭亡、要么重生，这显然都是极其艰难的事情。

2. 法国理性重视演绎推理。其形而上学以演绎推理为主，间或也用一下分析方法，分析方法更集中应用于自然科学和具体的社会科学领域，这是因为自然科学在 17、18 世纪的发展，尤其是牛顿力学的巨大影响，使得分析方法获得了重大影响力，在欧洲乃至更大范围里产生了深远的影响力。但尽管如此，在法国的形而上领域，演绎推理还是占据着重要位置，尽管这种地位已经受到分析方法的挑战，但并未对其构成致命的威胁。

演绎推理在法国受到青睐与法国人所继承的传统有关。法国人的理性思维深受亚里士多德主义的影响，并最先引发了中世纪唯名论与唯实论的争论。法国理性深受亚里士多德逻辑学的影响，早在 1735 年吉尔伯特－查理伯爵在其出版的《言论集》中，就对未来的法兰西意识形态的特点评论道："法国人在占领了君士坦丁堡之后，带回了阿拉伯人注释过的亚里士多德的书籍，于是就引进了一种自阿维森纳和其他非洲注释家之手的哲学。"① 尽管他认为阿拉伯人的翻译和注释还存在许多错讹之处，甚至对法国哲学产生了不良影响，但无论如何，它还是说明法国理性与亚里士多德有着更为密切的亲近关系。法国哲学家丹尼斯·于思曼也指出，如果粗略地打量一下中世纪，"会发现其知识地图上有两个焦点或者说两个极点脱颖而出，它们以各自的方式印证着

---

① ［法］丹尼斯·于思曼主编：《法国哲学史》，冯俊、郑鸣译，商务印书馆 2015 年版，第 17 页。

那道二选一的一大难题，它承载着自六世纪新柏拉图经院哲学以来的整个古希腊哲学：一个是拥护柏拉图的查尔特勒，另一个是拥护亚里士多德的巴黎"①。而且作为一个充满分歧和论战的巴黎，还提出了笼罩整个中世纪的哲学问题即共相问题，随后，成为中世纪唯名论和唯实论争论的焦点问题，并在后世乃至当代哲学中还以各种多少有些相互缠绕的形式不断出现。

这一时期的法国理性有人将之归类于具有明显的唯名论色彩，这一论断并不那么有说服力，因为依据此时的形而上争论并不容易得出这种结论。12世纪的巴黎既有唯实论者也有唯名论者，二者之间的无情对抗，其部分原因来自对亚里士多德、波尔费留以及他们共同的翻译家兼注释家波爱修的创始文本的相反诠释，也有同样多的原因来自每天都在进行的逻辑辩论。事实上，"共相之争"源于一次挑战，或者说是一场智力争斗；它来自一个课堂事件，即使不是一场有组织的起哄，至少也是一次扰乱；是作为学生的阿伯拉尔和作为教师的纪尧姆之间的争论。纪尧姆是安瑟尔谟的学生，巴黎主教座堂学校的著名教师，他想通过怎样的阅读来解释亚里士多德和波尔费留的哲学。洛色林——该校的另一位教师认为亚里士多德的《范畴篇》和波尔费留的《导论》都依赖于一种声息（in voce）诠释，纪尧姆则坚持真实（in re）解释论。也就是说，两位老师一个认为若把波尔费留谈论的实体看作"物"（res），那么，有关共相的文本就完全合理。另一个则认为，如果这些实体不被看作简单的"声息"（voces），那么，这一文本就失去了意义。确切地说，这里仅仅是两种文本解读法，而不是两种本体论的冲突：唯名论和唯实论实际上还没有作为哲学整体中交替出现的两个分支而存在。正是学生阿伯拉尔对其老师纪尧姆的批判中产生了这一"难题"。阿伯拉尔这样记述了他对其老师的第一次成功打击："我已无可辩驳的论据迫使他自行修改乃至放弃其有关共相的老观念。"② 由此拉开了唯名论与唯实论争论的序幕。

唯实论的第一个根本命题就直接涉及共相问题，其最常见的用语是"种属即物"。阿伯拉尔正是用纪尧姆及其继承者们赋予它的各种形式来不断拷问这句话。唯实论的另一根本命题是"不可能就是不可能"，这个纯形式逻辑定

①　［法］丹尼斯·于思曼主编：《法国哲学史》，冯俊、郑鸣译，商务印书馆2015年版，第34—35页。

②　［法］丹尼斯·于思曼主编：《法国哲学史》，冯俊、郑鸣译，商务印书馆2015，第37页。

理恰与唯名论的"亚当主义定论"针锋相对：根据这一原则，"一切都来自不可能"。这一原则的提出者是唯名论者，由此，唯名论者形成了他们的两个中心命题。这两个命题都属于本体论的。我们关于共相的定理共有两个：第一，我们一致认为共相与种属和种类一样是名词；第二，与唯实论的意见相反，我们提出个体之外什么都不存在。也就是说，即使唯名论者的理论之弓箭能够配备许多弓弦，无可否认的是，他们都主张同一个关于共相的唯名论命题。然而，这件事却成了历史学家和形而上学家们激烈争论的问题，并成为中世纪最重要的论题。但无论如何，早期的巴黎法国理性很难分清到底是唯名论多一点儿还是唯实论多一点儿，它们往往交织在一起。不过，有一点倒是明确的，那就是深受亚里士多德主义的影响，尤其是其逻辑学中的演绎法对后世法国哲学具有重要影响。

演绎法最早将其成系统地表述出来无疑是亚里士多德的功劳。亚里士多德所要解决的问题是：科学——至少是理论科学——是如何实现公理化的。它们的公理是什么？一个命题必须要满足怎样的条件才能变成公理？还要解决的是每个学科里进行推导时要采取什么形式？定律由公理推导要通过什么样的原则？这些都是亚里士多德在其逻辑学中提出的问题。亚里士多德借助其演绎规则，对其命题的性质进行了分析，指出所有命题或者是简单命题，或者是由简单命题构成的复合命题。每个简单命题包含两个项：谓项和主项。每个简单命题或者是肯定命题，或者是否定命题，或者是一般的命题，或者是特定的命题。每个命题或者是断言的，或者是绝对的，或者是模糊的。他更为关注的是这四种命题：完全肯定命题，肯定所有某个事物的某方面；完全否定命题，否定所有某个事物的某个方面；个别肯定（特称肯定）命题，肯定某类型中某些事物的某个特征；个别否定（特称否定）命题，否定某些事物的某个特征。在其《前分析篇》里，他所提出的演绎理论都由两个前提和一个结论组成，这三个成分每个都是一个简单命题。由于逻辑学是一个概括性的分支科学，亚里士多德很想概括地处理所有（他所描述的各类）可能的论点，但由于论点的无限多，很难用某一专题论文能够对所有论点进行分别论证。为了解决这一问题，亚里士多德引入了一个简单的方法，不用特定的词来描述和突出论点，而是使用字母 ABC 来代替；不使用真正意义上的句子，而使用准句子或逻辑式，比如"每个 A 是 B"。使用字母和逻辑式使得亚里士多德能够高度概括地进行论述；因为每一个逻辑式为真，那么这个逻辑式里每个特定的情形都具有真值性。比如如果他要想表明：我们从"一些海洋生物是哺乳动物"可以推断出"一些哺乳动物是海洋生物"，从"一些男人是希腊人"可以推断出"一些希腊人是男人"，从"一些民主政权不是自由的"可以推断出"一些非自由政权不是民主的"等等，他想指明每个特定的肯定命题都可以进行转换。他所实现的这种转换是通过对逻辑式"一些 A 是 B"进行思考，并证明可以从该逻辑式推断出相应的逻辑式"一些 B 是 A"来达到的。如果那样证实该逻辑式是正确的，那么就可以一次性地证明，那种逻辑式无限多的情形都是正确的。

亚里士多德创造性地使用了字母。现在的逻辑学家对这一创造十分熟悉，可以不假思索地进行应用，或许他们已经忘记这样的发明是怎样的了不起。《前分析篇》里常常使用字母和逻辑式。所以亚里士多德描述并认可的第一类论点就是通过字母进行表述的：如果 A 断定每一种 B，并且 B 断定每一种 C，那么 A 必然断定每一种 C。在这种形式的论证里，所有三个命题（两个前提和一个结论）都是一般性的、肯定的、断言的。比如："每个呼吸的动物都有肺；每个胎生生物都有呼吸；因此每个胎生动物都有肺。"在《前分析篇》的第一部分中，亚里士多德研究了所有简单命题的可能组配，并确定了从哪些组配中可以推出第三个简单命题、哪些组配不能得出结论。他将组配分为三组，或成为三"格"（即三段法的格），以一种严格有序的方式展开讨论。一句一种固定的形式进行组配，并用符号表示每一组配，从形式上证明可能得出是何结论。整个叙述被认为是第一篇形式逻辑论文。《前分析篇》中的逻辑理论被称为"亚里士多德的三段论法"。希腊单词 sullogismos 被亚里士多德解释为："三段论是一种论证，其中只要确定某些论断，某些异于它们的事物便可以必然地从如此确定的论断中推出。所谓'如此确定的论断'，我的意思是指结论通过它们而得出的东西，就是说，不需要其他任何词项就可以得出必然的结论。"[1] 因此，《前分析篇》的理论是一种三段演绎法——一种我们称为演绎推理的理论。

亚里士多德对自己的理论非常自信，他认为其理论的每个证明和每个演绎推理（三段演绎）都必定要通过他所描述的格才能产生。就是说，每一个

---

① 苗力田主编：《亚里士多德全集》（第一卷），余纪元译，中国人民大学出版社 1990 年版，第 84—85 页。

可能的演绎推理都可以被证明，是由他所分析过的论点中的一种或多种依次排列构成的。事实上，亚里士多德是在说他已经创立了一套完整而有完美的逻辑学，遵循这种演绎推理可以获得确定性的必然性知识。尽管还有这样那样的问题，尤其与现代逻辑相比更是如此。但它的提出确实是逻辑学史上一次伟大的革命，后来的思想家对亚里士多德的理论如此折服，以至于一千多年来其三段论的演绎法一直被传授着，无论从哪方面看，《前分析篇》开创逻辑学的第一次尝试确实是一部杰出的天才之作。

亚里士多德的逻辑学对后世的影响极大，同样也对以笛卡尔为代表的法国哲学产生了重要影响，这种影响主要体现在法国哲学对演绎推理的重视上。正如我们此前所论述的那样，早在中世纪时期，法国作为一个国家尚未存在的时候，一些在巴黎的哲学家都深受亚里士多德的形而上学思想包括逻辑学的影响。这种影响在后世的笛卡尔身上集中地体现出来。当然，笛卡尔并不是对亚里士多德形式逻辑照单全收，而是在亚里士多德逻辑学基础上提出了一种新的逻辑方法，这种方法就是笛卡尔不是把一个推理的明确性和命题的形式与结论之间的关系——命题和结论都是由主词和谓词的正确结合而组成的——联系在一起，而是把它和命题对心灵（它已经自我完善到足以达到注意和决断的理想水平）的影响联系在一起。把确定性和真理的心理学标准引入逻辑学。其目的是为心智提供一套指导的方法，以便使它能够对所研究的事情做出真实而有根据的判断。在对这一研究目的进行解释时，笛卡尔强调科学的统一性，认为它们既相互联系又各自独立。他得出的结论是，人们需要一种一般方法，它同时有助于人们增强理性的力量。数学为什么可以获得确定性？通过对这一问题进行有意识的反思形成了他的基本演绎方法。在他看来，知识需要确定性，人们只能坚定不移地相信其能够确定的东西。他反对经院哲学家的纯粹或然性的三段论，认为人们应将简单的代数和几何问题作为模型，从而找到一种有效的方法。

在笛卡尔看来，数学方法的本质就是以命题为起始点，这些命题能够通过直觉清楚而明显地得知是真实的，而且可以通过逐步推导的方法得出结论。不证自明的直觉以及一步步的演绎是两个重要的方面。首先人们需要具备以对直觉来说不证自明的原理为起点的能力。在数学中，这些原理是可以找到的，因为数学的数据总的来说是简单、精确而抽象的。直觉就是在精神上掌握或看到这些简单命题的真理性的能力。通过将注意力集中到这些真理的清晰事例上而不是更为复杂的难题上，人们就可以发现我们的直觉力。直觉是对简单真理的直接的精神感知，因而它是不受怀疑的。其次，人们需要具备演绎人们能够凭借直觉感受到的简单真理的逻辑含义的能力。演绎法是指从一个简单事实推导出另一事实的能力，这时，第一个事实暗含着第二个事实。笛卡尔认为，演绎法与直觉有许多共同之处，他将推理或直觉设想成联系命题的一个链条。在演绎推理中，利用与直觉具有相同洞察力的确定性，可以看到这种联系的存在。演绎如同推导中的直觉。直觉带有濡染性，而演绎却是连贯的。因此，所有的推理都以直觉为其基础，对笛卡尔来说，这一事实具有三方面的重要意义：其一，为了在演绎中保持确定性，人们需要逐步以所有步骤都是不证自明的方式进行。其二，假如人们这么做，那么演绎就不会出错。原因在于，推理过程仅仅在于遵循简单而清晰观念的逻辑含义。直觉揭示了链条的第一步骤，如果人们能够继续小心翼翼地进行的话，那么每一步骤都与前一步骤一样是确定的。其三，假如所有论证性的推理都以直觉作为基础，人们就能够对将这一方法适用于任何领域的知识寄予厚望。这就是笛卡尔方法论的基础，人们能够看到它如此卓越地适用于数学的原因。在数学上，这种方法的运用仅仅在于从简单的、不证自明的数据推导出逻辑结论。它完美地适用于笛卡尔关于具有认知能力的心智的力量——直觉和演绎——这幅图景。

笛卡尔认为他掌握了一种解决所有涉及数字和图形的数学问题的方法。基于此，他想展示的是，根据数字和图形，例如点和线，如何重新表述科学的问题。后来，笛卡尔表明，物质世界的所有事实都可以用几何学术语来表述。假定如此，科学的统一方法都是应该能够实现的。这是笛卡尔早期的一部分观点。笛卡尔在数学上的创新之处体现在三个方面：首先，他发明了符号体系，这使得我们可以用"$y = a + bx$"形式来表示代数上的等式。他还发明了平方、立方、更高次幂以及 $x \div x$ 等标准符号体系。这是极其重要的，因为它表明了以前从未达到过的一种抽象水平。其次，这一点使他看到了几何与代数的统一。他通过坐标和轴发明了图形概念，使得像 $X = 3 + 2y$ 这样的方程式可以在一条特殊的线条或在其他曲线上得到标示。利用这种方式，加减乘除都可以通过数字以几何的形式表示出来。比如，如果 a 和 b 都表示直线，那么 $a \times b$ 就可以用它们的长方形来表示。最后，所有这些使得笛卡尔能够解答包含两个未知变量的方程式，这是以往从来没有人做过的事情。

可见，笛卡尔的方法就是指一种严谨性和逻辑性都很完美的推理，其目的是找到能够进行一种纯粹推理的手段。为此就应该表述简单的真理，直至形成一条长长的理性链条，链条中的每一个构件都能够被清晰明确地识别，并且能够从它之前的那些构件中演绎出来。这里我们看到他把数学模式应用到了哲学上，如果说数学像其他一切知识一样曾经在第一时间受到质疑，那么从第一真理也就是我思故我在这一真理奠定的那一刻起，数学真理和其他所有科学方法就可以为哲学家所用，而且已经为哲学家所用，即使它们依然要服从于显而易见性这条基本规则。由此不难发现笛卡尔演绎方法对哲学乃至自然科学的重要影响。

回顾笛卡尔的全部方法，我们认为，首先，其方法显然不是权威方法。它使得个人在自我探寻方面获得解放。它以这种方式抓住了新时代的精神，从政治上看是有力的。其次，它基本上是一种非经验主义的方法，即理性主义的方法。尽管笛卡尔没有忽视感觉，但他认为感觉是一种令人困惑的、扭曲的和未确定的知识形式，但是，一旦认识到它对理性的隶属关系，它就会在科学中获得重要地位。总之，他认为，他的方法不仅是从事研究的工具，同时也是一种对心智的训练，有助于从偏见和感觉的影响下获得解放。再次，作为数学方法，笛卡尔的方法考虑到了科学内部的严密性和机械论解释。它允许我们根据现在称为伟力规则的东西来解释物质的变化。最后，笛卡尔的方法是心理学上的方法，它不是亚里士多德式三段论的形式方法，笛卡尔对心智在寻求真理过程中应该起怎样的作用更为感兴趣。

需要提及的是，笛卡尔提出了两种真理观，即演绎真理或逻辑真理，另一种是天赋观念，这是上帝印在人心灵上的观念。这样，他就把真理和上帝联系上了。尽管逻辑真理和上帝的天赋观念并没有产生必然的联系，但毕竟还是联系上了上帝。这种逻辑思维有着非常深远的传统，这种传统就是来自古希腊的逻各斯和努斯范畴的幽灵在整个西方哲学中的不断显现。逻各斯也就是形成逻辑真理的逻辑理路，而天赋观念则是努斯通过超越经验世界而获得的真理，这种真理来自神圣的上帝那里，也就是来自超验世界，它们共同构成了真理。因此，在笛卡尔这里，还保留了古希腊形而上的传统，但这是一种修正了的传统，即他认可逻辑真理和超验真理都是真理，而逻辑真理是一种演绎真理，在笛卡尔这里有着更重要的价值，它是人类理性能力的反映，笛卡尔对法国后世哲学的影响之大是毋庸置疑的。就像法国一位哲学家所言的那样："十七世纪是笛卡尔主义的世纪。笛卡尔之后的所有法国哲学家都要现通过他来自我定位，要么依仗他，要么攻击他。他的哲学宣告了精神绝对的理智自律。精神必须依靠它自己来判断所有事物，无论在哪个领域：哲学、科学还是伦理道德。"① 他认为，不管愿不愿意，法国所有的人依然是笛卡尔主义者。对法国人来说，笛卡尔永远是法国哲学从其源头直至今日的原型。而大哲学家黑格尔，这位极为自负的哲学家，对笛卡尔也是赞誉有加，他认为："勒内·笛卡尔事实上是近代哲学真正的创始人，因为近代哲学是以思维为原则的。独立的思维在这里与进行哲学论证的神学分开了，把它放到另一边去了。思维是一个新的基础。这个人对他的时代以及对近代的影响，我们决不能以为已经得到了充分的发挥。他是一个彻底从头做起、带头重建哲学的基础的英雄人物，哲学在奔波了一千年之后，现在才回到这个基础上面。笛卡尔对他的时代以及整个哲学文化所起的作用，主要在于他以一种自由、简捷而又通俗的方式，撇开一切假定，从通俗的思想本身出发，从一些十分简单的命题开始，把内容引到思想和广延（即存在）上，给思想树立了它的这个对立面。他曾经抛开一切假定，毅然从思维开始；这种思维带着明白确定的理智形式，是不能成为思辨的思维、思辨的理性的。他用来当作出发点的是一些确定不移的规定，但这些规定只是思想的规定；这是他的时代的方式。法国人所谓精确科学，即确定理智的科学，是从这个时代开始的。"② 黑格尔认为，笛卡尔的出发点是必须抛开一切假定，思想应当从它自己开始；以往的一切哲学理论，特别是从教会权威出发的理论，都被抛弃了。但是真正说来，他还只是把思维理解为抽象的理智。以这种抽象理智为基础，笛卡尔建构了自己的以我思为基础的哲学体系，并提出了自己的哲学方法。这种方法尽管一开始也是建立在经验基础上的，但它很快就抛弃了这个经验基础，认为它不确定，不能保证清楚明确性。由此开始了理性推理即演绎推理的过程，但笛卡尔的方法并没有仅仅停留在形而上学的领域，而是开始逐渐拓展到包括心理学在内的广阔领域，甚至他的后继者将其方法贩卖到了政治领域，而在政治、政治哲学领域，一旦确定了某些抽象的原则，这些原则就要找到一些同样抽象的价值符号，诸如平等、自由、民主、博爱等符号，并与之结

① ［法］丹尼斯·于思曼主编：《法国哲学史》，冯俊、郑鸣译，商务印书馆2015年版，第123页。
② ［德］黑格尔：《哲学史讲演录》（第四卷），贺麟、王太庆译，商务印书馆1978年版，第63页。

盟，然后借助这些价值符号来到现实世界进行试验或搏杀，以博取自己的影响力。然而，两个同样抽象的观念系统的结合，由于没有现实世界中的经验基础，就要到现实世界中去寻衅闹事、打架斗殴，就如同两个从没有离开过山门的小沙弥，要去世俗世界跟人比拼斗心眼，比拼谁的社会经验更多似的，注定不会有好结果。同时，这两种抽象的观念系统，由于都是抽象的，都只强调普遍性，而且仅仅是一种抽象的普遍性，它们没有任何具体的标准，不是在具体的现象世界中获得的普遍性，而是一种理论意义上的普遍性，它们在现实中就没有根基或基础，也没有能够实现的条件，固然这种口号很时髦，也很能打动人，甚至很有号召力，但是一旦接触现实，就必遭挫折，甚至是失败的结局。因为理论和现实永远有着无限的距离，这种距离必须通过理论和现实的深度对接和融合、经过无数次的试错才有可能水土相融，否则盲目推进，愿望再好，也是枉然，甚至造成极其可悲的惨痛教训。因为抽象的原则和抽象的观念更喜欢假设一个比较纯粹或纯净的前提，来构建它们的理想世界，这个纯粹或纯净的前提就是要清除以前的一切有污垢或有污秽的东西，只有这样，新原则和新观念才能建立在良好的基础上，才能生长出理想的新苗。因为任何有污垢或带有污秽的东西，都会玷污或败坏新事物的基础、毁掉其根基，使新事物在萌发阶段就被污染，带有变坏的基因，自然其发展前景也不容乐观。因此，必须保证在新原则和新观念植根社会的土壤或者环境是纯粹的、纯洁的，这就要求人们必须清理掉有害的东西，比如具有封建糟粕的传统、习俗、惯例、制度，以及宗教神学的东西，它们是从旧制度和神权中衍生出来的有害的东西，它们败坏着人们的思想，使他们产生依赖性、奴役性心态，毒害人们的心灵，甚至灵魂，是人们遭受压迫、剥削、奴役、不自由、不民主、不平等、没有爱心、同情心的根源，这些东西共同产生了一种使得人心扭曲之物，在这种氛围中生活的人们，就会在不知不觉、潜移默化的情况下就被驯化成了封建王权和宗教神权的奴隶，他们小心翼翼地适应着社会的规范，把这些规范视为行为的尺度，甚至是好公民的标准，其对人们心灵的毒害是无以复加的，建基于这样基础上的原则和观念，无论如何伟大，都会被这样如同大染缸的社会环境给玷污，失去它们本来的颜色或面目。因此，必须清理掉这样的地基，才能建立一座通天大厦。

事实上，法国理性之所以青睐抽象的原则和抽象的观念，是因为这些东西更容易赢得群众，更能激起他们的激情，而对旧制度、旧的传统、习俗、惯例、宗教、迷信的厌恶，尽管是他们吹响新理想、新社会的革命号角，也是宣布实施新原则和新的价值的前提。但在他们的内心，他们十分清楚，唯有清理掉这些旧制度、旧的传统、习俗、惯例，旧的宗教迷信，才能将群众的大脑变成空壳，任由革命的理想主义者填充任何东西、种植任何观念、播撒任何理想社会的种子，为即将到来的革命种下火种。几乎所有的法国理性主义者都毫无例外地反对传统，攻击旧制度，否定宗教、迷信，诅咒它们是一切邪恶的根源、罪恶的发源地，并承诺建构一个没有剥削、没有压迫，人人平等、自由民主、和谐人道的理想社会，为人民建构一个理想的社会。他们有信心来改变这个世界，他们对在世界中的人的现状和人所处的环境非常不满，他们能够说服自己和人们：（1）他们所发现的缺点是由于世界安排的不好，而不是因为人生来就是有限的、无能为力的；（2）人们彻底的或者局部地摆脱贫困是完全可能的；（3）这可能也必须通过世俗的历史进程才能做到；（4）这可以通过人的努力做到的；（5）有可能对之加以规划，并提出拯救的方案与方法；（6）救赎的过程也是在所难免的，是受规律和原则支配的。因此，法国启蒙理性相信，完全可以依据原则和新的价值，建构一个新的美好的社会。它认为，当前并不仅仅是过去的延伸，未来也不仅仅是现在的延伸。它坚信过去和现在被周期性地清理或废除，以便于为未来留下地盘。古老的建筑被推倒，以便于建造更好、更新的建筑——尽管那些体现在旧建筑中的真正的重大改善在"较高水平"上或以不同的形式存在于新建筑中。然而，最重要的事件，即新奇性本身尚有待出现，向最后状态的过度、向自由王国的跃进、从历史中得到解放。对它而言，理想的未来更可能被概括为这样一种状态：某些不愿看到的状况并不会出现，而不能概括为这样的状态：其中某种期待的未来就会出现。这一点毫不奇怪，因为法国启蒙理性对它不喜欢什么比对它喜欢什么更胸有成竹；它从真实的或想象的腐败出发提出它的理想的。所以主观的期许可以描述为这样一种未来：其中没有饥饿、没有疾病、没有苦役、没有压迫、没有争斗、没有偏执等等，人们生活在一个完全健康、合乎理性的社会中。即使遇到困难或遭遇挫折，当看到理想的实现或接近自身造成的问题时，它就会说，在预想的变革完成之前，不可能想象新的境界是什么样子，不可能想象那时的人会怎样想、有什么感受，因为未来的新人类将会拥有新的意识，以至于在如今的人看来是问题的东西，到那时是不会出现的。

因此，这种基于理性原则和新价值建构的社会理论，无疑具有很强的说服力和影响力，一旦为群众所接受和掌握，就会变成物质力量，如同观念世界里冲杀出来的一头怪兽，它要横扫一切，展示自己的伟力；它不仅要毁灭旧制度，也要将过去所建立起来的所有可疑的东西夷为平地，以为新社会腾出地盘。即便如此，它还不满足，它甚至要控制整个社会，改造人们的心灵和精神，使心灵或精神形成一种习性，即丝毫不能容忍这些坏东西的存在。托克维尔形象地描述过这样的情景："1789 年，法国人以任何人民所未尝试的最大努力，将自己的命运断为两截，把过去与将来用一道鸿沟隔开。为此，他们百般警惕，唯恐把过去的东西带进他们的新天地，他们为自己定制了种种限制，要把自己塑造得与父辈迥异，他们不遗余力地要使自己面目一新。"① 可见，由这些抽象原则和价值联盟而形成的理性力量，足以使法国启蒙理性成为新的主宰性的力量，在它面前，无论任何东西都无法抗衡，无法形成对抗性的力量，无法成为它们的对手，理性以胜利者的姿态颁布了新的章程，也是新时代的宪法，即理性的原则和维护这些原则的新价值成为这个社会至高的行为法则。于是，新的时代就被开辟出来了，这或许就是法国理性崇尚抽象原则的原因。

3. 法国理性继承了古希腊的逻各斯精神，但对努斯精神比较冷漠。法国理性不喜欢努斯精神，不喜欢努斯的超越性及其对超验世界或至善价值的不懈追求，认为那是不切实际的、远离现实的，理性应该将注意力聚焦在现实生活，不能好高骛远，而应脚踏实地。所以法国理性在本质上是一种批判的理性，它在精神气质上或内在品格上特别善于批判和反思、反省，是一种典型的批判的理性。这种理性以理性为最高尺度（实际上，它更青睐抽象的原则、原理，也喜欢抽象的价值符号，这是它批判的工具或理据），主张要对一切进行批判，甚至要求一切都必须在理性的法庭上为自己辩护，否则就是有问题的。但这种理性并不喜欢具有严格逻辑性、深刻性的理论，因为这种玄奥的理论既晦涩难懂，空洞乏味，又没有现实价值和意义。它也不喜欢建构完整的哲学体系，它更关注现实社会及其生活，因为理论要反映现实、关照现实，要在现实中寻找理论的根基，锻造理论自身；同时又要在现实中检验和验证理论的有效性，理论要有先导性，要成为时代的先声，要成为时代精神的精华，就必须要立根于现实，在现实中展示自己的现实性和力量。另外，

---

① ［法］托克维尔：《旧制度与大革命》，冯棠译，商务印书馆 1992 年版，第 29 页。

它还肩负着启迪人民的使命，它要通过批判来启蒙普罗大众，来提倡新风尚，推行新价值，创造新文化，革新旧传统，变革旧制度和旧的习俗和惯例，并为社会发展奠定未来基础。法国启蒙理性的这种特征是与它的形而上思维具有密切的关联性，也与法兰西文化和民族性格有直接的关系。法国启蒙理性虽然也继承了古希腊的逻各斯精神和努斯传统，并且也在其思想理论体系中竭力地体现这种传统，否则就会失去其合法性。因为这种精神和传统正是古希腊精神的标志，任何背离或偏离都是一种背叛，最起码是一种异化，这种异化无疑在整个西方哲学中会被视为一种"异端"，或者一种"变异"，而这种变异最起码意味着要遭遇"非我族类，其心必异"的猜测。这也难怪，古希腊哲学定下的这些规范，确实代表了古希腊形而上学的根本精神和独特气韵，如果把它们根除掉的话，那肯定就不再属于古希腊形而上学的根本传统了，即使对这种基本精神和传统有所偏离，或者是有所淡化，都会使新的理论在内在精神和理论气质上发生根本性的变化。因此，古希腊形而上的这种精神和传统的确不失为一种极为严格的规范，虽然并没有任何哲学家特此规定，也没有任何哲学派别予以颁布，但它们已经成为后世西方形而上学家和哲学派别必须遵循的法则。这种法则无疑也是一种红线、底线，任何背离，哪怕是偏离、修正都会受到极为严厉的惩罚，甚至会被清理出这一传统之外。所以在一定程度上，我们可以说古希腊形而上学的逻各斯和努斯精神，就如同古希腊形而上学家为后世其西方哲学的弟子们设定的一个法庭，极为严厉、严格地审视着每一个哲学理论，一旦发现任何背叛、变异、偏离、修正的理论就会立即启动法庭的庭审程序，并尽快地做出判决，坚决地予以清除，并绝对拒绝这种理论进入西方哲学的族谱中，它要在西方哲学的最终归宿上拒斥这种叛逆，就如同进入天堂的大门，彻底将异端关闭在大门之外，没有任何希望，异端的归宿只有地狱。因此，在这种极为严厉（尽管没有明文昭示）的惩处面前，任何叛逆者在行动之前都会有所顾虑，思虑再三，谨慎而行。

正是摄于这种威严的律则，法国启蒙理性尽管如同法国人一样有着天生的浪漫精神和气质，但在这种律则面前并不敢太过放肆，如同一个极为顽皮捣蛋的孩童，在其极为固守着传统规范的老爷爷面前也不敢放肆。但其顽劣的天性还是掩饰不住，稍有松弛或松懈，或者稍有机会，它立马就会释放或显露其天性。法国的启蒙理性就带着这种"顽皮"，也可以说，这是一种与生俱来的基因，法国人天性浪漫，很喜欢调情和独特的格调，他们的哲学也染上了这种精神气质,对古板和墨守成规从骨子里面都不欣赏或喜欢。古希腊传承下来的逻各斯精神和努斯传统,那种对逻辑的执着一念和努斯永不停息的超越性精神实在令其感到乏味和无趣,哪比得上找漂亮姑娘聊天有情调,最起码也可以选择激扬文字、指点江山的事儿做一做,也比这种钻牛角尖怪癖有趣得多。所以法国的理性不愿意追求彼岸世界或者说超验世界的东西,也不愿意为自己的形而上理论寻找一个终极的决定者或终极的靠山,它认为那是不靠谱的事情,因为很多此岸世界中的许多事务还没有弄清,理性不可能有那么多的精力去处置那些不靠谱、无法预知的东西。这样,源于古希腊的努斯精神和逻各斯精神,在法国启蒙理性这里就失去了那种对超越世界或超验世界的执着一念的精神,也没有了那种对理论的逻辑性孜孜以求的甚至是近乎刻板或苛刻的要求的精神。这样,在法国启蒙理性这里,努斯就没有了超越性的灵魂,逻各斯也没有了严苛的逻辑性追求,理论的兴趣已经偏离了古希腊的轨道,开始向现象世界倾斜。法国哲家学笛卡尔,当然也是近代西方哲学的开拓者,本来还保留着古希腊的这种精神,在其理论中保留了天赋观念这一超验世界的真理的痕迹,也就是说,保留了与超验世界最后接续的通道(这条通道也存在着瑕疵,因为笛卡尔的意思是说天赋观念仅仅是上帝不知什么时候放在人心里的,他没有明确说明人的理性如何与上帝的天赋观念接通,这样超越的路也是极为晦暗不明的),而后世的启蒙哲学家又坚决地否定了神学,否定了宗教,这就彻底地中断了努斯的超越之路。正因为此,法国的启蒙理性不喜欢高深的理论,不喜欢深刻的理论探索,不喜欢复杂的逻辑论证,更不喜欢一味地追求超越性,特别是对超验世界不感兴趣。对法国理性来说,这种理论品性简直要它们的命,它认为,生活并没有那么复杂,理论也应该简单明了,不能故作高深、玄而又玄,那会脱离生活、远离群众,孤立自己,绝对是出力不讨好的事。何必做这等蠢事!也许因为此,德国人认为,"法国人的思维方式轻浮无聊,随意肤浅;他们天生只适合编编小说、故事、趣闻轶事、(轻)喜剧、通俗喜剧乃至滑稽歌舞什么的。打造坚实而严密的哲学体系,那可是他们力所不及的……而莱茵河对岸深沉厚重的德国人则能够构筑辉煌的概念大厦,完美无瑕的形而上体系,例如莱布尼茨主义、康德主义、黑格尔主义和马克思主义"①。而法国人则不认可德国人对其哲学

---

① [法]丹尼斯·于思曼主编:《法国哲学史》,冯俊、郑鸣译,商务印书馆2015年版,第6页。

思想的这等蔑视，他们认为，在哲学上，对真理的追求一直存在着两条截然相反的道路。一些哲学家致力于建造高楼大厦，可惜最终它们都会像纸做的城堡一样轰然倒塌。必然的"先验的"体系是这样，而它们多半是德国制造。另一些哲学家则进行"钻探"，尽可能地深入钻研，以挖掘出某条哲学真理；你站在摩天大楼的顶端有时是看不到这类真理的，他们更倾向于以"经验的东西"为基础。

　　毫无疑问，法国人的"挖掘者"要多于"建造者"。然而其各种学说的坚实可靠性并不因此而应受到质疑。法国学者瓦莱里在其《现实世界之观察》中佐证了这种观点，他认为他们的语言中复合词的构成很少，性数配合很复杂，词在句子中的位置不能随意而定，词汇量也受到了有意的限制：这一切恰恰使语言的结构更为明晰；再加上人们对抽象定义和精确性的偏好，使得如此众多的以动词结构为主的杰出作品被构思和创作出来。在法国人眼里，这种语言最有力、最独特、最与众不同之处就在于其值得赞美的简洁。以至于法国哲学家柏格森也认为，法语对无论多么深邃、多么微妙的哲学概念都能够而且应该用大众语言表达出来。他还认为："法国哲学家们并非为圈内人士而写作；他们的对象是整个人类。如果说为了衡量他们思维的深度或完全理解他们的思想，就必须成为哲学家或内行的话，那么，不阅读他们的主要作品，不能从中汲取某些营养的人，就不是有教养的人。当这些哲学家需要新的表达方式的时候，他们并不刻意地去创造一些特殊的词汇，就像别的地方的人们所做的那样（在一些人工合成的词语中，这种手法通常会禁锢住没有被完全消化掉的思想），而更喜欢灵巧地重新组合常用词汇，使这些词汇有了新的微妙含义，以传达更为细腻深邃的思想。这就是为什么一个笛卡尔，一个帕斯卡尔或一个卢梭——我们单以他们为例——就能大大增加法语的力度和柔韧性，尽管他们的研究目标要么是思想本身（笛卡尔），要么是情感（帕斯卡尔、卢梭）。"[1] 哲学家的自白似乎更清楚地说明了为何法国理性不喜欢玄奥理论的原因，也说明了为何他们不愿意追寻严格的逻辑性的理由，这就使得法国理性把更多的精力放在了批判事业上的原因，他们认为他们的使命在于现实世界，在于使得现实世界变得更为合理。甚至有法国学者认为，所有的法国哲学家都和笛卡尔一样，他们有一个共同点：感到自己有义务去

---

　　① ［法］丹尼斯·于思曼主编：《法国哲学史》，冯俊、郑鸣译，商务印书馆 2015 年版，第7—8 页。

流亡，寻求一种被放逐的感觉。他们把自己放在反对的位置上。笛卡尔在建构自己的学说时，有意与同时代的哲学家划清界限，甚至把过去变成了白板。因此，法国理性把这种反叛行为、这种独立意识、这种与时尚和正统理论分庭抗礼的意志作为法兰西思想的主要特征。"思考就等于说不"，法国许多哲学家都认可或承认这种方式。所以法国理性更愿意举起理性的大旗，横扫现实世界一切不合乎理性的东西，由于没有深刻而又玄奥的理论作为支撑，也没有对超验世界，或者说对上帝等神祇的敬畏之心，加上他们又深深地笃信理性的伟力，这就使得他们彻底地解放了自己，使得他们批判起来没有任何顾忌。当然，也使其批判缺乏深度或深刻性，因为他们的理性本身或者说理论本身就不深刻，并且他们也不追求深刻，只要锋芒所向能切中目标就行，因此，旧制度、传统、习俗、惯例、宗教神权、世俗王权等都成了批判的理性追逐的对象。

对它而言，反对成规应成为哲学家最基本的意识，它是一种反对意识，这种作对意识强迫自己面对或反对"他人"真理的不合群意志，因为他们坚信前人创造的东西包括真理等从根上都是充满谬误或偏见，需要与他们及其创造的东西进行斗争。同所有封闭的、排他的、令人窒息的机构、意识形态和行业工会进行斗争，会使哲学家得到启发和解放，但也会因为理性没有统一的标准或尺度使得彼此产生巨大的分歧，以至于哲学家之间也会相互攻伐，当然也会招致各方的围剿，从历史上看，几乎所有法国伟大的思想家都至少有一次受到过裁决，这种裁决来自索尔邦、政府、议会、法兰西学院等机构。他们的书籍虽没有被全部销毁（如爱尔维修），但全都受过审查。比如卢梭，几乎过着一种"独身"的生活——被诽谤、被迫害，即使身患重病还在遭受攻击，哲学家的生涯充分说明，对于一个真正的哲学家来说，接受现行命令是根本不可能的。所以卢梭被查禁，被驱逐出国，流亡伦敦。18世纪的法国哲学家似乎都应该被"放逐"一次：要么被关进巴士底狱（如伏尔泰、萨德[Sade]），要么被关进万桑监狱（如狄德罗），要么被判处死刑（如后来自杀的孔多塞）；他们的作品或被查禁或被焚毁（如爱尔维修、霍尔巴赫、孔狄亚克、达朗贝尔）。然而哲学家的批判还是产生了巨大的效果，曾经如此残酷压制过他们的旧制度轰然倒塌，大革命取得了胜利。尽管哲学家的批判精神过于理性、过于抽象，但它们同样具有采取有效行动的意识。法国大革命的发生就是一个明证，那是思想家们的怀疑、批判和哲学论战引发了这场地震。

　　对此，托克维尔认为，18 世纪的哲学家们普遍形成的那些观念与他们时代作为社会基础的观念格格不入，这种现象并非偶然；他们这些思想是眼前的那个社会自身的景象向他们自然地提供的。荒谬可笑的特权泛滥，使人们越来越感到沉重，越来越认为特权没有存在的理由，这种景象把哲学家的头脑同时推向或不如说抛向人的社会地位天生平等这种思想。他们看到那些从往昔的时代沿袭下来的凌乱古怪的制度，从来无人希图加以整饬，使之适应新的需要，这些制度虽已丧失效力，却仿佛还要垂诸万世，因此他们很容易就对旧事物和传统感到厌恶，自然而然地趋向于各自以理性为唯一依据，勾画出崭新的蓝图去重建当代社会。托克维尔指出，这些作家的处境本身也为他们对于政府问题的普遍抽象理论的兴趣作了准备，并且使他们盲目地相信这些理论。他们的生活远远脱离实际，没有任何经历使他们天性中的热忱有所节制；没有任何事物预先警告他们，现存事实会给哪怕最急需的改革带来何种障碍；对于必然伴随着最必要的革命而来的那些危险，他们连想都没想过。他们对此毫无预感，由于根本没有政治自由，他们不仅对政界知之甚少，而且视而不见。这样，作家们就敢于更大胆创新，更热爱那些不变的思想和体系，更蔑视古代的哲理，更相信个人的理性，这在那些著书立说的研究政治学的作家中一般是看不到的。由于法国哲学家不像大多数德国同行那样，完全不问政治，埋头研究形而上学或美学。他们不断关心同征服有关的各种问题；其实，他们真正关心的正是这些。他们终日谈论社会的起源和社会的原始形式问题，谈论公民的原始权利和政府的原始权利，人与人之间自然的和人为的相互关系，习俗的错误或习俗的合法性，谈论到法律的诸原则本身。他们每天都在深入地探索，直到他们那时代政治体制的基础，他们严格考察其结构，批判其总设计。的确，并不是所有作家都把这些重大问题作为进行特殊而深入研究的对象；大部分人只不过是蜻蜓点水，聊以自娱；但是所有作家都遇到了这些问题。这种抽象的文学政治程度不等地散布在那个时代的所有著作中，从大部头的论著到诗歌，没有哪一个不包含一点这种因素（至于这些作家的政治体系，他们彼此分歧如此之大，以至于有人想从中调和，形成一个统一的政府理论，却从未完成这项工作）。尽管如此，如果撇开枝节，溯本求源，便不难发现，这些不同体系的作家们至少在一个最普遍的观念上是一致的，这个观念仿佛是他们每人都设想到的，似乎先于他们头脑中的一切特殊思想而存在，并且是这些思想的共同来源。不管他们在进程中如何分歧，这个起跑点都是一致的：他们都认为，应该用简单而基本的、从理性与自然法中汲取的法则来取代统治当代社会的复杂的传统习惯。事实上，这些思想并不新鲜，3000 年来，它不断地在人类的想象中闪现，但从未固定下来。人们奇怪的是，这些思想怎么会占据所有思想家的头脑，并且不像往常那样只停留在几个哲学家头脑里，却一直深入大众中，使他们政治热情经久不衰，以至于关于社会性质的普遍而抽象的理论竟成了有闲者日常聊天的话题，连妇女与农民的想象力都被激发起来了呢？托克维尔认为："法兰西民族对自身事务极为生疏，没有经验，随国家制度感觉头痛却又无力加以改善，与此同时，它在当时又是世界上最富有文学修养、最钟爱聪明才智的民族，想到这些，人们就不难理解，作家如何成了法国的这一种政治力量，而且最终成为首要力量。"① 其实，在当时的英国，研究治国之道的学者与统治国家的人是混合在一起的，一些人将新思想引入实践；另一些人借助事实来纠正和限定理论的应用范围。但在法国，政界与学术界仿佛始终划分为两个互不来往、彼此分离的领域。在前一个领域，政治家治国理政；在后一个领域，人们制定抽象原则，任何政府均应以此为基础。在这里，人们采取日常事务所要求的具体措施；在那里，人们宣扬普遍法则，从不考虑用何种手段加以实施：有些人负责领导事务，另一些人负责制定规则。再加上社会的诸多不平等和弊端，因此，就逐渐构造出一个虚构的社会，在那里，一切都显得简单、协调、一致、合理，一切都合乎理性。在法国，民众们的想象逐渐地抛弃了现实，开始沉湎于虚构的社会想象。人们对现实状况不感兴趣，他们想的是将来如何可能，他们终于在精神上生活在思想家们建构起来的理想国里了。纵观人类历史，一个国家对人民的教育完全由思想家来进行，这是极少见的事儿，这种情况或许最有力地决定了法国大革命本身的特性，并使法国革命呈现出人们所见到的那种风貌。托克维尔认为："大革命正是本着卷帙浩繁的评论治国的抽象著作的同一精神进行的：即本着对普遍理论，对完整法律体系和精确堆成的法律的同一爱好；对现存事物的同样蔑视；对理论的同样信任；对于政治机构中独特、精巧、新颖的东西的同一兴致；遵循逻辑法则，依据统一方案，一举彻底改革结构，而不在枝节上修修补补的同一愿望而进行的。这是何等骇人的景象！因为在作家身上引为美德的东西，

---

① ［法］托克维尔：《旧制度与大革命》，冯棠译，商务印书馆 1992 年版，第 180 页。

在政治家身上有时却是罪恶，那些常使人写出优美著作的事物，却能导致庞大的革命。"①

因此，法国哲学家都具有普遍意识。对他们中的任何人来说，对这种意识的解读并不总是一样的。但是他们所有人都具有"对超验性真理的信仰"；人们不应该把这种信仰与对"先验"的喜爱混为一谈，后者是莱茵河彼岸的思想家的专利和珍宝。法国人不喜欢某种脱离物质现实的、处在一个本体的而不是现象的世界内的抽象形而上学。他们认为实证精神应该压倒抽象思辨，压倒"乌托邦式"和"非持久性"的形而上学。所以法兰西哲学家具有真正的"恒量"。人们可以从它的"清晰性"和"明白"入手，这些特性始于笛卡尔，一直延续到 20 世纪初叶的柏格森、布特鲁、布伦茨威格和布罗代尔等人身上。法国的语言和文化特征一直是拒绝晦涩难懂、强烈排斥"行话"式专用术语、令人气馁的技术性、故弄玄虚以及讲究"依照哲学惯例"的语言。法国理性依照其形而上的传统总是优先考虑维持顺序、逻辑乃至简洁性。对"母语"的偏好，对"严密论证"的刻意坚持以及对任何玄奥晦涩的排斥，使得法国理性可以这样界定自己：它是一种极为开放的"沉思的人道主义"，超越了唯理论和经验论、唯心主义和实在论之间的纷争。尽管 18 世纪的几位思想家倾向于唯物主义一方，我们还是说，法国理性深深地打上了精神论的烙印。法国理性的另一大恒量是对于均衡思想的追求，其精细的安排既遵循几何学意识，又遵循完美意识。这种形而上思想拉近了它与法国著名的"法式园林"之间的距离，两者都来自同一灵感。

总之，法国启蒙理性的这种特征，使得它远离深奥晦涩的形而上学理论，不再追求超越性或超验性的至上理想或绝对信念，总是偏爱显而易见的真理、既通俗又纯净的语言，逻辑上也要比较严谨（尽管不需要极为复杂的逻辑论证），比较而言，它更喜欢简洁但也不乏普遍性的抽象原理和法则，喜欢利用这些法则比如自然法理论来审视现实社会；尽管它不喜欢形而上的理想或至善的信念，但它同样对理性的理想感兴趣，并且习惯于用理性的理想和启蒙理性的普遍性价值来关照现实、批判现实。对它而言，至善的形而上理想过于高远了，那种超历史性的理想并不符合它的需求，而现实的存在才是它应该关注和用力的地方，况且现实已经到了需要理性的理论并且已经产生了这

---

① ［法］托克维尔：《旧制度与大革命》，冯棠译，商务印书馆 1992 年版，第 182 页。

种理论的时候，应该鼓足勇气，鼓起斗志，吹响号角，向旧制度、旧社会的一切发起冲锋。为了建构一个符合理性的理想和价值的新社会，启蒙的理性理应在时代的呼唤中展示自己的力量，它应该向传统和习俗开战，对封建王权和宗教神权进行攻击，向一切不符合理性的理想和价值的东西发表战斗的檄文，唯有摧毁旧制度的一切，才能为新社会的建立奠定好基础。因此，批判的理性应该是它的最好的武器，也是它指陈社会弊端、唤起民众、开启民智的有力工具，通过批判的理性的批判，人们可以扫除偏见所认可的种种习俗、所制定的种种法律，可以思考如何有效地增进家庭的幸福，以有助于促使造就其他一切德行的最初基础的家庭德性可以普及，有助于促进教育的进步，尤其使启蒙教育真正普及。因此，批判可以使启蒙的价值如平等、公正、自由等得到最大程度的彰显并深入人心。这种对公正和善意臣服与接纳，恰恰消除了一种对立——消除了最活跃的、最难以压抑的自然倾向与人类义务或社会利益双方之间的如此危险的一种对立，由此中断了种种不正义、残酷和罪行的一个异常之丰富的根源。最终能够产生人们一直期盼的那种甜美而淳朴的民族风尚，这种风尚是由被自然所鼓舞的、理性所认可的自由缔约的习惯而形成的。

4. 法国理性具有很强的权力意识。由于法国的理性是一种抽象的理性，它偏爱抽象的原则和抽象的原理，喜欢演绎推理，尽管对严格的逻辑论证不感兴趣，但这并不妨碍它喜欢逻辑演绎，毕竟这也是哲学的要求，也是展示自身具有哲学素养的标志。同时，作为一种批判的理性，它喜欢用理想的尺度来关照现实，当以这种理想尺度映照现实时，现实就会显得极其不理想，也不合乎理性。因此，法国理性的这种特点决定了它喜欢批判和否定一切，具有很强的权力意识，决不允许任何限制其理性权力的事情发生。如果那样的话，理性就如同失去了人身自由的人一样，会披枷戴锁，从此失去了理性的生机和活力。

事实上，法国理性对权力的追求是与它对自身的定位及其爱好密切相关的。从其对自身的定位来说，法国理性由于不喜欢超验的理想，不愿意追求超验世界至上的善，而仅仅喜欢普遍性的抽象理想及其法则、原理，而这些理想、原理、原则又不能与超验世界发生关联性，以获得其合法性或存在感，那么它的价值就不能在这一领域有所体现；而在抽象的世界，无论是抽象的理想，还是其原则、原理都不能通过自身获得确证，换句话说，都不能借自身而获得认可，在抽象的世界中无法发挥应有的作用。因为作为抽象的东西，如果不能与某种对象发生关联性，并产生一定的影响力的话，那就没有任何的意义或价值。所以即使为了自身的存在价值和意义而言，法国理性也必须找到自身的立足点，找到自身发挥作用的对象，这种对象肯定不在抽象世界里，因为这里不缺少抽象的理想、抽象的原理和原则，这个抽象的世界里本身就是无数的这种东西的堆积仓库，最不缺的就是这种东西，它们都需要找到自己的对象，以便于贩卖自己的思想和理论，证实自身的价值，获得自身的存在感。同样，在超验世界里，也不会有这种对象，因为法国理性根本就不喜欢超验世界，那里对它而言，既太过遥远，不切实际，也没有意义。其实，也是它自己不擅长在超验世界展示能力，或者说没有能力跃升到那个至善、至美的世界，那是德国思辨理性擅长的领地。所以这个彼岸世界是不会有其施加影响的对象的，那么其对象就只能在现实世界了，而现实世界最缺的就是理论，而且理论越抽象，似乎其对现实的影响就越大，解释度也就越大。在现实的世界里，主要是工具理性在操纵着具体事务，但工具理性的功利价值取向和追求，尽管极有效力，但它总是与人们的价值需求相背离，与人们的美好愿望和理想价值相去甚远，尤其是它对效率的孜孜以求，对功利价值的贪婪追求，都使得具有高尚情感和价值追求的人们，特别是启蒙的思想家们感到厌烦；而对那些普通民众而言，这种功利价值追求，尽管也给他们带来了些许利益，但同他们失去的东西相比，比如恶劣的工作条件，沉重的劳动，如永无休止地加班工作，盘剥甚至环境的恶化，过去美好的田园生活或习惯的生活方式被侵害等，都是微不足道的，因此他们也对这种工具理性感到厌恶，也希望能够改变这种现状。因此，当启蒙思想家们开始贩卖他们的主张如自由、民主、人权、博爱、平等价值时，这些普通民众感觉这声音还是悦耳的，这似乎就是他们的心声，因为封建王权造就的特权阶级和宗教神权加诸他们心灵上的枷锁，都让他们感到苦闷和厌恶，而新兴的资产阶级对金钱或利润的贪得无厌的追求也令他们极为不齿。尽管启蒙的号角带有更强的资本主义的声音，但这种声音听起来还比较悦耳，因为它的诉求好像是普罗大众的共同心声，他们也希望社会发生一些根本性的变革或大幅度的改变。所以启蒙思想家的声音就显得非常合拍，民众们也乐意倾听。正像托克维尔所说的那样："整体意义上的人之伟大、理性的万能、理性启蒙的无限，这些想法侵入并占据所有人的头脑；在关于整体人类的非凡观念当中，还混杂着一种对人们生活于其中的具体时代和他们厕身其间的社会的一种违背自然的蔑视。"①

启蒙思想家的思想甚至在包括知识分子、工厂主、商贩、店铺老板乃至家庭妇女等广泛的人群中传播，托克维尔描述了当时启蒙思想如何深受欢迎的状况："整个欧洲几乎都和法国一样，所有的知识阶层都在进行哲学思辨、讲授教义。甚至那些习惯和工作都与此类活动格格不入的人，一旦有闲暇也会乐此不疲。在商业最发达的德国城市里，如汉堡、鲁贝克、丹泽，许多店铺老板、工厂主和商贩都会在结束一天的工作之后，聚在一起高谈阔论，纵论人类生存、处境和幸福这样的大事。连女人们虽然家务琐事缠身，有时也会思考我们生活中的这些大问题。"② 这种情景显然为启蒙思想家向大众的空脑壳灌输更多的启蒙观念提供了良好的条件。而抽象的理性对现实的批判从来都不缺乏丰富的想象力和素材，因为腐烂的社会、糟糕的制度、令人窒息的宗教钳制、无处不在的恶等，都在为启蒙思想家锻造武器，他们随时都可以奋力一击，捣毁这些破败的东西，即便是一声呐喊，也能产生巨大的威力。因为批判的理性已经激荡起人们无比的热情，旧制度和宗教神权都已经处在风雨飘摇中，它们的坍塌和崩毁只是时间问题。试想，在这种氛围中，想让启蒙思想家限制理性的权力、熄灭自己批判的锋芒、节制自己对现实愤懑的激情，那简直就是与虎谋皮。理性一旦获得了轰动的效应，就会更加激越、更加热情似火，必定会迸发更大的激情，它不但要燃烧自己，也要燃烧别人，甚至要燃烧一切可以燃烧的东西，宛如来自地狱中的烈火，它要扫荡一切，要将尘世间的一切都要化为灰烬！它希望在这种无尽的燃烧中，理性的力量借助批判，能成为这个世界中最具无上伟力的武器，任何东西都会在它面前发抖，至少是战战兢兢，它们都需要为自身的合法性进行辩护，理性本身就是它们无上的法官，它有权力审判一切、有权利对一切进行审查，并做出最后的判决，理性才是人类行为的最高尺度，无论什么样的权威，哪怕是宗教神权、封建王权，在它面前都必须低下曾经高傲的头，理性本身就是所向披靡、战无不胜的武器，它具有真正的神圣性，是我们这个世界中的无冕之王。

---

① ［法］托克维尔：《论革命：从革命伊始到帝国崩溃》，曹胜超、崇明译，生活·读书·新知三联书店 2016 年版，第 10 页。

② ［法］托克维尔：《论革命：从革命伊始到帝国崩溃》，曹胜超、崇明译，生活·读书·新知三联书店 2016 年版，第 12 页。

唯此地位，才能与理性相匹配，也唯有赋予理性这种地位，理性才能获得它的荣光。当然，这种定位仅仅是法国启蒙思想家的想象，理性的脆弱性很快就在法国大革命中显露出来。

从另一个方面来说，理性是以理想的尺度来审视现实的。这种理想无疑是理性自己锻造或精心打造的，它既来自抽象的原则、原理，又带有启蒙思想家具有个性色彩所夹带的情感配方，把自己的希望、诉求、偏好、喜爱的情趣、丰富的想象力都赋予这种理想，最后汇集到理性的价值上作为这种理想尺度的评判标准，即自由、民主、人权、平等、博爱、进步、自然法等。所有这一切几乎涵盖了法国乃至欧洲社会生活的所有方面，因此这种批判必定是全面的、彻底的、绝无遗漏的，不可能留下任何死角或余地。所以批判是不能受到任何的限制，对理性批判的限制就是对自由的限制、就是对自由思想的限制、就是对人类想象力和创造力的剥夺，也是对人类无限美好愿望的践踏。因此，理性是不容限制的，理性需要对一切进行怀疑、批判，从沉醉中唤起人们，以启蒙人们的心智，从蒙昧中走出来。即使对自己所钟爱的理论、信仰、价值观念也不能欣然接受，必须接受批判和质疑。因为对它而言，如果不对假定的前提进行检验、进行批判和怀疑，将它们束之高阁，社会就会陷入僵化，人类的想象力就会变得呆滞，思想就会腐烂，智慧就会贫乏，信仰就会变成教条，价值就会陈腐，理论就会更加保守和固化，社会也会逐渐丧失活力，并最终被败坏，逐渐地烂掉，因此要激励想象，运用智慧，防止精神生活陷入贫瘠，要使对真理的追求持之以恒，就需要理性的批判，必须对假设的前提质疑，向理论的根据挑战，对信仰、信念的理据进行怀疑，向思想的价值预设进行批判，对价值的合理性、合法性进行拷问，理性的批判和审查，可以激发想象力，激发思想的活力，使信仰获得新的源头活水，使价值常新，使理性成为先导性，获得新的生命力，具有新的适应力和解释力。而社会在这种批判下，也会再度充满生机和活力。所以理性的批判既是人类自我审查的反省力，也是人类超越自身局限性、追求更为理想、更为美好人类生活的展现，更是人类能够超越动物世界乃至整个宇宙世界具有崇高性和尊严的体现。

5. 法国理性具有工具理性的功利价值取向。由于缺乏对至善的理想或超越性的形而上终极性价值的追求，从而使得法国理性缺乏至善理想或终极价值的引导和规约，致使理性追求缺乏终极性或来自根源处的保证，法国理性因此就缺少神圣性和使命感，无论是努斯还是逻各斯都没有那种一往无前的超越精神和向往至善的冲动。事实上，人的思想和行为之所以缺失善而变得放纵和无忌，甚至趋向于恶，就在于他们远离了至善，以至于在其心灵世界或精神世界中没有了绝对的至善纬度，而只有世俗的私善尺度。后者永远是相对的、属于私人的尺度，因为这种私善标明的仅仅是在某种机缘条件下对个人或者某些人来说较为有利、较有优势或好处的境况，所以它将因时因势而变。如果人们只有这种私善尺度，那么人的一切思想和行动就只有成功和失败的区别，而没有善与恶的区分。因此，倘若人们远离或疏离了至善的理想或信念，就会使人们丧失掉至善的纬度，而缺乏神圣世界神圣价值的引导和规范，没有最高的行为规范和理想价值的约束，在其信念世界就只能选择平庸的世俗价值，甚至是低俗乃至恶劣的价值尺度作为其行为规范，一切判断都是以功利性的对个人是善或是恶、有利还是不利来评价，也就是说，仅仅从私善的纬度来思考问题或评判事物，那么人们对自己的思想和行为甚至不会从善恶角度去评判、反省和审视，而只会有"失败乃成功之母"式的经验总结。换句话说，没有至善纬度的人，不可能意识到自身与至善的距离，或者说，他不可能意识到在至善面前，自己在善方面有多少缺损，因而不可能承认自己的丑恶和罪过。而对于一个没有自觉意识到自己的不完善而拒不承认自己的丑恶与罪过的人，又如何能指望他能改善自己呢？只有能自觉意识到至善，才能自我审视、真正自省，不断从至善的纬度思考自己的缺失和不足，才能真正自新和觉醒，并不断地完善自我。对于智慧对自己的思想和行动进行成败总结的经验式反思的个人和民族，不可能指望他们拥有严格而明确的是非观与正义感，更不可能期望他们会在弃恶从善的道德完善中有所进步，甚至无法指望他们对他们曾经犯下的罪恶进行真诚地反省和悔过，即使他们有一天对自己的恶行进行了道歉，那也仅仅是一种功利性的算计，为了得到好处的权宜之计，并不是出于善或公正、正义的价值判断，他们很快就会否认这种道歉，即使不是他们自己，他们的后来者也会否认。因为这种民族，在其文化和价值观里根本就没有至善和崇高的位置，在其精神世界里，只有功利价值的算计和权衡，而没有正义和良善的价值尺度，他们根本不会考虑自身行为对他人和民族所造成的无尽的灾难和罪恶，更不会对此有任何的反省、忏悔和歉意。因此，缺失至善的纬度，无论对个人或对一个民族都是一个重大的缺陷，是一种没有至善的缺陷，这样的人或民族是不会有罪意识和反省意识的，他们只能去追逐功利价值，而对崇高和至善则表现出极端的冷漠和无视。所以不少哲学家并不认同出于功利、好处或结果，乃至被迫做德性之事是道德的行为，亚里士多德特别强调："合乎德性的行为并不因它们具有某种性质就是，譬如说，公正的或节制的。除了具有某种性质，一个人还必须是出于某种状态的。首先，他必须知道那种行为。其次，他必须是经过选择而那样做，并且因那行为自身故而选择它的。第三，他必须是出于一种确定了的、稳定的品质而那样选择的。"① 可见，一种真正的德性表现出的是牢固的行为趋向，它是持续而稳定的，不会因为所面对的对象、环境、后果而改变本该做的行为。一个真正有德性的人，他的有德性行为就会自动地从他的德性之中流溢出来。当遭遇任何事情的时候，他不需要经历任何理智和情感的挣扎就能自发地做出有德性的行为。康德更是拒绝承认出于各种功利的计算和某种目的的合乎道德的行为是道德的，只有纯粹出自敬重和义务按道德法则行事的行为才是道德的，他说："人（按照我们的一切洞识，也包括任何有理性的受造者）所处的道德等级就是对道德法则的敬重。使人有责任遵循道德法则的那种意向就是：出自义务，而不是出自自愿的好感，也不是出自至多不经命令的、自发乐意做出的努力，去遵循道德法则，而人一向都能够处于其中的那种道德状态就是德性，亦即在斗争中的道德意向，而不是在自以为拥有意志的意向的一种完全的纯洁性时的神圣性。"② 除了要求道德行为必须是出自对道德法则的敬重的行为外，康德更是对出自义务的道德行为赞誉有加，他说："义务！你这崇高的、伟大的名字！你在自身中不包容任何带有谄媚的讨好之物，而是要求服从，但也不为了打动意志而做出任何在心灵中激起自然的厌恶和使人害怕的威胁，而只是树立一条法则，这法则自动地在心灵中找到入口，但却甚至违背意志而为自己赢得崇敬（即使并不总是赢得崇敬），面对着法则，一切偏好都哑口无言，尽管它们暗地里抵制它……"③ 康德认为，这东西就是人的人格性，也就是人对整个自然的必然性的自由和独立，作为从属于两个世界的人而言，服从于它自己的人格性；"因为不必奇怪，人作为属于两个世界的，必须不是以别的方式，而是憧憬地在与他的第二个和最高的使命的关系中看待他自己的本质，并以最高的敬重看

① ［古希腊］亚里士多德：《尼各马可伦理学》，廖申白译，商务印书馆2003年版，第42页。
② 李秋零主编：《康德全集》（第五卷），中国人民大学出版社2007年版，第90页。
③ 李秋零主编：《康德全集》（第五卷），中国人民大学出版社2007年版，第92页。

待这种使命的法则。"① 因此，哲学家们都反对基于功利和偏好、某种自利的目的的合乎道德的行为，那只是伪善。同时，没有对至善和崇高的追求，也会使得人们缺乏神圣价值的引导和约束，缺乏使命感和责任感。古希腊人认为幸福就是受到良善神的庇护和保佑，是灵魂符合德性的活动，是灵魂处于优秀或卓越的状态。倘若如此，神圣世界的崇高和至善价值就是对我们人类的一种来自神圣世界的祝福、庇护和保佑，因为它时时刻刻在提醒我们要行善和拒绝恶行，要使灵魂过上符合德性的生活，处于卓越或优秀的状态，就是把人的功能发挥得最好的生活，就如同苏格拉底的神谕，时刻地在提醒着我们，什么可以做、什么不可为一样。同时，神圣价值或至善理想也昭示着一种使命和责任。它不仅使人们获得终极世界或神圣世界的价值认同，获得一种合理性、合法性和神圣性，获得根源处、终极价值的认可和支持，更是以一种使命的方式要求人们予以承担，而使命由于来自根源处、来自神圣世界，这就使它更具号召力、感召力，并且获得人们强烈感情的认可和接受，这就进一步强化了这种感召力、号召力。另一方面，由于这种使命也是理性自身的追求，理性自然会不遗余力地去执行这种使命，它会说服自由意志将这种至善或终极价值作为其法则，以康德式的敬重和义务的形式去追求这种使命，并自觉地将其作为自己的责任去承担。因此，一旦获得了理性的支持，加上情感上对这种神圣使命的强烈偏好，又有意志以义务或敬重的方式对使命的承诺，就如同柏拉图所言的灵魂的三驾马车，理性、激情紧密地团结在一起，欲望无论如何也不可能左右灵魂的马车，就只能审时度势、顺从历史的大势。当然，无论理性、情感，还是自由意志，它们都会因为履行神圣使命而获得奖赏，使人们因此更加具有高贵性和崇高性，人的尊严得以捍卫，人的自然倾向得以克服，这无疑将使人获得无比的尊荣，因为在整个宇宙序列中能够真正控制和战胜自我自然倾向的只有人类，它无疑使人类能够远远地超越动物世界甚至整个物种的序列成为真正的万物之灵，从而享有它至高的尊荣。当然，如果缺失这种神圣世界或至善的理想价值，则人们只能追求功利价值，乃至平庸或低俗的价值，甚至于恶的东西。当一个人的灵魂或精神世界没有崇高价值或理想信念支撑的时候，他的良知必然被其他低俗或庸俗的东西所支配，这样的人在面对诱惑、利益或邪恶时，就会屈从于它们，

---

① 李秋零主编：《康德全集》（第五卷），中国人民大学出版社 2007 年版，第 93 页。

为其俘获；在面对危险情况、需要伸张正义时，他会退避三尺；在需要展示美德、显示人之高尚、高贵性的时刻，他会因为功利计算而退却。因为没有美德或没有崇高的灵魂，也是没有道德底线、没有正义和理性的灵魂，在需要高尚、需要美德、需要正义和责任担当的时刻，它们会保持沉默或冷漠，因为高尚和美德的缺位或不在场，使其灵魂处于麻木不仁、事不关己而高高挂起的状态。虽然我们不能将其拉到道德法庭上进行审判，但我们绝不能指望这样的人会对国家、社会、他人负责或尽义务。这样的人，与其说自由过度或自由不足，不如说他们根本就没有自由，因为自由是高贵的人类的奢侈品，只有灵魂高尚的人才配拥有，上天赋予人类自由是为了让人类展示它不同于动物世界的高贵性的灵性一面的，而不是为了满足其口腹之欲，因为那是动物同样具有的，灵魂应该追寻高于肉体欲望的东西，而不是别的。面对这样的灵魂，我们又能做些什么？

所以伟大的理想往往是和伟大的灵魂结合在一起的，唯有伟大的理想才能造就伟大的人格和卓越的品质，因为理想越是高尚，它传递给信念的力量就越大、越深邃和持久，在伟大或者高尚理想的感召下，信念甚至会将高尚或崇高的目的转化为激情和力量，激励人的意志为理想赴汤蹈火，杀身成仁，舍生取义，勇往直前；理想、信念越坚定，它们带给灵魂的动力也就越大、越深远和悠长。它们甚至会使每一个细胞都充满正义和力量，让血液充满沸腾的热情、激情，它们就像一个完全膨胀起来的活塞发动机一样，随时准备释放无穷的动力。在这里，渺小、不纯正的动机和目的根本没有容身之所，而庸俗和低级趣味更无生长的环境，无耻和邪恶则根本没有其胚株得以发育的土壤，这里所有的都是浩然正气和铮铮铁骨，有的是伟大的气节和高尚的品质，就像《黄帝内经》中所言"正气存内，邪不可干"。如果说理想是一面铜镜，它折射的是人格和品性，那么信念则是蕴含在这面铜镜中无数金色光斑点，它们共同铸就了理想的闪闪金光，在这种金光的辉映下，因追求理想信念而展现出的人性高贵性和崇高性就更加令人着迷，充满魅力；而伴随着许多高尚、崇高人格的理想之路也才会显得更加美丽多彩！因此，我们说，一个人或者一个民族如果没有崇高的理想、信念，"就像一座庙，其他方面都装饰的富丽堂皇，却没有至圣的神那样"① （黑格尔语）。我们要想使我们的

① ［德］黑格尔：《逻辑学》（上），杨一之译，商务印书馆 1966 年版，第 2 页。

庙堂神圣起来，就必须建造我们通天的神像，也就是崇高的理想和信念，著名的书画家吴冠中先生说过："艺术只有两条路，小路，娱己娱人；大路，震撼人心。100 个齐白石抵不上一个鲁迅。"

正因为此，法国的启蒙理性由于缺乏至善的纬度，其理性批判尽管火药十足、极为猛烈，也会产生巨大的社会影响力，但其根本的问题在于没有至善价值的引导和规范，没有最终的目的，缺乏终极价值的支撑，没有神圣性，甚至使得其合理性、合法性也存在疑问；尽管它可以狂放无忌、肆无忌惮地对封建王权和宗教神权进行猛烈的冲击和批判，也能唤起人们的热情、激情，但终究缺失终极价值的支撑和引导，没有明确而又坚定的方向指向，只能是走一步看一步，走到哪儿算哪儿。而且不同的价值追求也会使他们产生很大分歧，并且不能达成共识，内部纷争不断，这就使得他们的凝聚力不强，分裂的力量反而不时地表现出来。因此，理性的批判到最后也会引起人们的怀疑，无论是合法性还是合理性都会受到质疑，无论是来自宗教的、哲学的还是世俗的都会不断削弱理性批判的力量，这就是法国启蒙理性无法逃脱的天命。

二 德国的启蒙理性观及其逻辑进路

（一）德国的启蒙理性观

德国启蒙时期的理性观则是指在德国启蒙运动时期形成的理性观，它表示的是德国式的思维方式和价值取向。德国的启蒙理性有其经验的基础，并且并不无视或排斥经验本身，它知道经验对它的重要性，尽管经验本身有时会给它带来一些纷扰，表现出不确定性或展示一些假象，甚至在伦理学中表现出种种随意性，对自由意志形成强有力的骚扰、干扰，对理性原则或道德法则的实施也是一个极大的挑战和考验，它总是要通过经验性的欲望、欲求展示人的本能性的强大一面，甚至被道德视为恶的东西也多是通过经验显现出来的。但无论如何，德国理性知道，它必须认真对待经验，无论它是道德上的恶，还是经验世界中的假象或不确定性，它都是理性必须面对的对象，因为整个现象世界都是由经验组成的，都是借助经验展示理性的，而人本身也是生活在经验世界里，并在很大程度上受经验的钳制，甚至有哲学家宣称：经验是人类的伟大导师。因此人类理性要增进人类的知识并且使这种知识成为对人类真正有价值的东西，就必须从经验出发，从经验中增加知识的种类，并获得普遍性的知识。在道德领域也是如此，理性的法则或普遍性的道德法则要展示自己的力量，也必须面对经验世界的欲望、需求、本能，甚至是无意识。无论是克服它们还是利用好它们，使之成为善或道德法则展示自己伟力的借助物，就像美丽高贵的牡丹花一样，它需要绿叶的映衬，它要想盛开、绽放，必须经历一个漫长的冬季来蓄积营养、蓄积力量，这个过程是牡丹花开必须经历的炼狱，否则就不会有"牡丹花开动京城"的壮景。人类的知识和美德的展现同样需要经验的映衬和支撑，普遍性知识的形成离不开经验的积累和洗练，道德或善的显现也必须在人们面对自身强烈的欲望、欲求、本能和无意识等经验之物时，在其克制、约束、坚定和不动摇的意志力中展现出来，人的崇高和高贵性也是在其遵从道德法则的行为中展现出来的。因此，经验是人类知识的基础和前提，也是人类美德和良善得以发生的基础，正如绿叶映衬着美丽的鲜花一样，是不可或缺的，也是不可避免的。所以德国理性并不排斥经验，无论是在知识领域，还是在伦理领域。对它而言，经验既是普遍性、必然性的知识的前提，也是道德伦理得以发生的基础。经验是理性的根基，是理性发展的源头，理性必须建基在经验的基础上才能发挥自身的作用，离开了经验，理性就成了无本之木、无源之水。所以康德说："如果我们愿意把我们心灵在以某种方式受到的刺激时接受表象的这种感受性称为感性的话，那么与此相反，自己产生表象的能力，或者知识的自发性，就是知性。我们的本性导致直观永远只能是感性的，也就是说，只包含我们被对象刺激的方式。与此相反，对感性直观的对象进行思维的能力就是知性。这两种属性的任何一种都不应比另一种更受优待。无感性就不会有对象被给予我们，无知性就不会有对象被思维。思想无内容则空，直观无概念则盲。"①在此，康德无疑强调了理性与经验的极其重要的关联性，以至于没有经验，理性就是空洞的、无意义的；同样，没有理性的指导和规约，经验则是盲目的。

　　当然，仅仅把经验作为理性的基础还是不够的，德国的理性还要服务于经验，在康德那里，理性即知性要为自然立法，即为经验立法，它要使经验通过知性的先验形式的规约，成为具有普遍必然性的知识。黑格尔更是通过理性辩证法使得自我意识不断地获得经验世界的支持和洗练，经历千辛万苦，

---

① ［德］康德：《纯粹理性批判》，李秋零译，中国人民大学出版社 2004 年版，第 83 页。

最终修成正身，达到普遍性，并通过最终扬弃这种知识来达到真理知识，直到绝对真理即绝对精神。这对后世德国哲学同样具有重要影响，我们在胡塞尔的哲学中还能看到这种痕迹。因此，德国的理性从没有忘记经验的基础，并利用经验达到知识或自身的目的。所以经验既是基础、支点，也是理性的根据地，是理性展示自身力量的领域，也是理性自我审查、自我限制、自我批判的地方。在康德那里，人类的理性不能忘乎所以、为所欲为，不能僭越自己的界限，不能对自己所不能的领域指手画脚，比如对宗教和实践理性就不能用知性去研究、去立法，其在现象世界的先验形式或范畴就不再管用，理性要意识到自己的有限性，要把自己限制在自己力所能及的范围内；而黑格尔则不满意康德的限制理性权界范围的做法，他认为理性有能力获得绝对真理，有能力突破物自体的界限，达到至善和至美的理想境界——这就是他的辩证法，通过不断地辩证发展，通过扬弃，最终获得绝对真理。可见，德国的启蒙理性并没有轻视经验，虽然在实践理性里，康德对经验因素不够放心，总是千方百计地排除它，黑格尔也对经验表现出一定的戒心，也总是要获得理性的普遍性，但他们并不是真的要否定经验，而是要消除经验的不确定性、随意性。他们立足经验、为经验立法，或者借助经验达成理性自身的目的，都是不争的事实。另外，德国的理性在对经验予以肯认的同时，还保持着对不朽或至善乃至至上的形而上理想的追求，这种对神圣和不朽的终极追求使得理性具有归宿感，这种传统源自古希腊的努斯精神，对本体或本源的追求是一种家园意识，也是一种根源意识，这种意识不仅使得理性不断获取力量，也使得理性受到牵制或约束，因为面对神圣世界或至高的形而上的理想世界，理性是极为有限的，无论是其合法性、合理性，还是它所具备的才能都出自这个神圣世界，面对这种永恒和不朽，理性只能仰视和敬畏，它甚至不敢有丝毫的骄傲或狂妄之心，所以神圣世界的存在使理性自身具备了自我的判断力，具有自知之明，能够时常自省，对自己的有限性有清醒的认识，不像法国理性，过于狂妄，要审查一切、批判一切，尽管德国的理性也要建立自己的法庭，但这个法庭不仅仅对别的东西，也对理性自身进行审判。由于这些因素，德国的理性能够保持清醒的头脑，不会受不确定的经验因素的影响，更不会大脑发烧，要与情感、欲求、欲望，甚至无意识结盟，因为它内心充满对神圣和崇高的崇敬和仰慕，正是因为这种对永恒、神圣、无限的敬仰和高尚情感的支撑，使其自由意志对理性法则的遵从纯粹出自敬重，而非出于其他情感或欲求；即便是要扩大理性范围和能力的黑格尔，也要约束理性要按照法则行事——他的辩证法，无论怎样的高明，都离不开中庸之道：肯定、否定（扬弃）、否定之否定，不管怎样，理性都不能脱离自己的宿命，即按规则行事，但其最终的终极追求则是至善或绝对的形而上理想——绝对精神或绝对真理。在这种绝对精神面前，理性是极其渺小的，面对这种永恒和无限，理性只会倍感无力，绝不会有某种不切实际的张狂，只能按法则或遵循规律行事，所以黑格尔说：有两条路，"一条普通的道路，在这条道路上，人们是穿着家常便服走过的，但在另一条道路上，充满了对永恒、神圣、无限的高尚情感的人们，则是要穿着法座的道袍阔步而来的——这样的一条道路，毋宁说本身就已经是最内心里的直接存在，是产生深刻的创见和高尚的灵感的那种天才"①。因此，内心充满神圣和永恒的理性，必定会义无反顾地履行自己的神圣使命，而不会有其他选择。

　　因此，这种理性观是一种纯粹的形而上理性，具有超越经验世界的超验性和先验性特征，它重视对至善和崇高的形而上理想的追求，它总是试图超越现象世界，摆脱经验世界的不纯粹性、不确定性，割断世俗世界对它的羁绊，这就是德国启蒙精神的嗜好，精神动身前往的那个与它自身相似的不可见、神圣、智慧的地方。无论此征程如何艰辛和困苦，但精神到达那里时，幸福总会在等待着它。它由此摆脱了不确定性和愚昧，摆脱了恐惧和无法控制的欲望的骚扰，以及其他所有人间罪恶，精神在这里将要与神一道生活。因此，这里是至善、至真、至圣的理想境地，如同柏拉图的理念理想一样，唯有超验世界才是理性的灵魂或精神的家园，也是理性精神的根源处或本源发生地，是精神的逻各斯得以诞生的地方，所以理性必须千方百计地回到这个地方，才是回到了家、寻到了根、找到了自己的诞生地、回到了思想的源头，在这里，它能够与至善的神在一起，并能得到良善神的祝福，接受神赐予的智慧和恩典，并真正地净化自身不洁的欲望，达到至善、至美、至圣之境界。

　　事实上，德国启蒙理性比较完整地继承了古希腊的哲学精神，对古希腊哲学家来说，哲学是爱智，是对智慧的真挚之爱，是追求智慧的旅程。而智慧的首要问题则是追寻世界的本源或始基问题。本源就是根源，是根本，是

---

① ［德］黑格尔：《精神现象学》（上），贺麟、王玖兴译，商务印书馆1979年版，第48页。

万物之基础、之根基，根是万物产生的地方，并支撑其发育、发生、成长。没有根，就不会有枝，就不会有分叉，就丧失了营养和支持物，就不会有物之生长和成长，也就没有了物之根基；源是源头，是发源地，是出生地、产生地、诞生地——既是无生命之物的孕育和生长的地方，也是有生命之物孕育和诞生之地。因此，万物都试图回到自己的出生地、生产地，因为那是家，是其产生之源，在那里能够得到庇护、呵护，自身也能由此守候着自己的存在或生命之源。由于在源头处有神的存在，万物就得到了神的庇护、祝福和呵护。所以源头也就是家，是生命和无生命之物的港湾，也是其有生命之物灵魂的栖居地。生命因为有了神的庇护和祝福而具有了神性、神圣性，这种神性和神圣性就为生命提供了合法性、合理性，也保证生命所具有的价值和意义，生命本身也就获得了意义，不再恐惧和焦虑。正因为此，生命要寻求这种具有神性和神圣性的根和源，渴望回到那里，不仅是回到了家、回到久别的故乡，找到了自己的根和源，发现了自己的家族历史，而且也意味着具有了神所授予的神性和神圣性，可以获得不朽性，同时也由此保证了自身存在的合理性、合法性，这才是有生命之物乃至无生命之物都要回到其出生地的原因。

而探寻世界的本源问题，也就是探寻变动世界的根基问题。在这个变动不居的世界中，人类的家园在哪儿？人类在何处才能安身立命？人类惶惶不安的灵魂的栖息地又在何方？人类把无所适从、惶惶不安的心灵安置在哪里才能在大地上矗立其自身？并且能够如盘古开天地、女娲补天般地支撑起一片人类可以安居栖身的天地？寻觅精神的立足地，也就是寻找可以把人类的命运之责承担起来、承载起人类的历史使命的坚实根基的问题。因它的坚实，人类可以生活得安全无忧；因它的稳固可靠，人类可以在此展望自己的理想和放飞自己的希望，可以使生活充满信心和决心，并获得永不枯竭的力量，为征服世界奠定根基。总之，在这片坚实的大地上，人类的精神能够经得起艰难困苦的折磨，也能够经受住不当的快乐或幸福的蛊惑。

由于早期人类生活都深受神话或原始宗教的影响，人与他人或物都尚处于一种不确定的神话或宗教世界的关系中，人类的生活与其存在是不明确、不确定的，处在一种隐身与现身、转换与变化的过程中。在早期神话和宗教中，不仅个体，甚至作为人类整体，都缺乏自我同一性的身份，也没有对这种自我同一性身份的认知或要求，在人与有生命、无生命之物、人与神之间都没有明确的认知界限。古希腊提出世界的本源问题，如同一道亮光照亮了人们的精神世界，也区分和界定了人与他物的区别和界限，也因此唤起了人们对自身身份的自觉和追问：人在这个变幻不定、神秘莫测的世界里究竟是何物？应处在怎样的序列？确定的位置在哪儿？人应该承担怎样的角色？人与生生灭灭、无穷变幻的世间万物应该是怎样的关系？因此，提出本源问题乃是人类想探根溯源、追寻变幻不定的现象世界背后具有决定性意义的东西，借助对它的认知来确定自己的身份和与他物的关联性，为自身寻找可靠的根据。这种本源意识也就是要寻求最高原因的基本原理，探求一切知识的基础，思考人生的意义和价值，使人崇高和高尚起来的学问。对本源的思考和追问，表明了人类对这个世界的困惑、迷茫和不确定的自身命运的忧虑，试图穿越这个现象世界寻求自身安身立命的可靠根基，确定人类存在的最高尺度和根据。

　　对本源的追问就是要寻找现象世界背后的确定性、可靠性，也就是绝对性、唯一性和不变性。因为只有绝对者、唯一者、不变者才具有神圣性、不朽性和永恒性，也才是最高、至上的根据，只有建基于此基础上的万事万物和人类存在，才是可靠的和确定的。事实上，本源一词是由古希腊哲学家阿那克西曼德最先提出的，但它最终进入哲学并得到广泛运用则得益于巴门尼德的贡献，巴门尼德认为人们所谈论的"它是"，其主词就是本源，在宣称本源是水或其他之前，应先弄清本源的规定性，然后才能对它进行经验性的描述。他认为，本源是思想对象，而不是感觉对象。所以它的规定性不能通过经验描述或想象来提供，而是必须在论证中将其呈现。由此，巴门尼德对本源做出了语义学的界定。首先，它是不生不灭的。如果它是生出来的，那么就存在是什么东西把它生出来的问题；如果它有一个生产者，那么这个生产者才是本源，而这个"它"就不是本源。它既然生产万物，它自己就不能是产生的。他认为，无论过去、现在、将来，我们都不能谈论本源的产生问题。故此，作为原始存在的本源绝不可能是生出来的，并且它必须是不会消灭的，否则本源就是一个"无"。如果本源消灭了，我们就无法谈论它，人们无法谈论一个不存在的东西。因此"无"不是我们认识的对象。所以本源不能消失。这证明，本源一定是不生不灭的。其次，本源是一。本源作为原始存在必须是单一的，任何两个本源都会引导人们去追求更加根本或原始的存在。本源只能是一个。最后，本源必须是圆满的，必须是不缺的，不能有任何一点缺乏。巴门尼德认为本源的这三个特征乃是真理的三个标志。巴门尼德的有关本源的论证方法在很大程度上影响了柏拉图，柏拉图在讨论真正的善时也做出了类似的论证，认为：真正的善首先必须是纯粹的、唯一的，不能包含任何恶的因素，否则人的生存就会陷入善恶不分的境地。其次，它是永恒的，不能时而是善，时而是恶。缺乏永恒的善不是真正的善。否则人们的判断就无法从真正的善出发。最后，真正的善是普遍的，不能在此处是善，在彼处乃是恶。如此，一旦两处发生关系，人们就会陷入善恶判断的争斗中。柏拉图的善就是本源，是理念的本原。可见，追问本源就是追问绝对性的问题，本源问题的探寻就开启了人们对绝对的意识及觉悟，也意味着人类对自我身份的认知及思考。对人类而言，追问本源问题乃是为人类生存寻求牢靠的根基，避免人类在变化世界中迷失自我、进退失据。因此，无论视水为本源，还是将气、火、原子看作本源，抑或是将理念视为世界的原型，都是尝试为世界寻求确定不移的本源，也是为人类自身存在寻求绝对性的根据，更意味着人类对自身身份的探讨。回到本源就是与本源共处，就是回到人类存在的家园，回到人类自身的出生地，回到人类自我的源头，回到自己从中出发的本来的位置上，也就是回到人类精神的诞生地。这里也是人类自在的自由存在之家：在本源的位置上持守着人类的一切可能性（这也是西方哲学为何一而再、再而三地要回到本体、本源的根本所在，因为只要在根源处，才能找到人类的出发的原点和理想境界，才能反省人类可能的过失或错误）。在此意义上，对本源的思考则或多或少地意味着人类对人之自由的召唤。对本源的持守根本上也是对自由的呵护，因为自由是人类创造一切可能性的前提。所以，对本源、对绝对性的思考和追求，在人类历史上是一次伟大的尝试，因为它在根本上开启了人类开始运用自身灵性的力量——一种理性精神来追寻自强自立与自由的漫长征程，它也是人类开始超越自然世界、超越有生命的灵性世界、超越自我的征程的起始点。

古希腊哲学这种本源意识对德国哲学产生了深远影响，甚至型塑了德国哲学的精神和独特气质，使得德国哲学更偏好思辨性，它更喜欢追溯哲学的纯粹性、绝对性和普遍性，更喜欢超验的理想世界，而不喜欢不纯粹的经验之物，它要摒弃经验世界、现象世界，摆脱它的控制或影响，因为经验世界充满了不确定性、易变性和易逝性，它是不纯粹性的象征，它会影响理性的坚定性和持久性，动摇理性的信念和决心，败坏理性的情趣，降低理性的心智水准，影响理性的判断力，最终使理性失去自身，甚至变成非理性的东西。

事实上，德国哲学的这种独特性也与德语的哲学特性密切相关。德国哲学与德语的特殊关系表现在两个层面：其一，德语本身所固有的语言结构及其运作逻辑，直接有利于哲学思维的发展和积累；其次，德国哲学的持续发展及其辉煌成果又反过来丰富了德语的哲学性，因为一种语言的性质紧密地与它的命运，即同它的历史、运载内容的特殊性以及语言对文化创造所扮演的特殊角色紧密相连①。德国哲学在未形成其理论体系之前，曾经在德语形成和发展的漫长历史中潜伏和孕育着。换句话说，在德语形成和发展的每一个阶段中，德国人的哲学思想及其成果均以非哲学的存在形式，以无意识的状态深深地嵌入在德语中，隐藏在德语的词汇、语法结构和修辞中。也就是说，在其成为德国哲学之前，就已经长期曲折地体现在德语的每一个成长脚步中，隐含在德语形成的各个环节中。尚未形成的德国哲学在其前哲学时期就将其哲学之思隐秘地嵌入了德语之中，在此阶段，人们虽然无法看到其哲学的理论体系，也无法明辨其哲学概念，但这种德语中的哲学思维是极为珍贵的，它们更接近德意志民族的精神气质，更能反映和表达最自然、最纯朴的德意志民族的基本精神。

其实，德国人一向重视向德语语库输送哲学思想的语汇，瓦尔特·本雅明就"祖国"（Heimat）一词词义指出，"祖国"意味着这样一种奇妙的事实：它早在每个人尚未成人的童年时代，就明亮地照明我们的存在；然而，它又意味着人们永远找不到的理想王国。② 实际上，Heimat 一词，就其内涵看，就包含了两层含义：一是指"家庭"以及已经成为过去的儿童时代的成长环境；二是指模糊地存在的想象中的未来。因此，从本质上讲，祖国是一种珍贵的怀念。这种怀念同时隐含着回忆、感恩、致谢、纪念和憧憬的情感，每个人都有自己的出生地，但生活的艰辛往往使人流离失所、背井离乡，在无尽的悲苦中度过余生。尽管如此，曾经的故乡——童年栖居的地方，总是保存着许多美好的记忆，也只能成为终生的向往、可望而不可即并一再地远离而去的地方。在流浪中，人们无法确定自己的未来，无法把握自身的命运，只能在怀念故土的情感中注入渺茫的希望。所以在流浪中生活，自古以来几乎成为人的一种基本生存方式；因此，丧失祖国和故土的痛苦经历，也几乎和人类历史一样久远。人类是在流浪的经验中总结出了"祖国"一词的概念。

---

① 高宣扬：《德国哲学概观》，北京大学出版社 2011 年版，第 46 页。
② 高宣扬：《德国哲学概观》，北京大学出版社 2011 年版，第 47 页。

与本雅明一样，歌德、海涅和托马斯·曼也对"祖国"一词深有同感，他们通过自身对祖国和故乡的深思，补充了 Heimat 的新的含义，使该词不仅仅是一个普通的德语词汇，而且拥有了深刻的哲学意涵。诺万利斯认为哲学就是一种思乡病；而布洛赫则认为祖国就是一种尚未存在的东西。正是在此基础上，海德格尔才对 Heimat 重新进行了哲学反思，对"存在"的语言本质进行了反复的哲学运思。同样，德语的动词、名词、副词等表达法及其句法结构，也都与思维过程的展开及其转化密切相关。由于德国人在长期的思维过程中高度重视语言表达的重要性，德语采取了与法语、英语等其他欧洲语言相区别的方式。以德语动词为例，德语动词可以灵活地进行拆解、组合、分割、增减前后缀及进行移动等。

海德格尔对哲学思想注入德语也做出了贡献。在诗人德拉克尔《一个冬天的夜晚》中，临窗的雪花把人们带到茫茫黑夜的天空下，教堂的晚钟声则成为神的使者，把人们带到威严的神面前。在诗中，借助于德语的特点，天与地、人与神成了相互连为一体的、不可分割的统一体。就在这个统一体中，居住着天、地、人、神。海德格尔将这四种元素居住的寓所"四方场所"（Das Geviert 原意是"四方形、正方形或四方形的场地"等）一词表达。海德格尔赋予该词新的含义，Ge- 作为前缀具有把 viert（四）结合在一起的能力。这个四方场所就是"事物之成为一事物"的所在，是事物自我显示乃至事物的自身存在之所在，这也就是所谓的世界。他指出，给事物命名就是召唤事物，它们是被召唤者；而且它们是在事物之成为一事物中被召唤而来的。就是说，凭借德语语词 Das Geviert 在思想活动中的语词变化游戏，语词所隐含的恶"这些事物"作为"这些事物本身"，在其展示过程中开启了一个世界。在此世界中，每个事物各得其所，并每时每刻地成为其本身在当时当地所呈现的那个事物的样子。各种事物在展现其本身成为一事物的同时，也呈现在这个世界中。换言之，各种事物之问世或产生是与其本身显现成为一事物的过程同时进行的。因此，海德格尔用 austragen 一词表示事物的问世。其实，德语 austragen 一词具有澄清到底、坚持到底或支持到最大程度等意思。但在这里，海德格尔使用这个词所要表达的是"事物作为事物自身展示开来而降世，出现在这个世界上"。其间，不存在因与果的任何关系；毋宁说是世界本身的自我展示、显现，作为事物之成为事物的存在场所而显现在人们面前。在古德语中，问世（austragen）也用 bern 来表示；在现代德语中的 gebaeren

就是由 bern 或 baeren 变化而来的。

在思想中能够变换动词 gebaeren，是因为它具有德语本身的哲学特性。它在字面上表示"生育""分娩"或"产生"的意思；而与此相关的 Gebaerde 表示举止、表情和姿态之意，事物之诞生、问世，其实就是以其特有的形态显现其"成为事物"的那个姿态。此"形成事物"的显现过程，乃是事物自身的存在，是事物的一种展示形式，是没有原因和结果的呈现样态。也就是说，它就是它自身，它自身就是存在在那里的那个存在。所以海德格尔哲学中的德语词游戏能让我们感觉到德语的构词结构、语法以及使用规则与哲学思维的融洽性极高，这就使得德国哲学从探讨德语表达实验到它在德语实现逐步稳定的表达形式，既是德语自身发展史的一部分，同时也是德国哲学的最早形成形态。从此意义上说，德国哲学的德语表达完善化的漫长过程比德语自身的语言史还更为重要。由此，我们不难看出德语对德国哲学的重要意义，这也表明德国哲学家更具有或更偏好形而上学的原因。

不过，我们也应看到德国启蒙理性的另一个层面，它的形而上学性也是一种面对严酷现实而对现实的一种妥协性。法国革命的暴力和血腥使得代表德国资产阶级的哲学家看到了无所羁绊的理性的巨大威力和破坏性，他们试图寻求理性与历史的妥协，甚至用宗教与理性的和谐来约束理性的狂放无忌性。由是，德国的启蒙理性就具有了英法理性所缺乏的历史感和辩证特性。当然，德国理性也并未彻底摆脱抽象性，归根到底仍然是形而上学性。与法国的启蒙理性相比较，德国的启蒙理性具有不同的抽象性质。德国的理性是一种超现实的抽象，它强调在历史中发展的理性是超越个人和社会现实的个体存在，好像是回到了古希腊宇宙理性观那里，不过德国理性所要强调的是只有通过自我主体理性的辩证发展，本体理性才能得以实现。所以康德认为："必须永远有公开运用自己理性的自由，并且唯有它才能带来人类的启蒙。"①而黑格尔的绝对精神也仅仅是人类的自我意识的全部发展过程而已。而且德国理性的历史感是以牺牲乃至回避现实感为代价的。由于资产阶级的软弱性，他们不敢面对现实，更不敢改变现实，所以只能选择回避现实。而作为其理论核心思想的哲学，更是选择闭目塞听，躲到超验世界或彼岸世界中喃喃自语，甚至用极为晦涩难懂的语言来表述自己的思想，免得有更多的人看出端

---

① ［德］康德：《历史理性批判》，何兆武译，商务印书馆1991年版，第24页。

倪，因为这样既安全，又不会惹祸上身。因此，对现实的软弱无力，使得他们更愿意与历史和宗教妥协，最多也不过是用最隐晦的哲学语言里诉说心曲——现实的就是合理的，合理的都是现实的，或者干脆躲到道德世界里追求缥缈的理想和崇高的道德形而上性，或者在彼岸的世界中让受伤的心灵获得必要的安慰，因为苦难的人们毕竟还需要一个上帝，"于是康德就怜悯起来，并表示，他不仅是一个伟大的哲学家，而且也是一个善良的人，于是，他考虑了一番之后，就一半善意、一半诙谐地说：'老兰培一定要有一个上帝，否则这个可怜的人就不能幸福——但人生在世界上应当享有幸福——实践的理性这样说——我倒没有关系——那么实践的理性也不妨保证上帝的存在。'于是，康德就根据这些推论，在理论的理性和实践的理性之间作了区分并用实践的理性，就像用一根魔杖一般使得那个被理论的理性杀死了的自然神论的尸体复活了"①。由是，德国的理性表现为一种内在的意识，在形而上的意识或思想中对社会现实进行间接的批判，它是思辨哲学的一个组成部分。法国的哲学是一种批判的理性，德国的哲学则是一种理性的批判。理性的批判需要考察意识本身的发展过程、要审查理性的能力、理性的权界范围——要界定理性在不同领域的立法权限。之所以如此，乃是因为人类理性为种种形而上的问题所烦扰，却无法摆脱这些问题，而且它们是由理性自身的本性向它提出的，人类理性也无法回答它们，因为它们超越了人类理性的一切能力。人类理性是凭借得到经验证明的那些原理向上攀升的，以寻求达到更遥远条件。当它远远地超出经验的世界时，就跌入黑暗与矛盾，陷入永无休止的形而上学的争吵的困惑，在此，经验的试金石也失去了作用。尽管形而上学是一门比其他科学更古老的一门学问，但命运一直不曾眷顾它，让它找到一条通往真理的可靠道路。因此，在形而上学中，理性不断地陷入困境，无法达到真理的彼岸，人们不得不无数次的并且是徒劳的走回头路，因为他们永远也无法达成论断的一致性。所以康德把形而上学比作一个战场："这个战场似乎本来就只是为在战斗游戏中演练它的各种力量而设立的，在这个战场上还从来没有一个武士能够夺得哪怕一寸土地，基于自己的胜利而建立其一种稳定的占领。因此毫无疑问，形而上学的做法迄今为止还只是一种来回摸索，而最糟糕的

---

① 张玉书选编：《海涅选集》，张玉书等译，人民文学出版社 1983 年版，第 303 页。

是仅仅在概念中间来回摸索。"① 为了清除形而上学造成的混乱，康德认为理性要进行自我认识，并任命一个法庭，这个法庭将在其合法要求方面保障理性，但对一切无根据的非法要求，不是通过强权压人，而是按照理性永恒的和不变的法则来处置，这个法庭他称之为"纯粹理性批判本身"。康德说他的批判"是就它独立于一切经验能够追求的一切知识而言对一般理性能力的批判，因而是对一般形而上学的可能性或者不可能性的裁决，对它的起源、范围和界限加以规定，但这一切都是出自原则"②。所以德国的启蒙理性是一种形而上的理性，形而上的理性只对自身感兴趣，其理性批判也是在形而上学内部展开，它对现实的态度则表现得比较暧昧，无论是康德、费希特，还是谢林、黑格尔，即使对革命的法国理性表示赞同，但对德国社会现实本身则不予置评，甚至予以肯认或褒扬，最多也不过是通过迂回的方式比较委婉地提出一点批评。

同时，它也把现实视为历史过程的一个必要的环节，并最终会被历史理性所扬弃，所以德国理性把所有现实问题都理论化，在抽象的理论中解说现实问题。康德立足于自然目的论说明人类历史的合理性和进步性，视理性合乎目的地发展为自然目的所拥有的东西，强调自然世界中的最高目的则是孕育出文化，而道德则成为被造物的最终目的。此外，他依据其目的论，试图化解人类理性的无限发展性和个体生命的有死性、局限性的矛盾，基于理性的逻辑分析历史所具有的必然性，借助理性的进步发展，把历史看作一个持久的、不断地跃升地趋近于自然的目的的实现历程。赫尔德则认为，历史是通过不同民族的不断产生、发展、繁荣、衰败的过程，各民族的历史就形成了一个不断向前延伸的链条，而把所有民族的历史联系成一个整体的就是文化，各个民族留下的文化就构成了后来民族发展的基础，历史的进步就是在这种前后相继中实现的。但他强调，需要立足于更为长远的历史，视历史为一总体，人类历史的存亡绝续展示的是历史发展的规律，它是连续性与间断性的统一，历史本身是在充满曲折的进程中展现其进步的，从某一民族或某一个人的历史悲喜剧中可以发现其进步趋势，而这些也唯有形而上学家才能发现。费希特的历史哲学是通过世界计划这一概念建构起来的，他强调世界

---

① ［德］康德:《纯粹理性批判》，李秋零译，中国人民大学出版社2004年版，第15页。
② ［德］康德:《纯粹理性批判》，李秋零译，中国人民大学出版社2004年版，第5页。

是有计划的世界，据此可以把世界历史划分为不同的时段，但对整个世界具有决定性作用的则是自由及理性。"人类尘世生活的目的就是：人类在尘世生活中按照理性自由地安排自己的一切关系。"① 在他看来，人类的最本质特性乃是理性，它能把握历史的基本规律，并以此保持自身的存在。但理性唯有通过自由才能发挥其功能，所以需要理性与自由相结合；只有二者协调和谐，历史才能进步发展。我们可以因此说，一部人类史就是展现自由及理性的进步史。但对谢林而言，历史则是必然性与自由的和谐一致。他认为："历史既不能与绝对的规律性相容，也不能与绝对的自由相容，而是仅仅存在于这样一种地方，在这种地方，唯一的理想实现于无穷多的偏离活动中，结果个别事件虽然不符合这个理想，历史的整体却符合这个理想。……一系列绝对没有规律的事件和一系列绝对符合规律的事件一样，都不配称作历史。……只有自由与合规律性的统一，或者说，只有整个族群类的存在者逐渐地实现从未完全丧失的理想的过程，才构成历史的特点。"② 谢林强调自由与必然的统一，自由应成为必然之物，必然也该成为自由的东西。人之自由活动具有必然性和客观性的东西，其主要依据乃是人与他的活动所具有的社会性特征。"我的一切行动所指向的最终目的，是单靠个人所不能实现，而只有靠整个族类才能实现的某种东西。我的一切行动至少应该指向这种东西。所以，我的行动的成果不是取决于我，而是取决于其他所有人的意志。如果不是所有人都想达到这个目的，我也不能为达到这个目的做出任何成就。"③ 而洪堡更明确地提出历史是由理念决定着的，理念是一种特殊的力量，它体现在世界历史的一切事件之中，但这种体现又不是一种直接的体现。它表现为两种方式：一是理念规定了事件乃至历史发展进程的方向，这种方向"最初是不显著的，但逐渐成为可见的，最终是不可抗拒的"④；二是理念给予历史事件的产生和发展以推动，这种推动力的"规模和超脱性是不能从伴随的条件中得出的"⑤。黑格尔的历史哲学则更为抽象，他把绝对精神视为世界历史的决定者，认为世界历

---

① J. G. Fichte, *Werke. Auswahl in sechs Babnden*, von F. Medicus, Leipzig 1910 – 1912, vol. 4, p. 401.

② F. W. J. Schelling, *Werke. Auswahl in drei Bände*, von F. Eckardt, Leipzig 1907, vol. 2, p. 270.

③ F. W. J. Schelling, *Werke. Auswahl in drei Bände*, von F. Eckardt, Leipzig 1907, vol. 2, p. 270.

④ *Deutsche Geschichtsphilosphie: ausgewählte texte von Lessing bis Jaspers*, p. 170.

⑤ *Deutsche Geschichtsphilosphie: ausgewählte texte von Lessing bis Jaspers*, p. 170.

史的进程是合理性的，它是世界精神的合理性、必然的进程。理性（世界精神）统治着世界历史，"理性统治者世界，因而也同样统治着世界历史"①，但这种精神或理性并非一种固定的模式或天意，而是一个生生不息的发展过程，是一个全体。唯此，世界历史才是一种达到更完善、更完美境界的无限进步。由于理性无法直接影响现实的历史，为此，黑格尔需要为抽象的理性找到一个统治世界的手段，这就是人们的意志和恶劣的情欲，因为人们的意志最终又是由需要、利益、情欲决定的，"那个使它们行动，给它们决定的存在的原动力，便是人们的需要、本能、兴趣和热情"②。他说："假如主角方面没有利害关系，什么事情都不能成功。假如把这种对利害关系的关心成为热情——这指全部个性忽略了其他一切已有的或者可能的关心和追求，而把它的整个意志倾注于一个对象，集中它的一切欲望和力量于这个对象，——我们简直可以断然声称，假如没有热情，世界上一切伟大的事业都不会成功。"③ 不过，在黑格尔看来，这些东西只不过是理性或世界精神的手段，它们本身并不能决定历史本身的进程，而是理性达到目的的手段。"这一大堆的欲望、兴趣和活动，便是'世界精神'为完成它的目的——使这目的具有意识，并且实现这目的——所使用的工具和手段。这个目的只是要发现它自己——完成它自己——并且把它自己看作是具体的实现。"④ 而个人追求自己利益而努力的行动也不过是理性达到自己目的的手段，这就是"理性的狡计"，"热情的特殊利益，和一个普遍原则的活泼发展，所以是不可分离的：因为'普遍的东西'是从那特殊的、决定的东西和它的否定所生的结果。特殊的东西同特殊的东西相互斗争，终于大家都有些损失。那个普通的观念并不卷入对峙和斗争当中，卷入是有危险的。它始终留在后方，在背景里，不受骚扰，也不受侵犯。它驱使热情去为它自己工作，热情从这种推动里发展了它的存在，因而热情受了损失，遭到了祸殃——这可以叫作'理性的狡计'"⑤。

可见，无论是康德、费希特、谢林，还是洪堡、黑格尔，无不是在抽象的形而上世界中讨论历史问题，他们似乎不愿考虑现实历史问题，只在乎遥

---

① 李秋零：《德国哲人视野中的历史》，中国人民大学出版社 2011 年版，第 237 页。

② ［德］黑格尔：《历史哲学》，王造时译，上海书店出版社 1999 年版，第 23 页。

③ ［德］黑格尔：《历史哲学》，王造时译，上海书店出版社 1999 年版，第 24 页。

④ ［德］黑格尔：《历史哲学》，王造时译，上海书店出版社 1999 年版，第 26 页。

⑤ ［德］黑格尔：《历史哲学》，王造时译，上海书店出版社 1999 年版，第 34 页。

远的天际中的形而上世界，不是他们不能，而是因为现实的残酷无情会危及哲学家自身的安全，所以启蒙只能在纯粹的形而上世界中鼓噪和喧嚣，现实世界则不适合哲学家们的征伐，把战场转移到形而上的世界也一样是战士，因此，哲学家的勇气和智慧都集中在哲学的战场，思想的征伐和博弈在形而上的天空中展开了激烈的交锋，这同样是启蒙的战场，只不过远离现实而已。

两国启蒙理性就抽象性而言所展示出来的差别，乃是因为它们的资产阶级身处不同的历史阶段和不同的历史任务所决定的，在德国，当资产阶级能够凭借理性之名来获取自己的权利时；而在法国，其无产阶级已崭露头角，开始自己组织运动，向封建王权和宗教神权展示力量，但法国革命中出现的暴力行为和恐怖行动极大地将震撼了德国的资本家阶级，使他们极为恐惧。因此，在法国，理性是通过对群众的启蒙来展示理性的巨大威力的；在德国，理性则是借助于思想家和天才人物的意识创造在少数精英中传播了启蒙。德国的思想家和哲学家只愿意启蒙精神仅仅蜗居在他们的内在直觉和意识中，而不敢将其指向现实的社会或历史；法国的启蒙思想家勇敢地动用群众的力量向现实开战。相反，德国的形而上学家却恐惧乃至敌视民众，形而上学家们更愿意在头脑里开展灵魂或精神的战斗，形而上学家们虽然认可对民众进行启蒙的必要性，但也都把现实的理性革命托付给遥不可及的未来；法国的启蒙思想家，即使对理性进步观有异议的卢梭，同样梦想着按照其社会契约论来建构人类的理想王国。在德国，形而上学家在意志自由方面苦苦思考，并借助于道德来建构彼岸的理想王国，通过理想王国来关照现实世界，因此它的批判是理论的而非实践的，更缺少法国理性动员起来的那种物质力量。由于害怕和躲避群众，德国的启蒙理性更容易导向唯心主义；由于不愿意与现实相对立，德国的启蒙哲学家更愿意使理性与宗教和谐相处，因为宗教既可以调和哲学理论的过激性——以免引起革命的力量搅乱了社会的秩序——这是哲学家们不能接受的，也是可怕的。同时，宗教也可以安抚那些在现实生活中极为艰难困苦甚至无法生活下去的苦难灵魂，用精神鸦片麻醉他们——至少还有未来的天国世界。而且在德国，哲学本身和宗教的联姻，还能使哲学无法解决的麻烦问题或终极问题假手于神学或上帝来提供解决方案，这能够减少哲学解决问题的难度，也能给哲学提供可靠性、权威性，毕竟理性——一种不知从哪儿忽然冒出来的东西，竟然胆敢向拥有数千年历史并为人们提供信仰、理想价值和生活意义的宗教挑战，况且宗教信仰和希望在欧洲各地耸立的千万个尖顶教堂里所做的宣讲和表述，已经在社会制度和人们的心灵世界中深深扎根，不会轻易投降或屈服于理性不友善的判决；信仰和希望在受到理性的质疑、谴责和批判时，就必然会怀疑判决者的资格和权力，要求像审查宗教一样审查理性。这是什么样的理性呀？居然提出用三段论来破除几千年来千百万人的信仰？它是否确实可靠？或者仅仅是一种工具，同别的工具一样，它的功用和能力是否都有极大的局限性？对德国启蒙理性来说，需要对这种判决者做出审查和评价，要检验一下正在胡乱虐杀每一个古老希望的这个无情法庭，应该对这个理性进行一番批判了，这个工作是由康德完成的。康德理论不仅探讨了人类理性的全部深度，界定理性发挥作用的范围，为知识奠定了形而上基础；而且还为宗教信仰留出了地盘，为理性和信仰的和谐作了理论铺垫。此后的费希特、谢林、黑格尔都进一步强化了这一基础，黑格尔甚至在其《逻辑学》中明确宣示："逻辑须要作为纯粹理性的体系，作为纯粹思维的王国来把握。这个王国就是真理，正如真理本身是毫无蔽障，自在自为的那样。人们因此可以说，这个内容就是上帝的展示，展示出永恒本质中的上帝在创造自然和一个有限的精神以前是怎样的。"[1] 因此，德国理性能够使得宗教和理性并行不悖地得以和谐相处，使得人们即使在进行理性批判的时候，也不妨碍人们的宗教信仰——甚至认为信仰本身还可以防止理性过度的怀疑，理性批判的极致必然是理性本身也遭到自身的怀疑，而宗教则能为理性提供怀疑的限度，在必要的时候，宗教信仰还能够使得过于激进的理性获得必要的制动力，能够冷却理性过于狂热的大脑。

（二）德国启蒙理性观的逻辑进路

应该说，德国启蒙理性深受法国启蒙理性的影响，这一时期的一些德国哲学家甚至认为，启蒙主要是法国哲人的事儿，德国哲学的成就不在此处，他们另有建树。但无论怎样，德国哲学家在启蒙的后期的确做出了巨大贡献，甚至奏响了启蒙的最强音，德国哲学为人类贡献了形而上的第一小提琴手。不过，我们不难发现，法国哲学尽管对德国哲学影响甚大，但二者还是在精神气质和哲学品味上存在着较大的差别。这种差异性，究其原因，在于德国哲学与法国哲学的不同逻辑进路和取向，主要表现如下。

1. 德国的启蒙理性汲取并充分发扬了古希腊的努斯精神和逻各斯精神。

---

① ［德］黑格尔：《逻辑学》（上），杨一之译，商务印书馆 1966 年版，第 31 页。

它立足于经验，寻求理性为经验立法，但并不仅仅局限于经验世界，同样也关注超验世界。德国理性重视经验，强调一切知识来自于经验，但并不仅仅受限于经验，反对脱离经验的独断论，认为独断论就是因为在没有任何经验材料作为基础或根据的前提下，单凭理性的逻辑推论就断言有关在我们之外存在着某些终极客体的知识。自然，德国理性也十分重视理性，它继承了来自古希腊和中世纪的哲学精神，特别是古希腊的努斯和逻各斯精神，并且将这种努斯和逻各斯精神很好地结合起来，使努斯无论是在经验世界为经验立法，还是在超验世界寻求普遍性之物，它都无一例外地要遵从逻各斯精神，自觉的按逻各斯的要求行使自己的职责。这就形成了德国启蒙理性的独特性：一方面，理性要体现努斯不断的超越精神、自由精神，不仅要立足于经验的基础寻求知识，而且也不局限于经验，努力揭示经验背后的理性根基，为经验寻求普遍性的理性法则，使经验成为普遍性、必然性的知识，为经验世界立法；同时，它还要体现努斯一往无前的超越精神，努斯不仅要超越经验世界，寻求超验世界的普遍性东西，为人类自身立法，建立科学的形而上学，解决数千年来形而上学的纷争和混乱问题；它甚至要超越自然、社会、历史，寻求绝对的理性精神，为一切存在者立法。但另一方面，这种超越并不是无章法的，而是遵循理性的逻各斯精神，严格地按照逻辑自身的法则行事，绝不容许任何没有逻辑的任意或任性的行为，理性固然有努斯不断的超越精神，以寻求对理性自身的超越，但这种超越却必须严格地按照逻各斯的要求进行，努斯为理性提供努力向上的无穷的冲击力，它要冲破这个世界的局限性、狭隘性、不完善性、不确定性，但这种冲击力无论如何巨大，都必须接受逻各斯的法则的节制和约束，必须在逻各斯允许的尺度、范围内才能实行自己的超越愿望。否则这种愿望就是任性或任意的欲望，无法保证自己的合法性和合理性，因为那是无视法律的胡作非为。因此，德国理性在体现努斯和逻各斯精神方面，宛如一位在追求自己心爱的女人时的英国贵族绅士，一方面彬彬有礼，温婉体贴，行为得体，而又不失礼节地展示对女士的尊重，从不逾越应有的尺度；另一方面，他又热情如火，爱意浓烈，充分表达了自己对心爱的女子的爱恋之情。这种努斯与逻各斯的和谐在德国启蒙理性中比较完美地体现出来。

需要进一步指出的是，德国的启蒙理性甚至把努斯精神和逻各斯精神都发挥得淋漓尽致，使得努斯和逻各斯精神在德国启蒙哲学乃至后世德国哲学中都成为哲学内在的生命律动。它不像法国哲学，努斯精神和逻各斯精神在这里有些力不从心，逐渐力竭，甚至慢慢地失去了活力；更不像英美哲学，它们竭力限制努斯的超越精神，仅仅是片面地发展了逻各斯精神，把逻各斯精神视为哲学的根本，甚至为了逻各斯而牺牲努斯，努斯精神在英美哲学中成为一种化石般的存在物，只有在大英博物馆或美国国会图书馆中才能偶尔发现它的足迹。努斯精神在他们那里几乎要泯灭了。而德国哲学则始终保持着这种旺盛的努斯精神和逻各斯精神，宛如迸发的岩浆，不断地喷薄而出，构成德国哲学无比鲜丽的色彩。特别是在德国启蒙理性那里，这种来自古希腊的努斯精神和逻各斯精神，不仅得以薪火相传，而且不断地孕育生长、发展壮大，成为蔚为壮观的哲学生命之参天大树！

古希腊的这种努斯精神几乎在德国启蒙理性那里得到了几乎完美的继承和发扬。在莱布尼茨那里，努斯精神表现为其机械论和原子概念与亚里士多德的隐德来希（为万物赋予灵魂和形式的力）概念结合在一起，亚里士多德的"隐德来希"是一个很重要的概念，它的希腊文原意为"完成"之意，亚里士多德用来指每一件事物完成的、所要达到的目的就是"隐德来希"，也把其作为"现实"的同义词。亚里士多德哲学中的质料和形式的对应关系就牢牢地和"隐德来希"联系在一起。隐德来希的实现，本身就是一种超越自身的体现。在亚里士多德看来，"离开现实，成为可能，是为了中心化身为千万次的可能，从反方向讲也是如此——在种种意义上讲，'隐德来希'就是自然。"[①]同时，隐德来希还具有精神的含义。普罗提诺认为："亚里士多德显然认为事物的内部都存在着和自然的同化体，在事物的内部有一个自然的精神在通过形式和质料的相互关系起作用，并出现在感性之外的世界里；作为哲学家，当然应当努力仿效这一自然的精神，从而才能把握事物存在的意义。"[②]可见，在亚里士多德那里，"隐德来希"还具有精神之意。莱布尼茨的单子论就把亚里士多德的"隐德来希"结合起来，甚至将单子直接成为"隐德来希"，"我们可以把一切单纯实体或创造出来的单子命名为'隐德来希'，因为它们自身之内具有一定的完满性，有一种自足性使它们成为它们内在活动的源泉，也可以说，使它们成为无形体的自动体"[③]。在莱布尼茨那里，

---

① ［意］托马斯·阿奎那：《亚里士多德十讲》，苏隆编译，中国言实出版社 2003 年版，第 64 页。
② ［意］托马斯·阿奎那：《亚里士多德十讲》，苏隆编译，中国言实出版社 2003 年版，第 64 页。
③ 北京大学哲学系编：《十六—十八世纪西欧各国哲学》，商务印书馆 1961 年版，第 295 页。

单子有以下含义：①单子是点。就是说，存在物的真正本源是点状实体，它存在于一种连续统一体之中。②单子是力，是力的中心。在他看来，一个物体就是由逐点的力的中心组成的集合体。③单子是灵魂。逐点的原始实体无一例外的是被赋予灵魂的，不过它们也有不同的级别。最低级的单子，只有混沌的无意识的观念；而较高级的单子，比如人的灵魂，是有意识的。最高级的单子，即上帝，具有无限的意思，是全知全能的。他认为："如果我们愿意把一切具有我刚才所说明的一般意义下的知觉和欲望的东西都统称为灵魂的话，那么，一切单纯的实体和被创造出来的单子就都可以称为灵魂；……而我们只是把那些具有比较清晰的知觉而且具有记忆力伴随着的单纯实体称为灵魂。"① ④单子是个体。不存在完全相同的单子，单子构成了一个完整的连续的系列，从最高级的神的单子到最简单的一般单子，每个单子都有其不可替代的位置，每个单子都以其独有的和唯一的方式反映宇宙，每个单子都是潜在的力，它们从各个侧面反映整个宇宙。由此，我们不难发现，在莱布尼茨的单子论里，其单子不仅是隐德来希，还是灵魂、是力，最高级的单子就是上帝。莱布尼茨的单子论基本上涵括了古希腊努斯的主要含义。尽管莱布尼茨继承了笛卡尔的唯理主义，但是，他并不是极端的唯理主义者，他在唯理主义的立场下也接受了经验主义的理论，并致力于在法国唯理主义和英国的经验主义之间寻求折中。他追求确定的数学方法，但并不排斥经验，他认为，天赋观念和经验都是人的知识的来源。为此，他区分了永恒（几何学或形而上学）真理和事实真理、必然真理和偶然真理、理性知识（先天的）和经验知识（后天的）等，在形式逻辑的三条原则之外，他还提出了充足理由律，作为经验这里的根据。在沃尔夫那里，努斯精神是和逻各斯精神紧密相连的。沃尔夫是莱布尼茨哲学的忠实继承者，他极为推崇具有自然科学和数学特征的科学理念，并力求在这一基础上构建形而上学的各个学科。他特别崇拜数学，认为数学在发现迄今为止尚无人所知的真理时是艺术永远无法超越的榜样，他将古希腊的逻各斯精神贯穿于他的哲学原则中，提出哲学应遵循四条原则：其一，只使用得到精确定义的表述；其二，只使用得到充分证明的原则；其三，只承认那些根据可靠的程序从得到证明的原则中推导而来的定理；其四，排

---

① 北京大学哲学系编：《十六—十八世纪西欧各国哲学》，商务印书馆 1961 年版，第 295 页。

列证明的主要素时，使那个能使随后的要素得到理解和证明的要素位于最前面①。这种方法的重点不在于用定义、公理、假设和推理来进行论证，而是把结论和不可否认的前提紧密联结起来，强调结论对前提的严格依赖性。在沃尔夫看来，人们思维的确定性依赖于人们思维的秩序，这是一个由最简单而最不可怀疑的前提出发，逐步走向较少确定性和较多质疑性的结论的过程。而数学则是从定义出发，进入基本原理（公理），然后进入诸定理和相关问题（基本理论结构）。定义的产物是清楚明白的观念，不仅专心体察就可以了然于胸，也便于向他人传授。数学定理可以通过分析定义和公理的内涵来证明，只需证明一个定理与正确的定理是自相矛盾的，或者与另一既定真理相冲突，证明就成立。但在 1731 年的数学讲座大纲里，沃尔夫也指出了数学知识的重要性和不充分性。数学只研究（主观性的）空间与时间中的可观察的现象，只同图像打交道，而本体论则研究作为存在的存在，用精确的概念来取代图像（这似乎预示着康德哲学的思想萌芽）。尽管沃尔夫的逻辑学并没有达到康德的先验逻辑的水准，但他无疑继承了古希腊的逻各斯精神和笛卡尔逻辑学的精华，与神学形而上学的逻辑还是有较大的差异性，也克服了早期启蒙运动偏重社会和文化因素，忽视科学和数学知识的片面性，当然也使其思想陷入了独断论的泥淖。在其本体论理论中也同样蕴含着努斯精神，在他看来，空间无非是展现实体的一种主观秩序。其自然观也是机械论的自然观，他强调人为自然乃是由物理单子构成的，它们借助相互接触发生作用，但人为自然从整体上也表现出了理智的创造，特别对实现人类的福祉这一目的方面。同样，人的灵魂也是一种实体，它具有表象和认知功能。他还努力使得自由和必然之间的关系和谐起来。在道德形而上学领域，造物者创造了某种具有完美性的真理性质的价值，并由此保证了真实存在与善得以实现。理性正当的动机乃是判断道德准则的最高标准。因此，个体获得自己或他人的完善、完满就是合乎自然法则的。从更深层次上说，它更展现了努斯精神的超越性。同时，沃尔夫并不排斥经验的东西，认为在经验认识和哲学认识之间存在一种一致性，指出人们能够对经验中最初认识到的东西给出一种理性的说明。由此，他把知识分成两类：历史知识和哲学知识。历史知识依赖于我们对一些存在或正在发生的、未经加工的事实的感知，但是它依赖于记忆、分类、

---

① 叶秀山、王树人主编：《西方哲学史》（第六卷），江苏人民出版社 2005 年版，第 23 页。

计量、假设的建构，也许还有一些简单的知识。直觉观念变成理性观念（沃尔夫称之为"理性思想"），这里的理性是一种"用心灵的眼睛观看"的观念及其充分条件之间的联系的能力。理性拥有或产生的一切只是都来自经验——历史知识是哲学知识的基础，但正是理性把它们加工成定义、原理、公理、可能、假设和经过验证的自然律，关于事实的历史知识才发生一种细微的变化：事实知识变成推出事实的知识。推出事实的知识超出实际的观察，推进到没有经验的事实。沃尔夫总是说，他不希望干扰这种理性与经验的联姻。在他看来，获得知识有两种方向，第一种是由事实知识上升到原理和理性，这是笛卡尔的分析法（康德的回溯法）；第二种是由理性下降到经验，这是笛卡尔的综合法（康德的前进法）。在沃尔夫时代，推出事实的知识通常被称为先天的知识（即由理性而非经验得来的知识）。不过沃尔夫认为，知识最终的、无可替代的来源只是经验。可见，在沃尔夫哲学中，逻各斯精神和努斯精神也是相互结合在一起的。同样，作为精神性的努斯，在康德那里，既是知性的化身，又是理性的化身，它在现象世界要为自然立法；在超验世界，则为人立法；在审美的世界，则要沟通经验和物自体世界，为它们架起相互连接和沟通的桥梁。康德自由意志对道德法则的追求和遵循更是反映了努斯的超越精神，它不仅要超越自然世界的必然性，而且还要超越人的欲求、动物性和感性的不确定性，追求人的崇高性和不朽性，使人真正成为能配享万物之灵尊荣的生命体。以此方式，康德完成了努斯精神在不同领域中的奋斗历程。

而在启蒙运动之后的哲学家那里，这种努斯精神更是被进一步地发扬光大。在费希特那里，努斯被装扮成知识学的形象，它不仅仅是一种实践智慧形式，而且也是一种严格的、系统的"科学"体系。知识学是"科学本身的科学"，是关于知识的真实条件、基础和界限的知识本身。在实践领域里，作为努斯精神体现的知识学，把实践能力作为自我的最内在的根基，而且将人的自由本身视为规定人们的世界的理论原则。不过，费希特的知识学将任何事物都建立在一个单一的、绝对的第一原理之上，并且要求严格地按照逻各斯精神进行演绎，可以成功地推导出包括时间与空间在内的可能经验的先天范畴，借助将所有的东西从单一的起点推导出来，由此就可以避免康德的现象世界和物自体的相互隔绝问题，这样，其知识学就在理论理性与实践理性之间、在自然领域和自由领域之间建立了内在联系，使得努斯的超越精神和逻各斯的规则要求都得到了充分的体现。而在谢林那里，他的努斯精神和逻各斯精神在其同一哲学里得到了较好的表达，为了展示努斯的自由超越精神，他把自然看作"可见的精神"，把精神视为"不可见的自然"，其自然哲学从纯粹客观性的自然开始，然后解释自然如何经历一个无意识的自我发展历程，它在为其自身的自我呈现，即精神心灵的出现创造条件时达到了终点。因此，自然就不再是作为机械的秩序、无生命的非我的领域出现，而是成为一个依靠其自身的、活生生的、自组织的系统，这是一个不是处在机械关系中的物质事物的系统，而是处在力的动力关系中的系统，一个自我发展的有机整体，在其中包含了自身的目的和意图，通过内在的自由精神创造出更高的自然形式，最终达到心灵本身。在他这里，自然原本就是精神，是我们精神的精神，自然和精神、现实和理想在最深层的意义上是统一的。谢林的这种思想，在德国的精神历史中不仅仅在自然科学领域内，而且在艺术领域中，谢林的这种非凡的思想都产生了积极的影响——把精神完全归入自然的范畴，在自然中展示精神（努斯）的无意识活动，在精神中展现自然的自我意识，它们共同构成了努斯精神的成长史。这种努斯精神在黑格尔那里获得了最完美的突破，实现了努斯精神自我的朝圣历史。黑格尔哲学是努斯精神的不断地超越和征伐的历史，他的哲学从自我意识出发（自我意识是世界精神的初级阶段或萌芽状态），经过三个发展阶段，最后完成了努斯精神的成圣道路。在世界精神成长的第一阶段，世界精神处于一种"自在的"状态，在这个阶段中，努斯和逻各斯使出浑身的解数，使自己道成肉身，脱茧而出。黑格尔的逻辑起点是从存有（在黑格尔那里，这种 Sein 即存有是一个"决心"，决心要去做什么，成为什么，但还没有做）开始的，存有是具有普遍性和最为空洞的概念，它同时也是一种能够消除一切规定性的虚无。它不是一种真实的东西，而仅仅是一种一般的思想，因此也是无。这样我们就从有过渡到了无。如此，在系统地分析下一个概念的过程中，人们总会发现另一个概念，在概念的生成过程中，黑格尔不仅在"有"与"无"之间引起了矛盾，他甚至走得更远，由此出发点，黑格尔发展出了一整套的概念，这些概念严格地按照逻各斯的规则进行概念演绎，使努斯精神在自由追求成圣的历程中不至于迷失了自己，直到达到真正的圣殿"绝对精神"。同样，作为理性的努斯，它也是一种认识能力，能够超越感性认识到更高的本质性的东西或知识。在康德那里，努斯作为理性，在现象世界里借助时间和空间的先天直观形式，将感性呈现出来的杂多做成对象提供给知性范畴，知性范畴通过先天综合判断，把经验知识变成具有普遍性、必然性的知识。从而完成了知性为自然立法的使命。但康德认为，理性只能在现象世界发挥作用，一旦超出现象世界的范围，运用到物自体身上，就会产生幻相或谬误。在费希特那里，作为理性的努斯变身为知识学的身份，它是一种严格的、系统性的科学，它造就了科学知识，作为科学本身的科学，知识学要探讨知识的真实条件、基础和界限的知识本身。当然，它也是一种实践智慧的形式。能够在理论理性和实践理性两个世界里发挥作用，从而抽离了康德现象世界和物自体世界相互分离的问题。而在谢林那里，作为理性的努斯的主要任务是求知，也就是解释主体与客体的同一问题，讯问自我和精神是如何在自然中成为可能的？在谢林看来，自然原本就是精神，是人们精神的精神，其先验观念论包含两种哲学，一是主观的哲学，研究自我及其自由问题；二是客观的哲学，研究自然世界。这两个领域具有共同的根源，那就是先验主体，这一哲学的最高任务，就是证明自然与理智的和谐、主观与客观的和谐，以及非意识活动与意识活动的和谐。在审美经验中，我们可以直观到这两个领域的和谐统一。事实上，只有通过艺术提供的直接的和非推论的领悟，我们才能充分理解精神与自然的综合，并因此理解世界的绝对真理。在黑格尔那里，作为理性的努斯，化身为一个精神来探寻自身成长的历史，这种历史也是获得知识的历史。他试图揭示为何一些意识形态继其他形态之后出现，并启示人们去追求更完善、更全面的认识范式。从一种意识形态向下一个意识形态的转化代表着一种证明、一种发展步骤，也是一种阐述，但它不是一种机械推动的必然性，这是作为理性的努斯自我追寻的结果，具有必然性。努斯意识到自身的不完善性而驱动自我去追寻另外一种更为完善的知识形式。对于黑格尔来说，整个世界的进程就是精神的自我发展，就是代表努斯的精神不断超越自我、向更高的精神追求、直到达到绝对精神的过程。根据辩证法的原则，这种自我发展要经历三个发展阶段，哲学的结构也是由此决定的。在第一阶段，世界精神处于一种"自在的"状态，观察这一阶段的哲学原则我们称之为逻辑学。在第二阶段，世界精神处于"自我显现的"、"自我异化的"和"他在的"状态，精神以空间和时间中的自然的形式显现自身，自然哲学是用来观察这一阶段的。在第三阶段，也就是最后阶段，精神又从自我显现中返回到自身，精神处于一种"自在自为的"状态，与此相适应的就是哲学的第三级——精神哲学。在黑格尔的精神现象学中，他充分展示了努斯的超越精神和逻各斯的严格逻辑规范性，依次展现了每一种意识形态的不完善性，引领着人们在不断发展和超越这种不完善性，从而展示为一种辩证发展的过程，从一种形态跃升到另外一种形态的不断跃升的超越性，最终达到经此前一切形态都涵摄于自身之中大全式的"绝对知识"形态。这个发展过程总是蕴涵于意识形态之间的对立和冲突之推动。在这一进程中，努斯的超越精神表现得尤为突出，它不断超越不完善的意识形态，不断向更高的意识阶段跃进，表现出一往无前的进取精神。不过，这种努斯精神在跃升中又蕴含着逻各斯精神，这种意识的跃进，实际上是一种辩证法展示自我发展的历程。黑格尔的辩证法是一种极为严谨的逻辑演进法，它展示的是一种概念之间的相互作用、相互转换的过程，其中有些只是对其他概念的完善，有些则需要通过统一加以解决的反题，也有一些知识代表着概念的必然终结，意味着需要迈入新的开端。在这里，整个概念的演化显现为一个逻辑发展的历史，它们如同有生命的物种一样，具有自身的演化法则，这种法则就是逻各斯法则。如同自然法则一样，它是概念演进的法则，展示的是逻辑学的规律，是人类思维逻辑、也即辩证逻辑的规律，这种规律是黑格尔对古希腊逻辑学的进一步完善和发展，并将之推进到辩证逻辑阶段。在这里，它展示的是一幅现象学的全景图——在此，无数人类的经验和哲学形态相互矫正、相互印证、彼此辉映，最终趋向完善。在这幅全景图中，人们能发现许多近代认识论与形而上学问题的历史、伦理学、社会历史即宗教历史的场景，展现的无疑是人类的精神发展史，它大胆地对哲学概念发展的复杂历程以及这些概念在指导人类历史和精神发展中的作用进行了卓有成效的证明，所以说，黑格尔的哲学无疑是人类精神最为辉煌的篇章之一，他不仅继承了古希腊哲学的精神，并将之发扬光大，更为重要的是他把古希腊的努斯精神和逻各斯精神卓有成效地结合起来，展示了哲学不仅是一门使人获得人格、尊严和高尚的学问，而且是人们获得自由和精神高贵、通往至善和理想王国之路！

　　总之，在德国启蒙哲学以及启蒙之后的哲学那里，古希腊的努斯精神和逻各斯精神得以继承并进一步发扬光大，它们和谐相生，成为德国哲学日新又新、生生不息的形而上力量之源，持续地创生出德国哲学新的精神面貌和新的气象，为人类的思想天空不断地扩展着更高更远的辽阔星空。正像一位西方学者所言：上帝赐给法国人以土地，赐给英国人以海洋，赐给德国人以思想的天空。而这片天空则是由德国哲学家所承继的古希腊哲学精神即努斯和逻各斯精神所开辟的思想的天空帝国！这一切荣耀无疑属于启蒙时期及其以后的德国哲学家们，是他们使德国哲学获得了开辟天空帝国的力量！

2. 德国启蒙理性反对英法科学世界观，力图重建知识与智慧、理论与实践、事实与价值的密切关系，恢复古代世界观在人类世界中的应有位置。立足于经验基础，既要为经验服务，甚至是为经验立法，又要在超验世界寻求普遍性。德国理性承认经验的基础性地位，认为知识都来自经验，但并不仅仅局限于经验。因为除了经验知识之外，还有先天的知识。它不像法国启蒙理性那样，仅仅在自然科学领域，承认经验的作用，而在形而上学领域，则否认经验的意义和价值。德国理性即使在形而上学领域，也承认经验的意义和价值，甚至认为形而上学的知识也要满足或服务于经验世界的需要。即使像康德那样，截然将世界分为现象世界和物自体世界的哲学家，也仅仅是将知性限制在现象领域，知性不能用于物自体世界，只能在现象世界为自然立法。但康德的实践理性还是要为在现象世界中的人们建立道德律，还是要将普遍的道德法则运用到现象世界。尽管二者不能通过知性实现沟通，但并不妨碍二者的统一和联系，并且这种联系在审美判断力中就充分地展现出来了。

对德国启蒙理性而言，经验是基础，人们不能脱离经验基础来谈论知识或其他事物。事实上，德国启蒙理性的这种观点是和古希腊哲学一脉相承的。在古希腊哲学家那里，哲学就是爱智慧的学问。古希腊的哲学家苏格拉底等人认为，形而上学所追求的智慧是有关如何获得美好人生的智慧。美丽的人生也是幸福的人生，在古代哲学那里，幸福的人生是为良善之神庇护的。此观点也得到亚里士多德的肯认，并得到后世希腊哲学家的肯定。依据此观点，形而上学允许人们获得尽可能多的幸福，这也体现了一种真正的静思生活方式。因此，形而上学是一种慎思明辨的具有反思性特征的生活，它对人生价值惊觉怀疑、审查和批判，它强调，未经审查的生活是不值得过的。形而上学应当成为人类行为的先导性理论，进而引导人类生活，使人们获得智慧和明智，并运用于获得幸福的生活之中。不过，人们需要牢记，必须认真地思考人生，确认并追求真正有价值、有意义的人生，而没有生命原则的人生是不值得追求或思考的。在古希腊人那里，形而上学乃是出自对真正的生活实践的思考，它与人们的日常生活直接相关，并不相悖。形而上学就是一种立足于实践活动的学问，它与 17 世纪之后的理论思考完全不同。17 世纪的形而上学家否认古希腊哲学家的这种理论，他们强调形而上学应关心知识问题。那么何为知识？在他们看来，形而上学所重视的问题应该是世界上的事物怎样变成它现在的模样的理论。在此，在拉丁文中，"知识"用 scientia 表示是很有意义的，其本意则是研究事物怎样变成其如今的形态的，它也是有关科学的事情。这种科学的出现也就为人类理解或解释现象世界的事物因何变成它当下的形态提供了依据，因此，近代自然科学的出现以无比强有力的说服力来解释这个世界的事物及其本质，人类从此使自然科学知识进入人们的生活世界，并引导人们的行为和实践。从而也就形成了科学的世界观。该世界观最早可追溯到 17 世纪，它构成了人们看世界、思考世界的行为方式，特别需要注意的是，它主宰着人们希望理解或看事物的思维方式。一旦科学的世界观支配人类生活时，探讨科学知识则也就成为重要的事务，形而上学的使命也自然就转换为研究和思考知识问题了。由于在古希腊文中知识用 episteme 表示，这种转换也就比较自然，再有后世哲学家的自觉行为，于是，形而上学变成知识论（epistemology）也就顺理成章。由是，才有后来诸多哲学家倾力探究知识问题，从而使得近代形而上学开始转向知识论。这样，形而上学就失去了作为科学女王的角色，反而成了锻造知识的匠人。形而上学如同神话中的百变女神一般变戏法似地成为科学的清道夫，它的任务乃是扫除通往科学大道上的障碍物，所以洛克说："我们只能当一个小工，来扫除地基，来清理知识之路上所堆的垃圾，那就够野心勃勃了。"① 如此，形而上学家则变身为具体学科的"水晶宫"看护人。看护人的任务当然重要，也很神圣，然而人们却因此失去了对崇高智慧的挚爱之情以及对它的探讨和追寻。

在古希腊哲学里，知识和智慧本来是统一的，也就是说，人们探讨关于事物如何成为它现在这个样子的知识，会导致或带来人生行为上的智慧。这种把知识和智慧密切相联系的假定认为，这样一种宇宙观表达了人类的目的，因而关于自然的知识就构成了人之所以为人的意义的主要部分。这就是所谓的"目的论的宇宙观"，亚里士多德对此做了明确的表述："我们必须考虑，宇宙的本性由哪一方式持守其善与至善：自然独立于万物之上，亦即为万物之秩序。也许两个方式都是的；譬如一个军队，军队之所以为善，必由秩序

---

① ［英］洛克：《人类理解论》（上），关文运译，商务印书馆 1959 年版，第 13—14 页。

和首领，而依于首领者尤多；因为秩序出于首领并非首领得于秩序。而且万物虽不一律，多多少少各有其秩序——草木禽鱼莫不如是；世上各物并非各自为业，实乃随处相关。一切悉被安排于一个目的；像在一室之内，自由人最少自由，他不做无目的的动作，一切事情或大部分事情业已为他制定了一生的行迹，……这些共同的善业，就是人类本性的组成要素，其他的机体也都相似地各有共通的善业为大家向往的目标。"① 由此可见，古代目的论强调的是：宇宙是有自在的目的的，这一目的也是人生的不可超越的终极目的。认识是这一目的展开过程中的一个部件、一个片段，因此，人们只有把自己锁定在这个目的上，通过对它的反思和了解，将自我的目的与这一宇宙目的相联系，才能获得自我的价值和人生的幸福或意义。所以根据这种宇宙观，每个自然之物，包括人自身都可以用亚里士多德的终极因加以解释，正是因为这个目的，事物才成为它这个样子。这种观点带来了理论与实践、知识与智慧、因果解释与存在理解或意义之间的巧妙统一，比如根据这种目的论，我们就可以把大自然看作由上帝之手书写的一部活生生的著作。在这种目的论的世界观里，这个世界是有序的、有意义的、有价值的，知识和智慧、理论和实践也是统一的。但是到了 17 世纪之后，特别是休谟提出事实与价值的分离问题，认为事实不包含价值，二者不能相互推出，休谟指出："在我所遇到的每一个道德学体系中，我一向注意到，作者在一个时期中是照平常的推理方式进行的，确定了上帝的存在，或是对人事做了一番议论；可是突然之间，我却大吃一惊地发现，我所遇到的不再是命题中的通常的'是'与'不是'等联系词，而是没有一个命题不是由一个'应该'或一个'不应该'联系起来的。这个变化虽是不知不觉的，确实有极大关系的。因为这个应该或不应该既然表示一种新的关系或肯定，所以就需要加以论述和说明；同时对于这种似乎完全不可思议的事情，即这个新关系如何能由完全不同的另外一些关系推出来的，也应当举出理由加以说明。不过作者们通常既然不是这样谨慎从事，所以我倒想向作者们建议要留神提防；而且我相信，这样一点点的注意就会推翻一切通俗的道德学体系，并使我们看到，恶和德的区分不是单单建立在对象的关系上，也不是被理性所察知的。"② 休谟提出该问题以后，

① ［古希腊］亚里士多德：《形而上学》，吴寿彭译，商务印书馆 1959 年版，第 255（1075a）页。
② ［英］休谟：《人性论》（下），关文运译，商务印书馆 1980 年版，第 509—510 页。

事实和价值就不再相关了，价值问题就成了主观性的东西了，是人们主观判断或情感的产物，它不再具有客观性的特征。至于它所蕴含的智慧问题，就更是被打落到了历史的尘埃中了。再加上由科学所主宰的世界观的形成，这种裂痕就更加难以弥合了，最终的结果是事实与价值、理论与实践、知识与智慧的关系就彻底断裂了。由此，对人生的意义或价值的叩问，对人之幸福的追求，都变成了无意义的问题。从此，古代哲学家所关注的智慧问题在 17 世纪之后的英法哲学家那里就成了伪问题或伪命题了，智慧问题从此就被知识问题所取代，似乎一切都可以从知识角度得到解释或解决，知识论问题就成了哲学的根本问题。

于是，17 世纪的世界观就成了新的主宰者，在这种世界观看来，宇宙并不能表达人类的意图，它完全是受自然律或物理规律的支配，尽管人们可以尽力去认知，但人类的意志或努力对这些规律却无丝毫的影响，在这些规律作用下，一切都是必然的，没有任何人类可以自由选择或发挥意志力量的余地。尽管宇宙是如此巨大的，但它又是如此冷酷的、机械的、毫无人性的。所以笛卡尔认为通常对终极因的寻求在物理学中毫无用处。而布莱兹·帕斯卡也认为，无限空间的永恒沉默使我充满了敬畏之心。这就是说，有关哥白尼、伽利略所主张的这个无限的、开放的宇宙（一个没有意义、没有终极目的的宇宙）的知识，在人们转向智慧问题的时候就会使人产生真正的焦虑。这就是以英法启蒙运动的历史和精神体验的一种表达：它们留给我们的是知识与智慧、真理与意义、理论与实践、事实与价值、因果解释与存在理解这些不同领域之间的经验的鸿沟。正如马克斯·韦伯在大约两个半世纪之后所言，科学革命以其无法否定的真理引发了对自然地去魅。自然不再是人类同样参与其中的某个"世界灵魂"的可见表达。相反，自然界是完全不具人格的客观材料，它是受规律支配的，具有清晰的因果关系，完全脱离了人类的主观意图。人在自然面前是无能为力的，只能听任自然律的支配，或者说听凭命运的安排，在这个冷酷的宇宙空间中，没有任何人的意志可以努力的空间或可能性的地方，也没有任何自由的可能性问题，一切都是由必然律决定的。人和其他有生命的存在一样，在这个宇宙中，没有任何人格、尊严、意义或价值。这就是英法科学启蒙观留给我们的新世界观。

针对这种科学的宇宙观或世界观，德国启蒙哲学家并不甘于人处于这种无助的无意义世界中，他们要重建生命的世界，重建生命的价值，以便重新创生出人类生命的意义世界、价值世界，并且把这种世界和世俗的经验世界紧密相连，要使人类的价值和尊严、人的高贵性在这个无限冷酷、无情的世界中变得鲜活起来、灵动起来，要使他们不仅和无生命的世界区分开来，而且还要和有生命的动物世界拉开距离，通过人的自由的创造性和对道德法则的遵循，通过大写的人的历史，来创造属人的世界、意义的世界、历史的世界、文化的世界、宗教的世界、科学的世界等等，从而展现出人类不同于其他物种的尊严和价值，以定位人在宇宙中的位置和价值。

为了克服这种世界观，德国哲学家做出了巨大的努力，试图重建这种被中断了的古代传统，使得被割裂的知识与智慧、真理与意义、理论与实践、事实与价值的关系重新建立起来。启蒙早期的一位德国哲学家托马西乌斯则首先呼吁为了实践的目的而改善理智。他力图建构这样一种哲学：它不以自身为目的，而是努力为生命带来真正的用处。这是针对唯理主义只重视严格的哲学方法而忽视对人生的意义的探讨而发的。与此相应，莱布尼茨则提出了单子论和预定和谐说，试图借助单子和上帝来重建知识与智慧、事实与价值、真理与意义的联系。他认为，单子不是物质的一些部分，而是它的要素。作为能量和生命的本原，单子就是物质物体最终依赖的知觉者。"广延，团块以及运动只不过是镜子中的影像，或者说是云中的彩虹……任何脱离知觉者以及他们的知觉而存在的东西都是我们虚构的。而且，我们和我们自己的心灵所创造的怪物作着斗争，就像和鬼怪作斗争一样。"[①] 因此，单子是认识的基础，我们之所以知觉到整个世界的和谐有序是由上帝的选择所保证的。这样，单子对世界的认知能力和认识到的世界的和谐有序就构成了一种紧密的关系，这就为外在世界的可认知性和世界的和谐有序性即一种目的论的世界观就联系起来了。在莱布尼茨看来，世界都是由一个个有机体构成的，有机体的每个部分都是相互连接在一起的。这种有机体的特征就是其同一性，它的每个部分都依赖于它们和那个特定整体联系；每个部分都具备认知全部有机体的能力。正如他在《单子论》中所说："因此每个生物的有机形体乃是一种神圣的机器，或一个自然的自动机，无限地优越于一切人造的自动机。因为一架由人的技艺制造出来的机器，它的每一个部分并不是一架机器，……可是自然的机器亦即活的形体则不然，它们的无穷小部分也还是机器。就是

---

① ［英］麦克唐纳·罗斯：《莱布尼茨》，张传友译，中国社会科学出版社1987年版，第127页。

这一点造成了自然与技艺之间的区别，亦即神的技艺与我们的技艺之间的区别。"① 故此，莱布尼茨这种有机体之中包含有机体的思想，不仅证实了它们的实在性，而且由于有机体是"自然的机器"，所以它也就解释了在每一个层次上怎么总是有用来传递相互作用的"次级的机制"。这样，单子就完全可以认知和把握整个现象世界，而整个现象世界又是由上帝促成的和谐有序的有机体构成的世界，这个世界也是一个有目的的世界。他指出："创造物之被称为能动的，是按其完满性的程度而言的；创造物之所以相对他物而言被称为被动的，是就它们的不完满性而言。因此说单子具有能动性，是就它们具有清晰的知觉而言，说它们具有被动性，是就它们具有混乱的知觉而言。说一个创造物比另一个更完满，意思就是说，我们发现这个创造物中有一种成分，可以用来先天地说明另一创造物中所发生事情的因由。就是因为这一点，我们才说它对另一创造物起作用。但是在单纯实体中间，一个单子对另一个单子的影响只是观念性的……因为这个缘故，在创造物之中，能动与被动是相互的。因为上帝比较两个单纯实体，发现每一个中间都有使它适应于另一个的理由。因此，就某一方面说是能动的，从另一观点看来则是被动的。说它能动，是由于我们清楚地知道其中有一种成分，可以说明另一个中间所发生的事情。说它被动，是由于其中所发生的事情的因由在另一个我们清楚地知道的成分之中。"② 如此，莱布尼茨借助单子论和上帝赋予的预定和谐秩序，单子就打通了知识和智慧、理论和实践的界限，实现了二者的相互融合，单子不仅可以认知知识，也可以通达智慧，人本身虽然缺少智慧，但通过单子可以获得智慧，因为单子是上帝创造的，"因此只有上帝是原始的统一或最初的单纯实体，一切创造出来的或派生出来的单子都是它的产物……"③ 既然单子是上帝的创造物，来自上帝，上帝是具有最完善的智慧者，那么单子也会拥有来自上帝的一部分智慧，甚至可以接受上帝赋予的智慧。就如同柏拉图的分有说，单子可以分有上帝的智慧，尽管它是不完善的智慧，但毕竟可以通达智慧，这就打通了由知识通达智慧的道路，也使得理论和实践能够相互通融，从而实现了古代哲学的理想，在一定程度上克服了启蒙的科学世界观

---

① ［英］麦克唐纳·罗斯：《莱布尼茨》，张传友译，中国社会科学出版社1987年版，第131页。

② ［英］麦克唐纳·罗斯：《莱布尼茨》，张传友译，中国社会科学出版社1987年版，第142页。

③ 北京大学哲学系编：《十六—十八世纪西欧各国哲学》，商务印书馆1961年版，第300页。

的主宰或宰制，为寻求世界和人生的价值及意义提供了可能性。

　　另一位哲学家沃尔夫则强调理性与经验的联姻，来避免知识与智慧、理论与实践、事实与价值的相互分离问题。沃尔夫认为，没有完全脱离感官内容的纯粹理性。认同理智中的一切最初都是通过感官呈现的理论，认为在经验认识和哲学认识之间存在着一种一致性。他拒斥天赋观念论，主张通过提升经验知识，我们可以获得先天的知识。他把知识分为历史知识和哲学知识，历史知识是关于那些在物质世界或非物质实体的领域所存在和发生的东西的知识，或者说历史知识依赖于我们对一些存在的或正在发生的、未经加工的实时的感知，它依赖于记忆、分类、计量、假设的建构等，是人们所获得的关于事实的知识。哲学知识是关于那些所存在和发生的东西的根据的知识。"历史知识有别于哲学知识。历史知识由纯粹的事实认识组成，而哲学知识走得更远，它揭示根据，从而使人认识到，为什么这类事会发生。"① 历史性知识是哲学知识的基础，哲学知识是推出事实的知识，也即先天的知识。但一切知识都来自于经验，理性与经验是联姻的。在本体论上，沃尔夫认为空间是实体显现的一种主观秩序。而自然则是一堆简单的无广延的物理单子，单子通过彼此接触而相互作用，在总体上体现了理智的设计，尤其是增进人类的福祉的目的性。灵魂是一种单纯的实体，具有表象能力或者说直觉能力；灵魂是不死的，意志是自由的。它试图调节自由与必然的关系，这就为打通知识与智慧、理论与实践、事实与价值的关系提供了可能性。

　　而康德则通过自己的哲学来解决近代科学世界观的挑战，当然，康德也试图建立一种类似科学的形而上学，但他并不认可启蒙思想家的科学世界观。康德的解决方法是，通过哲学领域里的哥白尼革命，来应对休谟经验主义怀疑论的挑战，他认为，为了认知对象，我们就需要假设"知性范畴"的功能，这样才能形成人们的认知，才会有客体符合主体的事情的发生。他指出："这样我马上看到一条更为简易的出路，因为经验自身就是知性所要求的一种认识方式，我必须早在对象被给予之前、从而是先天地就在我里面将知性的规则作为前提，它在先天概念中得到表述，因而经验的所有对象都必然地遵循这些概念，而且必须与它们一致。"② 康德说休谟将他从"独断论的迷梦"中

_____

① 叶秀山、王树人主编：《西方哲学史》（第六卷），江苏人民出版社 2005 年版，第 23—24 页。

② ［德］康德：《纯粹理性批判》，李秋零译，中国人民大学出版社 2004 年版，第 16 页。

惊醒，休谟表明，如果我们认真地对待怀疑论的挑战，那么我们就永远不能确定，我们基于流动的感觉和印象的概念是否符合对象本身并产生知识。康德的回应是把这个问题整个地翻转过来。他承认，尽管我们永远无法知道物自体，但我们表象的对象的缺失在一定程度上与我们对物自体的概念相一致的。这种反转就是康德所谓的哲学上的"哥白尼革命"：不是心灵要与被认识的对象相符合，而是被认识的对象要符合心灵。在他看来，经验世界对我们而言的确是真实的，但为了解释我们如何理解这个世界，我们就必须在逻辑上（或用康德的说法是"先天的"）预设一个把直觉统一到概念之下的主体或意识。康德的贡献仍属于科学哲学的，具有一定的近代启蒙世界观的性质。他把知性仅仅限定在现象范围内，不能超出经验世界，否则就是幻象。但这是为了限制知识，为信仰和道德留下地盘。而在实践领域，理性则可以发挥自己的立法者的作用，理性要为自由意志立法。尽管理性不能在经验领域发挥作用，但在实践领域里它则成了真正的王者。在康德看来，人都有内在价值。一种特殊的道德尊严总是值得尊重的。康德用了一种优美的表达方式去描述道德的世界，那是所有道德生物的世界，是所有内在价值的存在物的世界。这个世界是一个目的王国。在这个目的王国里，每个人都是他自己的目的，没有人或被当作手段来使用，或被弃于一边。也就是说，我们不仅仅是被用来达到这个或那个目的的客体。我们是人，是能够参照自有的原则去行动，并一直检查和直到自身行为的理性生物。因此，与理性能力相伴的是一种义务，我们有义务尊重他人自行进行思考的权利。他指出："人以及一般而言每一个理性存在者，都作为目的的自身而实存，不仅仅作为这个或那个意志随意使用的手段而实存，而是始终同时被视为目的。偏好的一切对象都只有一种条件的价值；因为如果偏好以及基于偏好的需要不存在，那么，其它对象就毫无价值。但是，偏好本身作为需要的源泉，并没有一种绝对的价值，使自己被期望，以至于完全摆脱它们，反倒必须是每一个理性存在者的普遍欲望。……与此相反，理性存在者被称为人格，因为它们的本性就已经使它们凸显为目的自身，亦即凸显为不可以仅仅当作手段来使用的东西，所以就此而言限制着一切任性（并且是敬重的一个对象）。因此，这就不仅仅是其实存作为我们的行为的结果而对于我们来说具有一种价值的那些主观目的，而是客观目的，亦即其存在自身就是目的的东西，而且是一种无法用任何其他目的来取代的目的，别的东西都应当仅仅作为手段来为它服务，因为若不然，就根本不能发现任何具有绝对价值的东西；但是，如果一切价值都是有条件的，从而是偶然的，那么，对于理性来说，就也根本不能发现任何最高的实践原则了。"① 所以道德尊严并不取决于其他任何东西。它不依赖于我们的相似度、魅力、聪慧、整洁，甚至不依赖于我们的善良；它不依赖于我们如何使用理性，即便是我们根本就不使用理智，它也不会受什么影响。我们拥有道德尊严，仅仅是因为我们能思考。可见康德的道德哲学还是一种目的论的，它涉及了人的价值和尊严，涉及了人的意义世界的问题，强调人是目的，而不仅仅是手段；而且更是明确地强调道德法则具有客观必然性。这与近代英法的科学世界观有着根本的区别。尽管康德也受到了休谟的影响，把事实与价值分开了，即现象和物自体世界的分离，即他把自然与自由、必然性与目的性相对立，这就使得理论理性与实践理性之间构筑了一道鸿沟，理性的统一受到严重的威胁。就此而言，它无疑具有近代世界观的特征，但康德很快就改变了这一格局，他在审美领域打破了二者的彼此隔绝。在他看来，不仅道德世界是目的王国的世界，审美的世界也是合目的的世界。如前所述，他认为我们应该用这样的眼光看待自然，因为美感给我们如此的希望：道德是可以现象化的，即可以在现象世界实现的，我们在世界之美中有了道德的旨趣。这不是说美可以还原成道德，美是独立于道德的。在他看来，不仅审美中有道德旨趣，他甚至还认为美象征了道德上的善。美是要求关于合目的的形式的观念。这种形式的观念需要本体意志的观念。美的事物是善的象征，因为美的观念要求一个关于本体意志的假设，这个本体意志设计出自然，使自然对于具有我们这样认识能力的生命是可以理解的。因为一个意志应该被看作在道德上是善的，通过类比，自然美象征了这种善。

康德的美学理论是与第一、第二批判联系在一起的。理论与道德的分离势必使下面两点成为可能：自然界是在因果链条之中的；道德需要自由。但是康德必须否认道德命令只能适用于本体的意志，因为那实际上使得道德律与我们日常行为所处的牛顿式的机械世界不相干，不过一个属于本体的道德律如何作用处于机械世界中的感情和行为上去的呢？康德认为，判断必须做某种假定：对自然进行科学研究是可能的。同时也要独立地做出这样的假定：道德的现象化也是可能的。当世界显得与判断的假定相一致时，我们就感到

---

① 李秋零主编：《康德著作全集》（第四卷），中国人民大学出版社 2005 年版，第 436 页。

了美。换而言之，美是这样一种情感：世界服从于判断做出的假定，因此，我们把自然看成好像它有个目的。这个条件给我们一种希望：现象化的道德是可能的。康德对判断原则的描述包括两个因素，其一是要把自然看成对我们来说是可以理解的，这是由于经验因果律的统一性；其二是准目的论的：我们必须把自然看成好像是被设计出来的。自然是可以理解的这个原则设定了一个目标，这个目标对于某些人物来说是必需的。它仅仅作为一个启发性的向导，我们不必妄加断言自然必须服从那个原则。由这个普遍的假设，就可以得出一些更为精确地假说。这个假说为自然设定了可以被确证或否证的具体的前提或断言，尽管这个普遍的原则自身不能被确证或否证。

　　不过，康德告诫我们，我们没有理由相信自然真的有个目的。目的理念，只是有关反思判断力的一个调节性的原则。康德进一步指出，自然的目的论观念需要一个关于自然的智性的原因，一个超感性的上帝的理念。当然，判断之调节性的理念并不能给我们任何理由去肯定上帝的存在，这也仅仅是一种理论上的需要。总之，在康德看来，科学的实践要求我们把自然视为目的论的、有目的的系统。我们没有别的选择，只有把受因果机械支配的自然看成好像是为了某个目的存在；否则，就没有理解有机体的可能性，而且没给我们一种希望，世界是我们的家园，它适合于我们的道德生活。也就是说，这种感情让我们认为我们把自然看作表达了某种绝对的东西是没有错误的，并不是有两个世界，而是我们把这个世界（我们必须看成是机械的）当作非机械的，当作一个目的的系统。这一回答因而相当于：由于道德上的原因，我们被迫把这个世界当作不仅仅是机械的，这"证明"或"支持"了可用同样的方法看待我们自己和我们的行为。这样，康德就借助于其美学理论，即判断力理论将两个原来被分割开来的现象世界和物自体世界重新统一起来，这就为更为有效地克服事实与价值、理论与实践、知识与智慧等的分离奠定了理论基础。如此看来，康德哲学的迫切问题就变成了纯粹理性与实践理性、自然与自由之间关系的可信性问题，或者是理论理性与实践理性的统一问题。这个统一最终在康德的美学理论中得以完成。

　　总之，德国启蒙哲学并不甘于肯认英法的科学世界观在学术领域中的统治地位，特别是在形而上学领域中，他们奋起抗争，希望重建古希腊或古代的世界观。他们要恢复古代世界观关于知识和价值、理论和实践、事实和价值的密切关系，他们反对人为地割裂二者为两个分隔的世界的做法，认为科学固然有其巨大的社会推动作用，但科学并不能独立于价值世界或智慧世界之外，科学的理论也不能脱离人类的实践活动，它绝不是处在深闺里的大小姐与世隔绝，而是处身于人类对真善美的追求和对假恶丑的拒斥的审美和求知的现实生活中，置身于有特定价值判断或人类智慧追求的实践中，置身于理论研究和理论与实践的紧密结合的社会实践中，唯此，人类才能更好地诠释自身历史、定位自身价值，寻求通向未来的光明之路。

启蒙运动之后的德国哲学家之所以如此，即不认可英法的科学世界观，乃是因为他们知道，割裂了知识与智慧、事实与价值、理论与实践的关系也就割裂了人类终极价值和人类世俗世界的密切关联性，也就割裂了至善价值或者说超验价值对世俗价值的矫正和批判，也就彻底释放了人性的世俗恶的一面，人类的动物性式的自私自利就会被无限地放大和扩展，并且没有任何东西可以阻拦它的任性肆意，使人类世界变得和动物世界完全没有区别，任何至善和超验价值都会成为笑谈，人类将重新回到茹毛饮血的野蛮世界中。这才是真正的世界末日！

3. 德国理性以理性批判方式对待理性。它强调要审慎地对待理性，在使用理性之前，首先要对理性的能力进行考察，甚至要求对理性要进行严格的审查和批判，从而划定理性在不同领域的权界范围。德国的启蒙理性强调要对理性的功能进行审查：理清它能干什么，适合干什么，不能干什么，利用理性人们可以获得哪些可能的知识，哪些领域是人类理性不能企及的而需要交给信仰来处理，由此指出理性使用的范围和界限是什么等等问题。之所以如此，是因为唯理论的独断论和经验论的怀疑论都不能有效地解决知识和信仰问题——唯理论只重视知识的普遍性但却无法扩展或增加知识，不能带来新知识，而经验论的怀疑论则不仅质疑人类获得知识的可能性问题，甚至竟然否定上帝的存在，动摇人类信仰的基础，这一切使得人类理性面临着从未有过的严峻挑战，康德曾精彩地描述过这一挑战：曾经有一段时间，形而上学被称为一切科学的女王，而且如果把意志当作事实，那么它由于自己对象的出色的重要性，自然配得上这一尊号。现在，时代的流行口吻导致对它表现出一切的轻视，这位老妇遭到了驱逐和自我遗弃。对这两种哲学，康德评价说："最初，形而上学的统治在独断论者的管辖下是专制的。然而，由于立法还带有古代野蛮的痕迹，所以它就由于内战而逐渐地退化成完全的无政府状态，而怀疑论者，即一种游牧民，憎恶地面的一切常设建筑，便时时来拆毁市民的联合。"① 在康德看来，过去形而上学的表现差强人意，无论是唯理论还是经验论，它们都无法给人们提供成熟的判断力，启蒙时代不能再被虚假的知识拖后腿了，人们需要成熟的理性思考，需要健全的理性，需要深思熟虑的理性判断力，给这个令人迷惑的时代带来确定的知识和信仰，这对理性本身就是一种要求，就是理性本身必须承担起这种重任，而且也能够承担这种重任和使命。除了理性之外，哲学家们找不出其他任何可以替代理性的东西能够发挥这种作用。所以康德说："启蒙就是人从他咎由自取的受监护状态走出。受监护状态就是没有他人的指导就不能是用自己的理智的状态。如果这种受监护状态的原因不在于缺乏理智，而在于缺乏无须他人指导而使用自己的理智的决心和勇气，则它就是咎由自取的。因此，Sapere aude［要敢于认识自己］！要有勇气使用你自己的理智！这就是启蒙的格言。"②

　　然而，启蒙民智为什么会选中理性而不是其他？因为在 17、18 世纪的德国，宗教神权和封建王权的双重统治对人们的精神和肉体进行了双重的钳制，人们既没有肉体自由，也没有精神自由。尽管文艺复兴运动和宗教改革运动曾经对人们的思想解放起过一些作用，但并没有根本改变中世纪以来宗教神权对人们的精神控制，人们仍生活在神权的阴影中。至于封建王权的统治，它令人恐惧的强大恐怖力量令哲学家和哲人们感到窒息，进而望而生畏。如果没有足够的革命物质力量的荡涤，王权统治是不会收起它狰狞的面孔的。面对具有如此强大暴力工具支撑的封建王权，德国哲学家或哲人是没有勇气、更没有能力去挑战它的，甚至连不服气的呐喊声都小得连自己也听不见。因此，对哲学家或启蒙哲人而言，从思想上发起冲锋，比从物质上对封建王权进行挑战要更容易些，而且不会产生流血和牺牲。这也是启蒙从思想领域开始的原因。而在思想领域的开启民智，最自然的当然是通过理性的启蒙来实现人们心智的成熟的比较好的途径，因此，理性就成了启蒙思想家的不二选择。这也是康德定义启蒙概念就是敢于运用理性，走出自己受监禁状态的原因。

　　在康德看来，人们之所以乐意接受外来的指导并保持终生受监护的状态，其原因在于他们的懒惰和怯懦，因为处于受监护的状态是十分令人舒适的状

---

① ［德］康德：《纯粹理性批判》，李秋零译，中国人民大学出版社 2004 年版，第 4 页。
② 李秋零主编：《康德著作全集》（第八卷），中国人民大学出版社 2010 年版，第 40 页。

态：不用费心地去思考，不用去决断和选择，不用承担责任和义务，不用思考自己的道德良知，一切都有人代为决定和安排，一切都显得那么井然有序和令人惬意，劳心费神自然是没有必要的事，凡事不需要自己过多地考虑和抉择，也无须承担责任或风险，这种状态自然是所有贪图安逸和喜欢懒惰的人向往的生活状态。而那些监护者也乐意履行自己的监护之责，他们愿意为受监护者操心，指导他们的行为，安排他们的事务，教育他们安于现状，甚至麻痹他们的灵魂和精神，成为真正具有奴性的人。"他们极好心地担负起对这些人的指挥之责。他们首先使自己的家畜变得愚蠢，小心翼翼地提防这些安静的造物胆敢从他们将其关入其中的学步车跨出一步，然后向这些家畜指出如果试图独自行走它们就会面临的危险。"① 在这些好心人的"帮助"和教导下，处于这种生活中的每一个人，都难以挣脱几乎已经成为其本性的受监护状态。他们甚至喜欢上了受监护的生活，在精神和心灵被真正催眠之后，他们陷入这种沉睡的状态中，并且很享受这种深度睡眠。对此，法国心理学家勒庞曾经做过此类研究，他认为，个人可以在不同的经历中被别人带进一种新状态，在这种状态下，个人完全失去了自己的人格意识，而那个让他失去个人人格意识的人无论发出任何暗示，他都会坚决执行，哪怕这些暗示完全违背了他的性格和习惯。"那些在群体里待了很久的人，会因为群体的催眠作用或是一些其他我们无法得知的原因，而进入一种像被催眠的特殊状态，就好像是真的有催眠师在对他们进行催眠一样。……这些被催眠者受催眠师的随意支配，催眠师控制着他们的脊椎神经中枢，他们就像大脑活动被麻痹而无意识的奴隶一样，没有了人格，没有了意志，也失去了辨别事物的能力，催眠师控制着他们所有的情感和思维活动。"② 这就是个人在群体中的状态，他的一些能力因为催眠而受到了极大的破坏，而另外一些不自知的能力却越变越强，他对自己的一切行为都失去了原先的判断力；他会受到一些暗示的影响而变得冲动，最后不受控制地采取一些行动。因为这种暗示对所有的群体成员都有作用，它的力量可以在相互影响间叠加，所以这种冲动比催眠所造成的冲动威力更大，也更难以控制。其结果就是：无意识的人格战胜了有意识的人格，开始支配人的情感和行动，而暗示和传染会让这些感情和行动

---

① 李秋零主编：《康德著作全集》（第八卷），中国人民大学出版社 2010 年版，第 40 页。
② ［法］古斯塔夫·勒庞：《乌合之众》，严雪莉译，凤凰出版社 2011 年版，第 9—11 页。

都转向一个方向，倾向于把一些暗示概念立即变为事实。于是这些人都变成了一个玩偶，他们不受自己的意志的支配，变成了另外一个他们自己不熟悉的人。尽管康德没有明确提出催眠一词，但他所描述的处于蒙昧之中的人们的生活状态就是一种被催眠了的人的生活现状。

　　当然，康德的理性批判包括两个层面的批判，一个层面的批判是形而上学层面的，主要是对哲学理性的审查和批判，因为过去的形而上学表现得实在无法让人满意，无论是唯理论还是经验论。唯理论的独断论片面强调理性演绎推理的重要性，不仅阻断了新知识的扩展，而且还不当地将这种推理运用到诸如灵魂、上帝和意志等经验无法企及的领域，进而形成了许多幻相；而经验论的怀疑论，则走向了另一个极端，这种怀疑论强调归纳推理，不仅否定因果律存在的有效性、正当性，从而抽离了自然科学的形而上基础，而且它还否定了上帝存在的信念，动摇了西方人信仰的基础。即使在知识领域，经验论虽然能够扩展知识的范围，为人们带来新知识，但这种知识并不能保证新知识的普遍性和必然性。休谟就批判归纳法无法获得普遍必然性的知识，因为因果关系只不过是人们的习惯联系，不是事物之间的必然联系。正因如此，传统形而上学无论在知识推进，还是在伦理学发展方面所表现的低下能力，都令康德不满，他要另辟蹊径，既要为自然科学奠定形而上之基，又要为形而上学寻找新的发展之路；同时，也要为信仰和伦理学深挖根基，一举解决旧形而上学的顽疾，寻求建立科学的形而上学。康德的批判有一个崇高的目的，即把幻想从真理中清除出去，以便使真理探求摆脱令人失望的局面。哲学家认为，认识之国是被自然界本身禁锢于不变界限之内的岛屿。这是一个被广阔的、汹涌澎湃的大洋所包围的小岛——由幻想的大洋所环绕的真理王国，在那里，眼看就要消融的云和冰好像是一些新的王国，它们经常用虚无缥缈的希望欺骗可望有所发现的航行者。这个真理王国吸引航行者去进行冒险，而它是任何时候都不会拒绝进行冒险的，但尽管如此，人们无论如何也不能把冒险进行到底。在你为了研究这个海洋的全貌和为了弄清海里可否找到什么东西而决心下海之前，最好再浏览一下人们准备离开的那个国家的地图，而且首先要给自己提出一个问题：他是否有能力去冒险进入这个海洋？康德的理性批判不是指对任何书或任何哲学体系的批判，而是对采取纯粹形式的，亦即不以任何经验为转移的理性本身的批判，康德想在使用认识工具之前研究认识工具（黑格尔语）。对康德而言，这项工作无疑是极为艰巨的，而在着手这项棘手的工作之前，首先需要对理性的能力进行考察和评判，以鉴别它的能力究竟怎样，是否能够承担起它的职责，以免它重蹈旧形而上学的覆辙。这是形成成熟判断力的基础，为了避免人们再被许多虚假的知识所蒙蔽，哲学需要建立一个法庭，以承担起理性自我认识的工作，正如康德所言："这个时代不能再被虚假的知识拖后腿了；它是对理性的一种敦请，要求它重新结果它的所有工作中最困难的工作，即自我认识的工作，并任命一个法庭，这个法庭将在其合法要求方面保障理性，但与此相反，对于一切无根据的非法要求，则能够不是通过权势压人的命令，而是按照理性永恒的和不变的法则来处理之；而这个法庭就是纯粹理性的批判本身。"① 需要指出的是，康德的纯粹理性批判并不是我们通常意义上的批判、一种单纯的否定，而是根据哲学的原则对形而上学的理性能力的一种严格审查、检查、评估，对理性的权限或范围进行界定。他要对人类的认知能力进行最为严厉的批判、考察，力图弄清人类理性的能够适用所有范围和界限。他极为冷酷地剖析人类理性，像一个医生面对一个失去生命的尸体那样冷静，用锋利的理性批判的刀子解剖理性自身。他最终发现，人们自以为非常熟知的许多东西其实全然是无法知道的，这是令人十分失望的。但人们了解这一点，这对人类是有价值的。康德要向人们说明的是，人们要想认知现象世界的事物本身是不可能的，但人们可以认知的是事物本身被感知的经验杂多，在其被放置到人的心灵面前时，在此情况下人们才可以认知它们。就像柏拉图洞穴神话中的囚徒能够发现的影子一样。因此，康德说："我所理解的批判，并不是对某些书或者体系的批判，而是就它独立于一切经验能够追求的一切知识而言对一般理性能力的批判，因而是对一般形而上学的可能性或者不可能性的裁决，对它的起源、范围和界限加以规定，但这一切都是出自原则。"② 这种批判的目的有两个：一个是与纯粹知性的对象相关，应当阐明和解释知性先天概念的客观有效性；另一个是考察纯粹知性本身，探讨它的可能性和它本身依据的种种认识能力，并且是在主观的关系中考察它的。通过批判，最终为科学的形而上学奠定基础，所以"这里的批判必须首先阐明其可能性的来源和条件，

---

① ［德］康德：《纯粹理性批判》，李秋零译，中国人民大学出版社 2004 年版，第 5 页。
② ［德］康德：《纯粹理性批判》，李秋零译，中国人民大学出版社 2004 年版，第 5 页。

并且必须清理和平整杂草丛生的地基"①。自从康德出现以后，迄今为止回旋于事物的周围，人们东闻西嗅所收集到的那些事物的表征并加以分类的哲学从此便一蹶不振了，康德把研究工作引回到人类精神中并去考察了那里所呈现的东西。如果以前的理性像太阳一样围绕着现象世界旋转并试图去照耀它，那么康德却让理性这个太阳静止下来，让现象世界围绕理性旋转，并使现象世界每次进入这个太阳的范围内，就受到照耀。

可见，以康德为代表的启蒙哲学家，其理论批判主要是一种形而上的批判，是针对哲学中的理性能力的评判。它完全不同于其他启蒙的批判，毋宁说德国启蒙的批判本质上就是一种理性的批判，它不同于法国的批判的理性，尽管是用词顺序的颠倒，却蕴含着极大的差异。前者更主要的是一种社会批判和政治批判；后者则主要是一种哲学的批判，而且是针对过去形而上学能力的不足，是为了避免旧形而上学的错误而展开的对理性能力的批判，是一种具有更多形而上意味的批判。康德在《纯粹理性批判》《实践理性批判》《道德形而上学的奠基》《判断力批判》《纯粹理性限度内的宗教》等哲学著作中，所讲的批判都是哲学的理性批判。

另一层次的批判是政治批判或社会批判。在这个层面上，康德的理性批判与法国启蒙理性有点相近。康德在回答何为启蒙的问题时，他所讲的理性就是这种政治理性，是一种政治理性的批判，这就是人们要有能力运用理性，即独立运用理性的能力，从被监禁或奴役的状态中走出来。为了能详尽地说明这种政治理性或社会理性的批判，康德把这种理性又分为理性的公开运用和私人运用。他指出："我把对其理性的公开运用理解为某人作为学者在读者世界的全体公众面前所作的那种运用。"② 也就是说，理性的公开运用指的是一个人作为学者在面对所有人民所作的运用。这里蕴含着两个条件：一是作为知识分子的学者，因为他通过他的研究，具有更多的独立思考和判断，形成成熟的判断力；能够独立运用理性进行判断和批判，而能够摆脱他人或政府给予的监禁或奴役状态，对社会或政治现状进行理性的审查和批判，引导或启蒙公众的心智，促使他们学会独立思考，能够逐渐地独立运用自己的理性，然后一步步地走出被蒙昧和被奴役的状态。另一个条件是面对读者世界

---

① ［德］康德：《纯粹理性批判》，李秋零译，中国人民大学出版社 2004 年版，第 10 页。
② 李秋零主编：《康德著作全集》（第八卷），中国人民大学出版社 2010 年版，第 41 页。

的全体民众。也就是说，他必须是在面对有知识的全体公众时，可以作为学者运用自己的理性进行批判，通过理性的批判说明社会某种现状或政府的某些行为或政策是否合乎理性，其不合乎理性的问题在哪儿，原因是什么，人们该怎样对待等问题。在这种条件下运用理性是理性的公开运用。不过，这种理性的运用，还要满足一个十分重要的条件才能实现，即自由。用康德的话说就是："启蒙所需要的无非是自由；确切地说，是在一切只要能够叫做自由的东西中最无害的自由，亦即在一切事物中公开地运用自己的理性的自由。"① 也就是说，要实现理性的公开使用，除上述两个条件外，还有一个条件，而且是十分重要的条件，那就是自由，是指在一切事物中公开运用自己的理性的自由。在康德看来，自由是理性公开使用的前提条件或者基础，没有自由，就没有理性的公开运用，当一个政府不允许公众或学者公开地发表自己的言论或学术观点时，理性的公开运用就是不可能的。在严格的出版审查制度监控下，自由地使用理性也是不可能的。因此，要使学者能够公开运用理性，首要条件就是学者要有使用理性的自由权利，"而且惟有这种使用能够在人们中间实现启蒙"②。在启蒙时期的德国，这样的声音非常微弱，它是一种呐喊，是一种针对封建王权和宗教神权的抗争，其意义无疑是极为重大的，也正因为此，康德后来受到了普鲁士政府的申斥，并威胁他以后不得发表有违宗教信仰和其他政府禁止的言论，否则将受到惩戒。由此，我们不难看出当时的德国的政治气候对启蒙思想的传播和发展是极为不利的，也更不友好。因此，为学者争取理性的公开运用权也是德国启蒙思想家的重要工作之一。

与理性的公开运用相反对的是理性的私人运用，对理性的私人运用往往可以严加限制，它不会因此特别妨碍启蒙的进步。理性的私人运用指的是，那些处在受委托的公民岗位或职位的人对理性的运用，"他在某个委托给他的公民岗位或者职位上对其理性的可以做出的那种运用，我称之为理性的私人运用"③。这些人往往是在政府部门、政府的下属机构，他们在这些位置上发表的言论是理性的私人运用。因为这涉及许多共同体利益的事务秩序具有某

---

① 李秋零主编：《康德著作全集》（第八卷），中国人民大学出版社 2010 年版，第 41 页。
② 李秋零主编：《康德著作全集》（第八卷），中国人民大学出版社 2010 年版，第 41 页。
③ 李秋零主编：《康德著作全集》（第八卷），中国人民大学出版社 2010 年版，第 41—42 页。

种机制，凭借这种机制，共同体的一些成员必须纯然被动地行事，以便政府通过一种人为的协调来使他们为公共的目的服务，或者至少不破坏这种目的。在这种情况下，自然不能允许理性的思考，而是必须服从。如果据此逻辑，推而广之，那些处在私人机构、公司等职位上的人，其理性的运用也属于私人运用，也同样没有自由的使用权利。但康德又说："如果机器的这个部分同时把自己视为整个共同体的成员，甚至视为世界公民社会的成员，因而具有一个通过著作来面向真正意义上的公众的学者的身份，那么，他当然能够理性思考，由此并不会损害他部分地作为被动成员所从事的事务。"① 也就是说，一个知识分子即使他处在某一政府职位或岗位上，如果他将自己作为整个共同体的成员，甚至是作为世界公民的成员，从这个视角出发，来运用理性进行批判，那么这种使用也是理性的公开运用。康德这里暗含一个标准，那就是理性地使用，能够传播启蒙思想，启迪人们能够独立而公开的使用理性，不受胁迫或奴役，能够真正地走出被奴役、被限制和蒙昧的状态，这种理性的运用都是理性的公开使用，它能够传播启蒙思想，启迪人们的心智，使人们走出受蒙昧、奴役或监禁的状态。这种要求在当时是极为重要的，因为德国人民一直处在封建王权和宗教神权的奴役和监禁之下。不过，对康德来说，他所说的理性的公开使用，尽管也有针对封建王权的成分，但更为主要的是针对宗教神权的奴役，他指出："我把启蒙亦即人们走出其咎由自取的受监护状态的要点主要放在宗教事务中，因为就艺术和科学而言，我们的统治者们没有兴趣扮演其臣民们的监护人；此外，那种受监护状态如其是所有受监护状态中最有害的一样，也是最有损声誉的。"② 之所以如此，一方面在于宗教神权的思想钳制是从内部精神上禁锢人们的思想和灵魂，使人无法或不敢接受进步的启蒙思想，因此无论是教会人士还是封建统治者都更为重视对人们思想的统治和愚昧，这对启蒙思想的传播最有害的，需要首先解除它对人们思想的禁锢；另一方面，强大的封建王权使得包括康德在内的启蒙思想家不敢也不能公开反对封建王权的统治，他们背后没有比较有实力的资产阶级的支持，革命的条件也不成熟，只能徒作牺牲而已，这也是哲学家们不愿直面的原因。而从宗教开刀，相对容易些，毕竟神权统治已没有中世纪那样的强

---

① 李秋零主编：《康德著作全集》（第八卷），中国人民大学出版社 2010 年版，第 42 页。

② 李秋零主编：《康德著作全集》（第八卷），中国人民大学出版社 2010 年版，第 45 页。

悍了，而且它们也会与世俗政权存在某些利益冲突，利用这些矛盾，启蒙思想家就可以从中打开缺口，既能打击宗教神权的思想控制，又能挣得统治者的一定程度上的默许。这也是康德等启蒙思想家对宗教神权进行理性批判的主要原因。

但需要指出的是，德国哲学所批判或反对的宗教并不是上帝，也不是基督教，而是神学形而上学。康德对神学形而上学的批判使一切神学形而上学都无法再用旧神学形而上学的方式存在下去，也就是说使得一切神学形而上学都变得无效。正如海涅所说的那样："继续这个部分的是'一切思辨的神学的批判'，于是自然神论者的其余的空中楼阁也被摧毁了。"[1] 但康德批判和反对的仅仅是神学形而上学，他并不反对宗教，不反对上帝；相反，他也主张理性和宗教的和谐，这也是德国哲学和欧洲或其他包括法国哲学一个极为重要的区别。对启蒙时期的德国哲人而言，对上帝本性的思考是值得嘉许的。它是一种真正的信仰，借助它，人们的心灵就离开那暂时的东西和有限之物，而意识到原始的美和永恒的和谐意识。这种意识使情感丰富的人在祈祷时或在熟识教会的象征中时全身战栗；一个思想家在行使那崇高的精神的伟力时，会感受到这种神圣的感情，人们把这种精神力称为理性，它的最高课题就是钻研上帝的本性。一些特别富有宗教情感的人从童年起就开始从事这个课题研究，通过理性最初的冲击，他们早已不可思议地为这种课题而感到烦恼了。康德也曾经极其愉快地意识到这样一种早年的宗教情感，并且这种宗教情感从未离开过他，上帝永远是他一切思想的开始和终结。尽管康德不反对宗教，甚至敬畏宗教，但是他的批判还是对宗教产生了巨大的冲击。我们甚至可以说，康德的批判理论引发了思想海洋中的巨大海啸，并在人们的心灵世界中诱发了强烈地震，正如海涅对他的法国同行所说的那样："我们在精神世界中有过你们在物质世界中有过的暴动，在打倒旧教条主义的时候，我们激昂的像你们冲击巴士底狱时一样。这是一次革命，所以它并不缺乏残暴的行为。"[2] 即使那些真正善良的基督徒们对于这种残暴行为也不感到气恼，其实，他们在渴望着更为可怕的残暴行为，借此使事态发展到极限，并使反革命作为必然的反动更为迅速地产生出来。德国在哲学中有不少悲观主义者，他们对自

---

① 张玉书选编：《海涅选集》，张玉书等译，人民文学出版社 1983 年版，第 300 页。
② 张玉书选编：《海涅选集》，张玉书等译，人民文学出版社 1983 年版，第 304 页。

己蒙蔽到了极为严重的程度，他们误以为康德和他们有一种默契：康德之所以破坏了上帝存在的一切证明，是为了使人了解到通过理性绝不会使人达到对上帝的认识，所以人们于此不得不依靠天启的宗教。康德的哲学显然并不像他们想象的那样简单，并不是为了崇拜上帝，上帝在他那里也只不是一个傀儡，其目的是建立一种新哲学，即批判的哲学。康德引起的这次巨大的思想海啸，无疑是一种伟大的思想运动或精神运动，与其说是通过他的著作内容，不如说是通过其著作中所展现的那种批判精神，这种现在已经渗透到一切科学领域的批判精神，甚至连文学也未能逃脱它的影响。康德的哲学由于它那抽象的枯燥性曾给文学和艺术带来了很大的损伤，因为枯燥肯定是文学和艺术的敌人。幸运的是，康德哲学还没有混入烹调术中，否则更为可怕。

事实上，康德的批判哲学不仅要从怀疑论中拯救出科学，为科学奠定牢固的形而上基础，而且还要从怀疑论中拯救出宗教，以便重新奠定欧洲人的信仰的基础。因为对德国哲学家来说，宗教是他们信念的基础和根基，也是他们约束狂放无忌的理性或科学的根源，是至善或崇高形而上理想的源头，这是从古希腊柏拉图那里继承而来的宝贵遗产，它既是努斯不懈追求的至善或终极理念，也是努斯获得无尽力量、获得合法性身份的根源。在古希腊那里，在根源处有神灵的存在，而这神灵就是它无尽力量的源泉，也是它获得神圣性、崇高性的基础，处于根源处的神灵保佑和庇护着努斯，它所在的地方就是努斯向往、渴望并不懈追求之处。同时，它还是努斯行为的最高界限，它不能超越这种边界，如同孙悟空无论有多么强大的本领，但都无法突破如来佛划定的界限。所以努斯的自由追求并不是没有底线的，或者说并不是没有界限的，这种神或上帝，这种至善或至高无上、终极性的形而上理想就是它的极限，也就是它的界限，努斯的自由并不能像法国理性那样具有至高无上的权力，可以攻击一切、扫荡一切，它有它的至上的法律或律则，这就是界限或边界，这种界限、边界是由上帝或至上的神灵设定的，是不可跨越或触碰的，就如同伊甸园中的禁果一样，人类是不能品尝的。这就为努斯的自由追求提供了终极的理想或信念，又为它的自由追求设定了界限，从而便于控制它，不至于使它过于肆无忌惮，迷失自身，忘却自己的身份。另外，对德国哲学家而言，神圣世界的存在，也是逻各斯发挥作用的有效保证。根据创世说，整个世界的一切存在都是造物主创造的，造物主在创造它们的时候，就为它们设定了律法，每个物种都有的法律，必须被遵循，否则就要遭受毁灭的命运。而逻各斯尽管是人类所具有的一种天赋，但它所追求的东西，或者它要求人们必须遵循的东西，不过是造物主为它的被造物所制定的律法而已，逻各斯无论如何严格地规定人们的理性，它都不过是那至上的造物主所颁布的律则的体现。正因为有造物主颁布的法则，所以逻各斯才能去探讨或尝试着去追寻它，并体现它，这也是逻各斯获得合法性、合理性的根据。由此，我们可以看出德国哲学之所以强调理性和信仰的和谐、从不在它们之间制造矛盾和冲突的原因了。这无疑是一种文化基因的传承，它决定了德国人不会背叛这种基因，也无法清除它的影响，因为它是蕴含在德国人的血脉中的信念和理想，除非德国人彻底掘断他们文化和信念的根基，彻底改造或放弃自身的文化，才有可能。但那样的德国人也一定是非德国人了，因为根除了自己文化基因的民族无疑绝不是它自身了，而变成非德国人了。这也是法国作家都德在德国人要废除法语时所表现的无限悲愤、无限悲哀之情的原因了，因为根除了法语，没有了法语的传承，也就根本上根除了法国文化的基因，法国人就不再是法国人了，尽管其身上流淌的血液还是法国人的，但它的文化已经是非法国人的了，这样的民族自然不再是那个具有浪漫情怀的法兰西民族了。

可见，尽管德国的启蒙理性同样继承了欧洲启蒙理性的精神，它同样也有它的政治批判和社会批判功能，同样有欧洲理性一样的激情和豪放，同样要对很多的东西表示怀疑和批判，同样要对一切阻碍社会进步的东西进行扫荡；但德国理性并没有因此而丧失其理智，它并不因此而攻击一切，因为它并不怀疑一切。尽管它要建立法庭审判一切东西，但这里的一切也是有限定的、有限度的，上帝和至善、崇高或终极的形而上理想并不在其中。尽管它要探讨理性海洋的全部深度，审查理性所有的能力，那并不意味着理性不再是哲学家可以凭借和信赖的东西，而是要为理性设定界限，避免它在历史上曾经犯下的错误，避免理性无妄的追求或无尽的、没有底线的权力欲望，以免造成人们不必要的思想混乱，也避免几千年以来形而上学战场上的诸多厮杀，使得形而上学名声扫地。它对理性能力的考察和批判，目的在于重建科学和信仰，在于要限定知识以为信仰留下地盘，在于要使得理性知道自己的能力，了解自己的权界范围，要使得理性成为一个谦谦君子，无论是对人、还是对物，都表现出足够的尊重和绅士风度，都表现出应有的谦卑和温良的态度，这才是德国人或者德国哲学应有的风度，既不失优雅，又不失自己对理想的渴望，但这种渴望却是有法度的。唯此，理性才能完成它即将承担的极其繁重的历史使命。当然，康德在哲学领域中的克制，即对理性的批判和限制，并不是因为他害怕思想会吞噬物质的世界，而是觉得过往的哲学过于没有力量，无法影响到现实世界，缺乏物质的力量。他要给哲学提供新的力量之源，这种力量是通过杀死神学形而上学来给人们解咒的，使理想具有真正的批判力，此后的德国哲学家不满这种限制，他们要把思想的魔鬼从禁锢它们的精神牢笼中释放出来，思想才会变换成真正的物质力量，它会激发起人们极为狂暴的力量，使他们揭竿而起，一举扫荡宗教神权和封建王权的一切黑暗势力，从而完成德国的启蒙使命和革命任务。那个时刻一旦到来，形而上的力量将会露出它狰狞的面孔，它将卷起滔天的巨浪，狂扫尘世间的一切，甚至将人类文明的丰碑夷为平地。就像海涅所说的那样，不要轻视那些闭门苦思的哲学家，因为他们可以产生雷霆万钧的力量，把他们视为从事着许多价值轻微的工作的无害学究，那是低估了他们的力量；假如康德没有使唯理论神学家的上帝威风扫地，罗伯斯庇尔就不会砍掉法国国王的脑袋。"德国的共和主义者们，……德国的革命绝不会因康德的批判，费希特的先验唯心主义，以至于自然哲学发生在先，就会开始变得更温和些，它只期待着那日子的到来，那时，它要爆发出来，使全世界震惊。那时将要出现那样一种康德主义者，他们在现象世界中丝毫也不想知道什么虔诚，他们毫无怜悯地挥动宝剑和斧头掘翻我们欧洲人生活的基础，以便砍断属于过去的最后的根株。"① 因此，形而上的力虽然是间接的力，但无疑是极为深远的力，哲学家绝不是无害的咬文嚼字者，而是一股巨大的为善为恶的力量，是人们未曾辨识到的立法强人中的佼佼者！

4. 德国启蒙理性具有鲜明的价值理性取向，它重视超验世界和对至善形而上理想的追求。如前所述，德国启蒙理性由于继承了古希腊哲学的精神，使得古希腊的努斯精神和逻各斯精神深深植根于德国启蒙理性的思想中。而古希腊的努斯精神和逻各斯精神本身就是指向经验之后的存在根据的，就逻各斯而言，它要撕开经验的伪幕，驱散经验布下的迷局，使经验背后的东西呈现出来。它认为是这些东西在操控着经验、规定着经验，并使得经验按其规则行事和展现自身。这种探寻或揭示的结果就是逻各斯，它以复杂多变的

---

① 　张玉书选编：《海涅选集》，张玉书等译，人民文学出版社 1983 年版，第 334—338 页。

身份在古希腊哲学中呈现着，有时是理性，它代表着不同于经验的飘忽不定、而是一种稳定的、确定的思维状态或思想形式；有时是语言，语言既是经验积累的结果，又是经验沉淀后的人类理性加工制作的结晶。语言具有说明和标识作用，它标识事物或对象的身份，说明事物或对象的性状，指陈事物或对象的本性等。它还具有言说和解蔽作用，它能使事物或对象自己言说自身，自己呈现自身，在无尽或神秘的黑幕中言说自我，从而向外在世界敞开自己，展露自我的真实面目；它还可以把事物或对象从被遮蔽、被蒙蔽的状态中呈现出来，去除覆盖物，展现事物或对象的本来面貌。有时它又是规则、规律、法则，无论是哪种东西，它都代表了要为经验和现象世界建立规范、规则、法律的意图。它要引导经验、规范经验，要穿透现象世界的层层迷障，为它们的不确定性、变幻无常性带来确定性、稳定性，它要用规则、法则规律来约束经验的放荡不羁性，通过强制来为现象世界建立规范或具有普遍性的形式。而努斯相比逻各斯就又高了一个层次。如果说逻各斯还是在为经验或现象世界之物操心劳神的话，那么努斯则要抛开经验或现象世界，直指超验世界或至上的形而上理想。因为对它而言，经验或现象世界之物是没有真正价值的，它们的价值是由神圣世界的神灵或超验世界的至善所规定或所确立的，甚至经验世界或现象世界的一切本身就是对神圣世界或至善的模仿或分有，与其研究它们，还不如直接追寻神圣世界或超验世界之物，通过对它们的思考或探寻，就可揭示经验世界或现象世界的神秘或本质、规律、法则等，在它看来，神圣世界或超验世界就是经验或现象世界的本源、根源，就是它们的发祥地，在此就可以窥视整个经验或现象世界的所有秘密，一劳永逸地解决它们所有的问题。正因为此，努斯才始终不辞辛劳地不断超越经验、现象，而向往至善或神圣世界。由此，我们不难看出，来自古希腊的努斯、逻各斯精神，它们都不是经验的东西，尽管它们的最终目的或许多多少少都与经验或现象世界有关，但它们绝不是隶属于经验世界的东西，它们的身份应该是经验的规定者、引导者、规范者、立法者。也就是说，它们天生就是贵族，是高贵者阶层，它们在血统上要远远高于经验或现象，他们以管理者、立法者、思想引领者，甚至是创造者的身份出现在经验或现象存在面前，但绝不与之为伍，更不会与之同流合污，它们来自神圣世界，它们来自根源处，来自源头或现象世界的出生地，其高贵性、纯洁性是现象世界之物不可比拟的，所以它们天生就是统治者，就是规则、法则的制定者，也是精神或思想的引领者、先导者。这些特殊的身份注定它们要摆脱经验或现象世界的桎梏，来营造自己的世界。因此，古希腊哲学的这些基因深深地渗透进了德国启蒙理性中，并决定着它的精神面貌和特有气质，也使得德国启蒙理性具有了它们这种偏好和情趣，甚至影响和造就了后世德国哲学的精神气质。

古希腊哲学的这些基因不仅影响了德国启蒙理性，而且深深扎根于德国哲学中，并且不断地得到进一步滋养和发展，甚至成为德国启蒙哲学的一种显著特征，那就是对超验世界、超验存在的向往和追求。之所以会如此，乃在于在德国启蒙哲学中，哲学家或哲人们已经形成了一些共同的认知：现象世界或经验世界背后的东西乃是前者的规定者、决定者，也是它们存在的最高规范或尺度，也是它们合法性、合理性的基础或前提，更是它们追求的理想或范导者，甚至就是它们的创造者等等。这一切所指向的就是超验世界的超验存在。具体而言，主要表现在以下几个方面。

一是超验存在作为经验世界、现象世界的规定者、决定者。这种思想在古希腊哲学中就已经存在，在德国启蒙哲学中得到进一步的强化。由于现象世界或经验世界事物的多变性、不确定性、有朽性，使得哲学家认定在其背后一定有某种规定者、决定者决定着它们的命运，它们的变幻无常性乃至有朽性都是这种决定者、规定者的体现，因为变易者和有朽者是不可能作为最终的规定者和决定者存在的，最终的决定者、规定者，只能是那些不朽者、永恒者，唯有它们才能给现象世界、经验世界的存在者提供规定、规范、规则，甚至是律法、法则等普遍性的规范，而变幻不定的现象之物或经验之物是没有资格、也不可能作为这些法则、律则的提供者、制定者的。所以对它们的追寻，就是对现象世界之万物的根据、依据的追寻，也就是对它们的身世、家族族谱或谱系的追寻，使得它们都有自己的谱系、家族和身世，这就为现象世界之物建立了一个谱系学或家族学，一切都明明白白、清清楚楚，一旦哪个事物出现了问题，发生了病变，人们即哲学家就可以像医生一样，从它们的谱系学中找出可能的遗传病因，从而给予准确的诊断。这些因由就成为德国启蒙思想家不懈追求超验存在的动因。

二是超验存在作为现象世界的创造者。对古希腊哲学家或思想家来说，万物都有其生产者，也就是创造者，就如同动物都有父母一样。对动物或人类来说，父母给予了自己生命，并养育它们或他们长大，使它们或他们能够在这个世界中存在和发展，这种恩德无疑是不能忘却的。同样，一切无生命的存在者也都有它们的父母，即创造者。所不同的是，人类或动物的父母是明确的，因为它们的幼崽或孩子一直和他们生活在一起，彼此的确认不存在问题；但无生命存在的父母则需要追寻和确认，需要哲学家不辞辛劳地去探讨和研究。当然，哲学家追寻的这种创造者，并不是一般的创造者，比如动物或人的父母、植物的种子之类，而是那最终的创造者、原始的产生者，是最高的存在。唯有它才能造化万物、化育生命，使万物得以存在，使生命得以产生和滋养，使世界得以有序。这在古希腊那里是本源或本原，是神或造物主；在苏格拉底和柏拉图那里则是理念、原型；在中世纪乃是上帝，是耶和华。这些创造者无疑是人类理性最为丰富的想象，也是人类对万物的根源之思，展示的是人类的一种无尽的探讨精神、寻根探源意识，哲学家要为万物找到它们的根源，找到它们的出处，为万物构筑它们的历史，尽管只有人类才有历史，但启蒙哲学家显然并不满足于只有人类才有历史，所有的存在都应有自己的历史，都能清清楚楚地有自己的出处和根源，唯此，世界才是可知的、可信的、可依赖的，也才是可以确定的、确信的，才是有序的、遵循规则、律则的，可以掌控或把握的，否则，一切如果都是不确定的、无序的，都是由偶然性或莫名其妙的命运决定着，那恐怕是世界最大的不幸，作为有理性的人类是不能接受这种现状的，因此，探讨超验世界的存在，就是能够为万物及其存在讨一个说法，给一个理由、一个存在的合理性或根据，这才是启蒙哲学家或哲人们所想要的东西。

三是作为超越经验世界或现象世界的纯粹理念。理念这一概念最先提出者是柏拉图，柏拉图的理念说是对古希腊本原说的进一步发展和升华，因为它超越了早期本原说乃指某种具体的物质形态或最初的原始物质的局限性，将它提升到更具普遍性的理念阶段，其理念主要是指事物的原型，有的学者认为应翻译为"相"更准确些，认为"相"既是一种目的论，也是一种原型，首先它是作为一种目的论的相，"柏拉图在最初'相论'里主要是认'相'为相关性质的完备……"① 这种完备的性质正是一般事物所欠缺的，事物因为不完备，所以要追求完备性，这种"相"就是其目的。"正是由于这个欠缺，相等的事物乃以'等之相'为目标，追求它，以期成为和它同样的完全相等。但是这个目的始终不能完全达到，因此它们永远追求。柏拉图以这

---

① 汪子嵩、王太庆编：《陈康：论古希腊哲学》，商务印书馆1990年版，第124页。

样一个目的论的'相论'来解释宇宙里的永恒变动。宇宙里所以有永恒变动，是因为'相'是完备的，事物是不完备的；不完备的追求完备的，但是始终不能达到完备的地步。因此永远追求。"① 其次，它还是作为原型的"相"。"'相'的另一个概念，即作为原型的'相'的概念也变得重要了。"② 而且"相"的目的论必须以这种假设作为补充原因去解释 artefacta ［人造物］ 的生成。因此，"相"作为原型的概念和作为目的的概念并不矛盾，不仅因为它是后者的补充，而且因为作为原型的"相"在某种意义上也是目的。海德格尔则从存在论的视角来理解柏拉图的理念，他认为，"按照柏拉图，超出存在者，超出个别事物（阴影）之外，还有不同的东西：诸理念"③。在他看来，理念是标示着事物在场的东西，是一个事物是其所是的东西。"在理念中，我们看每一个存在者所是及其如何是，简言之，存在者的存在。"④ 尽管海德格尔是从存在论的角度来理解理念概念的，但在其对理念的解读中，我们仍可看到，理念乃指谓事物本应所是的东西，尽管这种东西在生成中，但它无疑也是一种事物应该成为的本真的东西，或者说理念就是事物或存在者的目的或理想。基于此，我们也是在这种意义上理解理念概念。而康德的理念则更接近于我们所说的理念的含义。康德的理念是指理性提供出来的概念，也称作"理性概念"，它的对象是不能在任何经验中提供的。康德指出："理念，我是指其对象不能在任何经验中表现出来的那些必然的概念来说的。……理念也包含在理性的性质中，而且，如果说范畴带有一种容易使人迷惑的假象的话，那么在理念里，这种假象是不可避免的，尽管我完全有可能使人不至受它迷惑。"⑤ 在他看来，理念是一个不是在经验的连接、经验的秩序和经验的统一性中想出来的存在体，它是一种纯粹的假设。这种假设是必要的，因为不这样，理性就得不到满足，理念永远不能实现。因为理性看得明白，感性世界并不能含有彻底性；作为理解感性世界之用的一切概念：时间、空间以及在纯粹理智概念的名称之下提出的一切东西，也都不含有彻底性。因此，无论是经验概念，还是理智概念，都无法满足理性的愿望。理性的愿望就是

① 汪子嵩、王太庆编：《陈康：论古希腊哲学》，商务印书馆 1990 年版，第 124 页。
② 汪子嵩、王太庆编：《陈康：论古希腊哲学》，商务印书馆 1990 年版，第 152 页。
③ ［德］海德格尔：《论真理的本质》，赵卫国译，华夏出版社 2008 年版，第 51 页。
④ ［德］海德格尔：《论真理的本质》，赵卫国译，华夏出版社 2008 年版，第 51 页。
⑤ ［德］康德：《未来形而上学导论》，庞景仁译，商务印书馆 1978 年版，第 104—105 页。

要从这些被制约者向它的制约者前进，所以纯粹理性的辩证试图并不是任意胡来的，它是由理性的本性所迫使的，先验的理念不仅给我们指出纯粹理性使用的界限范围，也给我们指出了规定这些界限的方式，这恰恰是理性的自然倾向的目的和用途。基于此，康德指出："因此我们一定要设想一个非物质性存在体，一个理智世界和一个一切存在体（纯粹的本体）中的至上存在体。因为理性只有在作为自在之物本身的这些东西上才能得到彻底和满足，而这种彻底和满足是它永远不能希望通过现象从其同质的根据中得出来的；因为现象实际涉及与它们本身不同的什么东西（即完全异质的东西），这是因为现象永远以自在的东西为前提，并且从而揭示这个自在的东西，不拘我们能不能更进一步地认识它。"① 可见，康德的理念既是一种假设的观念，又是一种界限概念，即本体或物自体概念。这种观念是一种先验的观念，它远远地超出经验之外，经验是无法企及它的。不过，作为一种界限概念也可以视为一种理想的观念或一种目的观念。但这种理想或目的却永远无法达到，就如同柏拉图的理念一样，所以康德说它是一种一切存在体中的至上存在体，也就是至上存在。由于它不与经验发生关系，所以它对有限理性者只能起到范导性的作用，而不能直接作用于经验对象。并且由于这种至上存在自然是人类经验无法达到的，人们只能用理性思考它，只能仰视它、信仰它，而无法达到或接近它。由是，来自古希腊柏拉图的理念说，经过康德还有后世的费希特、黑格尔等哲学家的洗练和提纯，这种思想不仅在启蒙哲学家那里深深植根，而且还影响甚至决定了后世德国哲学的精神气质和哲学风格。因为无论对启蒙哲学家，还是对后世的德国哲学家，理念不仅仅象征着某种超验世界的观念，而且还是一种至高的理想、一种至善的形而上理想和信念、一种类似终极性的目的论。

我们知道，人类的存在的现实世界并不是能够直接满足人类需求的世界，如果将世界作为一个整体看，我们会发现，每一个现实事态就基本性质而言都是有限的、不完整的，任何整体都不是一切完善的和谐体。在任意一个经验事态中实现的任何东西都必然会派生出无限而纷乱的种种相反的可能性。总是存在着"他者"，它们本来可能会是但现在却并不是。这一有限性并不是恶的结果，或不完善的结果。它产生自这样一个事实：存在着多种可能的和

---

① ［德］康德：《未来形而上学导论》，庞景仁译，商务印书馆1978年版，第144页。

谐，它们或者在共同实现时产生恶，或者根本没有共同实现的可能。这一学说在美术中属于常识，它也是或应该是政治哲学中的常识，但这是困难的。这种多种和谐的可能性或许是人类追求理想的原因。所以作为理性动物的人类总是要以自己的行动来改造这个差强人意的世界，使它变成适合于人的发展的理想的世界，人类总是从理想的角度、以理想的尺度来审视和观察现实世界。而人类的一般理想观念往往是以超验世界的先验理念、至善理想或形而上的理想为支撑的，它们作为至善或至上的形而上观念，不仅型塑着人们一般的理想观念，为其提供合理性、合法性的基础，而且还提供着来自终极世界的价值，这些价值既是神圣的，又是不朽的，还具有天然的合法性、合理性，它以至善的形式不断地为一般理想输入永不枯竭的滋养，最后以信念的形式沉淀在人们的精神或心灵世界中，成为一般理想不断生成、不断升华的不竭动力之源。所以理想不仅是人类的特有观念，也可以视为人类创造的观念中的一种十分重要的观念，人们借助这种观念不仅可以使得我们所居住的世界以合乎人的方式发生改变，而且它还使得人们获得极大的成就感和满足感。尽管理想作为一种观念是极为冒险的，有时候甚至给人们带来灾难。但不可否认的是，它的确给人类带来许多好处。所以怀特海说，在人类的诸理想中，我们找到了极好的例子，说明有意定制的观念是如何影响社会、如何推动他从一种形态过渡到另一种形态的。"对于怀抱这些观念的人来说，他们既是讨厌的牛虻又是指路的灯塔。这些观念的有意识作用应该与无情感的诸种力量，洪水、蛮族人以及机械装置相对照。重大的过渡来自世界的两个方面——物质方面和精神方面——的力量的巧合。单纯的物质力量，只能释放洪水。它需要智力来提供灌溉渠道。"[①] 在这些理想中，无疑孕育着巨大的为恶为善的力量，如何巧妙而又合理地运用它们，对人类确实是一个极大的挑战。可以这样说，所有这些理想观念，无论是法律的、政治的、伦理学的或宗教的，它们都在推动人类生活，同时从它们的各种具体表现中获得了一种庄严的力量；这些具体事务表现了人的灵魂在通往总体和谐之源的旅途中它的神秘性。通往和谐之源的旅途注定是一个充满罪行、误解、亵渎神圣的过程。伟大的观念是连带着罪恶的附属物及令人讨厌的联结物走入现实的。人类的进步无疑是通过这些理想观念的冒险来展开的，它自然会带来许多不

---

① ［美］A. N. 怀特海：《观念的冒险》，周邦宪译，贵州人民出版社 2000 年版，第 20 页。

确定性，甚至是罪恶、灾难，但是，大浪淘沙，它们会将那些伟大的观念存留下来，并逐步地改善人类的环境向更好、更合意的方向进展，不断地激励着人类缓慢前行。当然，"不实用的理想是为改革而设计的方案。这样的一个方案是不应受到当前可能性的批判的"①。人类的理想总会有些超前的设计，人们总是用这些理想的观念来关照现实、批判现实、审视现实，并不断地向着理想的方向修正现实，甚至修正社会规律赖以应用的社会事态，从而改变了社会规律——那些不人道、对人类不友好的规律，比如奴隶制被废除。又如柏拉图所设想的关于人与人之间理想关系的观念，这一观念是以对人的各种可能性的内在特性的看法为基础的。我们看到这一观点以每一专门形式进入人类意识。它与人类的其他理想观念联合在一起，在一段时期内，它似乎消失了，但在另一时期内，它的幽灵又出现了，而且总是不断地复现。它受到批判，同时它自己也是批判者，通过批判和受批判、说服和被说服，理想的方案不断得到完善，理想的观念不断渗透到人们的观念中，并不断改变人们的价值判断和价值取向。尽管来自世俗政权的或宗教的武力总是与它相对抗，但它也总是能赢得胜利。它的胜利便是通过理想的说服力量来实现对武力的胜利。尽管先验的理念、先验的理想或至善的形而上理想一般是不可能在现象世界得以实现的，但它所拥有的那些神圣的观念却不停地为人们的理想和信念输入源源不断的力量。这也正是德国启蒙思想家、哲学家为何要追求超验理念、超验理想、至善理想的原因了。

四是作为现象世界或经验世界的最高尺度和行为规范。人作为一种有灵性的动物，它在漫长的进化过程中发展出了理性，而理性代表的不仅是一种追求知识、追求普遍性法则的能力，它还是一种批判和反省自身的能力，人类总是以某种理想的尺度来关照现实世界，总是试图剔除现实生活中那些不人道、那些残暴、冷酷无情、奴役、剥削、压迫乃至邪恶的东西，因为以理想的尺度来关照现实时，现实总是不完善的，总是有缺陷的，即使是文明进化到今天的现代社会，以此尺度观之，人类也仍是处在某种不自由、受禁锢、被异化的状态，改善和完善的力量总是从理想的尺度中不断地发出它的呐喊，并以某种神奇信念的形式持续不断地促使人们变革社会现实，以符合这种理想的尺度。那么这种理想的尺度到底是怎么形成的？究竟来自何处？它又是

---

① ［美］A. N. 怀特海：《观念的冒险》，周邦宪译，贵州人民出版社 2000 年版，第 49 页。

如何作用于现实世界的人们的？这些问题无疑是我们必须予以探讨的。就如同一个猎人将要进山捕猎，就势必要有自己的捕猎工具，而且要熟知这些工具，并知道从哪里得到它们一样。如同柏拉图的理念一样，它是事物的原型、事物的相，事物只有分有它、模仿它，才能获得自身，否则万物就没有自己的本质。一般理想的尺度也是来自某种原型，这种原型需要满足一定的条件，才能成为一般理想的尺度。首先这种原型或相不能来自经验世界，因为经验世界或者说现象世界的东西没有确定性，它自身就是变动不居的，没有确定性的东西是无法作为尺度的。真正的尺度都是具有普遍性、必然性的不变之物。它必须是稳定的、不变化的。否则，它是无法成为事物的尺度的，因为它无法为事物提供评判、评定的依据的。其次这种原型或相还必须具有永恒性、不朽性。无论对有生命的存在还是无生命的存在物来说，其作为评价的最高尺度必须具有永恒性、不朽性，它必须是恒定不变的，而且具有普遍的适用性，对一切存在都是有效的。因为作为一种最高的尺度，或者作为一种终极的尺度、评判标准，它是针对一切存在物的，相对于柏拉图的理念而言，它应该比柏拉图的理念还要高，因为柏拉图的理念毕竟还是各物各自具有自身的理念，这样的理念是不能作为万物的最高尺度或终极性的评价标准的。这种终极性的尺度只能是来自根源处的，它是化生万物的本源，它还不是古希腊哲学家通常所言的"本原"，而是出自"源头"的源，因为在古希腊哲人那里，源头就是开始处，也是诞生地，更是家园，是万物由之所出的地方，是所有存在者的诞生地，也是它们最终的家园——这种家园不仅是存在者存在的身体之家，而且也是它们存在的精神的归宿处，是灵魂的栖息地。它之所以具有这种特征是因为在这个诞生地、在这个根源处有神灵的存在，这是古希腊哲学家一种共同的认知。因为唯有神灵，而且是唯一的神灵才有资格和能力作为这种评判者，为万物制定最高的或终极的尺度、标准，也就是为万物立法、建立律则，这在古希腊那里就是最高的神——万物的造物主，在基督教中就是世界的创造者上帝，在中国的道教学说中就是化育万物的天地之道。它既是律则、法则的制定者、建立者，也是最终的、最后的评判者，它甚至就是法则律则本身，或者可以说，它本身集造物主和法则、律则制定者、颁布者于一身。因为它孕育着无限的智慧，具有无限的理性能力，它洞察秋毫，明辨一切，了解一切存在者的身世和出身，了解它们的本质和特征，因此，唯有它能够做到这一切。它所颁布的法则、律则都具有普遍的普适性，一切存在者都概莫能外。并且由于作为最高的创造者，具有最高的神圣性，它的法则、律则同样具有神圣性、合法性、合理性，一切存在者以此尺度、标准作为存在的准绳，也同样能够获得这种神圣性，获得来自不朽者的祝福、保佑和庇护。在古希腊哲学里，人生的幸福就是在于受到良善神的祝福和保佑。而在现象世界里，万物的存在也需要来自这种根源处的神灵的祝福和庇护，这样才能一切顺达无忧，福运绵绵。而要获得这种祝福和庇护，其先决条件无疑是遵循来自根源处的这种律则、法则，它们之间是一种必然的逻辑关联性，而没有任何外在于法则、律则的例外或偶然性。最后，它还必须具有绝对性、唯一性，它是一，而不是多。作为现象世界的最高尺度或者终极性规范、标准，它只能是唯一的、绝对的，有点类似柏拉图的最高的理念即善的理念，善就是一。作为终极的规范、尺度，它只能有一个，不能是多。既然是终极的，就一定是唯一的、绝对的东西，只能是为一起其他规范、尺度、标准提供根源性、本源性规范的东西，它是一切规范、尺度、标准的产生者、生产者，是一切标准和尺度的源型或源相，这里我们不用"原"字，而是用"源"字，其意就在于这个相、这个型不是一般的多元的相或型，不是柏拉图意义上的理念，而是来自根源处、本源处、出生地的相或型，也是来自家园的相或型，它是由至上的或最高的创造者制定的法则，或者是由它颁布的律法，这种法则、律法是对一切存在物的，不管是有生命的存在，还是无生命的存在，都普遍适用的法则或律法，更是现象世界一切其他法则、法规、尺度、标准必须遵循和信守的法则或律法。如同一个国家中的宪法作为根本大法一样，其他的法律、法规都只能根据它制定，否则都是不合法的、无效的。因此，作为现象世界的终极性尺度、法则，它规定着一切尘世的法则、尺度、标准，这些尘世间的东西具有相对性，因为它们仅仅是对最高法则或终极尺度的一定程度的模仿、分有和反映，是无法达到终极性法则或尺度的完善性、完满性的，它们虽然也都是某些特定存在者的尺度或标准，但它们不能成为所有存在者的标准或尺度，就是因为它们的局限性、特殊性，限定了它们可能的规范、范导范围或区域，只能是在一定范围、特定领域能够提供标准或尺度，而不能作为所有存在者的标准。只有来自超验世界的终极性尺度才是唯一的、绝对的尺度，是一切存在者的尺度，因为它本身不再受任何规范或尺度的规范或限制，它自身就是最高、最后的终极性尺度，是一切尺度、标准和规范的尺度和标准，是一切尺度、标准和规范之源、之根、之源型、源相，是一种完满、完美的尺度，是一种圆善的根本体现。唯此，它才无愧于终极性的标准或尺度，才能成为万物的尺度和标准。

也正是因为超验存在或至善、形而上的理想的这种身份或特质，对现象世界具有巨大的影响力、吸引力。主要表现在如下方面：其一，针对这种作为现象世界的规定者、决定者的超验存在，人们一直渴望与这种规定者、决定者进行照面，即使不能与它在一个空间中照面，也要设法以其他方式与之发生关联性。不仅仅因为它决定着人们的前程、福泽、成败得失，还因为它的神秘性、神圣性的形象，使得人们渴望了解它、认知它，或者至少可以了解它的些许知识或信息，从中窥视一些神秘或秘密，以为不确定的人生甚至是充满风险和危机四伏的生活带来些许的可靠性、稳定性，或者获得某种保证，甚至奢望能够从它那里获得某种肯认、肯定、支持。所以了解这种规定者对人类包括其他存在者的要求，可以为人类提供可参照的行为规范，为万物提供必要的律则，从而使得这个世界显得有一定的确定性、必然性。同时，对神秘世界的揭示，也可以满足人们对神圣世界的渴望之情。毕竟神圣世界因为其神奇性和巨大的不可抗拒性，特别是对人类而言，神圣的命运之神对人生的决定性作用和极其可怖性的威力，令人充满敬畏。这种可怖性也自然会带有某种不可抗拒的神奇吸引力去诱使人们去追索它的足迹，从而与它照面，并向它祷告人类的敬慕之情、赞美之意和愿望之词，为人类获得某种来自神圣世界的希望之光，为存在者窥视一些存在之道，以使至上的规定者、决定者即超验存在者之神圣之光能够普照黑暗的世界。这是人类追寻超验世界存在的原因之一。其二，对造物主的追寻和赞美，则是人类对自身苦难命运寻求解咒的途径。一部人类史就是一部人类的苦难史。从最初的原始社会，人类要经受自然灾变、饥馑寒荒、虫鱼鸟兽、天灾人祸的折磨；到了奴隶社会，又要经受盘剥、奴役，丧失人耳自由，甚至没有尊严和任何人身和生命保障的侵害；进入封建社会后，人类的境遇似乎好过奴隶社会，但对封建主的依附，决定了人类是没有自由的，封建地主主宰着人们的命运，苦难远没有结束；迈入资本主义社会后，人类似乎获得了自由和解放，但资本的控制和盘剥又再次降临到人们的头上，无尽的苦难似乎没有任何终结的可能，解咒苦难命运的神秘秘诀究竟在哪里？这无疑成为萦绕在每个人心头上驱之不去的梦魇。于是，对造物主的追求，对上帝的爱慕、颂扬和赞美就成了人类祛除自身苦难魔咒的重要途径。既然一切都是造物主创造的，都是上帝设定的，那么按照造物主的法则行事、依据上帝的戒律规范自己的行为，并崇拜、赞美造物主和万能的上帝就成了人们不二的选择。这也是人们追寻超验世界的至上造物主的主要原因。其三，超验理念作为一种纯粹的先验理念或作为一种纯粹形而上的理想为现象世界的存在者（包括人类）提供了一种典范式的存在原型，这种原型就成为存在者追求和效仿的对象。其实，人类作为一种理性的动物，总是要按照理想的模式来设定自己的生活，尽管现实世界的人们的理想具有无限多样性，各自的理想各不相同，但这些千差万别的理想又都有它的源型、源相，这就是超验世界的理念或形而上的理想。这种超验的理想才是无条件的、绝对的理念，它为一切理想提供了理想的条件和要求——克服不完善性、局限性，尽可能获得完善、完满，使人生获得真正的美满和富足。因此不断地完善自身，克服自身的局限性、有限性，获得完满、完善的人生，就为理想的追求提供了无尽的动力，是人类创造美好生活、获得幸福和人生价值的标志和体现，也是人类书写自己的历史，造就大写的人字，展示自己的高贵性、崇高性的表征。同时，人类还并不仅仅满足于自身形象的塑造和追寻，他还要究天人之际、析万物之理，为万物立法（尽管人不具备这种能力，只有造物主才有这种能力），为万物树规立范，即使达不到，也要弄清万物之理，以役使万物为人类所用。当然，对人类自身来说，对理想的追求，除了满足人类完善自身的愿望之外，它对人类还具有引导、规范作用，说服作用，对现实的批判作用；而高尚的理想对人们的人生还具有巨大的激励作用，它能够满足人们对精神家园的渴望和追求，并使人们的情感得到归宿，心灵和灵魂获得栖居之所，从而抵抗现实世界令人无法忍受的庸俗和平庸，克服无聊和心灵的寂寞；另外，它还对现实具有强大的塑造作用等，这一切都构成了人类追求形而上的理想的原因。其四，寻求最高尺度可以为人类提供行为的最高标准、为万物提供判断的最高规范。尺度是用来丈量物体的长度尺寸的，人生的尺度无疑是用来丈量人生的；标准提供的是事物的一般规则，为事物规定尺寸和规则。如前所述，最高的行为尺度、行为标准自然也是为人生提供的行为规范、行为尺度。这种尺度、标准因为是最高的、最终的，或者说是终极性的，因此它必然是唯一的、绝对的，也是不变的、永恒的。因为它是来自根源处、来自源头，而根源处、源头又是有神灵存在的，所以这种来自根源处的标准、尺度就具有神圣性、不朽性。正因为此，这种标准、尺度也就能够成为人类行为的终极尺度、终极标准。

同时，这种尺度对万物也具有普遍的适用性，它对一切存在物都是适用的，无论是人类还是存在者，但它的作用因对象不同还是有区别的：对人类而言，这种尺度、标准既是不可违背的终极规范、行为标尺，是一切人类行为标准的标准、尺度的尺度，又是人类行为的最高范导性规范。它为人类行为规定了范围、界限，划出了地盘，给出了不可逾越的边界；它检视人类行为的一般尺度、一般标准，或特殊尺度、特殊标准，提供最一般的原则，这种原则如同它们的律法一样，必须予以遵循。同时，作为范导性的规范，它又不断地引导它们向终极规范看齐，通过批判和警示作用，来不断地塑造、规范、引导它们，并说服它们向最高标准靠近。而一般的行为尺度、行为标准在这种不断地导引和塑造中也因此获得了一定的神性和不朽性，这些神圣性、不朽性又为它们提供了合法性、合理性的基础，从而使得这些标准和尺度获得人们的认同、接受和采纳。而对于存在者来说，这种尺度、标准则成为它们变化中的永恒不变的标准和尺度，它们无论如何变化、变迁，尽管也有自己的规律，但这些规律也是遵循着这种终极性标准、终极性尺度的前提下而发挥作用的。所以作为终极性的尺度和终极性的标准，为天地万物提供了终极性的尺度和标准，它丈量的不仅是有生命存在的尺度，也规范着无生命存在的尺度；它颁布了有生命存在者的规范，也颁布了无生命存在的律法，它是万物的根本大法，如同人类社会的联合国宪章一样，但又比它具有更为严格、严厉的要求，因为它是不能被违反或冒犯的，否则就会遭到天谴雷劈，接受必然性的惩罚，如同命运女神一样掌管着这种终极性的尺度。这就是人们不断求索它的根本原因。

　　正因为上述原因，德国启蒙哲学家才不断地去追寻超验存在，既然现实世界既不完善又不完美，其缺陷又是令人无法容忍的，甚至是令人发指的，而毕竟哲学家的力量又不足以挑战这种强大的封建王权和宗教神权，那么哲学家就不能再犯哲学家如苏格拉底、科学家如哥白尼曾经的错误，让世俗权力或神权势力对智慧犯错误，对哲学家进行迫害，对人类智慧进行毁损。与其如此，倒不如退守到形而上领域，在那里开疆拓土，打造一片哲学家的王国，并不断催生和孕育形而上的力量，如同一场行将爆发的战争一样，要赢得战争的胜利，必须积蓄力量，打造打胜战争的利器，这种利器就是形而上的思想。哲学家可以在这里寻求超验存在的支持，或至少与它结成联盟——思想的联盟，并持续不断地集聚精神的力量，直到思想的伟力足够强大到能够横扫现象世界的一切的时候；那时，哲学家将打开现象世界的大门，从地狱中释放出形而上思想力量的烈焰，焚烧世间的一切；它要驾驭形而上力量的大军，踏上征服世界——现象世界的征途，它要把现象世界的一切罪恶和不完善夷为平地，它要让来自超验世界的雷电劈碎一切障碍物，最终占领现象世界的所有领地；那时，君临天下的哲学家将会在形而上力量的帮助下，登上最高的王位，成为真正的哲学王——这个柏拉图梦寐以求未得尝愿的理想将在启蒙哲学家——来自德国的哲学家身上得以实现；那时，形而上的时代就要来临，人类永生的幸福就要实现，因为哲学王所提供的治世理想的方案将是这个世界最完善、最完美的方案，它不仅充满智慧，而且充满神性，因为它是哲学家窃自天上的永恒不灭的智慧之火，既可以烧尽尘世间的罪恶，也可以借此纯化人们的思想，淬炼人类的智慧，使这个世界人人为尧舜，天下太平，河清海晏，王道盛行，大道临世，还有什么样的成就能够胜过此种伟业？这种不世之功只有哲学家才能建立，而且它就出自德国启蒙哲学家的杰作！

第三章　两种理性观之比较

　　在上一部分，我们讨论了两种理性观及其不同的特征，着重从哲学层面分析二者的理性观和各自不同逻辑进路，无论是其各自的哲学理性观，还是其逻辑进路，法国的启蒙理性和德国的启蒙理性都表现出较大的差异性，这种差异性主要表现在以下方面：法国启蒙理性观重视没有经验基础的抽象理性及其原则，法国理性缺乏起源于古希腊理性的那种一往无前的努斯精神和逻各斯精神，它只在现象世界发挥作用，而对神圣世界或超验存在不感兴趣；德国的启蒙理性则充分展现了古希腊的努斯精神和逻各斯精神。它立足于经验，寻求理性为经验立法，而又不仅仅局限与于经验世界，力图在超验世界建立法则。在逻辑方法上，法国理性重视演绎推理。其形而上学以演绎推理为主，间或也用一下分析方法，这种方法主要来自近代自然科学的影响。德国理性重视辩证法思想，从中还发展出了辩证逻辑方法，并借此将辩证法思想推进到一个新的高度。同时，德国理性反对英法科学世界观，力图重建知识与智慧、理论与实践、事实与价值的密切关系，恢复古代世界观在人类世界中的应有位置。法国理性本质上是一种批判的理性。法国理性在精神气质上或内在品格上特别善于批判和反思、反省，是一种典型的批判的理性。它要求理性具有至高的权利，可以对一切进行批判；德国理性则是一种理性的批判。它强调要审慎地对待理性，在使用理性之前，首先要对理性的能力进行考察，甚至要求对理性要进行严格的审查和批判，从而划定理性在不同领域的权界范围。法国理性由于缺乏对至善的理想或超越性的形而上终极性价值的追求，从而使得法国理性缺乏至善理想或终极价值的引导和规约，致使理性追求缺乏终极性或来自根源处的保证，法国理性因此就缺少神圣性和使命感，无论是努斯还是逻各斯都没有那种一往无前的超越精神和向往至善的冲动；而德国启蒙理性则重视超验世界和对至善形而上理想的追求，德国启蒙理性继承了古希腊哲学的精神，使得古希腊的努斯精神和逻各斯精神深深植根于德国启蒙理性的思想中，这种努斯和逻各斯精神在德国哲学中的主要表现就是对超验世界及其至善形而上理想的追求。可见，从哲学层面上看，二者在理性观、理性的逻辑起点、逻辑方法、理性的功能定位、理性的追求等方面都表现出极大的差异性，这种差异性在其各自的政治哲学理念上也有所不同。当然，毕竟都是启蒙哲学，二者不可避免地存在着一些共同的理论特质。下面我们就对它们的理性观在政治哲学理念上的异同进行简单的对比。

一 两种理性观的相同点

法德两种理性观都强调自然法，并在此基础上，以理性为根据界定人——这是一种自然人，并由此界定人权、自由、民主、平等、博爱等概念，以及人与自然、人与人的关系，这是以天赋人权理论为假设前提的。同时，它们都属于大陆理性主义传统，都在本体论和知识论上强调理性的根源性；在方法论上推崇分析与综合相结合的方法。此外，它们都具有一定的先验性、抽象性的特点。具体而言，主要表现在以下诸方面。

（一）都重视理性和自然法

法德的启蒙理性观是一种理性主义的思维形式，它假定每个人都是完全均等地拥有理性，并且人类取得的成就都直接是（因此也属于）个人理性控制的结果。在它们看来，人由于有能力把握事物的本质和规律，预测社会发展的方向和历史的进程，因此，人类有能力创造和发明更好的社会蓝图，建造一个更加美好的社会。所以社会发展是人的理性设计的结果，而非自发演进而成的。

法德的启蒙理性观又是与启蒙时期的自然法理论密切相连的，我们讨论启蒙理性观，也需要对其自然法理论进行分析。因为这种自然法理论不仅是启蒙理性观的重要价值指向，而且还是法德启蒙理性的其他重要价值的基础，比如平等、自由、民主、人权、博爱等启蒙的核心价值。

所谓的自然法，在人类哲学史上产生过多种不同的概念，一般是指有关社会正义的基本和终极的原则的集合。它最早产生自古希腊哲学，智者学派将"自然"和"法"区分开来，认为"自然"是明智的、永恒的，而法则是专断的，仅出于权宜之计。

苏格拉底、柏拉图和亚里士多德则断定能够发现永恒不变的标准即理念，以作为评价成文法优劣的尺度或标准。亚里士多德就明确提出，有一种无论何处均具有同样权威、通过理性可以发现的自然法或者正义。斯多葛派提出了新的理论，即自然法，他们认为理性为人所共有，自然状态乃是理性控制的和谐状态，但却被人们的自私所破坏，因此应当恢复自然状态，依据理性的指示去生活，就是按照自然并符合自然的生活，罗马法中的自然法思想即源于此。中世纪教会法学者则使自然法同上帝法相一致，不过也有一些学者在自然法理论中强调上帝的理性，一些学者则重视上帝的意志。

　　自然法理论在启蒙运动和自由主义的政治和法律理论中具有深刻的影响力。自然法理论认为，人类社会与自然界一样都必须接受确定不移的法则，即自然法的支配，自然法赋予人们某些基本的权利即自然权利，并且构成国家实在法的基础。在多数情况下，自然法观念为人们对现实政治生活的批判提供了重要的前提，也是人们反抗国家暴政或者是向国家要求更多政治和社会权利的基本依据之一。

　　启蒙运动后，自然法思想则变成了一个独立的理性主义理论。所谓的独立，是指独立于教会与神学而言的。荷兰法学家 H. 格劳秀斯认为宇宙受理性自然法统治，"自然法是正确的思想所下的命令，它按其是否符合于理性，指出一种行为本身具有道德根据或道义上的必然性；因此，这样一种行为不失为自然的造物主即上帝所禁止，就是由他吩咐去做的"①。同时，他也认为，自然法是神所创造的法，自然必有其创造者，自然法只是这个创造者的创造物。作为宇宙之创造者和统治者因而特别是作为"人类之父"的上帝，理所当然地成为自然法的创造者。而理查德·胡克把自然法和理性法区分开来，认为自然法就是永恒法或上帝意志法。在他看来，自然法或上帝按照事物的不同类型而定下的管理他们的法令；而理性法即人作为理性动物特别必须遵循的法则。理性使人领悟善，他的意志引导他追求善。因此，人们的生活守则乃是"理性根据他们要做的事情善的方面所作出的判决"②。这种理性守则可为人们所知的标志是人类的普遍赞同。所有的人不论在什么时候都要学会自然本身必须教给的东西。所以最基本的理性守则一经人们所理解就被普遍接受，而比较不普遍的守则便可以推演出来。英国的哲学家 T. 霍布斯则提出

---

　　① ［美］乔治·霍兰·萨拜因：《政治学说史》，刘山等译，南木校，商务印书馆 1986 年版，第481 页。

　　② ［美］乔治·霍兰·萨拜因：《政治学说史》，刘山等译，南木校，商务印书馆 1986 年版，第497 页。

了社会契约，认为它是为人类摆脱野蛮的自然状态所交给统治者以管理权的契约，但统治者必须持守自然法则。洛克认为，要将自然法或道德法则提升到证明的科学之列是完全可能的。那种科学由不证自明的前提出发，通过必然的结论得出衡量正误的尺度。人类因此就能够从理性的原则出发提炼出一套伦理学，被证明为自然法，并且给人们教授一切生活中所应该承担的义务，或者是一套完整的自然法或全部的德性，或者是一套给予我们全部自然法的法典。那套法典在其他东西之外，还应包括自然的刑法。他还强调，自然法乃是上帝意志的宣布。它是人心中的上帝之声。它因此可以称作上帝法或神法，甚至永恒法；它是至高无上的法。它之为上帝法，不能只停留在事实上。它要成为法，就必须让人知道它是上帝法。没有这样的知识，人们就无法采取道德的行动。因为"德性的真正基础……只能够是上帝的意志和法"①。这种神法的颁布不仅是在理性之内或者通过理性，而且也是通过启示。实际上，它最初是通过启示而完全地为人所知，但是理性证明了被如此这般启示的神法。可见，无论是霍布斯还是洛克都强调自然法的重要性，不同的是，霍布斯没有直接将理性与自然法相联系，但也对理性的巨大作用予以肯认。洛克直接将自然法与理性相联系，甚至认为自然法就是理性法，这对启蒙思想产生了极大的影响。在此，我们引入霍布斯、洛克等英国哲学家，是因为在早期阶段他们的思想对德法启蒙思想产生了重要的影响。

但到了 19 世纪，自然法理论普遍受到批判和拒斥，人们认为社会契约论是虚构，其理论在法国革命中的实践带来了许多灾难性的后果，宣布自然法已死亡终结，并且不可能再死灰复燃。但在 20 世纪，自然法又有复兴的迹象，有些学者恢复了对自然法的研究。马克思主义理论家虽批判其历史唯心主义的本质，却接受其合理成分。

总而言之，尽管自然法理论千差万别，但也有其共性方面，主要有：（1）自然法是永恒的、绝对的；（2）自然法具有神圣性，也是理性法，是不可违背的，是人和社会必须遵循的最普遍法则；（3）人类可借助理性认识、发现自然法则；（4）自然法超越于实在法之上，后者应当服从前者。

所以自然法是独立于现实社会中的实在法之外而存在的正义理论体系。

---

① 转引自［美］列奥·施特劳斯《自然权利与历史》，彭刚译，生活·读书·新知三联书店 2003年版，第 207 页。

尽管对它的理解和解读具有很大差别。一般而言，自然法本身包括道德理论与法学理论，虽然其本质毫不相干。就其伦理学说而论，在一定意义上，支配人类行为的道德规范，起源于人类的自然本性或和谐的宇宙真理；但若据其法学学说而论，人类社会的法律准则至少部分来自对自然法的法则及伦理道德思想的思考。需要指出的是，在自然法的形而上体系中，法律和道德两词则常有重合之处，人们也称之为"交叠命题"（overlap thesis）。自然法可谓学派众多，有许多共同之处，但也存在一些差异。其差异之处在于，在法律权限与道德规范的划定方面，究竟能否明确地予以界定。在此，我们试图分别讨论对自然法的不同解读，以避免简单化的理解。"自然法"这个概念颇为复杂，它既是一种道德学说，又是一种法理学理论，它们分属于人文学科和社会科学，在学科归属上也不相同。

自然法强调人权天赋，人人平等，公平正义至上等理念。自然法是各门人文学科和社会科学的理论基础和各类实在法的指导原则，它远远高于一切人为法和习惯法。它所蕴含的人人天然平等的理念是对罗马法的高度概括与发展，也意味着罗马法体系的成熟。自然法出自古希腊。古希腊哲学十分重视"自然"（physis，φύσις）和"风俗"（nomos，νόμος）两概念之间的区分。法律所包含的内容因时因地而异，不过所谓的"生而具有者"却是彼此相同的，它同此后的哲学家或哲人们渴望追求的真理是相一致的。不过真正提出自然法概念的学派，则是斯多葛派的哲学家的贡献。自然法既符合理性人对理想社会的追求，又满足了现实的人对纯粹幸福的渴望。不过，自然法的立足点无疑是理性人，因为没有理性人的假设，自然法既不能被发现，也不能被认知和理解以及更多的诠释、解读，更不会在此后的启蒙运动中成为所有思想和价值追求的基础，所以自然法思想对古罗马法学家产生了极为深刻的影响，并且在后世法理学中具有十分重要的价值。

尽管自然法有着异教起源，大量（并非全部）的早期基督教神学家仍然设法将自然法传统融入了基督教教义（毫无疑问，斯多葛派哲学家们对异教崇拜及可疑的虔诚，在这个收编过程中颇有帮助）。这些神学家中最为显赫的乃是希坡主教奥古斯丁，他将自然法视为人类祖先堕落之前的状态；同时，返璞归真的生活不再可能，人类需要代之以求援于神圣法和上帝的恩典。在12世纪，格拉提安将如上理论倒置了，认为自然与神圣法是等同的。托马斯·阿奎那恢复了自然法的独立地位，他声称，作为人类理智尽善尽美的结晶，自然法可以接近，但无法完全代表神圣法。于是，就逐渐形成了这样的普遍认知：所有对人为法的评价，应以其与自然法的一致性为标准。在某种意义上，一部非正义的法律根本算不上是法律。习惯法在制定法律内容的时候，即以独特的方式采纳了这种观念。如此一来，自然法就不仅仅是以道德价值衡量不同法律的标准，并且还是确定法律主张的先决要素。同时，人们还认为，自然法本身具有实现人类幸福的目的性，因而其内容便由"什么构成了人类的幸福"这个概念决定，是现世的安乐（如斯多葛派主张的），抑或是来世的救赎（如基督教主张的）呢？践行自然法的国家，被看作领导其国民走向纯粹幸福的政治机构。

总之，我们可以从上述论述中发现，无论是从自然法的发现、认定、理解和肯认，还是对自然法所含其他内容的讨论、界定，比如神圣法即来自造物主制定的法的认知等，甚至是自然法与其他现实中的实在法的关系界定，都是由理性做出的，也就是说，自然法及其内容都与人的理性有着极为重要的关联性，甚至直接宣布自然法就是理性法，而且也只有理性才可以发现的法。我们可以将理性与自然法的关系概况如下：自然法只有理性才能发现和认识，自然法也只有具有理性的人才能严格遵循之；自然法本身就是理性法；自然法即使是出自造物主或上帝的创造，它也需要借助神对人的启示——这种启示是通过理性而获得的；自然法还是后世的人们理性制定出来的实在法的基础和指导原则。由此，我们不难看出，自然法本身是和理性密不可分的，离开了理性，也就无所谓自然法。启蒙理性的这种观念是与其高度重视和推崇理性是相一致的。

另外，法德启蒙理性还用理性来界定人，表现为一种抽象的理性人的假设。法德启蒙理性强调人是有理性的动物，理性是人区别于其他有生命存在的根本标志。因此，人是一种理性人，他能凭借自己的理性进行判断、评价和选择，并据此做出行动。在自由主义的经济学中，它们更是提出了"理性经济人"的假定，即每个人都是自己利益的最佳看护者，他可以依据自己的理性进行判断，在市场中进行交易，当无数个个人都依据自己的理性进行交易时，就会形成社会的善，形成一种自发秩序。当然，无论是哲学上定义的理性人，还是经济学中的理性经济人假设，它们都是由抽象的理性出发来界定人的，这种理性人无疑是一种抽象的人，是基于一种抽象的人性假定，即人都拥有理性，理性又具有普遍性的特征，人都可以根据这种普遍的理性采取行动。

（二）具有一些相近的价值取向

1. 相近的人权观。如果从字面上看，人权概念指的是一个人仅仅因为是人就拥有的权利。这种权利是天赋的，任何人都不能剥夺它。在法国《人权宣言》里明确规定："在权利方面，人们生来是而且始终是自由平等的。"（第一条）"任何政治结合的目的都在于保护人的自然的和不可侵犯的权利。这些权利就是自由、财产、安全和反抗压迫。"（第二条）"任何人都不得因其主张、甚至信教的主张而遭受干涉。"（第十条）"自由传达思想和意见是人类最宝贵的权利之一。"（第十一条）这种权利属于任何时代任何地区所有的人，不管这些权利是否得到承认，这是所有的人仅仅由于是人而拥有的一些权利，不涉及宗教、民族、性别、社会地位、职业、财富、财产，或任何其他彼此相异的种族、文化和社会方面的特征。最广泛的看法是，人权是一种政治合法性的标准。如果政府保护人权，那么它们本身及其活动就是合法的。需要指出的是，这种人权观主要来自法国大革命，它强调的是一种绝对的人权观，认为人权具有绝对性和不可让渡性，任何人、任何政府都不能侵害人权，人权也是天赋的，具有神圣性，是不容侵犯的。就像柏克所说的那样："他们拥有'人权'！他们认为对人权不能有任何限定，任何反面的辩论都是无效的；他们认为人权的要求不容许任何让步和妥协，任何由损人权要求充分实现的东西都是十足的狡诈和不义。他们认为任何政府，不管其历史多么悠久，也不管其管理的多么合乎正义、多么仁慈，只要与他们的这些人权不合，就别想安稳！"[①]

法德理性的人权思想都注重保护共同体的权利即集体的权利，强调大一统的意识形态而不愿保护少数派的思想，以维护稳定的社会秩序。在他们那里，公共团体的权力居于优先的地位。在《人权宣言》的导言里它解释道，作为社会成员，个人时时刻刻都要意识到他所享受的权利和所要尽的义务。每一项权利，无论是言论、宗教和出版自由，还是适当的程序，都要求附带有对公共团体的责任和义务；每一项自由都要以其对其他公民以及对公共秩序可能产生的影响为限制。因此。只有成为"社会团体"的合作成员，并致力于公共福利，法国公民才可享有一定的权利。所以可以这样说，法国革命

[①] ［英］埃德蒙·柏克：《自由与传统》，蒋庆、王瑞昌、王天成译，商务印书馆 2001 年版，第 66—67 页。

对国家统一的强调则是对作为一个统一整体的群体权利的强调的翻版，而不是对倾向于自我治理、自我本位或具有潜在的分裂趋势的个人或少数人的权利的强调，只要公民不与社会其他成员发生冲突，他们便可以享受他们的权利。即便在宗教自由这样敏感的问题上，群体权利都比个人权利重要。如果个人宗教信仰与国家宗教发生冲突，个人和少数团体只有权利在私下场合而非公开场合进行敬拜活动。它还强调，公民没有脱离政府的自由，但他们有权选择是否参加一个要求人们"时时刻刻"意识到其社会责任的公共社会。这是法国人从卢梭那里继承来的自由思想。卢梭认为存在一种比摆脱强制的自由更高层次的自由。这种自由有着更高层次的利益追求，希望在一个统一的公共社会中享受道德生活的欢娱。个人与社会越融为一体，个人就越自由，个人的权利就越有保障。个人有权利选择加入该团体。由是，在法德启蒙理性那里，社会最终决定着个人以及少数派所享有的权利。正因为此，法德理性非常欢迎立法主权，当然是以全体社会的名义。法国的国民大会总是声称他们代表国家的声音、代表普遍的意志。他们认为，对人民的政府加以限制或者保护人们免受它的侵害，这是不合逻辑的。法国《人权宣言》授予立法机构潜在的无限权力，来决定人们可以和不可以享受哪些权利，并以"公共秩序"和"公共需要"的名义来对权利进行种种限制。国民大会有权"禁止有害于社会的行为。"（第五条）对此，1789 年 8 月，米拉曾徒劳地警告说："种种的限制、防范和前提条件使责任取代了权利的位置……使人为国家所束缚，失去了自由人的天性。"[1] 可见，法德理性的人权理论对国家权力的限制没有在其理论中体现出来，这恐怕与卢梭的公意和主权在民思想的影响有很大关系，因为国家权力就是公民让渡出来的个人权利的总代表，是公意的象征，对它的限制是不合乎逻辑的。需要说明的是，德国人后来发展出了既强调国家公共团体的权利的重要理论，又主张保护个人自由和权利的宪法，德国宪法中的"基本权利"法案，就规定"在不侵害其他公民权利以及违背宪法秩序和道德准则的前提下，每个公民有权自由发展其个性……除非依照法律，该项权利不能受到侵害。"[2] 当然，这是现代德国宪法取得的成就，是德国在"二战"后颁布的宪法，而不是启蒙时期的德国法律。

① ［美］苏珊·邓恩：《姊妹革命》，杨小刚译，上海文艺出版社 2003 年版，第 181 页。
② ［美］苏珊·邓恩：《姊妹革命》，杨小刚译，上海文艺出版社 2003 年版，第 179 页。

　　自然法也是法德启蒙理性的人权观的哲学基础。在法德启蒙理性那里，人权作为一种天经地义，不容置疑的价值诉求，其价值依据只能是超验的。因此法国哲学家马里旦就强调指出：人权的哲学基础是自然法。自然法（Natural Law）是一种具有终极价值和绝对公理的法律正义理论。在西方文化中的"nature"，它表示的乃是一种人们的主观意志无法改变的客观法则。"nature"是永恒的、绝对的、无条件的，而由它而来的人权也具有普适性。它要求人们必须用合乎"人权"的形式来对待任何一个人，任何蔑视、损害、否定"人权"的行为都是"逆天而行"，这就是人权的道义性。

　　西塞罗认为："事实上有一种真正的法律——即正确的理性——与自然相适应，它适用于所有的人并且是不变而永恒的。通过它的命令，这一法律号召人们履行自己的义务；通过它的禁令，它使人们不去做不正当的事情。它的命令和禁令永远在影响着善良的人们，但是对坏人却不起作用。用人类的立法来抵消这一法律的做法在道义上决不是正当的，限制这一法律的作用在任何时候都是不能容许的，而要想完全消灭它则是不可能的……它不会在罗马立一项规则，而在雅典立另一项规则，也不会今天是一种规则，而明天又是另一种规则，有的将是一种法律，永恒不变的法律，任何时期任何民族都必须遵守的法律，而且看来人类只有一个共同的主人和统治者，这就是上帝，他是这一法律的起草人、解释者和监护人。不服从它的人们就是放弃了他的较好的自我，而由于否定一个人的真正本质，他将因此而受到最严厉的惩罚，尽管他已经逃脱了人们称之为处罚的一切其他后果。"① 所以在西塞罗看来，自然法是一种普遍的法，它有两个来源：一是上帝的神旨统治着世界这一事实；二是出自人类合理的社会本性，这种本性使他们跟上帝相似。这是一种永恒的法，根据这一永恒之法，所有的人都是平等的。他指出，由于所有的人都服从一个法律，所以他们同是公民，就某种意义来说，他们必然是平等的。而古罗马的另一位法学家更是明确指出："正义乃是使每个人取得他的权利的一个固定的而永恒的力量。法律的箴言是这样的：过诚实的生活，不伤害任何人，给予每个人他自己应有的东西。法学是有关人和神的事物的学问，是有关正义和非正义的学问。"② 也就是说，

<hr>

　　① ［美］乔治·霍兰·萨拜因：《政治学说史》，刘山等译，南木校，商务印书馆1986年版，第204—205页。

　　② ［美］乔治·霍兰·萨拜因：《政治学说史》，刘山等译，南木校，商务印书馆1986年版，第211页。

自然法就是完美的公道与正义，公道和正义是这一法律的目的。这样，西塞罗和其他罗马法学家就为自然法代表正义和人类的平等做好了理论论证，到了启蒙时期，启蒙思想家提出天赋人权说和康德的"人是目的，而不仅仅是手段"，就为这种人权说奠定了理论基础。所以人权经过启蒙哲人和思想家的发展，变成了一种超验的"真正的律法"，也是正义与非正义的终极裁判者。

2. 相近的民主观。民主（Democracy）这个词很久以前就存在，而它的含义也比较多。该词最先出现于英文里是在 16 世纪，其最接近的词源是法文 démocratie 与中古拉丁文 democratia。这两个词是从希腊文 demokratia 翻译过来的，而这个希腊文的意思是由最早可追溯到的词源 demos（意指人，people）与 kratos（意指统治，rule）所组合。1531 年时，democracy 这个词才被埃利奥特（Elyot）予以定义，他特别以希腊文为例，指谓它是一种存在于雅典人中的公众福祉，在此之中人人平等。这种统治方式在希腊文中被称为 Democratia，在拉丁文中被称为 Popularis potenia，在英文中被称为 rule of the comminaltie。Democracy 这个词的含义是由 people 与 rule 所组成，这显然与其希腊语的词源用法相关。早期的 democracy 意涵范围大致包括在梭伦所说的"服从的不是统治者而是法律"与克里昂（Cleon）所说的"民有、民治、民享"之间。最具权威性的来自希罗多德的著作，他把"暴君的傲慢"与"不驯之民的傲慢"做比较，并且把 government（政府）定义为 democracy（民主政体），因为政府的行政权在多数人手中，亦即"多数人的统治"之意。此外，在修昔底德（Thucydides）的著作中提道：只要是反对暴君政权就可以称为 democracy。亚里士多德在他的著作《政治学》中也指出，平民政体是自由人当权的政体，寡头政体是富人当权的政体。"平民政体指的是贫穷而又占多数的自由人所执掌政权，寡头政体指的是门第显贵而又占少数的富人执掌着的政权。"① 但是 democracy 的意涵主要是立基于"被赋予权力"这层含义上（不论这种权力是"最高统治权"，还是另一种意义迥异的"实际独裁统治"）。柏拉图在其《理想国》（VIII，10）中引述苏格拉底的话，认为民主政体是党争的结果，"如果贫民得到胜利，把敌党一些人处死，一些人放逐国外，其余的公民都有同等的公民权及做官的机会——官职通常抽签决定。一个民主制度，我想是这样产生的"②。柏拉图

---

① 苗力田主编：《亚里士多德全集》（第九卷），中国人民大学出版社 1994 年版，第 125 页。

② ［古希腊］柏拉图：《理想国》，郭斌和、张竹明译，商务印书馆 1986 年版，第 331 页。

对民主政体并没有任何好感，认为这种政体充满行动自由和言论自由，每个人想做什么就可以做什么（为所欲为）；也是很宽容的政体，"这种制度是宽容的，它对我们那些琐碎的要求是不屑一顾的，对我们建立理想国家时所宣布的庄严原则是蔑视的。我们说过除非天分极高的人，不从小就在一个好的环境里游戏、学习、受到好的教养，是不能成为一个善人的。民主制度以轻薄浮躁的态度践踏所有这些理想，完全不问一个人原来是干什么的，品性如何，只要他转而从政时声称自己对人民一片好心，就能得到尊敬和荣誉"①。柏拉图认为，民主政体是一种使人乐意的无政府状态的花哨的管理形式，这种制度下不加区别地把一种平等给予一切人，不管他们是不是平等者。

上述用法的范围非常接近 democracy 词源的意涵，也使得这个词在词义学方面无法再做过多的衍生。Democracy 这个词我们通常认为可以追溯到中世纪，并且主要是沿袭古希腊词源的含义。但事实上，在已有的文献里，除少数的例外，一直到 19 世纪 democracy 仍然是一个带有贬义的概念（这或许与法国大革命的大民主造成的恶劣影响有关，当然，从源头上说应该是古希腊）。直到 19 世纪末、20 世纪初，多数的政党和政治流派才开始宣称他们相信 democracy（民主）的价值，这种转变在 democracy 词义演变的历史上非常重要。阿奎那把 democracy 定义为"群众的力量"；占大多数的一般人利用群众的力量统治、压抑少数有钱人，"多数人"这个整体就像是一个暴君一样。Democracy 的通行含义在 18 世纪末、19 世纪初之前，都带有强烈的阶级意识，一直到 19 世纪中叶，在相当程度上仍然保有这层意思。所以在 1576 年就有人认为，democracy 就是当群众（multitude）掌有政府的时候。而 multitude 一词则含有阶级意识之意。因此，1586 年有人指出："在 democratie 之中，占大多数的自由人和穷人是不同阶级里的统治者。"② 到了 1680 年，菲尔默（Filmer）在《族长》一书中提道："democracy 是一种群众的力量。"③ 在这种将 people（人民）视为 multitude（群众）的定义里，蕴含着一种统治形式的概念：在实行 democracy 的国家里，每一个人都有权力治理这个国家，实际上也真正能治理这个国家；甚至斯宾诺莎还把实行这种 democracy 的国家与少数代

---

① ［古希腊］柏拉图：《理想国》，郭斌和、张竹明译，商务印书馆 1986 年版，第 331 页。
② ［英］雷蒙·威廉斯：《关键词》，刘建基译，生活·读书·新知三联书店 2005 年版，第 158 页。
③ ［英］雷蒙·威廉斯：《关键词》，刘建基译，生活·读书·新知三联书店 2005 年版，第 158 页。

表（包括选举出来的代表）所治理的国家进行对比。Democracy 含义的第二次转变与对所谓"the people"的诠释有关。"the people"的范围在明显被刻意限定在"某一群有资格的人"，比如自由人、有财产者、智者、男性白人、男人等。这种制度虽然对选举人资格有所限制，但仍然被称为"完全的民主"，因为民主的定义已经变成是"由选举的过程选出的代表"，至于到底有多少比例的人可以参与选举并不重要。要追溯 democracy 的含义为何会做这样的演变，必须从那些采用"代议制民主"的机制来看，而不是根据全体人民与政府的相对关系。在英国民主过程中，其"民主"其实就是"有限制的选举制度"。Democracy 的含义事实上是经过长期演化，才逐渐成为"有投票选出代表的权力"，而不再是旧 democracy 的"群众的力量"（19 世纪中叶之前，这是该词在英文里通行的意义）。这种意义在法国大革命中十分重要。当柏克提及"完全的民主是世界上最可耻的事情"时，他所表达的就是当时的民主的观点。因为当时的民主被视为一种无法控制的群众力量，而"少数人"（特别是拥有大量财产的富人）将会被这种力量压制。Democracy 一直到 19 世纪中叶，都具有"革命、颠覆"的意义。"民主制度"的含义逐渐演变成"代议制民主制度"，不仅仅是因为"代议制民主制度"能够普及且长期推行，其实也是对这种极端"民主"含义的反动。

法德启蒙理性的民主观主要体现在对法国大革命民主观的继承上，或者说主要表现为法国的民主观，因为德国的特殊政治环境并不允许实行民主的制度，这对当时的德国还是比较奢侈的东西，但这并不妨碍德国启蒙哲学家对民主的追求。由于文化传统的关系，特别是同属大陆理性主义传统，他们在形而上思想和价值追求上更青睐法国的传统，这在民主观上也是一样。所以我们在此将重点讨论法国理性的民主观。

法国启蒙理性的民主观也是比较复杂的。法国理性的民主观深受法国理性主义哲学的影响，试图追求一种理想的民主，力图建构一个美好的社会，这种理想的民主如同美好的社会理想一样具有理想主义的特征，它总想一劳永逸地解决国家治理问题。但社会的复杂现实，又迫使它必须在理想与实现之间实现某种程度上的妥协，这就使得它的理想的民主方案也要做出相应的调整，主要表现在：一方面，法国理性一直憧憬着更直接地掌握自己的命运，因此它把建构强大和独立的公民社会视为自我解放的不二法门；另一方面，为了更好地掌握共同的命运，它对善政的呼唤也日益迫切。它期盼多元主义、地方分权和抗衡实力多多益善，并尽可能地监督政府机构；同时又希望能在一个核心空间中表达和形成强有力的共同意志，以免出现"无政府之治"的危险。事实上，在法国理性那里，"民间"民主与"政治"民主间的对立不断凸显。与此同时，公共利益的界定也成了问题，它究竟是个别利益的简单组合，还是源于超越个别利益的普遍性，人们莫衷一是。由是，个别与普遍、公民社会与国家的对立在法国理性这里表现得尤为突出。这样，法国的民主似乎呈现出两个不同的民主，一个是强调制度和法律形式，强调中央集权传统，而使得非自由主义倾向贯穿其中，而与此倾向相关联的是人民主权的绝对化诉求和以国家领导社会的意图；另一个则是重视现实的社会运动，它促使社会和政治权力能够产生一定程度的互动和协调，使民主制度在现实与原则之间的冲突、交锋之时，也能够形成一定的妥协和重组。因此，这种独特的民主观，就形成了法国民主的四个特征：一是社会形式层面的"全国大一统"；二是政治品质层面的对即时性的崇尚；三是管理程序层面的对法律的崇拜；四是中间阶层重获重视和对直接民主的反思，都促成了分权的要求，促使法国理性的民主观开始重视对极权的抵制和反思。

一是社会形式层面的"全国大一统"。法国理性排斥中间阶层、向往"单一"社会的理想就成了这种社会形式的主要特征。它主张社会要高度统一，国家政治生活不再有行会，除了个人特殊利益和整体利益外，不存在其他利益。任何人不得以中间利益之思想迷惑公民，不得以行会精神使公民与集体、国家相分离。排斥同业工会和行业行会，目的在于构建一个统一的社会共同体。为了摆脱以往历史的阴影，法国民族必须成为一个不能屈从于任何中间组织的政体，法国社会只有个人和大政体即共同体两极，再也没有任何中间环节或地带的存在。各种中间结构的存在都会阻碍或干扰社会共同体的利益。这种共同体思想无疑是某种理想的公意的体现，更是真正的大民主得以实现的前提，也是迈向理想社会的必然要求。

二是这种民主体现的也是一种"政治品质"。对共同体和公意的诉求和对中间阶层的排斥也延伸到了狭义的政治领域：所有可能阻碍整体意志在法律上表达的诉求均会遭到质疑。各种俱乐部和民间组织的角色因此受到极大的怀疑和争论。集体诉求或公意诉求表达的一统天下的意愿是代议制政府的基础，"中间政治体"被认为是这一基础不可容忍的威胁；政府行动是否统一则决定着政府的效率，而中间阶层也被认为有碍政府行动的统一。人们怀疑，中间政治体通过阴险地扭曲整体意志形成的模式而腐蚀了整体的意志，即公意。而按公意行动则是真正民主和正义的表现。法国理性向往一种直接的民主，这种民主设想的国家政治形式是人民既是立法者又是法官，民主代表的是真正的人民的意志，是一种公共意志，这种意志是所有公民意志的体现，因此是真正的民主。

三是这种民主还重"管理程序"的层面，也就是说，法律被置于突出的位置。这种法律至上论不过是把法治政府与专制政府相对立，法律只不过是代表了整体意志或公意，是维护和实现公意的手段，而公意才是最根本的目的。这是理性主义的根本要求，也是其设计理想的民主社会的理论公设。同时，公意还代表着它永远公正无私、永远不会错；而民意有时候还会产生错误，因为人民有时会看不清问题的实质，容易做出错误的选择。公意代表的是共同体的利益和意志，它是正义的，所以卢梭说："公意永远是公正的，而且永远以公共利益为依归；但是并不能由此推论说，人民的考虑也永远有着同样的正确性。人们总是愿意幸福，但人们并不总是能看清楚幸福。人民是绝不会被腐蚀的，但人民却往往会受欺骗，而且唯有在这时候，人们好像会愿意要不好的东西。"① 在他看来，"意志要么是公意，要么不是；它要么是人民共同体的意志，要么就只是一部分人的。在前一种情况下，这种意志一经宣示就成为一种主权行为，并且构成法律。在第二种情况下，它便只是一种个别意志或者是一种行政行为，至多也不过是一道命令而已"②。所以公意也是法律，法律代表的就是公意。在此，理性主义的公意思想展示了一幅理想的社会图案，最好的民主制度是执行公共意志的制度，公意体现的是社会全体人民的最大的善，而民主就是要实现这种最大的善，而公共意志本身又是主权行为，是一种法，因此，民主本身也是一种法律行为的体现。这样，几经演绎，法国的理性就将公共意志、法律、民主联系在一起了，其目的是达成公共意志借助民主和法律来把控整个社会运行的目标，以便用自己的概念把世界重塑在自己的理想蓝图中。通过消灭所有的个别关系，公共意志借助法律建立起了一个想象中的世界，并承诺这个新社会会带来一个没有剥削和压迫、人人平等、幸福美满的和谐社会。

---

① ［法］卢梭：《社会契约论》，何兆武译，商务印书馆 1980 年版，第 39 页。
② ［法］卢梭：《社会契约论》，何兆武译，商务印书馆 1980 年版，第 37 页。

　　四是中间阶层的重获重视和对直接民主的反思。中间阶层重新引起人们的关注，是在人们开始思考是否应该重建行会这一问题的时候，而这个问题令执政的政府寝食难安。很多人认为，市场和法律不足以调节经济和社会，也不足以解决行业混乱的问题。这个问题也困扰着复辟王朝和七月王朝，其中还交织着来自几乎贯穿当时方兴未艾的市场经济始终的质疑。与此同时，困扰许多思想家的社会分层和解体问题也使人们开始重新开始反思中间阶层的问题。皮埃尔·勒鲁（Pierre Leroux）这样形容这场精神和社会巨变："社会不再是'自私的聚合'，因此它也不再是一个实体；它变成了一具尸身上分离出的残肢断臂。"① 在当时人们普遍持这种观点。恢复或是重建中坚力量，以便应对这场社会碎片化考验的呼声十分强大。那些衷心呼唤建立真正地方权力的人与乌托邦式理想的决裂则显得更为彻底（正是在此背景下，地方分权的概念于 1829 年出现并很快传播开来）。另外，导致对乌托邦理想进行强烈抨击的另一个因素主则是自由的维护需要一个不可或缺的手段——中间阶层。大革命期间，自由主义者和激进主义者认为，自治中间基层的存在可以视为一种使得自由活生生存在的手段。他们希望通过维护结社原则和市镇自由，在政权和公民之间建立起保护带、防护网。到了 19 世纪 30 年代，工人阶级也把结社当作行动与抵抗的手段，也是由此而来。而集体行动的需要也催生了合作主义的风气。就连劳苦大众也对一种植根于行业联系记忆的同舟共济哲学深表怀念，大革命的放行行会计划也就遭到了更加猛烈的抨击。乌托邦的政治文化因此遭到了人们的多方面的质疑，这种原本看起来天经地义的政治文化此时被视为极为有害的东西。当然，这一时期的这些反弹与批判动摇了法兰西大革命的政治模式，但并没有将其打倒。在这场斗争中，原始的"雅各宾主义"其实经历了重组和重建。人们对稳定秩序的需要发挥了重要作用，以便捆绑住公民社会的自我组织的能力。带有强烈镇压性的立法，以及严格的公共控制措施，持续了整整一个世纪。就这样，乌托邦的政治文化以建构有序的社会秩序的缘由为自己的合法性辩护，同时也给自己披上了民主的外衣。但起到关键作用的还是"雅各宾主义的自由主义重组"。梯也尔和基左（Guizot）都很好地注解了这次摆脱革命话语和形象的和平重组过程。也正是在此期间，这种文化彻底扎下根来。

－－－－－－－－－－

　　① ［法］皮埃尔·罗桑瓦龙：《法兰西政治模式》，高振华译，沈菲、梁爽校，生活·读书·新知三联书店 2012 年版，第 18 页。

如果说前三种特征是维护法国大革命式的直接民主或大民主的话，那么第四种则是对这种民主的反叛和抵抗，它是基于现实考量而产生的一种反叛暴力民主政治的取向，是一种成熟的社会力量的展示。所以法国的民主表现为一种乌托邦式的理想主义模式和一种现实主义模式相混合的民主形式，虽然后者在法国革命中还比较弱势，但它的出现，毕竟为法国民主政治带来了一股清风。或许它还无法同英美的经验主义政治模式相媲美，但无可否认的是，它也是一种经过深思熟虑和现实考验的新政治民主模式的萌芽，与英美的经验主义模式有着一定的近似性。当然，法国理性的民主理论更主要的还是一种理想的乌托邦式民主，这种民主更多还是偏向价值理性的追求。下面我们从理想的视角来审视一下理想的民主的可能前景。作为一种理想性的民主，它自然具有理想所具有的特征。我们可以说，理想来自人们对现实的不满，现实无法按照人们的意愿来满足人的需要，人就只能用理想来反抗现实、改造现实，所以理想是对现实的反应。我们可以把理想定义为对可取的或想要的状态的描述，这种描述如其所示，同现存的状态绝不相符。从理想的成因可以推断，理想抵抗或攻击现实，即理想是与历史变迁为伴，一向表现为历史中永不服从、永不沉默的抗拒因素。理想注定只能是理想，这意味着理想没有变为现实的含义，从应然不是实然这一确定的意义上看，并且正是由于这一点，事情本来就是如此。从字面的意义看其潜在而又让人恼怒的意味是，理想注定不会成功。乍看起来，这似乎是个荒谬的主张，但它能说明理想为什么能存在——它存在的原因——和为什么它被作为理想使用。理想永远有点狂妄，它永远有点过分，它永远表现为社会中永不愿沉默的力量。理想本来就如此，因为它设计出来就是为了反对现实，并力争克服和抵抗之。但如果理想真的如此的话，断言理想注定不会成功，就成为评价理想如何发挥功能以及如何"作用于"它的终极价值和目标的方法了。当然，如果从效用的角度看，行动者需要把他的理想视为应该可以实现的东西；但从观察者的角度看，理想的作用是向现实挑战、对事实抗争。而问题的真谛是，正是不把理想视为现实时，理想才能改进或改变着现实。事实上，理想只有在与我们保持一定的距离时，才会温暖我们的心。报偿往往在追求中，而不是在成果，追求的过程往往比理想目标的实现更能让人回味无穷。

上述所讨论的是理想的作用或功能，一直是从其反抗的、辩驳的、抵制的和对抗的方面加以评说的。这些无疑都是比较笼统的说法。具体起见，我们需要引入背景，引入理想出现的实际环境。我们至少必须把民主制度之外的民主理想同民主之中的民主理想加以区分。在第一种情况下（民主之外），民主理想是作为敌对的理想出现，它的压倒性的意图是否定、推翻它与之战斗的政治制度。理想越是得到强化，其效能可能就越大。在独裁背景下，民主至善论可以服务于它的目的。当民主代替了被它击败的对手时，它的目标也就实现了。无须怀疑，这种实现的民主是十分不完善的，但不能把它作为非民主加以否定，因为它实际上是以民主价值论建立起来的。在这一新环境里，民主价值论所反对的不再是敌人而是事实上由它自身产生的政体。不能忽视这种差别，它导致了所有其他差别，并且实际反映在价值压力的新的作用和形象之中。

在新的环境中，规范的或规定性的民主定义的特征，是为评价和检验现实世界的民主成就而建立起理想标准尺度。这一安排有两方面的重要意义：一是评价是"批评式的"而不是或不再是充满敌意的或"否定的"评价；二是这里的理想标准并不把另一类世界作为替代的世界理想化，而是把自己的世界理想化，因此它是被理解为"建设性的理想"，正是在这个意义上，人们总是以各种趋势和温和的改良，把人们所向往的状态描绘成可以逐渐实现的状态。更关键的是，为了替建设性的理想可以实现这一主张辩护，我们就要有证据来揭示那些只要继续存在就会走向理想实现的趋势；我们要用证据指出，只要某些温和的改良有效，也会导致理想的实现。也就是说，理想和现实相互作用，而不是对抗现实，这并不意味着理想能够被各种发现永远而彻底地驯服。但是，一种理想，除非它尊重经验和证据并从中学习，否则它不能被称为建设性理想，这乃是对它的"建设性"的考验。在此我们论证了怎样才能实现和推进理想，但仍有待说明的是，在什么情况下或什么样的形式，理想才不能变为现实，而是变成自我否定。现在的情况是，民主的理想所要对付的原是它自己的创造物，这样一来，当民主只是一种敌对的理想时，实用的方法便不再有用了。无限度地强化理想已不再是正确的。相反，如果这种价值论一成不变，它就会起相反的作用。假如我们在一个民主制度之中继续坚持民主理想的绝对形式，它就会开始反对它所创造的民主，它会带来相反的结果。这就是为什么赫茨说："政治理想在反对堕落的政治制度中荣耀一时，一旦达到最终目的，它便开始退化，在胜利中死亡。"①

---

① ［美］乔·萨托利：《民主新论》，冯克利、阎克文译，东方出版社1998年版，第79页。

　　在从理想的角度简单分析了民主的理想及其问题后，为了更好地理解法德理性的民主观及其精神实质，我们将从法德民主与英美民主的比较视角来看，或许能更为清楚地理解这种民主的特质。从它们所隶属的不同的哲学形态而言，我们把法德的民主观定义为理性主义的民主，而英美民主则定义为经验主义的民主。为了便于区分，我们把理性主义定义为经验主义的对立面，或与经验主义截然不同的主义。还需要强调的是，理性主义和经验主义都被理解为精神去向、精神现象、精神模式，或更恰当地说，精神机制。还需说明的是，这里的经验主义是经验主义和实用主义两者的简单说法。如果说经验主义思想是以审慎的"等等看"的格言来表述自己，实用主义思想则是把它变成冒险好动的"试试看"的公式。尽管在其祖先（经验主义）和后代（实用主义）之间有这样那样的差别，这种内在的差别都是来自共同的基础，只要与理性主义一比，它们就会失去各自的特色，因为理性主义与经验主义及实用主义的距离同样极为遥远。所以我们可以简单地说理性主义和经验主义的对立。二者的第一个区别是，经验主义（经验主义——实用主义）的精神是在 medias res（事物之间），所以它同能看到、触摸到和加以检验的事物更为接近，更愿意与这类事物打交道；而理性主义的精神则直接飞向一个更高的抽象层次、一个远离事实的层次，因为这类事物更为高大上、更具有深刻性。经验主义喜欢从现实开始做起，而理性主义则喜欢把现实的东西改造成"理性"或"理论"的反映，至少是与理性密切相关的东西，否则就有点没有道理。经验主义的天性是喜欢研究事物的实际情况，考虑怎样开始工作；而理性主义则嗜好从头开始，打破事物的原有格局，重新组织一切事物。经验主义的价值取向是，如果一项计划在实践中没有成功，一定是理论上有问题；理性主义的信条则是，在理论上为真的，在实践中必然也为真，如果事情出了错，绝不会是理论的问题，一定是实践的问题。用黑格尔的著名公式形容就是"现实的就是合理的"（反过来也一样）。而他的弟子对这个等式提出了两种解释，即（1）理性必须改变自己以适应现实；或相反（2）现实必须服从理性。可以肯定的是，后者更符合理性主义的原则。二者之间之所以会造成如此大的差别，原因在于理性主义精神的标准是强调逻辑的一致性而非现实的适用性。比如费希特就认为人们必须根据先验原则进行判断，而绝不可根据经验原则进行。因为经验原则缺乏普遍有效性，人们无法从经验原则出发得出正确的结论。因此，必须从理性的原则出发，把先验主体定为评价事实的基点，把固有的规律作为检验事实的根据。他认为经验主义者只能抱着对已故亡灵小心谨慎的尊敬心情，修补陈腐不堪的东西，他们不能推进事物的发展。所以在人的实践活动的取向上，理性原理主张用理性抑制和陶冶人的感性，听从良心的呼唤，理性的命令的，就必须绝对产生，理性允许的就绝对不允许阻碍；经验原则放弃理性，强调感性是自由行动的动力，主张听从功利的呼声。在理想与实现的关系问题上，理性原则主张用理性衡量一切事先存在物，改变不合理的现实，按照道德规律的要求，增进人类日臻完善的事业；经验原则则让人类在黑暗中来回摸索，靠手指头去寻找自己的道路，认为人类的崇高理想是不能引入生活和努力实现的。而旧社会的既得利益阶层只要不从地球上消失，就依然要坚持那种作为物质利益的经验原则，用它来评判人类的合理的自由行动，抱怨自己受到不公正的待遇。因此，人们需要摆脱那种传统的经验主义思维模式，真正认识到他们的自我价值与尊严，再也不要以为随着那股经验主义的潮流游水，唯此，才能达到幸福的彼岸。理性主义关注的是建立秩序井然的逻辑关系，不关心这些关系是否能够提供有关现实事物的知识。所以经验主义喜欢实验，而理性主义爱好定义；经验主义热衷于从经验中学习，强调一切从经验开始，要反复得试验，有效后才能放手去做。就如同柏克所言，"政策不应该由人类的理性调节，而应该由人类的本性调节；理性不过是人类本性中的一部分，而且根本称不上是最伟大的部分"①。而理性主义则不管这些，它要勇往直前，因为理论是正确的，实践只要听从理论的，就不会出错。经验主义没有心思去关心逻辑上的严格一致性和漫长的无聊的论证过程，它只要实际的效果；而理性主义则迷信理论演绎的一致性，因为理论上为真，现实也一定为真，历史与逻辑是一致的。这就使得经验主义者的行为合乎实际而不合乎理性，理性主义则把理论的严谨性看得高于一切，甚至要用理论的尺子来裁剪现实，因为这是真理实现的必然要求。

　　与理性主义相比，经验主义本能地从实践方面思考问题，具有与事实紧密联系的特点，即它有着不脱离实际的特征。而受其理论熏陶的人更喜欢把词语视为表达事物的工具来使用，所以是从语词的描述及观察方面来用之。这是经验主义所具有的认知取向；与之相反，理性主义则对现实既没有兴趣，

---

　　① ［英］埃德蒙·柏克：《自由与传统》，蒋庆、王瑞昌、王天成译，商务印书馆2001年版，第212页。

也不愿意、事实上也不适宜去描述事物的真实情况，它感兴趣的是建立尺度、规范或标准，以及寻求定义性的解决问题的方法。它希望依据理性来建构现实，换句话说，理性主义比较缺乏应对现实或解决实际问题的措施或手段，甚至对现实主义本身有点蔑视或看不起，因为那毕竟有点过于低级，不能显示高超的智慧。这就很容易造成现实主义与民主主义的对立，这种对立则往往与理性主义的文化有着密切的关系。当民主有着反现实主义的特点时，便会形成一种恶性循环，内部丧失了现实主义矫正功能的民主，就会变成"不现实"的民主，它的理论和信条、理想与实践的距离就会越拉越远，最后变成无法在现实中立足的理论。由此可见，经验主义民主天然就是现实主义的，而理性主义民主则容易与反现实主义者结盟。从历史上看，前者是英美式民主，后者是法德民主。二者在精神气质和行为品质上都有着极大的不同。法德式民主完全是在一次革命中诞生的，英美式民主则是一个渐进的、具有很大连续性的历史演进过程。英国的历次革命在政治上并没有要求一切从头做起，只是要求回复英国人与生俱来的权利而已，即一部早期的央格鲁—萨克逊宪法。至于美国革命，其实并不是一场真正的革命，而是一次分裂行动。美国1776年的《独立宣言》本质上不过是一个要求沿着英国已走过的自由道路前进的宣言。与之相反，法国革命完全是蓄意与过去一刀两断，它要与过去决裂，并彻底否定过去的历史。所以柏克说："他们把经验贬低为目不识丁者的才智，至于其他东西，他们已经在地下埋好了地雷，准备把一切旧习、先例、章程和议会法案在壮观的轰然声响中炸个粉碎。"① 托克维尔也发现了这个问题，他指出："法国革命按自己的进程发展：随着魔鬼的头部逐渐出现，它那奇特可怖的面孔暴露出来；大革命在摧毁了政治机构以后，又废除了民事机构，在变革法律以后，又改变了风尚、习俗，直至语言；摧毁了政府机构之后，又动摇了社会基础，似乎最终要清算上帝本身；这场大革命很快便跨越了国界，带着前所未闻的各种手段、新的战术、致命的准则，即皮特所谓的武装的舆论，这个出奇强国冲决诸帝国的阻碍，打碎一项项王冠，蹂躏一个个民族，而且竟有这样的怪事：把这些民族争取到自己这边来！"②

---

① ［英］埃德蒙·柏克：《自由与传统》，蒋庆、王瑞昌、王天成译，商务印书馆2001年版，第66页。

② ［法］托克维尔：《旧制度与大革命》，冯棠译，桂裕芳、张芝联校，商务印书馆1992年版，第42页。

在托克维尔看来，法国革命不仅要变革旧政府，而且要废除旧的社会结构，因此，它必须同时攻击一切现存权力，摧毁一切公认的势力，除去各种传统，更新风俗习惯，从人们头脑中荡涤所有一贯尊敬服从的思想。法国人民之所以采用民主，不但是因为人民的统治被视为镇压罪恶的势力最完美的救治手段，而且是对被当作不言自明的真理的一般抽象原则的服从。而且英法民主的巨大差异性还表现在：在英国，议论政治的人和从政的人过着同样的生活；在法国，政治世界截然分裂成两块互不交往的领地。在一个领地（政客的领地）里是统治，在另一个领地（作家们的领地）里表述这抽象的原则。在现实社会之上，一个想象的社会逐渐成型了，它的一切事物似乎都简单明了，协调一致，公正而理性。因此，法国民主与理性主义的抽象原则和想象的社会联姻，一个民族竟然如此重视和信奉抽象的原则，确实令人匪夷所思。

　　另外，在对待人民这一概念上二者也存在差异。经验主义和理性主义都以人民主权作为起点，但英国的宪政并不承认任何"人民"一类实体具有宪法上的地位。同样，美国大量有关民主的文献也很少提什么是民主这种问题，而更多地提的是民主怎样运行的问题。直到 20 世纪 60 年代，美国的学者们一般还是更强调民主的工具性而不是人民主权的概念。总的来看，英美民主理论的特点在于它是一种论述民主政治的方式方法的理论。而法德民主更重视人民主权问题，在《魏玛共和国宪法》——它当然是宪政理性主义的范本——第一条中，我们就可以读到"国家权力来自人民"。这一前提为一个结构严谨的逻辑演绎性论证奠定了基础。此外，不管是卢梭的普遍意志，还是浪漫主义者的 Volksgeist（人民精神），从未在英美政治土壤里扎根，这并非偶然。英语中的"people"是个复数名词，而它在法语、德语和意大利语中是单数名词。语法的不同反映着抽象水平的不同，所以二者的不同之处在于，从民主创立伊始，经验主义就不纠结或倚重所谓的人民概念问题，而理性主义民主则将"人民"概念当作政治民主的基石。我们在起点处所发现的差异在终点处同样存在。英语国家习惯上说"政府"，而欧洲人总是称呼之"国家"。政府和国家，与复数的人民和单数的人民一样，也是有差别的。这又是抽象程度不同的表现，受过理性主义训练的大脑关心的是国家而不是政府，更不关心各类各级政府，这也是因为政府是变动不居的现象使然，而国家是一个超稳定的结构，是人们全部情感的凝聚点。自然国家在理性主义那里更受青睐。所以无须说理性主义与经验主义者的差异，他们在面对混乱、动荡以及变幻不定的现象时，总会感到极大的不安。因此，国家在英美环境中就没有它在欧洲环境中的那种含义。经验主义者即使从政府概念转向国家概念时，仍有可能时刻铭记着这个实体之后还有具体的人；而对理性主义者来说，它只是一个非人化的、与个人没有关联的法律形态。这样，在人民与国家之间、在原因与结果之间，经验主义民主与理性主义民主都有较大的差别，可以概括为：论证的步骤是严格还是松散，是严格还是灵活，是合乎逻辑还是合乎情理，是合乎原则还是符合实际，是重视操作性还是看重理论性等等。换句话说，理性主义民主是以演绎逻辑的方式、严格地按照从前提到结论的推理方式开展的，它要严格遵循逻辑或抽象的原则，力争做到环环相扣。至于经验主义的民主则是建立在反馈和不断归纳总结的基础上的，它无疑缺乏严谨的逻辑性和深刻的理论性，这也使得经验主义的民主看起来没有理论性或理论深度，缺乏理论的魅力。比如说，欧洲大陆的大部分民主政体都是沿袭着议会制或议院制的方向发展起来的，但在英国（那里的议会政府只是内阁制度不正确的代名词）或美国则没有出现类似的发展，这绝不是偶然的事情。欧洲的所有民主国家都放弃了（或根本没有采用过）一区一席制度，基本上满足于比例代表制的代表，这也不是偶然的。如果以严格的演绎方式从人民主权的前提进行推论的话，便会得出：（1）真正的代表是并且只能是比例制的代表；（2）议会必须是被代表的主权的真正所在地；（3）政府职能是（如该词所示）"执行机构"，即先于政府意志的意志执行者。按照逻辑演绎的步骤，上述所讨论的便是必然，是一组必然的逻辑结果。而英美的民主制度则不会服从这种必然性，也没有这种严格的逻辑性，因为他们是经验主义的民主制度，他们重视的是经验、实效，看重的是实际可操作性和程序，不是演绎方式，而是依据经验建立起来的，这些经验是：行之有效的政府才是重要的，议院制是功能不良的制度，比例代表制可能引起的问题甚至比它能解决的问题还多。这里的关键问题在于经验主义的民主对所谓的民主理论的一致性或对演绎推理式的民主不感兴趣。

总之，理性主义并不需要合乎情理，它需要的是合乎抽象的原则、合乎理性的逻辑，而合乎情理则是经验主义精神的内在要求。民主的结构和生活方式大概更需要的是合乎情理，而不是笛卡尔式的严谨。倘若如此的话，全世界妒忌经验主义的呼求同它的优点比起来就很不成比例了。卢梭、黑格尔等理性主义的理论已风靡全世界，英美学者却没有一人在其文化疆域以外产生过可与之媲美的影响，卢梭的理论已点燃了成千上万人的激情，而边沁主义才说服了一个人。理性主义周游四方，到处留情，也确实激起了人们的热情；经验主义则如同绣楼里的千金小姐一样足不出户，独自在深闺里绣花，而不关心外面世界的喧嚣。因为政治学说要想传播，就必须具备普遍性、一定的抽象性和理论基干，以便放之四海而皆准，而经验主义对此心不在焉，也不善此道。当观念的传播和渗透——至少是以价值观的或意识形态的形式——在整个世界不断增长时，经验主义常表现出一种求实精神，它主张没有观念也能干一番事业；理性主义热衷于发现或提出新理论，并热烈地拥抱新事物，而经验主义则对新出现的东西抱着谨慎的态度，最起码不会热情地去追逐它，而要试试看、等等瞧，然后再做决定。就此而论，英美文化足以训练出很难对付的工匠，但它可能无法对养育和帮助智人承担起必要的教育责任。如果说理性主义者不具备解决实际问题的训练，经验主义的求实精神则缺乏足够的思想魅力和支配力。假如理性主义方法和经验主义的措施能够殊途同归，则对双方都是幸事，都是大有裨益。但应看到，法德理性的民主理论无疑是极具价值的，它们对人类理想的贡献是不能无视的，它们所传播的民主理念和价值追求，应该具有里程碑的意义。所需的是如何在制度设计上落实这种价值追求，如何让它们所希求的人民真正地拥有民主而不落入极权之手，并且能够真正地分权制衡极权，从而保护人民大众的利益，这或许是它们需要认真研究和思考的问题。倘能如此，法德理性的民主理论就会成为所有社会的真正诉求，因为欧美经验主义民主及其价值追求毕竟是立足于少数富有阶层或个体利益基础之上的，而法德民主则为贫穷阶层或处于欧美社会底层的人民提供了另一种选择，这种选择因为回应了社会底层人民的要求，注定会产生广泛的影响，这也是英美自由主义者为何坚决反对它的原因。

3. 共同的平等观，法德理性在平等观上也是一致的。之所以如此，是因为法德理性都强调社会、共同体或群体的价值优先于个人价值，强调社会的稳定性，他们对英美的自由主义和个人主义理论具有天然的抵触性和反感，因为过于强调自由和个人价值至上，过于强调抽象的理性经济人和自由竞争，会使得共同体价值或利益受到损害，而且可能会导致社会共同体的分崩离析，也会导致人们在经济上的两极分化，从而引发社会的动荡和不稳定。因此，德国经济学家李斯特认为："支离破碎的狭隘的本位主义和个人主义，对于社会劳动的本质和特征以及力量联合在更大关系中的作用一概不顾，只是把人类想象成处于没有分裂为各个国家的情况下与社会（即全人类）进行着自由交换，只是在这种情况下来考虑自然而然发展起来的私人事业。"① 在他看来，"个人是不会关心到后代的发展的；……他们对于国家是否继续存在根本不十分注意，……他们对于国家的权力、尊严或光荣这些问题是不会去操心的；他们至多只是为了自己的儿女的教育能够说服自己在物质方面有所牺牲，给予他们学习一种职业的机会，然而也必须在事前有把握，深信儿女有了教育在若干年后就能够自己谋生，方才肯这样做"②。所以他主张，只有个人利益服从国家利益，只有世世代代地朝向同一个目标努力，国家生产力才能发展，对个人发展也是有利的。因此，德国理性所强调的经济学是关注民族国家利益的经济学，它们认为，它们的经济学并不是研究人类普遍利益的个人经济学（这是针对亚当·斯密理论的），而是首先关注以民族国家经济利益作为单位的"国民主义"（民族主义）或"国家主义"经济学。同样，法国理性也强调社会价值高于个体价值，重视社会的稳定有序发展，反对个人利益至上的思想。就像罗伯斯庇尔所说的那样："我们希望有这样的秩序，一切卑鄙的和残酷的私欲会被抑制下去，而一切良好的和高尚的热情会受到法律的鼓励；在这种秩序下，功名心就是要获得荣誉和为祖国服务；在这种秩序下，差别只从平等本身中产生；在这种秩序下，公民服从公职人员，公职人员服从人民，而人民服从正义；在这种秩序下，祖国保证每一个人的幸福，而每一个人只好地为祖国的繁荣和光荣高兴；在这种秩序下，一切人都因经常充满共和感情和希望得到伟大人民的尊重而成为高尚的人；在这种秩序下，艺术成了使他们高尚的自由的装饰品，商业成了社会财富的泉源，而不是几个家族的惊人的富裕。"③ 可见，国家和社会的价值在法国居于个人价值之上，这些思想构成了法德理性平等观的基础，并造就了它们平等的理想。

下面我们首先回顾一下平等概念的词源史。Equality 15 世纪才开始在英文中应用，它与古法文 équalité、拉丁文 aequalitatem 在词源学上比较接近。可追

---

① ［德］弗里德里希·李斯特：《政治经济学的国民体系》，陈万煦译，蔡受百校，商务印书馆 1961 年版，第 171 页。

② ［德］弗里德里希·李斯特：《政治经济学的国民体系》，陈万煦译，蔡受百校，商务印书馆 1961 年版，第 170 页。

③ ［法］罗伯斯庇尔：《革命法制和审判》，赵涵舆译，王之相等校，商务印书馆 1965 年版，第 170 页。

溯到的最早词源为拉丁文 aequalis，该词的词源出自 aequus——意指水平的、平均的、公正的。Equality 的最早用法与物理的量有关，不过 equality 的社会含义，尤其是"阶级平等"（equivalence of rank）这个含义，出现在 15 世纪——虽然从 16 世纪以来变得更为普遍。Equality 指涉"一种较普遍的状态"是从"阶级平等"这个概念开始延伸而来的。这种含义代表着词义演变的一个重大转变：指的不是一个阶级的对比，而是一种对于"更普遍的、正常的、标准的状态"的主张。这种用法先是在弥尔顿的《失落园》（*Paradise Lost*，XII，26）："……不满意，公正、平等（fair equalitie）、有爱的状态（fraternal state）。"这种广义的用法，一直到 18 世纪末期才变得普遍，在美国独立战争和法国大革命时期才被特别强调，后又受到了法国大革命的影响，这个较为古老的英文词，从 19 世纪中叶起，被现代法语词 egalitarian（平等主义者）所取代。

　　法德理性的平等是指一种基本的状态，即"所有人皆生而平等"，就像皮埃尔·勒鲁所指出的："法国革命把政治归结为这三个神圣的词：自由、平等、博爱。我们的先辈的这个格言不仅写在我们的纪念性建筑物、钱币和旗帜上，而且铭刻在他们的心中，他们把它看作神的意旨。"[①] 所以这种权利是神圣的，是从革命中的先辈那里继承而来的，具有崇高的价值。这种平等还有其他的一系列的要求，比如，法律之前人人平等——那就是说，对于"先前法定上的不平等"（在封建时期和后封建时期的阶级与特权方面），要求改革。Equality 与社会思想有关，它有两种主要派别：一是平等化的过程，其基本前提是所有人是生而平等的——尽管在某一些特别的属性里未必如此；二是废除天生的特权过程，其前提是所有的人要有起点平等（start equal）——虽然结果可能是他们在结果或其他状态里是不平等的。再者两个派别的实例里当然有大量重叠的含义，不过，对于下述两种过程，有一个明显的区别：其一是一种持续的平等化过程。在这种过程中，任何世袭或新创的状态（强调某些人地位高于其他人，或赋予某些人权力去主宰其他人），在"规范性原则"下，必须被废除或减少（就像弥尔顿的用法，这种规范性的原则将 equality 与 fraternity 视为意义极其接近的词）。其二是废除或减少特权的过程。在此过程中，equality 的道德含义，整体而言还局限在最初的平等状态，后来的不平等均被视为不可避免或者是正当的。第二种含义是最普遍的形式就是

____

① ［法］皮埃尔·勒鲁：《论平等》，王允道译，肖厚德校，商务印书馆 1988 年版，第 11 页。

"机会均等"，这个词可以解释为"变成不平等的机会均等"。可以比较"un-derprivileged"（特权较少的、社会地位低下的）用法，在此用法里，特权是一种正常现象，只是有些人拥有的特权比他人少些。这个词用来描述一个贫穷、被剥削或其至于被压迫的团体。对于第一种含义的批评，较为人熟悉的论点是：它将每一个人拉到同一个水平，并且与经济平等的建设性方案连接在一起——这是17世纪中叶"平等主义者"所提出的方案。在这两种含义之间，可以明显地看到两种历史含义不同的方案。一是专门与政治、法律权利有关的方案；二是同时涵括经济平等的方案（不管是以何种形式出现）。除上述含义外，平等对于法国理性来说，还有如下意义：平等既是一种原则，又是一种信条，包括自由、平等、博爱，它们被视为法国大革命的一面旗帜，在大革命中起着十分重要的作用。但当时的反对者质疑这些价值会使人们生活放纵，并与他们的主人建立起一种虚假的平等。他们认为，这是一种最卑贱的感情、欲望和贪婪，它只会引起人们对战斗的叫嚣而不是对和平的渴望和呼声。确信法兰西在举起这面旗帜的同时会使自己受到玷污；而且经受过大革命的浩劫和充满失望的感受后，除了确信平等是一种幻想外，就几乎一无所获了。同时，这种平等也不仅仅就是公民平等和法律面前人人平等，平等还是一种公理。在这一公理里，不只是谈论公民平等，而是谈论人类平等（这也许是它具有超越国家界限甚至是超越历史界限，在许多国家和许多时代都有重要影响的原因）。另一方面，平等也不是指一个或多或少受到限制的事实，而是指指导这个事实的一种权利。在作为事实的平等和作为原则的平等之间，存在着天壤之别。①

当然对这种观点还是有争议的，当时的政治哲学家皮埃尔·勒鲁就认为，平等并不包括这两种含义，即作为一种公理和作为一种指导事实的原则的说法。他说："我们先辈的理解与上述的理解是不同的。这一象征中的每一个词代表一种原则，即一种信条，一道命令。象征中的平等一词不是说我们试图创立一个全体公民人人平等的共和国，而是说平等是一种神圣的法律，一种先于所有法律的法律，一种派生出各种法律的法律。"② 在他看来，卢梭的思想才是真正建立在人类平等的基础上的，也是法国大革命的理论基石。卢梭

① ［美］乔·萨托利：《民主新论》，冯克利、阎克文译，人民出版社1998年版，第379页。
② ［法］皮埃尔·勒鲁：《论平等》，王允道译，肖厚德校，商务印书馆1988年版，第20页。

认为公民的平等本身，只是人们自然平等的一种形式和必然结果。所以当卢梭精神传播到法国人民中间，并为法国人民定下法律的时候，由全体人民大声说出的平等这个词就成为一种原则、一种信条、一种信念、一种信仰、一种宗教。尽管存在着争议，但法国大革命就其影响的范围、广度和深度，都可以说是其他任何革命都无法与之相提并论的，由此而言，法国大革命一定有其世界历史意义的东西，这种东西不可能是法国大革命本身，只能是法国革命产生的结果，它的结果至少有以下几种：一是革命的失败，这注定不会产生什么影响；二是也没有产生新的具有广泛影响的政治形式（尽管产生了很短时间的工人阶级专政，但在西方和绝大多数世界其他地方并没有产生真正的影响力）；三是产生的精神层面的影响力。只有第三种情况才有可能性。因为法国革命最主要的影响也就是它的精神，这种精神就是它的《人权宣言》，它的价值追求，即"自由、平等、博爱"，这些才是其真正的财富，无论是对新生的资产阶级，还是对即将登上历史舞台的工人阶级都无疑具有极为重要的价值和意义。因此，我们说法国革命的这些价值符号一定是具有世界意义的，绝不仅仅限于法国本身，这就是它的自由、平等、博爱追求，一定要在全世界范围内产生影响力的，也就是所谓的世界公民的情怀，这在当时启蒙运动中是常见的一种诉求，从潘恩到康德都有这种情怀。由此而论，我们可以得出结论，法国的平等思想一定包括"平等是公理、人类平等和它对事实的指导权"的思想，否则它的影响力就会打折扣。

此外，法国理性的平等观还意味着平等原则就是被公认的法律原则。平等原则具有法律的效力，法律必须建立在平等原则的基础上，否则就没有价值。"今天那些要使法律面前人人平等的人们又在考虑些什么呢？毫无疑问他们是根据一种原则进行调节的，他们当然不会像失去理智的人那样胡作非为；他们根据某个普遍的、神圣的、铭刻在他们心中的概念去制定法律。……这个原则就是人类的平等。"[①] 之所以要求人类的平等权，就在于他们都是人，都是人类中的一员或一部分，任何人都无权剥夺他们作为人的权利，这种权利要得到保证首先就需要人类都是平等的、人人都有平等的权利，否则实力强大的人或者强势的人、恶人都可能会伤害一个人，甚至一些强大的国家会侵略一个族群、一个民族，这些都要求平等是所有人的权利，否则就无法达

---

① ［法］皮埃尔·勒鲁：《论平等》，王允道译，肖厚德校，商务印书馆 1988 年版，第 22 页。

到保护每一个人、每一个民族的目的。即使人们不愿承认人类平等的原则，退一步说，也至少应当承认存在着一种公民平等的原则。这个公民平等的原则就是指公民在刑法、政法、民法各个方面的平等。之所以如此，主要在于以下方面：其一，国家要捍卫自己的权利，就必须保有自己的军队，而军队的组织原则就是平等原则；其二，国家从事农业、工业、商业等的管理，其所使用的原则也必须是平等原则；其三，在刑法中也处处都宣告了平等的同一原则；其四，平等的同一原则也调整着公民之间的契约关系和合同，并保证它们的执行；其五，人类的思想自由、言论自由、宗教信仰自由等一系列自由的保证，也必须由平等原则来护卫，这样才能保证人们的诸多自由权；其六，这同一个原则还调节着公民之间的私人关系以及在不同程度上涉及友谊、爱情的一系列关系。正是基于这些原因，平等原则至少在法律上是得到保障的。事实上，此时欧洲大部分社会，这种公民平等不仅在现实中得以确立，而且在法律上也已经颁布。这种平等原则已经在法律上得到确认和保护，这无疑也是法国革命的成果之一。

为了进一步说明法德的启蒙时期的平等观，我们还是回到法国大革命时期颁布的《人权宣言》文本上，看看它是如何从法律上界定平等的。1789年的《人权宣言》第六条规定："所有公民（在法律面前）都是平等的，他们有权平等地根据其能力担任一切与公务有关的职位并领取报酬，除德行与才智的差别外不得有其他差别。"1793年5月29日的宣言说的更为简明扼要："平等就是人人能够享有相同的权利。"1795年8月的宪法第三条则仅仅说："平等就是：法律无论是用于保护还是用于惩罚，对一切人都是平等的。它不承认出身的差别，不承认权力的世袭。"这些文件清楚地说明，法国革命家们最为关心的是平等的权利和平等的法律。不错，它们也关心解决"权力的世袭"问题，他们反对特权阶层，"没有第三等级，将一事无事，没有特权等级，一切将更为顺利。我们已经证明，特权等级不但不能为国家造福，反而只会削弱国家，危害国家；……"① 因而也关心确保平等地——而不是无条件地——谋求公职。事实上，法国革命家们在这个问题上要比古代人谨慎得多，因为他们所谓谋求公职的平等权利，强调了候选人的能力、德行与才智。值

---

① ［法］西耶斯：《论特权：第三等级是什么？》，冯棠译，张芝联校，商务印书馆1990年版，第22页。

得注意的是，进入他们视野的平等权绝不是经济平等。同 17 世纪初期英国的掘地派一样，法国革命家也明确拒绝废除私有财产（这在 1793 年 6 月 24 日的宪法法令中被重新确认为天赋的不可剥夺的权利），而且并未要求平均财富；他们仅仅要求权力和法律上的平等。只是在罗伯斯庇尔垮台后，在拿破仑复辟时期，自由主义民主所要求的平等才逐渐涉及三个具体的主张：1. 平等的普选权，即把选举权扩大到每一个人，作为他们政治自由的一个组成部分。2. 社会平等。被理解为身份与尊严的平等，因而意味着阶级和财产的差别不再成为差别。3. 机会平等。这些平等要求都是在自由主义民主制度下得到确认的，并不是法国理性的平等要求，不能归咎于法国大革命或者启蒙理性，特别是后来自由主义思想家所指责的经济平等并不是法国革命家所主张的，这一点需要明辨。事实上，平等与博爱是大革命中雅各宾党左翼、无套裤党人的诉求，特别体现在大革命中代表手工业者的巴贝夫"国民公社"那种"粗陋的共产主义"社团的纲领中。这种诉求是穷苦人、社会底层人的诉求，而不是精英的诉求；是一种原始共产主义的主张。所以法国大革命是第三等级的革命，第三等级是法国社会中非贵族、非教士之外的广大市民社会，这个社会既包括富人即"精英"，也包括穷人、下等人（无套裤者），正像西耶斯所指出的那样，第三等级是什么？是一切，是被束缚被压迫的一切。其特点是处于社会金字塔的下层、没有特权、饱受压迫和剥削的人。可见，第三等级是一个处于社会底层的群体的广泛联盟，他们共同发起了法国大革命。法国大革命的人权口号既体现了资产者的政治诉求"自由、民主"，也体现了无套裤者的诉求"平等、博爱"。在大革命中，多数决定的民主原则一度使得雅各宾派获得了群众专政（群众专政和近代群众政治运动的真正发明者是法国大革命）。罗伯斯庇尔时代，断头台取消了一切人身贵贱，实现了抽象的绝对平等。雅各宾精神一直长期在法国社会中流传，后来延伸到马克思时代的共产主义同盟（第一国际以及布朗基党人）以及知识精英中的反资本主义运动（如傅立叶、圣西门、欧文等人）。

因此，西方政治家包括自由主义者在谈人权时，都很少谈"平等和博爱"，只谈自由和民主。因为平等就是主张消灭社会等级差别，消灭社会不平等。社会不平等既包括政治权利的不平等（民主），也包括经济权利的不平等。彻底的平等主义或绝对的平等势必导致消灭社会差别，即社会主义的结论。同时，平等、博爱的主张与市场经济的社会分化机制，与主张无情淘汰社会达尔文机制是尖锐对立的。自由主义者鼓吹的自由竞争中包含着所谓"天择"的冷酷观点。这是上承自罗马奴隶主霸权又体现着古代撒克逊人的海盗精神，是指一种公然地主张无情地牺牲和抛弃弱势群体的"狼吃人天经地义"政治文化的反映。这种意识形态势必是反"平等和博爱"的，也蔑视人文主义、人道主义精神的。或许正因为此，在大革命之后，当革命成果落入资产阶级精英之手后，大革命所提的四个人权口号就只剩下民主、自由了，而平等和博爱则被精英们抛弃了。

总之，法国理性的平等观主要来自法国大革命，也成为法德启蒙理性的平等观，这种平等权主要是要求去除特权，在法律面前人人平等，即主要是政治平等，但并没有提出绝对的经济平等和废除私有制的要求，只是一般地要求人人平等，并在法律上要求获得确认而已。所有这些思想都有进步意义，它只是当时的人们要求获得平等权利的诉求，也成为后来革命的口号之一。之所以如此，是因为平等首先突出地表现为一种抗议性的理想，实际上是和自由同样杰出的抗议性理想。平等化体现了并刺激人们对宿命和命运、对偶然性和差异、具体的特权和不公正的权力的反叛和反抗。它天然具有合法性、合理性的层面，是弱者和社会底层的人们反抗精英统治和压迫的有力思想武器。但它本身也具有双刃剑的性质，因为平等也是我们所有理想中最不知足的一个理想。其他种种的努力都有可能达到一个平衡点或饱和点，但是追求平等的历程几乎没有终点，当平等变成了一种绝对的权力来追求的时候，它就会走向它的反面，本来是具有公平正义性质的平等，就会变成一些人攫取自己利益的招牌和口实。同时，在某个方面实现的平等也会在其他方面产生明显的不平等，因此，如果说存在着一个使人踏上无尽里程的理想，那就是平等。

只要我们只坚信一个作为抗议性理想的平等，事情就会单纯得多了。然而，一旦我们着手去整理一份不平等——我们失去的平等——的详细清单，我们很快就会发现，越是想把它罗列清楚，清单就越会变得没完没了。无疑这是我们试图把这个清单界定为"不公正的不平等"以及相应的"正当的平等"这一狭小范围中的原因之一。于是接下来我们就开始要问了：以什么为根据去选定某些平等为公正的或正当的平等？接踵而至的问题是：有效解决不公正的不平等的途径和手段是什么？然而，一旦我们掌握了这些手段，第三个问题就又冒出来了：这些手段和用于其他目标的手段能够协调一致吗？例如平等的手段和自由的手段能够相容吗？所以作为抗议性的理想，平等是极具号召力的，也是容易理解和接受的；作为提出建议的理想，以及作为一种具有建设性的理想，恐怕没有什么能够像平等那样错综复杂。实际上，我们越是致力于争取更大的平等或更多的平等，我们就越有可能陷入迷津中。所以说，要想造成不平等，我们只需听任事情的自然发展即可。不过只要我们追求平等，那就决不能有丝毫的松懈。因为不平等易，只要随波逐流；平等难，因为需要逆流而上。不平等可归结为天意，而平等则只能是人类追求的结果。不平等是"自然"，平等就是非自然化了。如果有人认为，每个人都应在自己的本分之内生活，那么这种社会秩序就能够自立不坠，但追求平等的理想则是同自己作战的社会，也就是同自身的内在惯性定律战斗。与自己战斗显然是一场最为艰苦的战争，也是最难看到尽头的争斗。因此，有学者认为："一旦开始追求平等，曾经被认为是'自然'存在的权力、财富、地位及生存机会等方面的差异，就不再是一成不变地被接受的差异了。因此，通过要求自由并紧接着——以更强大的力度——要求平等，人就是在要求一种不再服从必然的和天命般的组织形式的社会。"①

4. 共同的博爱观。"自由、平等、博爱"本是法国大革命提出的口号，后来成为西方具有广泛影响的价值追求。"博爱"一词的英文是 fraternity，原意是指兄弟之间的情谊，其拉丁文是 fraternus，意指"兄弟的"。"博爱"作为法国大革命的一种价值既有情感之意，又是一种行为规则。作为情感，它是拉近人们感情之间的距离、产生亲近感、克服距离和疏离感的一种感情纽带。在中文中，更是以"兄弟"称呼关系非常近的没有血缘关系的人之间的亲密感情，甚至通过结拜的形式确认这种关系。所以博爱一词表现为情感上的一种心理近似、相同的感受，一种依赖感。作为情感的博爱，也同其他情感一样具有不尽相同的含义，它首先意指对某一共同体或组织的依赖或依附之感，并十分关注共同体的利益和荣誉，认同其价值；此外，该词还有团结一致之意，并且特别强调统一之意，也就是说不同行业、职业的人之间的一种共同或相似的感受，使大家容易抱团在一起，共同应对某种不确定性，或者某种威胁他们的东西。

因此，作为情感的博爱，它对共同体或组织具有很高的依赖性或依恋感，心甘情愿地依附这一共同体或组织。因为作为社会的人，人们都惧怕孤独和寂寞，所以希望加入某一共同体或组织中，将个体的情感寄托于共同体之上，

---

① ［美］乔·萨托利：《民主新论》，冯克利、阎克文译，东方出版社1998年版，第379页。

并寻求共同体或组织的庇护，成为其中一员。当然作为加入共同体或组织的条件，它必须遵守共同体或组织的规则，认同其价值，比如理想、信念或意识形态等。所以这种依附的情感就容易被利用，共同体或组织就易以此胁迫成员为共同体或组织做出牺牲，或去做一些事情。甚至共同体还可以利用这种情感依附制定规则，来更好地约束或控制个体思想、精神，甚至是行为。由于共同体或组织掌握着许多资源，并且又能提供给个体成员情感的归宿和心灵上的依附所，同时又能在利益上可以给成员一定的好处，所以就能够比较容易地从精神到肉体达到控制成员的目的，使其心甘情愿地为共同体服务。当然，如果个体成员违反共同体的利益和相关规则，虽然不一定必然遭受外在的惩罚，但肯定要付出代价的，因为这种人被视为叛逆者，人们对这种人在心理上和行为态度上必会有所反应，甚至发展到拒绝与之相处或与之合作的地步，更甚者则会将之视为异端而加以挞伐，直至将之除名或驱逐等，比如在古希腊就存在此类法律。在东亚社会中，家庭对做错事的孩子常常是以不许其进屋或吃饭的形式予以惩罚；西方的惩罚一般采用另一种方式，做错事的孩子一般被禁止出屋，不能与外面的朋友见面。在西方，被排斥出群体，是一种极为严厉的惩罚，比如一个澳大利亚土著人或美洲印第安人，若被其部落开除，极为可能等于被判了死刑，因为人们很难在团体以外生存下去。可见，违反这些规则，虽然并不必然引发组织的惩罚，但共同体内的其他人都会非正式地监督遵守规则的情况。违规者会落下不好的名声，或发现自身被社会成员排斥，在极端的情况下，就会遭到上述的谴责或放逐。而经济学家也以经济学的研究证明了这一点。他们认为，人们出于自利的动机而自动服从规则、规范。因为这样做是合算的，能够节约交易费用，增加收益。如果不遵从这些规则，就会遭受这些惩罚，被逐出交易活动。显然，对于处于共同体中的个体成员来说，要想得到共同体的认可和接受，甚至更进一步地要获得褒扬和奖赏，就必须遵守规则，为共同体或组织服务，这是他的不二选择。其次，博爱还作为一种规则使用，以规范共同体的成员采取符合共同体利益和需求的行动。作为一种规则，它无疑具有强制性，但也具有范导性的作用。强制性力量类似一种有形力量，因为它的惩罚或褒奖都是可以看得见的，它能够强制其成员按规则要求办事，否则将承担其后果；而范导性力量则是一种无形的力量，它可以利用成员对规则的畏惧心理和敬服情感（认同者的），在心里或者潜意识中默认这种规则的威权性，从而在情感上诱使成员对共同体或组织产生忠诚和责任的意识。当然，这种博爱并不是唯一的对成员进行约束或规范的东西，还有更为严厉的法律和其他制度的强制，其强制强度要远远高于这种规则。尽管如此，博爱还是起到了强制性的法律和制度无法发挥的作用，尤其它对人们情感的召唤作用，则是法律或制度无法达到的。

所以博爱作为法国大革命的口号，它不仅是一种价值追求、一种理想，还是一种政治情感的动员令，更是一种政治规则，它召唤人们揭竿而起，为了共同的理想——废除所有的君主制、建立一个没有战争和杀戮、人人平等的普世共和国而努力战斗。这种普遍主义的幻想也是法国启蒙理性博爱理想在社会理想方面的折射。这样一种由志同道合、亲如兄弟、爱好和平的共同体组成的联盟，来确保世界的和谐的理念，是法德启蒙理性的又一项遗产，特别反映在圣皮埃尔神父和康德那富有远见的《世界公民观点之下的普遍历史观念》和《永久和平论》的计划中，康德认为："把普遍的历史按照一场以人类物种的完美的公民结合状态为其宗旨的大自然计划来加以处理的这一哲学尝试，必须被看作是可能的，并且甚至还是这一大自然的目标所需要的。"① 这种普遍的历史的结果就是要造就一个永久和平的世界，形成一个普遍的国家（联盟）。他说："唯此，首先就需要一个国家有一种根据纯粹权利原则而建立的内部体制，然后还需要有这个国家和其他各个远近邻国联合起来（类似一个普遍的国家那样）合法地调节他们的争端的体制。——这一命题所要说的无非就是：政治准则绝不能从每一个国家只要加以遵守就可以期待到的那种福利或幸福出发，因此，也决不能从每一个国家以之为自己的对象的那种目的出发，即从作为国家智慧的最高的（但它又是经验的）原则（的意志）出发；而是应该从权利义务的纯粹概念出发（从它的原则乃是由纯粹理性先天给定的'当然'而出发），无论由此而带来的后果可能是什么样子。"② 应该说明的是，康德的这种博爱的理想最终还是在某种程度上实现了——这就是后来的联合国制度（但联合国存在的问题，即无法真正地制约某些超级大国的战争或霸权行为也是极为明显的。这或许也是联合国理想本身的问题）。法国大革命往博爱中增加了一种好斗的元素："博爱"一词，首先提出它的是罗伯斯庇尔，他在一次有关国民卫队的演讲中提及它。从那一刻开始，博爱

---

① ［德］康德：《历史理性批判文集》，何兆武译，商务印书馆1990年版，第18页。

② ［德］康德：《历史理性批判文集》，何兆武译，商务印书馆1990年版，第137页。

标志着积极公民意识的一个原则，这种意识将拥有特定道德品质看作能够进入政治群落或共同体的条件；缺乏这些道德品质的人，应该被褫夺其公民权利，甚至其公民资格。对于更为积极的共和派来说，博爱也意味着反对暴政而奋战的世界各国人民团结起来。在这种体制下，爱国主义和国际主义是相互补充的两个原则，对大革命后的法国人影响深远，1830 年年初，一个共和派思想家评论 1793 年雅各宾派宪法的条款时（这部宪法宣布所有人都是兄弟）指出："无论一个人出生在天涯海角，还是在我们之中，他的皮肤无论黑白，都没有比我们少什么；他是我们的兄弟，如果他需要我们的帮助，我们就要帮助他；如果他有危险，我们就要飞去救他。"① 法国共和派反对七月王朝的战争，也支持波兰反对俄罗斯占领的起义（当时欧洲进步最伟大的事业），之间有着千丝万缕的联系。因为在他们看来："国界不能限制道德的原则：道德原则普遍适用于所有的大陆，所有的人。各民族之间都是兄弟，就像人与人之间是兄弟一样。国际法的唯一目标，应该是建立各民族之间的普遍联盟。杰出的头脑已经想象出来这个联盟，并且在宣扬这个联盟，他们正在我们的大陆上，为建立一个欧洲共和国而奋斗。"② 这种声音我们似乎在哪里听到过，不错，就是康德永久和平论中的理想在法国思想中的折射。当然，这种博爱思想也会被民族主义者以爱国之名加以利用，因此给一个民族甚至整个世界带来无穷的浩劫和灾难，我们可以从 20 世纪的两次世界大战之中听到这种令人恐怖的声音，那是以爱国之名发动的战争，它所给人类带来的灾难是有史以来最为残酷、最无人道的！所以博爱的思想也具有两面性，如果不能善用，对国家、民族甚至对人类都可能是有害的。但如果善用，也会给人们带来积极的方面。人类抽向思想的两面性在博爱价值上就可以得到根本的体现。

博爱思想对启蒙后的法国影响深远。早在 1840 年，这种思想就已经司空见惯了。在 1848 年二月革命时期，巴黎的媒体就印证了这种博爱普遍主义的魅力：要求"民族同盟""欧洲共和国""民族友爱""普世和谐"（也有强悍的"博爱呼吁战争"的声音，对于那些还没有觉悟的人，还有更为直接的

---

① ［英］苏迪·哈扎里辛格：《法国人是如何思维的》，李虎、李宋乐颖、梅应钰译，新华出版社 2017 年版，第 90 页。

② ［英］苏迪·哈扎里辛格：《法国人是如何思维的》，李虎、李宋乐颖、梅应钰译，新华出版社 2017 年版，第 90 页。

断头台在等着他们）等声音，不断地回响在欧洲上空。尽管这些愿望又能够有一个共同的国际主义价值观，但它们的具体实施方案是折中的。其中不可避免地会出现民族中心主义的问题，正像弗里德里克·苏希尔的讥讽作品《一个民主与社会的普世共和国》所描述的那样，一个共和国象征的雕像——玛丽安娜雕像，被放在一辆车上，车上载有来自不同大洲的四个孩子——象征着一个国际性的共同体，但领导游行的却是法国人。与此类似的还有法国大文豪雨果设计的欧洲共和国——那里有共同货币，有不同国家的人们生活在一起，有商品的自由流动，而且还有通过普选产生的欧洲议会，但它却设置在地球的中心——巴黎。而在孔德的弟子埃米尔·利特雷提出的实证主义版本的西方共和国中，则是由一群优秀的民族共同组成的为人们公认的"欧洲联邦"统治集团，他们分别是拉丁人、盎格鲁—撒克逊人和斯堪的纳维亚人，他们借助消除军国主义来统领构建一个"共同祖国"。事实上，共和派内部对于形成更广泛的欧洲团结联盟存在各式各样的期望，比如有带有宗教神秘主义色彩的设想方案——欧洲联盟计划和世界先驱之书；有希望组织一个由不同进步党联合组成的中央指挥部计划的，他们声称人类高于所有国族之理念已经被所有共和派所接受，目的在于推广普遍博爱思想的世界性计划等等，无不展现出法国和法国人要实现博爱的普遍主义理想，当然，在这种理想中，欧洲人特别是法国人必须居于领导地位，欧洲和法国也自然是世界的中心。

最终，从博爱价值中所演化出来的多种多样的思想，开始形成一个主流的观点：只要通过同心协力，借助共同体或集体挑战统治者的暴政及军国主义政权，才能真正实现一个和平、人道、友爱、和谐，没有剥削、压迫、人人平等的普世共和国，这也是后来的国际工人协会的主要社会理想追求。在该组织的法国成员积极地在欧洲工人中促进"世界团结"，并取得了较大的成果。很多处于社会边缘的政治团体，如和平主义者、自由派、圣西门主义者、共和派、激进派等，他们联合起来在1867年成立了和平与自由联盟，该联盟最终呼吁创建欧洲民主国家联盟，并创办了一些报纸杂志，如《欧洲联盟》《民主中的道德》等，积极宣传这种博爱国际主义的理想，阐述吸纳了卢梭思想的民主和平理论和康德的自由主义思想，向人们指出，"专制政治"是实现一个更加公正和人道的社会所面临的主要障碍，号召共和派起来反抗暴政，指出抵抗任何压迫他人的力量是每个人固有的权利，而且用任何合法手段去战胜压迫更是公民的一种责任，如果别无选择，就使用暴力推翻暴政的统治，以最终实现博爱的理想。

总的来说，法德启蒙理性在价值观上有着比较相近的看法，这也仅仅是从总体而言，如果细究的话，二者还是存在一定的差别的，尽管它们都是继承了古希腊、罗马的传统，但毕竟是各自独立的两个民族，而且也是各自独立发展自己的文化、哲学思想，它们彼此也有着相互的影响和交集。不过，它们对古希腊、罗马传统的继承必然存在着选择上的不同，况且各自独立的民族发展历程也会形成文化和思维形式方面的差异性。所以我们在此着眼的是它们从文化传统到形而上思维方面的共同的理性主义基础而言的，只能大体上说它们存在着一些相近性、相似性，而不是完全的一致性或同一性，这一点是我们在此必须要强调和交代的；否则，我们在讨论二者的差异性时，就会出现似乎的前后矛盾。其实，这只是在相似性的基础上表现出的一定的差异性、疏离性，一定的距离感而已，也请读者和方家明辨。

（三）同属于大陆理性主义传统，在本体论和知识论上都强调理性的根源性

与英美强调经验的根源性具有根本上的差异性。法德理性都属于大陆理性主义传统，它们都推崇理性的作用，重视逻辑推理的作用。法德启蒙理性认为理性本质才是一切事物的根本，事物所展示给人们的都是一些表象或现象，人们眼睛所能观察到的都只是经验，而不是事物的本质，事物的本质才是事物发展的决定者；在知识论上，法德理性强调知识根本来源是理性，而不可能是经验，因为经验具有不确定性，知识的本质是带有普遍性、必然性和确定性的特征的，不具有这些特性的东西只能是经验知识，不能是真正的科学知识。只有理性及其逻辑推演出的知识才具有上述知识的特征。因此，是理性而非经验才是知识的真正来源或源泉。在方法论上法德理性则强调本质主义和整体主义的方法论，强调对事物的研究要重视事物的本质、规律的研究，从本质或规律着手，才能从事物的现象或表象深入事物的本质，从而找到解决问题的有效途径。另一方面，它还强调要重视从整体和宏观上研究事物，而不能仅仅从个体角度研究事物，与强调个体主义方法的英美经验主义具有原则的不同。

1. 在本体论方面都强调理性的根源性。本体论问题体现了西方对万物的根源的寻求，也就是说西方人早在古希腊时期就在为万物寻找一个最终决定它们的东西，这是典型的西方思维形式。这种理性形式后来发展为对万物的

本质、规律（逻各斯）的把握，也因此催化了近代科学理性的发育，以及理性主义的诞生，这在西方哲学史上有着源远流长的传统。对这种传统的探索，必须回到古希腊那里去。

探求事物本原、寻求人生之真谛，是人类理性思维的根本指向，是人类与生俱来的倾向。这是一种穷根探本、追根寻源的精神。在人类的早期阶段，凭借这种精神，人类克服了许多重大的自然灾变，保存了自身的存在，在人生的阶梯上上下求索。不过，这种求索过程是永无休止的，哲学家们设定的"始基""本原"，乃是一种理性设想的目标，是无法实现的。尽管如此，它无疑展现了哲学家对智慧的渴望和热爱。最先提出此问题的是古希腊的米利都学派，本原又称"始基"，依照亚里士多德的说法，是指万物全由它构成，并且最初由它产生，最后又回归于它的那个东西。在古希腊人眼里，在他们接触周边事物，并努力认知它们时，总要面对一些困惑着他们的问题，诸如：这些事物到底是何物？它们来自哪儿？又是如何形成的？此即存在的本原问题。面对千变万化的世间万象，人们深感惊奇，并竭力追索它们的根据。这种探索的结果，起初是以神话的形式表述的，万物的根源乃是神。然而希腊的神话中有着许多神，他们职责各异，由此就又有了诸神之间又是怎样的关系的疑问。是否存在一个最高的神，它产生了其他神？这就需要一个诸神的谱系问题。神谱展示诸神的家族史或谱系史，一旦要构建一个神的谱系时，其实就是以人类神话的方式提出了万物的本源之问。

事实上，古希腊形而上学起源于自然哲学，亚里士多德在进行学科分类时把形而上学排在物理学之后，于是后市就有了这种说法——形而上学是物理学之后或之上的学问。但在最开始的时候，古希腊人还是从自然学开始入手思考哲学的。"物理学之后"产生于物理学本身之中，古希腊人的物理学已经具有了一种超出自身的倾向，而不仅仅是停留在日常生活知识或日常的实用技术层面。在古希腊的科学里面，已经孕育了哲学的层次，包含了自然哲学。不过"自然"（nature，physics）这一概念不仅仅指自然界或物理学，也包括心理学（精神科学），最初"自然"的含义具有本性、生长、变化之意，不仅包括物理学事务的自然，也包括精神事物的自然。精神的自然后来从物理学中独立出来，区别于物理学中的自然，是一种精神之学，所以我们可以把精神哲学看作自然哲学的一个反动、反叛或自我否定的过程。自然哲学本来包含精神哲学，然而后来精神哲学从中独立出来，构成了一个更为高级的形而上学，这实质上是自然哲学的自我否定而导致的。所以西方理性主义真正的起点或出发点，就是精神哲学与自然哲学的分裂开始的。古希腊哲学在巴门尼德之前（赫拉克利特是一个过渡式的哲学家）都强调万物的本原是某种或某几种物质的具体形态构成的，但这种本原有它自身的缺陷，就是无法解决动力源的问题，即解决运动的来源、力量的来源问题。直到巴门尼德提出其存在论后这个问题才有了解决的可能性。巴门尼德的存在论以一种概念化的方式发展成了一种形而上学理论。借助于一种纯粹形式的逻辑反思，他指出非存在不能被思维，也不可能存在，只有存在才是理性思考的对象。不过这个存在是高度抽象化的结果，当现实存在所包含的各种规定性中的所有差异都被抽象掉后，所剩下的就只有存在了。而且这种存在是不生不灭的，它不曾在，也不将在时间空间中，而只常在于非时间空间性的永恒之中。因为任何在时间之中的东西都承受着变化。而存在是不变的，在质方面永远是同质的并且是一元的，它不是复多的，而是单一的、不可分的、绝对的宇宙实在。这种存在的规定已经在很大程度上具有了理性或精神的特征，一切事物都因为存在而在，这种存在具有最大的抽象性，存在就是其本质。这无疑为后世理性主义开启了理性思维具有决定性的思维方式的先河。而接下来出场的柏拉图则是理性主义的真正奠基人。

柏拉图提出了一个新观念——eidos，即我们通常所称的理念论。不过，Eidos 和 idea 中文很难翻译，每一种译法都与对柏拉图的整个形而上思维有关，这不仅仅是个翻译问题。柏拉图的 eidos 和 idea，英语世界有人主张用"form"而不用 idea，eidos 在英文中具有"形成"和"结构"的含义，而转译为"形式"，则这层意思就没有了。也有人主张用陈康先生的"相"译之，但这种译法则失去了"prototype"（原型）的含义。"理念"的译法最为普遍，其问题在于不只是强调了其主观性，还在于把该词深化了，变成了一个哲学范畴，显得过于高深。柏拉图的 eidos 和 idea，其意思本来很清楚，即为万物的"原型"，这种原型，不存在于万物之中，而只能在思想中，万物则是依据这种"原型"而制作出来的。但模本终究达不到原型的水准，因此不得不断地制作，竭力使之接近原型。这种 idea、eidos 思想成为西方哲学的一大传统，它极其深刻地影响了西方的理性主义思维，甚至康德、黑格尔也无法超越之。Idee（n）在康德、黑格尔形而上体系中是客观世界无法完全显现（体现）而又必须按照其运行的原本之意，但经过两千多年的发展，Idee 与万物的关系已经十分复杂，不像柏拉图认为的那样简单，仅仅靠"制作"的概念已无法概括之了，"本体"（原型）与"现象"即万物的关系更为复杂，然而其基本概念的界定、所涵盖的界限和问题仍是出自同一传统，它们是一脉相承的。在柏拉图看来，eidos、idea 就是一个"模型""模子"，它是概括的抽象，也是具体的客观存在，这两个词都与希腊词"视觉"有关，是可见的，而不仅仅是抽象的概念。

有人把"abstract"译为"抽象"，实际上并不是很准确。"abstract"只是"抽出"的意思，从 eidoskan "抽出"以后，"象"（相）依然存在，不过这个象（相）是源出的，是原象（相），其他具体的象都是通过模仿或分有这个象而产生出来的，所以此象可称为"相"或"象"。然而柏拉图的 eidos 不是从具体的事务中抽出来的——抽出的概念是后来亚里士多德提出的。与之相反，那些具体事物则是根据源出的"相"制作或产生出来的。因此，柏拉图的 eidos 既非抽象的，也由经验概括出的，它不是 abstract，而是"源出性"的、"本源性"的，即 original。万物是根据 eidos 生产、制作出来的，eidos 是万物之本，万物是从本源中生长出来、派生出来的，世间万物都是要依据 eidos 的原型制作出来。由是，世界万物才能"显现""展现"为这些样态，本质能被现象显现，模本能展现原本，在纷繁复杂的万象中我们能看到"eidos"，因为世界显现或展现了 eidos。这是现象学的发展逻辑，从黑格尔到胡塞尔皆是如此。黑格尔认为现象学体现了绝对观念，世界是绝对观念的表现；胡塞尔则认为，我们所"看到"的世界，就是"理念"的世界，就是本质。然而，他们都有意回避了柏拉图的 eidos 思想，即世间万物之所以展示出 eidos，是因为世间万物是模仿它或者分有它而制作出来的。Eidos 是"原型"，是源出之"相"，是原本，所以它不可能是"派生"的，其他东西则是由其派生出来的。它不可能在由其他更为原始的东西派生出来，eidos 是不可再分的，因此它不可能由其他物分出来或生出来。它本身就是万物之母或本，这个相是通过制作产生出万物、万象，eidos 像母体一样具有生产性、能动性，然而，这种能动性、生产性不是自然的生长的，而是实践的、制作的。

同时，eidos 是作为现象世界万物的目的而存在的，万物都是以 eidos 为目的才能获得自身。由于 eidos 自身不能运动和出现变化，它们要成为现象世界的原因就只能作为它们的目的在现象中得到体现。因此，柏拉图的 eidos 是一种目的论思想。eidos 作为本体和现象作为变易之物，其真正的关系是一种目的方面的关系。柏拉图从阿那克萨戈拉的"努斯"学说中得到了启示，不过，柏拉图又猛烈地批评阿那克萨戈拉的理论没能得到充分的发展，于是，他主张以目的论的观念对于 eidos 而言才是可能的。这种思想在《斐德罗》和《理想国》中得到了进一步的发展。如果说《智者》仅是从形式上和逻辑上使人注意到在多个 eidos 之间、在现象和相之间都存在着一种并列和包含的关系，那么，在《理想国》和《斐德罗》中同样都强调了"本体"的统一性，并且在善之"eidos"中找到了这种统一性，这个善之 eidos 是最高的，它把其他理念统摄在自身之中。如此，概念的通天之塔就达到了其极限或终极点，它不是通过形式上抽象的逻辑过程，而是通过存在论上的直觉（这也是柏拉图整个辩证法的本质），在这里，它表达了自己的最终和最高的"预设"。由于凡是存在的东西都是为了某种善而存在，所以"善"之 eidos 或绝对目的之 ei-dos 就统属了所有毗邻的 eidos，这种统属不是逻辑学意义上的而是目的论意义上的。因此，"善"之 eidos 甚至高于"存在"和"知识"。"善"之 eidos 是所有 eidos 中的太阳，一切事物都从中得到自身的价值和实在性。它是世界理性，它有着"努斯"和"神"这样的名字。在目的论意义上的宇宙论之中，柏拉图主张"存在"或 eidos 世界是现象世界或物质世界的目的和原因，除了这些目的论意义上的原因之外，柏拉图在严格意义上没有承认任何别的原因。同样，在各种现象的特殊关系之中，那些向感知主体呈现出来的主动或被动的事物对于他来说只是附属的原因，真正的原因是目的。

然而，eidos 永远不可能在物质世界中得以彻底的实现。因为在柏拉图看来，eidos 本就是为"实现"而"设计"出来的，它们自然要付诸实际的，只是现实与理想总是存在较远的距离，模本只能在不同程度上接近原本，但不可能真正地实现原本、原型或相。所以 eidos 世界越是成为理想的世界，成为完善的存在或价值的王国，那么它就越难以被视为感性世界不完善的原因。不完善的世界更应该归因于那些非存在的东西，因为永远"变易"的感性世界不但分有"eidos"，而且分有非存在即变易。柏拉图与爱利亚学派一样，把虚空看作非存在。与毕达哥拉斯学派一样，他还把虚空看作自身无形式的和未成型的，因此也就是"存在"的纯粹否定性。但是无形式的东西可能拥有一切可能的形式，并且按照数学上的各种规定来获得这些形式。在此意义上，柏拉图提出来自己的目的论形而上学理论，在其理论中，他设定了经验世界的两个基本原则，即无限（无穷的、无形式的空间）和界限（空间上的数学限定和形式）。这两者的结合带来了感性事物的世界。此外，第四种或最高的原则成为这个"结合"的基础，这个原则就是"原因"，"善"之eidos，世界理性或"努斯"。

因此，我们从上述分析中可以看到，在古希腊，本原说从具体的物质形态到抽象性的存在，再到柏拉图的eidos，这一发展过程显示出本原说越来越具有更加普遍、更加抽象的精神性的特质。在柏拉图那里，eidos既有本原的意思，万物、万象都是由它制作而生成的，或者它本身就是万物、万象的目的，通过追求它而获得自身。所以这种eidos既是本质的、根本性的规定性，它规范着一切事物的存在与非存在，但它又是事物追求的目的、理想，也是理性认知的对象，它代表的是真理的世界（知识的世界），是至善的神的世界，是人类理性向往的世界，所以后来的理性主义者都把理性作为知识的来源，作为本质、规律性的东西，其理论之源就是柏拉图等古希腊的理性主义思想及其思维方式，从而造就了近代启蒙理性的理性观，这种传统一直延续到康德、费希特、谢林，直到黑格尔的唯心主义体系。

2. 在知识论上法德理性都强调理性是知识的真正来源，而不是经验。法德理性是理性主义的思维形式，因为它一直推行理性至上，我们又称之为唯理主义。近代哲学则是以理性还是以经验为知识的源泉或准则来划分经验主义和理性主义的。（1）所谓理性主义可以指这种态度，它肯定知识的标准是理性而不是启示或权威。从这个意义上来看，一切近代哲学体系都是理性主义的，却是由于这个特征，我们才把它划分归为近代哲学。（2）理性主义还可以指这种观点，它认为真正的知识有全称和必然的判断所组成，思维的目的是判断真理的体系，其中各种命题在逻辑上相互有联系。这是关于知识的数学式概念，几乎所有的新思想家都视之为理想。无论他们是否相信这种理想能实现，他们只承认合乎数学模型的知识才是真正的知识。（3）还有关于知识的起源问题，理性主义主张真正的知识不能来自感官知觉或经验，而必须在思想或理性中有基础。真理是理性天然所有或理性所固有的，那就是天赋，或与生俱来的，或先验的真理。确实的真理起源于思想本身。① 理性主义强调只有唯理或先验的真理、清晰明确被理解了的真理，才是确实的知识，其代表人物是笛卡尔、斯宾诺莎、莱布尼茨等，在认识论方面，唯理主义者

---

① ［美］梯利：《西方哲学史》，葛力译，商务印书馆1995年版，第283—284页。

是柏拉图、亚里士多德和经院派哲学家的后裔。

理性主义的奠基者是笛卡尔，笛卡尔从探讨知识的方法和标准入手来研究知识论问题。他试图由此发现确实而自明的真理。在知识的来源上，他强调理性而非感性，认为科学之为科学必须是由清楚明白、无可置疑的基本原理推演而来的科学体系。这些基本原理不能来自感觉经验，只能是与生俱来的天赋观念。因为感觉是靠不住的，它具有或然性、不确定性，不能使之充当科学的基础。认为人的观念有三类：其一是"天赋的观念"，如数学、逻辑、宗教、伦理中的一般的抽象的观念和原则；其二是从外面得来的观念，如听到的、看到的、感觉到的观念；其三是"臆造的"根本不存在的事物的观念如飞马、美人鱼等。这三类观念是三种心理功能的体现，外来观念乃是感觉功能的体现，臆想的观念出于想象的功能；天赋观念则表现为纯粹理智的功能。外来的观念与臆造的观念都没有真理性，只有"从我自己的本性得来的"天赋观念才具真理性，因为天赋观念不是来自感官或想象，乃是存在理智中的、仅凭我们的理解得来的观念，而且它又是清楚明白的、无可置疑的观念；同时它又具有普遍有效性，是对事物本质的认识，因而是永恒的真理。他坚信，所有一切不是来自感官经验、不是来自主观的虚构，而只能来自纯粹理性思维的东西都是天赋的，人类的知识来自天赋观念，与感性经验无涉。这样，笛卡尔就在近代哲学史上，为理性成为权威进行论证，他要重新认识理性作为人心的能力与真理之间的关系，这就必须从根本上打破外部权威对人的支配，用理性权威代替之。为此，笛卡尔提出了"我思故我在"的命题，其意义在于提出了"我思"是一切真理之具有确定性的唯一出发点。"我思"是以意识活动为对象的自我意识，即后来哲学家所说的反思的意识。笛卡尔虽然没用"自我意识""反思"这些词，但他已表达出这样的意思，一切思想活动的核心是对这些活动的自我反思，思想和活动同时是反思的活动。它表明，当我怀疑一切的时候，唯有思想是无可置疑的事实，"严格来说，我只是一个在思维的东西，也就是说，一个精神、一个理智或一个理性"①。"由此我就认识到，我是一个实体，这个实体的全部本质或本性是思想，它并不需要任何地点以便存在，也不依赖任何物质性的东西；因此这个'我'，亦即我赖以成为我的那个心灵，是与身体完全不同的，甚至比身体更

---

① ［法］笛卡尔：《第一哲学沉思集》，庞景仁译，商务出版社1986年版，第25—26页。

容易认识，纵然身体并不存在，心灵仍然不失其为心灵。"① 这就是说 "我"是一个心灵实体，这个心灵实体的本质就是 "思想"。这样，借助 "我思"，使 "我" 因 "思" 而立，故 "思" 即 "我"，"我" 即 "思"，"我在" 是由 "我思" 所规定的，"我在" 的澄明是由 "我思" 提示和显现的。显现是主体的思的显现，是去蔽而获真理的过程。由此，"思" 不再是超越个体之 "我" 的客观思维，但此 "我" 即非感性的我，而是一种纯粹思维之 "我"，不包含生理学和心理学的意义。于是现实世界的真理由主体思维来决定，真理是人心的产物，近代唯理主义由此而生。

应该看到笛卡尔的哲学原则，在哲学史上有重大意义，它赋予西方人以这样一条信念，"真理是人类自身的事业，而努力去认识真理的人心，其进步将导致尘世的完善；尘世应当被改造得更符合人心的愿望"②。由是，依据理性（真理性的认识）来重塑或构建尘世，即在尘世依据理性建立至善的理想天国，便成为唯理主义的不懈追求，而笛卡尔的哲学就成为建构理性的重要理论来源。然而，建构理性却忽视了理想天国在尘世的可能性问题，因为作为纯思的自我意识，固然是真理的可靠出发点，但现实世界之真理的感性内容却无法从我思中必然地推出，因为这种认识固然能提供思维自身的内在可靠的规定性，但它却使自身与感性世界成为彼此隔绝的两个世界。很难想象完全脱离感性世界（现实世界）、缺乏现实依据支撑的所谓理想天国能够在尘世中得以实现，这无非又是一个柏拉图式的理想国的梦想。

在知识的确定性问题上，笛卡尔认为理性知识更可靠。他相信，人们已经发现了几种自明的真理，即我存在。凡是清晰明确地被认识的知识都是真的。不过，我们的错误是从哪里来的？既然人类的观念是天赋的，是由上帝置入的，而上帝是完善的，上帝是不会欺骗我们的，那么我们怎么会被骗而产生错误的观念呢？他指出，这首先在于上帝赋予我们区分真假的能力并非无限的；其次是因为错误在于认识能力和选择能力、自由选择的力量，即知识和意志这两种原因同时发生作用之故。单靠知性既不能有所肯定，也不能有所否定，只能了解可以构成判断的观念，在这里没有真正的错误。意志本身也不是错误的来源，因为它在其本质上特别充实和完善。错误是由

---

① 北京大学哲学系编：《西方哲学原著选读》（上），商务印书馆 1982 年版，第 369 页。

② 王德峰：《哲学导论》，上海人民出版社 2000 年版，第 167—168 页。

于我们对一种事情理解不够清楚和明确的时候，没能约束自己的意志使其下判断。意志选择了荒谬和邪恶，而不是真实和良好的东西，故陷入错误和罪恶。

唯理主义的另一个重要代表人物是斯宾诺莎，在知识论上，他强调理性的重要性，即知识来源于理性。认为哲学的目的是获得事物的完全知识，这只有靠清晰明确的思想才能达到，人们从自明的原则出发，在论证中的每一步都可加以证明，人们能够构成像数学一样确实而普遍的真理系统。他把知识分为三类，一是"意见和想象"。这种知识建立在感官知觉上，不具有确定性，因为它出自经验和单纯的意见。二是"理性的知识"。它是由推论而来的知识，如数学知识。理性思考事物的本来面目，认识其必然联系，从永恒性方面加以思考。它在这些事物和一切事物共有的特殊性中，把握事物的普遍本质，从和上帝存在的关系方面来了解这些必然和永恒的本质——这种知识是自明的，它本身有自明性。在此意义上，真理就是它自己的标准，真理阐明它自己及错误。三是"直观知识"。这是由神的某一属性的客观本质的正确观念出发，进而达到对事物本质的正确知识。这种知识能够直接把握事物的本质而不会陷入错误，因而是最高的知识。"只有第一种知识是错误的原因，第二和第三种知识必然是真知识。"① 在后两种知识中，他更推崇直观知识，认为这种知识能够直接认识事物的本质而不至于陷入错误，并且为推论知识确立了出发点、前提和基础。相比而言，来自想象的知识，不能看到事物的整体，它溺于细节，不能把握现象的统一性，不能了解其意义。它是偏见、幻想和错误的根源。理性和直觉知识拒斥这种想象的知识，唯有理性和直观的知识才能区分真理和谬误，这是任何有真实观念的人都知道的。斯宾诺莎视错误为缺乏知识，认为作为观念无所谓真假，它可以真或假，是因为一事物并不存在而假定其存在。缺乏这种认识，即一观念不过就是一个观念、一个幻想而已，而"真理本身、事物的客观本质（即思想中的本质）或事物的真观念"三者指的是同一个东西②，故此，真观念就是关于事物的本质的真理性认识。不过，虽然真观念是关于事物的本质的知识，但真观念与事物的本质之间却并不存在反映与被反映的关系。因为源于同一个实体的事物与观念

---

① ［荷兰］斯宾诺莎：《伦理学》，贺麟译，商务印书馆1983年版，第80页。
② 张志伟：《西方哲学十五讲》，北京大学出版社2002年版，第223页。

是相互独立的、同时发生的，所以认识活动不是从事物到观念，而是从观念到事物。他认为直观和推理的能力是天赋的，人们由此获得真理观念，并且以真理为前提而获得了其他真理。此外，理智还凭借天赋的力量自己制造理智的工具，借此工具制造别的新的理智作品，再由这种理智作品寻求更新的工具或更深的力量，如此一步步地发展，直至智慧的顶点为止。这样他就把知识的来源归结为理性的结果，而与经验无关。真理本身是对事物本质的把握，而且人的理性具有无限的认识能力，完全可以达到对任何真理的认识，理性由此显现出无穷的力量，这就更加稳固了理性的独断地位，既然它已脱离了感觉经验而凭理性自身就足与把握事物的本质和真理，那么它依据其自身的能力来推导或设计出更完备的东西也就毋庸置疑了，这就为建构理性的"出场"做好了理论准备。

而莱布尼茨的知识论继承了唯理主义思想，主张真正的知识源于理性，是普遍的必然的知识，而非建立在经验原则上的东西。宇宙是一个数学——逻辑的体系，只有理性能够把握。因为心灵单子是一个独立的东西，外在的原因不能施于影响，知识不能来自外界，一定产生于心灵自身内部，一切知识都蕴含于心灵中。经验不能创造知识，只把知识引出加以澄清，使之明显起来。即使我们把单子论置之度外，也能证明知识不是来自感觉；如果知识来自感觉，普遍的知识就不可能，因为所谓经验的真理没有必然性，只是偶然性的命题。我们不能因为某一事物已经发生了，就断定它必然永远以同样的方式发生，"感觉对于我们的一切现实认识虽然是必要的，但是不足以向我们提供全部认识，因为感觉永远只能给我们提供一些例子，尽管数目很多，也不足以建立这个真理的普遍必然性，因为不能因此便说，过去发生的事情，将来也会同样发生。"[1] 所以，普遍必然的知识不能出于感觉，它们的处所和根源乃在于心灵本身中。可见，其天赋观念论比笛卡尔更彻底，他以单子单纯性和内在原则为基础，主张所有的观念都是天赋的，"我一向并且现在仍然赞成笛卡尔先生曾主张的对于上帝的天赋观念，并且因此也认为有其他一些不能来自感觉的天赋观念。现在我按照这个新的体系走得更远了；我甚至认为我们灵魂的一切思想和行为都是来自它自己内部，而不能是由感觉给予它的"[2]。不

---

① 北京大学哲学系编：《十六—十八世纪西欧各国哲学》，商务印书馆1961年版，第502页。
② ［德］莱布尼茨：《人类理智新论》，陈修斋译，商务印书馆1982年版，第30页。

过，他对感觉经验也赋予了一点作用，认为只是在感觉经验的诱引下，人们对心中的观念进行了反省，才使他们清楚明白起来。观念和真理不是作为现实天赋在人们心中，而是作为倾向、禀赋、习性或自然的潜能天赋在人们的心中的，但其感觉经验并非指感官对外部事物的知觉，而是指心灵内在的东西，即单子本身固有的"微知觉"。根据其单子论，单子是封闭的，故心灵并非从外界获取知觉，一切观念归根结底乃是天赋的。

他还把真理分为推论的真理、必然的真理、事实的真理和偶然的真理。检验这些真理的原则分为矛盾原则和充足理由律原则。唯理的知识，只有通过确实的推理所依据的先验的原则才能成立。先验的原则有同一律和矛盾律，这是纯粹思想范围里的真理标准；而充足理由律则是经验领域中真理的标准。当一个真理为必然真理时，人们可以用分析方法找出其理由，把它们归结为纯粹的观念和真理，一直到原始的真理，这样是"统一陈述"或逻辑上的重言式，其反面包含明显的矛盾。认为数学、逻辑学、形而上学、伦理学、神学和法学等学科中的原理都是必然的真理。事实的真理则借助经验而认识，它们不具必然性，与之矛盾的对立命题是可能存在的，因此它们的真实性是偶然的。对于一个事实的断定，只有借助经验才知道。如果一个事实是真实的或实在的，它必定有一个为何这样而非那样的充足理由。充足理由存在于偶然的真理或事实的真理中，也存在于宇宙中的各个事物之间的联系中。宇宙间的事物无穷多，若加以分析的话，其全部细节中包含着一些在先的偶然因素，这些因素也需要以一个同样的分析对其原因加以说明，这样不断类推，以致无穷，所以充足理由或最终的原因应存在于这个偶然事物的系列之外，故事物的最后理由应在一个必然的事体里——上帝。可见，莱布尼茨尽管有调和唯理论和经验论的意思，但其理论的主导倾向仍是在强调唯理论，知识仍出自理性，而感觉的作用刚显出一点，就被其强大的唯理论扼杀在摇篮里了。而且不可靠的感觉经验因其偶然性而不确定，必须对其存在的理由加以说明，由此就导致了无穷类推，结果其最后的必然性只有由上帝来保证，而上帝正是唯理的化身。如此绕了一圈，经验仍是被纯粹理性给"过滤"掉了，纯粹理性的地位被牢牢地巩固了，理性再次赢得了霸权而主宰一切。由此建构理性的知识论基础在此得到了比较完备的表达。这种尊理性贬经验的知识论传统，势必会不断抬升理性的地位，而理性的至尊也必将强化理性的独断，因为一个毋庸置疑地、无所制约的理性，就意味着一个无所不能的理性，它将摒弃一切羁绊，一切以理性的"灵幡"为是，乃至理性扩张到它力所不及的领域，这种扩张造成的有害结果休谟在其《人性论》中已有明确的解说，而康德也对之进行了更深入的思考，并对理性的作用范围做出了明确的界分，后世更多的思想家和哲学家对理性的扩张进行了批判性反思。尽管如此，作为唯理主义理论产物的建构理性思维方式仍大有市场，不断演绎着新的历史画面，其中的教训和经验都值得人类认真地反思。

总之，经验论和唯理论在近代哲学的发展过程中，也在逐步演化，并展示出从彻底的两个极端向肯定经验与理性知识的各自合理性层面。不过，仍将感性与理性割裂开来。康德试图调和二者，以应对休谟怀疑论对科学的理性基石和宗教的信仰基础的破坏，如何从理性中救出宗教，从怀疑论中救出科学，所以他迫切地感到必须清算人类理性，对其认真地批判和审慎地考察，以确保理性的正当要求，摈除无稽的要求。也就是说，迫切地需要一种新的认识论，新认识论要研究普遍、必然的知识的可能或不可能来源、范围和界限。他认为，一直到现在为止，哲学是独断的，它往前行进，但没有预先批判自身的能力。现实必须批判，或开始不偏不倚地考察理性一般的能力。因此康德写了"三大批判"，分别考察理论理性、实践理性和美学目的论判断等，试图为理性能力划出界线、范围，并使经验与理性得到有效结合，给各自以合理的地盘，但也限定彼此的权界范围，而不致分崩离析。对康德的工作，黑格尔则认为，虽然康德强调感性直观与知性思维的联合，但在康德那里，"思维、知性仍保持其为一个特殊的东西，感性也仍然是一个特殊的东西，两者只是在外在的、表面的方式下联合着，就好像一根绳子把一块木块缠在腿上那样"①。黑格尔则在哲学史上第一次提出了感性与理性的辩证统一问题，他要求凭借理性思维的能动性来实现由感性到理性的"飞跃"，但其理性不过是复活了的柏拉图的"理念"而已。黑格尔的高明之处在于其辩证思维，将感性统摄于理性之中，却使理性化身的绝对精神由此走得更远，它不仅要统摄自然界，而且要重构人类社会。这样建构理性的理论基础在此有了更完美的形态。实质上，真正达到了对经验和理性相互关系的辩证理解，并真正的超越经验论和唯理论的片面性，则需要从人的实践活动及其历史发展来看待人的认识问题。这种实践论的知识论是由马克思完成的，它真正实现

---

① ［德］黑格尔：《哲学史讲演录》第四卷，贺麟、王太庆译，商务印书馆1983年版，第271页。

了知识论的革命变革，造就了一种全新的思维方式。

至于说二者理论所具有的抽向性和先验性特征，我们在前文已有专门的说明，在此就不再赘述了。

二 两种理性观的不同点

尽管法德启蒙理性在理性的形而上基础上颇为相似，即都强调理性在本体论和知识论上的根源性，甚至在对自然法和理性的遵从上也都有近似的观念，包括在诸多价值取向上，如民主、人权、平等、博爱等核心价值上也有许多共同点，但毕竟法德理性的理性逻辑还是存在较大的差异性，法国理性虽然重视演绎法，但法国人也重视生活中的个人情趣和个人感受，这与他们的浪漫性格是相一致的；德国理性则更看重将分析与综合相结合的先验逻辑，强调逻辑的严谨性和严格一致性，在形而上思维上，德国理性更重视理性的逻各斯和努斯精神，这种精神使得其哲学更具有超越现实存在包括现实社会，追求一种超历史的存在，即理想的超验世界。这样，重视演绎法的法国理性尽管似乎更具有抽象性的思维，但事实上，这种演绎法只不过是为了建立抽象的原则或普遍的法则，以规范社会和个人，而这种理性并不太在意或关注逻各斯和努斯精神，不关注严格的逻辑性，理性关注的是建立法则、规则之后人们生活的感受性和情趣性；相较而言，德国理性则痴迷于逻各斯和努斯精神的追求，至于个人的感受和情趣在封建王权和宗教神权都更为严厉的德国是很难被哲学家感知到的，而且哲学家的事业和情趣不在尘世，而在超验的理想王国。这就使得法德理性在价值判断上存在着一定的差异性，主要表现在以下方面：一是法国的理性立足于个体，注重从具体的情感、审美情趣出发，寻求人的解放、自主性及终极目的的启蒙价值，将批判指向了宗教和社会，但它不太关注逻辑的严谨性；德国的理性立足于社会，强调逻辑的严谨性，将批判指向了理性自身，但对宗教表示宽容和尊重，批判主要集中在哲学和历史领域，它寻求超验的普遍价值。二是法国理性表现为工具理性特征，德国理性表现为价值理性特征，二者在天赋人权的内在冲突上表现为自由与平等的对立，本可缓解其冲突的博爱因与宗教有染而被遗弃。三是在价值取向上的巨大差异性：法国理性立足于个体，追求人的自由和解放，强调自由、平等与博爱的启蒙价值，以及自由、平等与博爱的价值为何被自由、民主与人权的价值所取代（启蒙价值的畸变）；德国理性立足于社会，强调社会价值，反对个体价值至上，重视群体、社会和国家权，关注市民社会的发展。

（一）两种启蒙理性所立足的基础不同，其理性批判的指向也各不相同

尽管我们在前面说法德理性都在方法论上坚持整体主义和本质主义的方法论，而且法国启蒙理性还重视演绎法在哲学中的作用，但这仅仅是其理性主义的一种表现形式，因为理性本身就要求肯定普遍性，在这些方法和逻辑的后面还隐匿着一种带有法兰西民族特有的浪漫情调，使得它与18世纪德国古典哲学式的精神启蒙有着较大的差别。这种差别首先是在道德观念上的不同。法国理性的道德观念是一种理性而又富有情感的道德观，它可以化解为体验、心情、梦幻，对个人的体验、感受和情感比较重视；而德国理性的道德观则是一种反思的，即思辨的形而上范畴规范下的道德观，这种道德观重视道德法则的普遍性、法则性，拒斥不确定性和随意性，也就是说它拒斥个人的经验感受性和情感的体验性，也是对个体的感受、情感和体验是排斥的，它更强调所有人共同遵循的道德法则，强调行为的一致性，即共同体对道德法则的遵守上的一致性。尽管我们在前文中强调法德启蒙理性都更重视社会、群体或共同体的价值，因为那是社会安定稳妥的基石，但在道德观上二者却具有明显的差异，这种差异在幸福观上体现得最为突出。

18世纪法国理性的幸福观主要来自伊壁鸠鲁和斯多葛学派的思想。启蒙时期赋予这些道德以新的意义，人们不仅要享受幸福，还要思考幸福。哲学家鼓励人们在道德上冒险，以抚慰人们在精神上的愧疚感和焦虑不安的情绪，哲学成为人们精神上的支撑。启蒙时期的法国哲学家们都有一颗感性的心灵，在他们的哲学和心灵之间存在着激烈的冲突。哲学家们崇尚理性，甚至主张理性至上、理性具有统治权，但他们又重视心灵的感知能力，在追求幸福的道路上又伴随着挫折、焦虑、痛苦、绝望以及其他种种灰暗的心情——这种精神的感受恰恰是浪漫主义的情感表征。而一些理性哲学家也是浪漫主义者，如霍尔巴赫、爱尔维修等。事实上，启蒙时代并不是一个造反的世纪，而是把古老的西方形而上思想重新装扮起来，它是从神学时代向后来的实证时代的过渡，18世纪也不是非宗教时代，只是人们最大的精神困惑来自宗教。哲学家的理性与其宗教情怀同时存在，因为理性的、"光明"的哲学与神秘的心情和感受也体现在同一个哲学家身上，比如伏尔泰。人们在重视理性的同时，也重视情趣，因为情趣也是法国人生活的重要部分。与情趣相连的是爱或者博爱，他们爱神秘的一切，也包括自己的心情、感受。宗教情结也为启蒙时代灌输了创造的灵感，即从虚无中产生一个新世界。18世纪的法国人自认为是自主的人，是万事万物的主人，具有创造一个新世界的能力。甚至人自己成为其创作的一个作品，感性、想象力还有理性都成为这样的作品。这一创造的过程是升华的过程，也是具有哲学性质的感情升华，人们把日常生活中的一切都赋予神圣性，甚至放荡的情感也被视为圣洁的。所有这一切都是在理性的口实下发生的，人们挑战权威，但这种挑战又来自下层或民间。几乎所有的启蒙思想家都是民间的，其荣誉来自人民。启蒙思想以极大的热情寻找新的生活乐趣，探索新的世界，当然不仅仅是精神世界。对待宗教，思想家们也满怀焦虑，他们既批判宗教神学对人性的摧残，也渴望获得一种神圣的人性来替代神的缺位。于是在宗教、理性和情感之间，人们深感困惑。主要的问题在于，如何获得心灵的慰藉，也就是怎样获得幸福问题。而伊壁鸠鲁所说的幸福就是一张更为持久的宁静状态，就成为思想家们认可的观念，伊壁鸠鲁学说也就成为人们的热门议题。一方面人们要面对沉醉和快乐的生活；另一方面又需要从这种沉迷中清醒过来，从欲望中抽身出来，这就需要对幸福观的探讨。幸福观的另一个来源是斯多葛派的思想。它是一种通过人的精神把握世界的能力，比如博爱思想。孟德斯鸠、狄德罗、卢梭都热衷于斯多葛主义，从中汲取灵感。他们认为，幸福就是去创造生活，幸福不仅仅是情趣和快乐，还包括乏味、焦虑、痛苦等方面，幸福是悖谬的，生活的艺术就是从不同的情绪中寻找平衡。因此，法国启蒙理性的另一半是灰暗与痛苦的感受。所以法国理性希望生活本身成为一种艺术，它们重视生活本身，反感脱离生活的形而上学，不做无谓的玄想，体会现实世界的幸福。这也显示法国的哲学与德国的哲学有着完全不同的含义。18世纪的法国人给哲学以生活的含义，哲学要关注生活、关注现实，批判现实，使人获得解放和自由。

因此，法国理性强调精神感受。感受的别名是热情，这是广义的热情，其中包含着各种梦幻，其核心是快乐。在法文中"不信神"与"放荡"是同一个词。人们不把时间浪费在苦思冥想上，而是强调没有动机或原因的快乐，一种解放了的快乐。那是一种自发的、对所有事物的愉悦，也就是幸福，乐观的态度，快乐的性情，获得不被任何人夺去的快乐的能力。这种快乐的能力是细微的，甚至是偶然获得的快乐。人的幸福可以不受环境的影响，快乐的心面对所有环境时都能感受到快乐，甚至在悲情中也能发现快乐。这是一种崇高感，因为它展示了感性中的不可能性。另外，幸福还在于不放弃希望，开拓属于人们自己的家园。当然，哲学家们不是在身体上而是在精神领域对痛苦领会得最深刻的人群，他们既指出了人生的不幸，也在探讨人生幸福的源泉。他们认为，幸福有三个源泉——理性、自然、社会。他们坚信只有人们利用好自己的理性，才能在人生的各个阶段，在各种复杂的环境和心情中获得幸福；即使在缺失幸福时，也能找到幸福、感受幸福。所以霍尔巴赫相信人的自然本性自发地朝向幸福，人在心灵中所发现的不仅是得到幸福的愿望，而且是幸福本身，人这部机器的发动者、启动者是快乐。卢梭和狄德罗则强调人的社会生活，人不是孤独的个人，人组成社会；人要在社会中获得幸福，就必须有合理的或建立在社会契约基础上的政治自由。所以法国理性的幸福是一种建立在感受性基础上的快乐的情感，它重视人的感受性和体验；幸福也需要理性的引导，才能更好地获得幸福，即使在最困难和痛苦的时候。因此它不是一种思辨性的理性，而是一种复杂的包含情感和理性的复合物，是建立在个人感受性基础上，又能充分利用或发挥理性的快乐感受性。它的前提是个人、个体的特殊情感体验，具有鲜明的个体性特征。尽管我们在前文中曾提及法国启蒙理性立足点也是社会，那是从共同体或群体的角度，基于社会或共同体的稳定性的需要，它才强调社会价值优先于个体价值，但在独立的运用理性进行行为决断时，它更强调个体的优先性，突出个人的特立独行，表现为一种行为上的个体主义。

德国启蒙理性的道德观则是立足于普遍性的法则基础上的，或者说，它是建立在群体、共同体或社会的基础上的。它所有的法则，无论是道德的，还是社会的，都必须是对社会群体的，或者是对所有人都适合的、普遍有效的规范，不是针对具体个体的。它要把个体的特殊性准则上升为普遍性的法则，成为所有人或共同体的规范；它要使得理性的普遍性法则统摄一切个体的准则，将所有的特殊性归于普遍性法则之下，要使理性为特殊性、个体性建立法则。为了实现这种普遍性法则，它使用先验性的范畴来为自然立法，它要在自然（经验或现象）之间建立必然的联系，并规范自然使之具有普遍法则的统摄。所以康德一定要使自己的认识论范畴——理性总是要固执地抓住某种观念，也就是类似"幸福"这样的感性观念，把它统摄到理性之下，受到理性法则的管制和约束，借助这种统摄把这些具有偶然性的感情加以沉淀，使其变得稳定、沉稳，不再随意而发，而后使其从属于一个统一的观念——幸福。

但是幸福毕竟是与感性有着千丝万缕的联系，它总是同时就是很多别的甚至是相互冲突的东西。幸福应该是活生生的、偶然的、瞬息万变的——因为我们抓不住它而化为乌有——如果要想把幸福从非理性中解放出来的话。康德从中得出了理性的悖论或二律背反的结论，由是，"幸福"竟然被逐出了实践理性或道德领域——因为既然"幸福"无法形成理念，也就不能作为道德的基础，因为道德基础是不发生变化、具有确定性、普遍性的理性，而幸福与理性之间没有可以共同衡量的标准或尺度，属于两个不同的系列。那么幸福是什么呢？康德认为幸福是想象中的简单的理想，属于"经验的现实"而不是范畴类的道德法则。在康德看来："一个有理性的存在者对于不断地伴随着他的整个存在的那种生活惬意的意识，就是幸福，而使幸福成为任性的最高规定根据的原则，就是自爱的原则。所以，一切把任性的规定根据设定在从某一个对象的现实性那里可以感受到的愉快或者不快之中质料原则，……即它们全都属于自爱或者自己的幸福的原则。"① 对康德而言，意志的规定根据不能设定在低级欲求能力之中，因为低级欲求能力是根据快乐的程度来规定意志的，这不仅是极为低级的欲求能力，而且它具有经验的性质，十分不确定，它会严重地损害理性的强大和优越。"经验性的规定根据不适宜于任何普遍的外部立法，但也不适宜于内部的立法，因为每个人都以自己的主体作为偏好的根据，而另一个人则以另一个主体作为偏好的根据，而在每一个主体本身中时而是这个偏好，时而是另一个偏好占有影响的优势。要找出一条法则把这些偏好全都统辖在这个条件下，亦即所有各方面都协调一致，那是绝对不可能的。"② 可见，在康德这里，其排斥幸福具有法则的可能性，是因为幸福从属于低级的欲求能力，而且幸福本身是依据每个个体理性的欲求原则的，它不具有普遍性，还会损害理性的强大和优越性能力。同样，在费希特那里，幸福也不能建立在经验欲求原则上的，他指出："每个人的终极性目的是什么？这个问题的答案是纯粹道德的，必须以道德规律为根据，惟有道德规律才把人作为人加以支配，并给人提出一个终极目的。"③ 而道德规律是人们的道德法则，是适用于所有人的、类似自然规律的东西，所以它绝不是建

---

① 李秋零主编：《康德全集》（第五卷），中国人民大学出版社 2007 年版，第 23 页。
② 李秋零主编：《康德全集》（第五卷），中国人民大学出版社 2007 年版，第 30 页。
③ ［德］费希特：《论法国革命》，李理译，贵州人民出版社 2001 年版，第 59 页。

立在个人基础上经验性的准则，即建立在个人欲求能力上的准则，而只能是对所有共同体或所有人都适用的普遍的道德律。费希特认为，必须根据先验原理去判断人生的善，而不能根据经验原则进行，因为经验原则缺乏普遍有效性。在讨论极乐问题时，他把极乐视为一种本真的生活，他说："我们已经由此开辟了一条道路，去认识两种生活的显著差别，即一种与存在同一的本真生活和另一种就其为单纯假象而言，与非存在同一的单纯假象生活的差别。存在是简单的、不变的和永远自身同一的；因此，本真生活也是简单的、不变的和永远自身同一的。假象是一种不停地变换，一种在变易与消逝之间永远的游移，因此，单纯的假象生活也是一种不停的变换，永远游移于交易与消逝之间，并被无休止的变化撕得粉碎。生活的核心总是爱。本真生活爱太一，即不变的和永恒的东西；……"① 由此不难发现，费希特也是把普遍性的理性原则作为极乐的尺度或标准的，这种普遍性的尺度或标准绝对不可能建立在个体的基础上，而只能建基于共同体或群体基础上。在此，费希特同他的老师康德是一致的，那就是幸福或人生的目的不能建立在个体的欲求能力准则上，也就是不能以个体为基础，不能从个体出发，只能是以共同体为基础、以群体为前提，因为个体的感性欲求准则无法达成统一的标准或尺度，人们只能在不确定、变化无常的欲求中不知所措。这显然是重视理性普遍性的德国哲学所不能认同的。

法国理性认为，幸福不在于高居人们之上的某种天启的观念，而在于人的本性之中。它在分析人的本性时，更看重人的心情和身体的欲望，它们也被认为是自然的。从这样的"自然"中，又发展出形而上学、道德、法、政治、文学艺术等。这种理性主义显然与德国具有思辨特征的理性主义是不一样的，它是一种包含着丰厚情感的理性，尽管它看重理性、看重逻辑——特别是演绎法，在方法论上也是一种本质主义或整体主义，但理性还包含着一种微妙精神的自然，这就是个人的情感和感受。微妙精神是法国启蒙精神的另一半，它不是简单的自由、平等、博爱，理性是微妙的，不是简单和粗暴，更不是专制。思考微妙精神靠的是精神的勇气，即理性无须担心犯错误，不要害怕权威。"犯错误"的意思是指违反了旧的道德规范、理想、信念、思想原则等，"微妙精神"意味着精神的情趣和真理性可能不像从前人们的风俗、

---

① 梁志学主编：《费希特著作选集》（第五卷），商务印书馆 2006 年版，第 15 页。

习惯所肯认的那样，还有更多的可能性。启蒙标志着法国精神风俗的变化，也是人的内心动作习惯的变化，属于人心暗的层面。是"我"而不是"我们"的心理个性和精神特质，暗处的念头任由性子而怀疑一切，因怀疑而又批判一切，由此形成新的人性：心意、心情、心愿、心地、心肠、心迹都与从前大不相同。这种新的"理性"，由于承载了过多的情感感受，所以对古希腊的逻各斯和努斯精神就无暇顾及了，也不再感兴趣，因为丰富的情感和个人感受具有更大的吸引力，而超验和至善的形而上理想太过于遥远和不现实，逻辑的一致性更与变化万千的情感世界相矛盾，也只好将它放逐了。当然，理性的新的改变也要经历巨大的痛苦，人们不仅仅追求感受的愉悦，也需要忍耐和宽恕，忍耐从前无法容忍的，宽恕此前不能原谅的，这就意味着精神空间更大的延展和扩张。自由在法国理性那里的基本含义是宽容，并公开承认每个人都有追求其幸福的权利，都不能阻碍别人同样的权利。这就是平等。至于博爱，即爱一切人，原本具有宗教含义，但悖论的是博爱之所以成为法国启蒙理性的口号，则在于它的非宗教精神。"法国正在发生一件迄今未见的事情。在其他时代，人们曾猛烈攻击现存宗教；但是人们攻击宗教时显示出的热忱总是产生于新的宗教唤起的虔诚。……在法国，人们怀着一股怒火攻击基督教，而未试图以另一种宗教取而代之。人们热情而不懈地力图把曾充斥灵魂的信仰扫除掉，却使灵魂空空荡荡。很多人满怀激情投入这件徒劳无功的事业。宗教问题上的绝对无信仰是违反人类的天性的，它使灵魂陷入痛苦的状态中，但对群众似乎有吸引力。它一向只产生某种病态的萎靡不振，这次却造成狂热和布道精神。"[①] 托克维尔认为，法国人之所以反宗教，是因为哲人们以为教会阻碍着这场正在酝酿中的革命，而且成为革命的主要发动者——哲人们的特殊障碍。在他们看来，教会用治理教会的各项原则来阻挡哲人们在世俗政府中树立的原则。首先教会主要依靠传统，哲人们则对建立在尊重传统之上的所有制度表示极度的轻蔑；教会承认一种高于个人理性的权威，哲人们则只信赖个人的理性；教会建立在等级制基础之上，哲人们欲混合各等级。唯有认同政治社会与宗教社会不能用相同的原则来治理，方可化解二者的矛盾，但在当时是不可能的，要攻击国家制度，必须摧毁教会制

---

① ［法］托克维尔：《旧制度与大革命》，冯棠译，桂裕芳、张芝联校，商务印书馆 1992 年版，第 185 页。

度，因为教会制度乃是国家制度的基础和楷模。其次，教会具有重要的政治权力，它最令人厌恶的是它卷入政治权力，并且使政治权力中的罪恶神圣化，并以此掩护罪恶。再次，教会代表政府中离他们最近、最直接与他们对立的部分，它们专门负责监视思想动态，查禁作品，每天与他们作对。最后，教会是他们试图攻击的最暴露、最缺乏防御的部分，而且国王因为与教会有矛盾对它们的保护也热情不高等。这些都是哲人们首先攻击宗教的原因。哲人们通过启蒙理性的宣传，借助其作品抨击宗教，指陈其罪恶和对社会的败坏，很容易唤起同样专注于自己的情感、感受、追逐着自己的快乐的人们，他们很快就认同和接受他们的观点，认为宗教就是一切罪恶的根源，必须予以否定和抛弃，所以宗教自然就成了理性讨伐的对象和群众攻击的目标。

法国理性另一个批判的目标是社会，特别是专制主义。我们知道，法国启蒙思想家把理性推上了最高的裁判者的地位，它具有最高的权力评判一切。一开始理性是与自然法结盟的，利用自然法来达到获取权力的目的。但后来自然法和理性逐渐实现了分权，这要归功于斯宾诺莎。斯宾诺莎尽管承认自然法和自由一样是上帝创造的，但他却将自然法严格地限制在自然领域，自然法决定了自然的概念框架，作为一切行为的基础，但它并不规定任何行为准则。自然法并不规定政治领域，该领域主要是由人们的冲动决定的，最好的情况是在理性所规定的限制下实现。据此观点，理性就获得了立法能力。斯宾诺莎多次提到"理性的指令"或者"健康的理性的指令"，并要求根据理性的法则来规定国家的法律。他认为，理性不仅是存在因在其自身之外的有关"法"以及法的总体关系的知识，由于理性本身具有立法的能力，它也在发号施令。同时，对于个人，理性也要建立起对冲动的控制。这样，理性无论是对于国家，还是对个人，都要保留理性的指令权力和影响力，以实现理性的统治。他强调，权利和国家通常处在由理性建立和引导的法律之下。在理性现实化的兴趣下，使用暴力既是合法的，又是必要的。在此背景下，理性的统治成为启蒙理性关注的重要议题，并被法国哲人所肯认。他们求助于理性的规范性力量，认为社会关系形态的根基在人类的行为之中，这一观念不断深化，并不断拓展应用领域。这样，理性不再仅仅是对一切规范性源泉的辨识，它自身也变成了规范性的源泉，从而实现了理性的统治。

我们前面分析过法国理性喜欢普遍性和抽象性的原则，实际上，它还有若干基本的信念：人本身具有天赋的权利；所有的人都是平等的；人自身禀赋的理性足以解决他所面临的任何问题；由于没有哪个人希望邪恶，所以只要知道什么是正确的，人们就会随之而行动。理性之君被推上王位；历史被认为是偶然性和非偶然性的王国；通过思想人们可以找到真理，通过真理指导行动，人们可以消除数世纪以来的贪婪和祸患造成的后果；而且利用争议的法律，人们可以从头开始，另起炉灶。法国理性从这些抽象性的前提推导出其整个观念体系，它的所谓"自由、平等、博爱"的观念，都是这种抽象原则的反映。正如我们前面所述，法国理性尽管强调整体主义，但它的行动理论基础则是个体，它重视个人的情感和感受，但又强调理性原则的抽象性和普遍性，二者的结合就会形成一种理性的非理性疯狂诉求，就像自由、平等、博爱的观念一样，它们变成了一种绝对的观念，一种绝对的自由、平等、博爱，乃是一种理性的非理性疯狂。再加上每个个体丰富的情感和感受的多样性，这种抽象性的价值符号与多样性的情感和感受性的复合体，就会造成理性的非理性疯狂，它不仅使人们在观念上执着一念，更使人们在行为上陷入癫狂状态。二者相互激荡，互为推动，从而使得理性变成了非理性的迷狂。就像柏克所抨击的那样，"那些形而上的权利进入到日常的生活中来，就像光线穿过高密度的介质那样，根据自然规律，必然会发生折射，失去原来的直线。的确，在由人类激情和关切所构成的粗陋而繁杂的集合体之中，人的原始权利经受了那样多的折射和反射，以至于如果对它们谈论不休，认为它们仍然保持着原初的单纯状态，无所曲折，那简直就是荒唐之言。人类的本性是复杂的，社会的目标也具有最大可能的复杂性，因此，任何对权力所做的任何一种简单化的处置或安排，都不能适应人类的本性或人类事务的特质。"①因此，在柏克看来，抽象化是疯狂行为的温床。如果某人经常使用逻辑范畴进行思考，那么他最终会遗忘人民。法国的那帮理论家们对人类有着深深的爱，但是对具体的人却不耐烦，甚至把他们忘掉。疯狂者之所以要诉诸枪弹和刺刀，那是因为他们根据某个原则认为某一阶级的成员应当灭绝。抽象化的做法是把具体的人加以分类，然后就抛弃他们是人类的想法。这样说就可以大开杀戒，消灭对方而又成全了原则的严肃性和纯洁性。所以形而上学家的心肠近似恶鬼的冷酷，因为那是建立在更为冷酷的抽象原则上的，冷冰冰的原则和人们的激情的结合就会造成更加无情的冷酷。然而，法国理性的危

---

① ［英］柏克：《自由与传统》，蒋庆、王瑞昌、王天成译，商务印书馆 2001 年版，第 71 页。

险之处还在于，它让人带着抽象的原则去面对经验、检验经验，而这些原则根本不是经验的结果。这样的结果只能使其前提和后果都与道德抉择紧密关联着，它们相互捆绑着，只要是合乎原则的就是合乎道德的、合乎正义的，即使暴力甚至杀戮也是允许的，因为为了更高的目标、为了理想的价值，这点儿牺牲是值得的、微不足道的；同时，理想的实现注定是曲折的，出错是正常的；但无论如何，理想方案都必须被不折不扣地执行和实施，否则就无法真正地实现美好的设想；而且在理想实现的时候，一切都会得到回报和补偿。就像一位西方学者所指出的那样："这种乌托邦主义随着时间推移而发展，它也促进了法国思想的更广泛的模式：倾向于围绕形而上的理想来定义美善生活；渴望新奇、渴望背离常规的说理；能够创造出宽广而深远的设想，以及慷慨的接受普遍主义的愿景；热爱矛盾的事物、乐意提出许多论点，直到得出最深刻的结论；对广泛而详细的方案蓝图充满着激情。"① 这或许就是法国理性的思维定式。另外，法国理性由于对超验存在或至善不感兴趣，使得它失去了超验存在（包括上帝在内）对其的约束性（前文亦有分析）；同时，由于抽离了对超验存在的关注，它只能别无选择的关注现实世界——尘世世界，即关注社会问题，诸如专制主义、宗教钳制、社会不平等、人的不自由、人的权利、博爱等。而关注个人丰富的个人感受，使得它常常神经质般地对许多事物极度敏感，稍有不合意就会歇斯底里地发作，而且极具攻击性。这些特性都使得法国理性最终把理性批判的矛头指向了宗教和社会，这也就成了其自然而然的逻辑。

而德国启蒙理性由于立足于社会或共同体，其理性批判则指向了理性自身，但对宗教表示尊重和宽容。德国理性强调逻辑的严谨性，强调对理性的批判，批判主要集中在哲学和历史领域，它寻求超验的普遍价值。法国的启蒙口号"理性的统治"对德国哲学界无疑具有极大的号召力、吸引力，这不仅是因为法国成为当时欧洲启蒙运动的中心，还在于德国处于相对落后的进步专制的社会状况。理性统治对德国理性的吸引力在于，它预言了腐朽依附关系的崩坏和自由的实现——终结了政治上的压迫，也终结了不亚于政治压迫的精神上的监禁和控制。在这种情况下，德国理性寄希望于"启蒙"，就是

① ［英］苏迪·哈扎里辛格：《法国人是如何思维的》，李虎、李宋乐颖、梅应钰译，新华出版社 2017 年版，第 100 页。

盼望"理性的统治"。

但是德国的理性统治，并不是法国式的理性统治，理性既无权使用暴力，也不具有国王般的权力，理性不能主宰一切。理性有什么权力能够挑战一切，甚至对有几千年历史的宗教都要予以否定？必须对理性的能力进行考察。尽管启蒙理性建立了一个法庭，要求一切事物必须在这个法庭上为自己的合理性进行辩护，但理性本身同样也要经受一样的审查。理性在出发进行批判之前，也要对自己的能力有个批判性的考察，看看它到底适合干什么，究竟能干什么，又不能干什么。理性的能力要通过批判性的拷问、讯问，然后得出结论，理性的权利（而不是权力）究竟有多大？理性使用权利的范围是怎样的？它的权利的边界在哪儿？它不能将自身权利伸展到哪些地方、哪些领域？只有这些问题都理清了，理性才能由此出发开始从事自己的事业，也才能干好自己的事情。在德国启蒙思想家那里，理性仅凭自己的洞见能力，还不足以看到、保证它的立法能力。既然如此，如果根本就不是理性的两种形式之间的差别，也不是同一种理性的两种运用方式——理论理性和实践理性——之间的差别，那么就需要扩充理性的概念。如果一种理性发出命令，它要统治，并且必须统治，这种理性必然是"实践理性"，而且是自我立法的实践理性。

德国的理性为何与法国理性具有如此大的差异性？这与德国的特殊历史相关联。事实上，德国未参与启蒙运动的开创阶段。在德国，由于不利的（多半是封建的）社会和政治条件，启蒙运动的代表和主流是由沃尔夫及其门徒传播的莱布尼茨的哲学。沃尔夫用明晰的体系化形式重塑了莱布尼茨哲学。而在 18 世纪上半叶，"莱布尼茨—沃尔夫哲学"就成了德国大学中的经典模式。但即使在其鼎盛时期，莱布尼茨—沃尔夫哲学也有一些批评者。克鲁修斯就向沃尔夫学派提出了严厉的批评，后来沃尔夫学派又让位于敌视其隐秘教诲的通俗哲学，一项折中而智思疲软无力的运动。然而，直到这个世纪晚期康德的批判哲学横空出世前，尚无对手具有与莱布尼茨—沃尔夫体系相当的哲学水准。此时，启蒙运动的威名已经遭受到玷污，经历过 18 世纪，该问题就愈发突出：重建人性的理性计划存在缺陷而且代价不菲。

法国理性反对宗教，在德国启蒙理性里则没有发生这一问题，因为德国哲学认为理性与宗教是和谐的关系，是能够相互促进的。其实，在经院哲学的世界观里，上帝的知识和自然的知识就是相互补充的；托马斯主义将基督教神学与亚里士多德的自然科学统合在一起。而在新科学中就发生了极大的变化，新科学的自然途径——机械论、数学和物理学取代了亚里士多德的实体形式和目的因——缺乏任何内在神学的纬度。尽管新科学对宗教形成了挑战，但人们并不认为这就给宗教制造了一个无法克服的矛盾。许多人倾向于接受可以使宗教成为理性的事务，在德国更是如此。在德国毫无针对现有宗教权威的任何反应，这与法国哲人猛烈地反宗教形成了反差。德国理性的解决之法是自然神论，用自然神论代替启示，把这当作上帝存在的证明予以颂扬，从而使理性成为宗教的基础，因为在自然中的秩序正是理性所认知的。不过，自然神学终究难圆其说，它事实上也舍弃了《圣经》的权威，而其支持的理神论（作为"神圣的钟表制造者"、至高无上工匠的上帝）作为信仰而言有点过于粗陋了。宗教与科学，还有道德，它们之间的冲突的可能性就更大了。形而上学作为理性以及人类知识的守护者，发现自己面临着忠诚的分裂。其实，宗教的需求和自然科学的需求之间的紧张关系是在1717年出版的莱布尼茨的《莱布尼茨和克拉克通信集》中呈现出来的，这场极为重要又范围广阔的争论的真正主角是莱布尼茨和牛顿，克拉克只不过是牛顿的代言人。各方都鼓吹有关自然的一种不同的理论化方式，双方争论的结果是，在许多根本观点上，莱布尼茨从充足理由律推出的关于实在结构的理论与牛顿现象归纳得出的结论截然相反，这让人深为忧虑，不仅因为彼此无力达成一致而因此影响新科学所主张的权威性的自明性：自然科学和形而上学声称是对实在的有理性的描述竟然相互抵触，这就意味着在科学研究中的理性的自主运用对理性宗教构成了威胁。形而上学再次发现自己成为受害者。而英国的休谟对因果律的攻击不仅动摇了自然科学的理性基础，且破坏了人们信仰的根基；而卢梭对理性的质疑更是推波助澜。

这些都鼓励了德国反理性的思想家。德国的浪漫主义思想家哈曼、赫尔德和雅可比举起了反理性的大旗。哈曼和雅可比的主张虽南辕北辙，但都竭力捍卫因理性的过于有限而掌握不了的东西：因悖于理性而被启蒙运动宣告为毫无价值的东西，他们则视之为对理性至上主张的反驳。雅各比认为这揭示了有神论上帝的情感的力量；对哈曼来说，则意味着透过基督教《圣经》以及语言等所传达的是神圣启示。他们反对理性霸权，赞同彻底的反智主义。赫尔德则给启蒙思想家提出了一个新方案——否弃理性的自主性，肯认理性依赖于特殊具体的体现形式——最重要的是语言。赫尔德至少在理性的普遍性上打了个问号。同时，虔敬主义对过于推崇理性的德国理性也具有牵制作用。该派直到 17 世纪末才发源于德国的福音路德会运动，后来，虔敬派运动就逐渐变得僵化而独断，事实上，在其早期阶段，它不是外部形式的而是内在精神的宗教，它珍视皈依的个人体验、内心灵修生活的培养和道德上善的意志在慈善视野中的展露。虔敬主义可以说是预料到了启蒙运动会导致宗教陷入危机，还准备好了解决办法：宗教是不依赖于理性的。这个运动为反抗启蒙运动提供了取之不竭的资源。哈曼、赫尔德、克鲁修斯和雅可比都深受虔敬主义的影响，而康德更是在虔敬主义的熏陶中成长起来的哲学家。此外，一场公开的争论也使得启蒙思想备受质疑：雅可比和门德尔松有关莱辛是否私下里是不是一个"斯宾诺莎主义者"（即无神论者或宿命论者）的辩论，其真正的问题则是在宗教这个主题上理性立于何处的哲学问题。门德尔松断言理性支持信仰这个正统的启蒙运动立场，雅可比则认为不受约束地运用理性必然以斯宾诺莎泛神论所代表的无信仰告终。这场争论呈现的是人们长久以来的关切。而 1755 年发生的里斯本大地震，更是对启蒙运动有关自然的理性合目的性假设一种强有力的打击，致使整个欧洲陷入精神分裂的危机。这些议题——在启蒙运动内导致了与日俱增且看来无法化解的紧张——深深地困扰了康德精神世界。康德很早就介入了这些争论，他也见证和参与了启蒙运动并为自己的全新发展做好了准备，一个极为凸显的现实就是：启蒙运动已经引起了太多的争议和混乱，而无法以其原初的形式继续存在下去，人们不得不重新思考启蒙的问题。正是在这种背景下，康德创造性地提出了一种解决启蒙运动面临诸困难的成熟形态的启蒙哲学，通过现象和物自体的划分，使知识和信仰各得其所，不再对立，为二者的和谐提供了理论支撑，从而把启蒙运动推向了顶峰。

德国启蒙运动的这种经历使得德国理性对法国式的理性统治极为谨慎，对法国式的理性对宗教和社会的对抗和批判也不予认同，它更肯认理性与宗教的和谐关系，而不是对抗关系，它不愿意将批判的锋芒指向社会和宗教，对宗教表现出更大的宽容，甚至是敬重；它更愿意将理性的批判指向历史和形而上学，对历史和哲学展开批判。德国理性本来就对来自古希腊的逻各斯和努斯精神情有独钟，而且它进一步发展了这种精神，它对超验世界或至上的形而上理想充满无限的向往之情，而立足于社会或共同体的德国理性，更愿意从历史和形而上学的角度来审视或批判现实，这对它来说，就是在促进社会的稳定与和谐，因为只有来自超验世界的至善才能教化人民，化解纷争，开启民智，传输光明，祛除黑暗，实现真正的启蒙。而宗教与理性的和谐，则不但可以给德国人以信仰，实现理性化的宗教，还可以化解自然科学带来的许多危险和挑战，化解理性的戾气和过度的怀疑性，因为过度怀疑的理性最后也会怀疑和否定理性自身，所以宗教与理性的联姻，至少可以保证理性自身存在的合理性。这或许就是德国理性更愿意思考哲学和社会问题的原因。

（二）法国理性表现为工具理性特征，德国理性表现为价值理性特征

我们在前文中曾指出英国和法国启蒙理性秉持的是一种科学的世界观，这种科学的世界观强调完全可以用一种知识的方式来认知和把控，科学知识的获得可以使人们完全摆脱上帝或神学世界观的控制，人们完全可以利用科学或按照科学的方案来改造世界，使世界成为科学设计的世界。至于古希腊所探讨何为美好生活、意义或智慧问题都被知识和真理问题所取代，人们不再讯问生活的意义、存在的价值，怎样的生活才是最值得追求的生活等问题，这些古希腊哲学关注的问题都被知识、真理问题给取代了。换句话说，近代科学的世界观是一种只关心如何利用知识、真理达到有用、有效的目的，而不关心理想和价值问题，只关注真的问题、知识的问题，不关注价值世界和目的世界的事情，真与善、事实和价值成为殊途、两不相干的东西，古希腊哲学那种热爱智慧，追求幸福、美好的生活、讯问生活的意义和价值的诉求被彻底抛在了一边。哲学也不再是实践的，而是知识的、真理的，探讨知识和真理，达到改造世界的目的，就成为哲学的根本任务，哲学变成了一种工具理性，学习哲学不再是提升人生境界和修养的学问，不再是穷天人之际、析万物之理的形而上诉求，不再是"为天地立心，为生民立命，为往圣继绝学，为万世开太平"的大智慧，完全失去了对智慧的兴趣，知识和智慧从此变成了陌路。

这种科学的世界观首先从英国开始。英国哲学家培根最先提出知识就是力量，认为要有一个全新的"对人的王国、对自然的解释"，主张用归纳法探求新知识、新科学，破除种族假像、洞穴假像、市场假像和剧场假像对人们的钳制，这样才能产生新的、无偏见的科学。他主张用一种新的方法来整理和解释事实，把人类知识推倒重来。他确信他已经发现了这种方法，它将揭开自然的所有秘密。培根寄希望于他的新方法，能够使人们精确地观察和理解宇宙。为了达到这个目的，他不得不让科学摆脱根深蒂固的传统学术，这也意味着，把科学的真理和神学的真理分开，而形成一种建立在对自然的新的观察方法和新的解释的基础上的新哲学。随后，洛克提出一切知识都来自经验，否认天赋观念的存在，认为理性不只是为信仰做准备的工具，也不仅仅是为了解释信仰，而是用以判断启示或真理的标准；而启示的宣称则必须通过理性的检验。洛克的经验论就为人们利用自己的理性，借助经验知识突破宗教神权的藩篱（甚至要把宗教也纳入理性约束的范围内），其意义无疑是深远的，它开启了挑战传统世界观的大门。此后，牛顿的科学世界观则重创了传统世界观。牛顿认为，所有的自然现象都能"由源自机械论原理的同一种推理来解释。因为我有许多理由怀疑它们全都来自某种力量、分子和物体……要么被这种力量推动并凝聚在一个规则的形状之中，要么就被其推动而相互远离"①。牛顿提出了万有引力定理，它表明通过一种力，物体彼此吸引力的大小，与它们的大小成正比，并与它们之间的距离平方成反比。牛顿体系为理解物质宇宙给出有力的新综合，其三大定律解释了天体乃至全宇宙的运动；牛顿公式使得科学家可以计算地球、行星和太阳的质量。牛顿在他的巨著《自然哲学的数学原理》中完善了有关运动法则的早期论述，这部著作对以后的几代人产生了巨大的影响。虽然牛顿仍然认为上帝是自然这个机器的创造者，比如他重申了传统的创造观，"……上帝在起初形成了物质……赋予其这般的形状与大小，这般的属性，以及这般的空间比例，以使其最能朝向他之造作它们的目的……"但牛顿拒绝用隐秘属性来理解物体。因为创造者清楚地表现出理智性的特点："寻求世界的其他起源，或假设世界只是由自然法则从一片混沌中产生出来，这都不合乎哲学。"② 这样，人们在解释自然现象时却越来越不必借助上帝了。事实上，牛顿确立了一个真正的宇宙规律，即万有引力定律。这条规律宣告了人类知识的胜利，人们发现，虽然自然力是一种基本的力量，但知识的力量也是一种同样基本的力量。整个 18 世纪就是这样理解牛顿的成就的。它赞美牛顿是伟大的经验科学家，甚至强调，牛顿不仅为自然，还为哲学建立了牢固、坚实的基础和准则。牛顿的这些哲学准则也适用于自然科学，并且在这一知识领域（自然科学）永久地确立了

---

① ［美］S. E. 斯通普夫、J. 菲泽：《西方哲学史》，匡宏、邓晓芒译等，世界图书出版社 2009 年版，第 186 页。

② ［美］W. 安德鲁·霍菲克编：《世界观的革命》，余亮译，中国社会科学出版社 2010 年版，第 262 页。

这些准则。18世纪对牛顿的无条件的崇敬和赞美，就基于对其成就的这种看法。这一成就就其结果和目的而言所取得的惊人成就已经是非常伟大了，但其使用的方法更加伟大，牛顿最先为科学指明了一条道路，把它从任意的、玄虚的假设引向清楚的概念，从黑暗引向光明。"自然和自然规律隐没在暗夜中，上帝说'要有牛顿'，于是一切变为光明。"① 教皇的这几句诗，最有力地展示了启蒙思想家对牛顿是怎样的崇敬。他们认为，由于有了牛顿，自然科学才最终站立在坚实的基础上，它的任何未来的革命都绝不可能再次动摇这个基础。自然和人类的知识之间的联系已经一劳永逸地建立起来了，从此不再可能被割断了。所以新的科学方法的整体趋势朝向一个关于人、自然和整个人类知识机制的新概念前进。这些新的思想无疑对神学世界观构成了新的挑战，并使得知识、真理与价值的关系开始出现了裂缝。但是真正造成知识、真理与价值彻底分裂的则是休谟，他的知识论直接切断了二者的所有关联性。休谟否定因果关系，认为因与果之间的任何联系的观念都是对过去经验到的类似事件的回忆，因果关系只不过是人们的习惯联想而已。进而，他提出从"是"中是不能推出"应该"的，"恶与德的区别不是单单建立在对象的关系上，也不是被理性所察知的"② 。切断了真与善的联系，对休谟来说似乎还不能令他满意，他进而要毁掉宗教的基础，认为人们的知识都来自经验，人们只能知道经验之内的东西，对于它之外的东西，人们无法察知。上帝也是一样，是无法知道的。他说："纵览一下多数民族和时代，审视一下实际在世上通行的宗教信条，你很难不把它们当作病人的幻想；或者，你也许会把它们当作猴子假扮人形的怪把戏，而不是一个以理性之名自命的造物所提出的严肃的、确定的和教理式的主张。"③ 这样，休谟也彻底动摇了宗教信仰的基础，彻底割断了事实与价值、知识与智慧之间的任何联系。休谟的理论毁掉了多个传统：关于自我、上帝的知识，对于现代科学基础的因果关系的知识，以及用来证明启示宗教之真实性的神迹的知识。更为严重的是休谟认为价值是完全主观的，没有任何客观性，这就为工具理性打开了大门。所以以休谟为代表的英国经验主义所强调的经验不过是近代理性发展过程中形

① ［德］卡西尔：《启蒙哲学》，顾伟铭等译，山东人民出版社1996年版，第42页。
② ［英］休谟：《人性论》，关文运译、郑之骧校，商务印书馆1980年版，第506页。
③ ［英］休谟：《宗教的自然史》，徐晓宏译，上海人民出版社2003年版，第120页。

成的工具理性，这种理性观完全不同于古代哲学的理性观，它认为，理性不能处理目的世界的事情，理性的功能只是推论和计算，它所能处理的是经验世界以及工具世界的东西。人们要了解经验世界时，理性的功能是帮助人做计算及推论。但是，什么才是有价值的东西，完全只能由主观的喜好来决定，因此，休谟主张，理性是并且应该只能是爱好的奴隶，除了服务及服从爱好之外，还能有什么功能？他认为："理性的作用在于发现真或伪。真或伪在于对观念的实在关系或对实际存在和事实的符合或不符合。因此，凡不能有这种符合或不符合关系的东西，也都不能成为真的或伪的，并且永不能成为我们理性的对象。但显而易见，我们的情感、意志和行为是不能有那种符合或不符合关系的；它们是原始的事实或实在，本身圆满自足，并不参照其他的情感、意志和行为。因此，它们就不能被断定为真的或伪的，违反理性或符合理性。"① 这样，价值判断或伦理道德观念就被从理性观中清除出去，休谟因此得出结论："反对我们情感的那个原则不能是理性，而只是在不恰当的意义下被称为理性。当我们谈到情感和理性的斗争时，我们的说法是不严格的、非哲学的。理性是、并且也应该是情感的奴隶，除了服务和服从情感之外，再也不能有任何其他的职能。"② 这个新的理性观就是工具理性。一旦接受工具理性观，理性的功能或任务只能定位为在人们确定了一个特定的目标之后，理性借助精确的计算和预测，告诉人们采取什么方式行动，才是实现这一目标的最有效手段。至于关乎人性的目的应该是什么这类问题，理性就不管了，即非其职责范围的事。很显然的是，这种新的理性观与价值的主观主义是一个铜板的两面，如果接受工具主义的理性观，则必然会得出价值的主观主义的结论；同样的，接受价值的主观主义，也必然就会接受工具理性的理性观。在工具主义理性观引导下，人生目的、价值和意义等内容全部变成非理性的，人们只能用爱好来决定到底需要接受什么样的价值及目的。这也正是工具理性导向功利主义的原因。

　　牛顿的科学理论和方法也极大地鼓舞了法国启蒙哲学家，他们甚至认为理智的自律和自然的纯自律是相对应的。他们试图在理智解放的过程中表明自然和理智都是自足的。按照法国哲学家的观点，自然和理智都是基本的，

---

　　① ［英］休谟：《人性论》，关文运译，商务印书馆1980年版，第499页。

　　② ［英］休谟：《人性论》，关文运译，商务印书馆1980年版，第453页。

是牢固地相互影响、相互联系着的。所以介于这二者之间的、以某种超自然的力量或超越存在为基础的任何中介，都是多余的。这样的中介并不能进一步强化自然和理智之间的联系；相反，某种超自然存在的干预，只会动摇这种联系，最终会割断这种联系。由此，启蒙理性就否定了超自然存在即上帝存在的价值，他们认为不存在理性所不能认识的神秘的"某物"。自然和知识的本质其实就是一些原则，理智完全能够认识这些原则，因为理智从自身演绎出这些原则，并系统地阐明这些原则。基于此，我们不难发现科学知识在法国启蒙思想家那里所具有的那种至高无上的、几乎是无限的威力。达朗贝尔称18世纪为哲学的世纪，但是，18世纪还常常被哲学家同样自豪地称为自然科学的世纪。他们认为，只要遵循自然科学的伟大模式，就能更新一切科学，就能更为深刻地洞察法律、社会、政治甚至诗的精神。达朗贝尔在其《哲学原理》中描述了自然科学与人文科学的联盟关系及其原则，"自然科学一天天地积累起丰富的新材料。几何学扩展了自己的范围，携带着火炬进入了与它最邻近的学科——物理学的各个领域。人们对世界的真实体系认识得更清楚了，表述得更完满了。……于是，从世俗科学的原理到宗教启示的基础，从形而上学到鉴赏力问题，从音乐到道德，从神学家们的烦琐争辩到商业问题，从君王的法律到民众的法律，从自然法到各国的任意法……这一切都受到了人们的讨论和分析，或者至少也都被人们所提到"[1]。这种基本的倾向几乎影响了18世纪的法国所有的哲学家。整个18世纪都充满了这样的信念，即人类历史发展到今天，人们终于能够揭开自然所精心守护的秘密，使它不再隐藏在黑暗中，将其视为无法解释的奇迹而对它惊讶不已，而应当用理性的明灯照亮它，分析它的全部构成。不过，要完成这个任务，就必须永远切断神学和物理学的关系。这种关系在18世纪虽然有所松动，但并没有被完全打破，甚至在纯自然科学的问题上，仍有人热烈捍卫《圣经》的权威。伏尔泰因此嘲笑《圣经》是一种"圣经物理学"。伏尔泰不仅反对神学物理学理论，而且还揭露神学家们用于说明自然的方法的荒谬性，认为他们的物理学不过是神学的怪诞产物，是信仰和科学的杂交物。他指出："一位著述家想用物理学说服我相信三位一体；他告诉我，上帝的三重位格就好比空间的三维。他还会对我宣称，耶稣化体是看得见摸得着的，并用运动规律向我证明某种偶

_____

① ［德］卡西尔：《启蒙哲学》，顾伟铭等译，山东人民出版社1996年版，第44—45页。

性如何能够没有主体而存在。"① 霍尔巴赫也强调，人必须摆脱一切偶像，摆脱关于事物的原始原因的一切幻觉，因为只有这样，他才能按自己的观念安排和建立世界。迄今为止，神学唯灵论阻碍了社会政治体系的任何真正自主的调节，它是各门科学的凶恶的监护者，处处妨碍社会政治体系的发展。在他看来，神学，这种超自然事物的学说，是经验的天敌，是自然科学进步的不可逾越的障碍，它只允许物理学、自然史和天文学通过迷信的恶毒眼睛去看待一切，而不允许它们用其他观点看待任何事物。但是如果我们允许迷信来造就道德秩序，那么迷信的统治就变得更危险了。因为在这里它不仅取消了人的知识，而且从根本上剥夺了人的幸福。它用成千种幽灵吓唬人，剥夺了他的一切无拘无束的生存快乐。只有与全部唯灵论实行彻底的决裂，才能挽救这种局面。应该一劳永逸地除掉上帝、自由和灵魂不朽等概念，使自然的合理秩序不致遭受由这些概念构成的超自然世界的经常干涉的威胁和颠覆。拉美特利也持同样的观点，认为，世界只要不是无神论的世界，就决不会幸福。对上帝的信仰一旦湮灭，所有的神学争论和宗教战争就会停止，自然就会恢复它的权利和它的纯洁性。事实上，这一时期地质学的发展摧毁了《圣经》中的创世说的时间说，神学与科学之间的裂缝越来越大。物理学对世界的科学解释，已经不再顾忌宗教独断论，并且宣称，可以观察到的事实和自然科学的一般原理，乃是其唯一的基础。传统的神学堡垒终于开始崩溃了，伏尔泰和百科全书派的哲学家们，在长达半个世纪的时间里不停地战斗，最终拆毁了宗教的坚固大厦。这种破坏工作是建设物理学新大厦必不可少的基础。也只有到了这时，伽利略才得到了平反，甚至反对他的敌人也默认了这一结果。这是启蒙理性的首次大捷，在此方面，它完成了由文艺复兴所开创的事业，科学终于获得了它自己的话语权。另外，法国哲学中还有一种倾向，即要清除超验东西对它的桎梏，唯此才能实现彻底认识世界的目的。法国理性认为，人们必须认识世界最深藏的秘密，而且人们完全能够认识它。要达到这一目的，无须付出太多的努力，只需要搬掉迄今为止那个拖延了自然科学进步，并妨碍它沿着自己的道路前进的障碍。这个一直妨碍人类理智真正征服自然、认识自然的东西，就是要求有个超越王国的不幸倾向。如果人们把这个超越性的东西拿掉，自然就不成其为秘密了。自然并不是神秘的、无

① ［德］卡西尔：《启蒙哲学》，顾伟铭等译，山东人民出版社1996年版，第46页。

法认识的；与之相反，反而是人类的理智将自然禁锢在人为的黑暗中。倘若我们能够祛除包裹在自然脸上、由词句、任意的概念、形而上的假设所构成的假面具，自然就显现为一个自足的、自明的有机整体，向人们展示它真实的面目。从来没有一种来自外部、在一个超验王国中寻求对自然的解释的努力能够获得成功。因为人是自然的产物，只能在自然中存在。人类想不受自然规律的约束是枉然的，即使在人的思想中，人们也仅仅是在表面上超越自然规律。无论人的理智如何折腾着要超越感觉世界，它还是得不断地返回这个世界、立足这个世界，因为理智的唯一能力就是能够把感觉材料组合起来，这些感性材料就是人们能够从自然中获得的全部知识。这些材料还向人们展示出一种有序性、一种秩序，它是如此的清晰和完美，以至于没有任何模糊不清或可疑之物留存下来。只要理智敢于脚踏实地踩在自然的大地上，敢于直面自然，自然之谜就会呈现它的真面目。因为这样的理智不会发现自然中的任何矛盾和断裂，仅仅会发现一个存在、某种规律。所有的自然过程，包括人们常说的精神过程，事物的所具有的物理秩序和道德秩序，都可以还原为物质和运动，都可以用此二概念完满地予以解释。现在的人们和将来的人们，以及人们的观念、意志、行动，仅是自然馈赠给人们的存在和基本属性，以及自然的必然结果，这些属性才是根据自然才得以发展和改变的。所以唯一能使人们真正地获得自然真理的推论，不是逻辑演绎或数学演绎，而是从部分到整体的推论。只有以人性为出发点，人们才能解释和确定自然的本质，有关人的生理学由此成了研究自然的出发点和钥匙。在唯物主义理论奠基者的著作中，生物学和一般生理学将数学和数学物理学逐出中心位置而取而代之。拉美特利从医学观察材料出发，霍尔巴赫则求之于化学和有关有机体的各门科学。狄德罗则批判孔狄亚克的感觉论，认为仅仅以纯粹的感觉作为认识的基础或基本要素是不够的。科学必须越过这一界线，说明我们感觉的原因，而这个原因只能在我们的肉体组织中去发现。因此，是自然史、医学和生理学，而不是对感觉的分析，构成哲学的基础。如此一来，哲学就被装扮得异常美丽而确实对自然具有很大解释力的科学所诱惑，它恨不得自己就变成科学，最起码也要变成科学的样子。

随着近代科学的发展，科学的方法和科学的思维方式逐渐为人们所接受，哲学家更是欢呼科学的到来，他们甚至要把科学的原则贯穿到形而上学的一切领域，把哲学也变成科学一样具有精确性、普遍性的东西，他们要建构一个科学的形而上学体系。于是，科学的世界观在科学家和启蒙思想家的共同推动下，开始扩大自己的战场，逐步占领了人类科学的所有版图，甚至在爱智的哲学领域，也占据了主导地位，哲学从此成为认识论。它不再是人们讯问意义世界和生命价值的智慧之学，而成了关注知识何以可能的科学，获得知识、真理和改造世界，成为哲学新的使命，哲学逐渐地变成了实证科学，它的意义就在于求知、求真，而无须再关注意义世界和价值世界，因为那是主观的、不确定的东西，无法在科学的殿堂上立足，理性的任务就是寻求知识和真理，理性无法确定幸福和价值世界，至此，理性就蜕变成了工具理性，理性与价值无涉。从此，理性与宗教、事实与价值、知识与智慧成为没有交集的平行线。因此，法国理性就在科学世界观的主导下成了工具理性，然而，工具理性观所持的知识论，将价值排除在理性之外，视为主观偏好的东西，属于每个个体的事情，理性就是工具手段，使社会失去了对价值的理想追求和关怀，工具理性因此获得了最大的释放，它彻底摆脱了价值对它的羁绊，全方位地拓展其地基或空间，以工具理性代替价值理性，即越位到价值领域，由工具理性来决定其价值，这种价值只能是一种工具价值，它是以功利为先导的，以人的利益为最高价值追求，这是启蒙运动以来，表现得最为突出的事情。

至于德国的启蒙理性则走了另一条路径。我们曾指出，法国哲学对无限和超验的东西不感兴趣，它认为理智的最高力量、其最深刻的真理性不在于超出自身进入无限，而在于它能独立于无限，在于证明尽管存在是无限的，但理智自有其纯正的统一性。人们在直观中所经验到的宇宙的无限性，使得人们在思维中力图发现并提炼出其普遍规律性。所以从思想史维度看，这种新自然观由双重的起源，是由两种相互对立的思维所决定的。它包含两种倾向，一种是朝向特殊、具体和事实的倾向；另一种则是朝向绝对的普遍性的倾向。它既要执着于周围世界的事物，又想超越于这些事物之上，以寻找其背后的原因或最高规定性，好看清其真面目。在此，感官的欲望和愉悦与理智的力量联合起来，摆脱了具体的经验对象，勇敢地飞升到可能性的超验世界、理性王国。自文艺复兴以来，这种近代的自然观念在其形成过程中，与17世纪的那些伟大的体系——笛卡尔、斯宾诺莎和莱布尼茨—沃尔夫体系紧密地结合起来，并在这些哲学体系中寻找自己的基础和辩护，它的首要特征就是在感受性和理智、经验和思维、感知世界和概念世界之间建立起某种联系。前者就是我们所说的法国理性，后者则是德国理性。法国理性是一种在科学世界观主导下的工具理性和实证理性，德国理性则是一种重视价值特别是至善的形而上理想的价值理性和信念理性。我们在前文曾分析过法国理性虽然重视演绎推理，但它对超验世界或至善的形而上理想不感兴趣，这是因为它摒弃了古希腊的逻各斯精神和努斯精神，更关注社会现实；而德国理性则不但继承了古希腊的逻各斯和努斯精神，且进一步将它们发扬光大。所以德国理性更重视超验存在，更关注价值世界、目的世界，它不仅使得理性与宗教和谐发展，而且使得知识与智慧、实然与应然的关系也变得更为紧密，没有被科学世界观所左右。它之所以推崇价值理性，是与它对意图伦理和信念伦理的追求分不开的，是前者的逻辑延伸，或者说逻辑推理的结果。

所谓意图伦理指的是一个行为的伦理价值在于行为者的意图的至善性、高远性、纯正性，它是指向理想世界的，只要是为了达到这一至善理想的实现，什么手段都是可以接纳的。为了达到目的，它可以不顾一切，可以采取任何行动，至于行为的后果则不在它考虑的范围内，也无须对行为后果承担责任，因为这是出于善良的动机和目的，错误是难免的，只要目的纯正，其他问题则是次要的，可以忽略不计。这是一种目的伦理，它追求的目标是指向彼岸世界的，而非现实世界，这就是至善的道德理想，因为它所建构的理想的超验性、高远性和纯正性，所以具有很强的感召力和吸引力，是人们观照现实，进而批判现实和反叛现实的有力武器，这也是其之所以有诱人的魅力的原因。至于信念伦理，它则指一个行为的伦理价值在于行动者的心情、意向、信念的价值，它是行动者有理由拒绝对后果的负责，而将责任推诿于上帝或上帝所容许的邪恶。信念伦理属于主观的价值认定，行动者只把保持信念的纯洁性、纯正性视为责任，至于行为的后果则由上天负责。信念伦理把善恶的标准放在主观信念、意向上，凡符合信念的行动就是善的，否则为恶，至于行为所造成的后果要由彼岸的绝对者——上帝负责。从这种伦理出发，对目的和手段的理性关联的考虑，凡不符合主观价值判断的行动不仅被视为无用，而且还要加以排斥，坚决杜绝此类行动的发生。这是一种在世界外（出世）思考的伦理，是在行动者对主观心情、意图、信念的奉献中达成的，并不要求对行动意义的内在一贯性认识为前提。建构理性对这两种伦理的偏好，也是与它重先验逻辑、轻经验、具体事物的理论品性相一致的。

　　无论是意图伦理还是信念伦理，都蕴含着对至善理想目标的追求，而这些目标本身就是价值判断。这样对价值理性的接纳和偏爱自然就在情理之中。只是出于某些伦理的、审慎的、宗教的、政治的或其他行为方式的考虑，与成功的希望无关，纯由对特定价值的意识信仰决定行动。它强调人的理性，相信行动具有无条件的、排它的价值，而不顾及后果如何、条件是否具备都要完成行动。对价值合理性行动来说，行动本身是否符合绝对价值，则是当下所要倾全力关注和解决的事情，至于行动可能会引出什么后果，则再所不计。对它而言，价值合理性行动之所以属于"合理性"的，首先在于它的价值选择是合理的，即行动者把追求的目标视为某种特定的价值，在明确地意识到目的这一点上它与工具理性有着共同之处。其次，只要是"价值"合理性，亦即在行动者为不计后果的激情、理想、信念所驱使这一点上，它又与工具理性相异，而与不能通过理智思考、理性计算的情绪、巫术相通。"从目的合理性的立场看，价值合理性始终是非理性的。确实，价值合理性越是把自身价值推崇到绝对价值的地步，与之相应的行动就越是'非理性的'。因为行动者越是无条件的善行、对义务的献身，他就越不考虑行动的后果。"① 价值理性行动则基于对"存在应该是什么"的认识，故它与信念、意图相联系。如果从事前的主观价值判断出发，即站在信念伦理或意图伦理的立场，那么对目的和理性关联的"存在是什么"的认识不仅无用，反而是有害的，因为后者是排斥主观价值判断的。信念伦理与价值伦理都不顾及行为后果，而且对行为后果都不负责任，要么将之委之于诸神、起到神之作用的意识形态，要么则根本不予考虑、置之不顾。所以它们并不要求在事实认识和价值认识之间保持一贯性原则，对它们而言，彼岸和来世的问题就是应当完全当作直接的心情、信念、意向的问题。因为现实是如此的不完满、不完美，甚至到处都是缺陷，罪恶也不断从此衍生，人们在这样的世界是无法得到幸福生活的，必须摧毁这个充满邪恶和不完满的世界，重构现实社会和生活，追求至善的价值和崇高而又理想的社会制度，以满足人性发展和完善的需要。这是一种理想主义的价值追求，在制度层面上，这种追求往往表现为一种形而上的至善价值追求，在现实世界是无法实现这种理想的。至于德国理性为何要拒斥科学的世界观和追求价值理性，我们在前面亦有分析，在此就不再赘述了。

---

　　① 苏国勋：《理性化及其限制》，上海人民出版社 1988 年版，第 92—93 页。

（三）　法德理性在自由与人权的关系上各不相同

法国理性在天赋人权的内在冲突上表现为自由与平等的对立，本可缓解其冲突的博爱因与宗教有染而被遗弃；德国理性则因为博爱和宗教思想的融洽，使得自由与平等能够保持和谐。法德理性也都重视自由问题，认为自由是天赋的，也是人的核心价值之一。但二者的自由观有所不同。法国更重视政治自由，德国理性则强调哲学的自由。法国启蒙理性的自由概念是现实中的政治自由。毫无疑问政治自由是一种客观自由，它表示的是个人在国家法律许可范围内的行为、思想不受强制或限制的一种状态。用法国思想家贡斯当的话说就是："自由就是只受法律制约、而不因某个人或若干个人的专断意志受到某种方式的逮捕、拘禁、处死或虐待的权利，它是每个人表达意见、选择并从事某一职业、支配甚至滥用财产的权利，是不必经过许可、不必说明动机或事由而迁徙的权利，它是每个人与其他人结社的权利，结社的目的或许是讨论他们的利益，或许是信奉他们以及结社者偏爱的宗教，甚至或许仅仅是以一种最适合他们本性或幻想的方式消磨几天或几小时。最后，它是每个人通过选举全部或部分官员，或通过当权者或多或少不得不留意的代议制、申诉、要求等方式，对政府的行为施加某些影响的权利。"[1] 这种自由就是一种政治的或社会的自由，是保证一个人在法律许可的范围内不受他人、政府、团体专断意志的干预而独自决定自己的事务的权利。因此，阿克顿强调说："我所谓的自由意指这样一种自信，每个人在做他认为是他自己的份内事时都将受到保护而不受权力、多数派、习俗和舆论的影响。国家只有在直接与之相关的领域能够合法地分配职责和划清善与恶的界限。超过为其福祉服务的必要界限，它只能促进那些能够成功抵抗诱惑的影响——宗教、教育和财富分配，来间接地帮助生存斗争。"[2] 他后来又明确地指出："自由的含义包括以下五个反面的内容：1. 它是对身处弱势的少数人的权利的保障。2. 它是理性对理性的支配，而不是意志对意志的支配。3. 它是对超越于人类的上帝所尽的义务。4. 它是理性支配意志。5. 它是公理战胜强权。"[3] 因此，

---

① ［法］邦雅曼·贡斯当：《古代人的自由与现代人的自由》，阎克文、刘满贵译，冯克利校，商务印书馆1999年版，第26页。

② ［英］阿克顿：《自由史论》，胡传胜、陈刚等译，译林出版社2001年版，第5页。

③ ［英］阿克顿：《自由与传统》，侯健、范亚峰译，商务印书馆2001年版，第308页。

政治自由必须考虑保护个人的权力的问题，特别是处于弱势地位的少数人的权利；同时，更为主要的是考虑如何约束政府的权力，这才是政治自由得到保障的根本问题。因为即使在民主政体下，如果没有对上述情况采取合理的制度设计，那么它也同样会侵犯个人的权利和自由，因为"全体人民的统治，即人数最多、势力最大的基层的统治，有着和纯粹的君主制一样邪恶的本性，因而基于近乎相同的理由，需要自我制约的保障制度，并且应当实行永久的法治，以防止舆论专横的革命"①。所以一种配称为"政治自由"或"自由权"的特殊自由，一定是以没有"强制"那种特殊的约束为条件的，而强制正是他人有意用强力干涉另一个人的事务。事实上，历史上不少哲学家都思考过这一问题。霍布斯和他同时代的英国人，都深知危险的生活是怎么回事，霍布斯根据因果律"公认的意义"对自由一词给予了界定，"自由一词就其本义来说，指的是没有阻碍的状态，我所谓的阻碍，指的是运动的外界障碍，对无理性与无生命的造物和对于有理性的造物同样可以使用"②。一谈自由，人们就会认为它的含义太多。但是如果把政治自由从其他自由中剥离出来，就会突出一个特征：它的意义的连续性和持久性就能超越时间的限制。只要国家具体表现为纵向的实体，那么西方所要求的个人自由基本上就能明确地界定为霍布斯所说的自由：没有外部压制，清除外部障碍，减少强制性束缚。也就是说，就其特征而言，政治自由就是摆脱外物的自由，而不仅仅是行动的自由，也可以说它是一种防卫性或保护性自由。

而法国的自由深受法国大革命的影响，其自由主要是如何维护权力而言的自由。在1789—1794年，第三、第四等级要求个人自由和政治自由是为了反对国家，而不是为了要求依靠国家手段实现社会自由和经济自由。传播自由是国家的宗旨和要务，这种观念看起来未免有些奢侈，起码对当时的法国人民来说是如此的。这是因为一些世俗的原因，若干世纪以来，他们一直忍受着君主、地主、主教、军人以及所有行帮的压榨。因此他们渴望维护自己的权力。他们仇视专制制度，支持公民自由，热爱政治自由；他们宣布个人自由应受保障，不靠许诺，而是要靠与人身保护法类似的法律程序。他们要求摧毁国家监狱，废除特别法庭，一切法庭辩论都应公开，所有法官不得罢

---

① ［英］阿克顿：《自由与传统》，侯健、范亚峰译，商务印书馆2001年版，第40页。

② ［英］霍布斯：《利维坦》，黎思复、黎廷弼译，杨昌裕校，商务印书馆1985年版，第162页。

免，所有公民均可以录用任职，才干是任职的唯一标准，征兵对于人民应少带侮辱性与压迫性，任何人不得免除兵役；赎买领主权利，他们认为，领主权利源于封建制度，与自由截然相对立；劳动自由不受任何限制，废除内地关税；大办私立学校，每个教区必须设立一所学校，实行免费教育；所有乡间均设世俗慈善机构等。在严格意义的政治方面，他们比任何人都要更强烈地宣布，国民拥有召开议会、制定法律、自由表决捐税的不可剥夺的、不可转让的权利。他们认为未经本人或其代表投票表决，不得强迫人和法国人缴纳捐税。他们还要求自由选举的三级会议必须年年召开；三级会议必须在国民面前讨论一切重大事务；三级会议必须制定法律，任何特殊管理或特权不得与之冲突；三级会议编制预算，甚至控制王室，三级会议代表不受侵犯，大臣必须始终对三级会议负责。他们要求各省都设立三级会议，各个城市都设立市政府。对他们而言，法国人要在这里捍卫共同的尊严、共同的特权。每个人都站在舞台上，舞台虽然非常小，但灯火通明，台下始终有同样的观众，他们随时准备着为生活喝倒彩。甚至在法官队伍中的法官们也表现出了捍卫自由的勇气。当1770年巴黎高等法院被撤销时，高等法院的法官们丧失了他们的地位和权力，但是在国王的意志面前，没有一个人屈服退让。不仅如此，种类不同的各法院，比如审判间接税案件的法院，虽然未受到株连和威胁，但当过往的严厉处罚已经确定时，他们情愿挺身而出，同受处罚。更为精彩的是，在最高法院出庭辩护的首席律师们甘愿与最高法院共命运。他们抛弃荣华富贵，宁可缄口不言，也不在被羞辱的法官面前出庭。这都是法国人民维护自由权的重要事件。同时，这时的法国，司法习惯在很多方面变成了民族习惯。人们从法庭普遍接受这一思想，即一切事物均可提交辩论，一切决定均可复议，利用公开性，讲究形式——这些都与奴役性性格格格不入。政府自己也从司法用语中借取了很多语言词汇，甚至国王也认为在发布敕令时必须说明缘由，在下结论时必须阐明原因；御前会议在下达的判决中冠以长篇的前言；总督派执达员传达他的法令。在所有的行政机构内部，人们对各类事务进行公开讨论，经过辩论后才做决定。所有这些习惯、这些形式，都是君主专横跋扈的障碍。因此，不管旧制度下的人们怎样屈服于国王的意志，但他们绝不接受这样一种服从：他们不会由于某政权有用或者能为非作歹而屈服在一个不合法的或有争议的、不为人尊重的、常常遭蔑视的政权下，这种可耻的奴役形式对他们来说始终是陌生的。也许因为此，托克维尔才说:"如果认为旧制度是个奴役与依附的时代,这是十分错误的。那时有着比我们今天多得多的自由:但这是一种非正规的、时断时续的自由,始终局限在阶级范围之内,始终与特殊和特权的思想联系在一起,它几乎既准许人违抗法律,也准许人对抗专横行为,却从不能为所有公民提供最天然、最必需的各种保障。这种自由尽管范围狭小、形式改变,仍富有生命力……正是自由在大批个人心中,保留着他们天生的特质,鲜明的色彩,在他们心中培育自豪感,使热爱荣誉经常压倒一切爱好。我们行将看到的生机勃勃的精灵,骄傲勇敢的天才,都是自由培育的,他们使法国革命成为千秋万代既敬仰又恐惧的对象。"① 法国的自由仅仅是为了抵御和反对国家才要求自由的,这种自由还不是人们从公民的立场去思考的公民和国家之间的关系,真正的政治自由应该是:(1)政治自由应当关心控制权力的权利,关注权力承受者的权利;(2)政治自由问题的真正焦点是怎样才能保护少数的以及有可能丧失权利者的权利。我们享有自由,这就是说,我们是自由公民,仅仅是因为具备了这些条件:公民有可能运用较小的权利去抵御较大的权力,否则就会被它轻易地吞噬。所以,托克维尔说:"如果说这种不正规的、病态的自由为法国人推翻专制制度准备了条件,那么,这种自由使法国人比其他任何民族也许更不适于在专制制度的遗址上,建立起和平与自由的法治国家。"②

当然,法国启蒙理性的自由观也包含些许哲学自由即意志自由的含义。这是由于受到卢梭自由思想的影响。卢梭曾毫不含糊地断言,政治的难题就是将法律置于人之上,他把它比作几何学中的圆形的方,因为他认为,只有在这种条件下人才是自由的,他服从的是法律而不是人。卢梭比任何人都更坚信这一点,他在《山中来信》中坚持认为:"自由是随着法律的命运前进的;它的兴亡是随法律的兴亡而定的,这一点,是最准确不过的了。"③ 他还说,如果"法律的执行者变成了唯一的仲裁人,执行或不执行法律全由他一个人说了算;……那么,我认为,你们所受的奴役,在世上就再也没有谁是像你们这样严重的了;你们的自由就会成为一种一文不值的骗人的诱饵;让

---

① 〔法〕托克维尔:《旧制度与大革命》,冯棠译,桂裕芳、张芝联校,商务印书馆 1992 年版,第 156 页。

② 〔法〕托克维尔:《旧制度与大革命》,冯棠译,桂裕芳、张芝联校,商务印书馆 1992 年版,第 156 页。

③ 〔法〕卢梭:《山中来信》,李平沤译,商务印书馆 2012 年版,第 224 页。

正直的人们享受这种自由，等于是在糟蹋人"①。他在《社会契约论》中又提出了一个问题："常常是并不知道自己应该要些什么东西的盲目的群众，——因为什么东西对于自己好，他们知道得太少了，——又怎么能亲自来执行像立法体系这样一桩既重大而又困难的事业呢？"② 卢梭对这一问题只有一个答案，尽量少立法。由于越来越坚信不疑，他最终得出了这样的结论。在《论人类不平等的起源》的题词中，他强调了这一事实：雅典人之所以丧失了他们的民主制度，是因为他们每个人都可以提出法律动议去满足某种突发的奇想，而赋予法律神圣庄严特性的是法律的久远。关键在于所谈到的法律是以大写字母 L 开头的"法律"，那是非常全面的、基本的、古老的、差不多是不可变更的最高法律。他认为，平民是法律的评判者与监护人，而不是法律的制定者与操纵者。他几乎没有想过应当根据公民的意志立法。相反，他主张以非个人的法律统治去解放人，这些法律也许来自意志但又高于这种意志，就是说，意志和它们的关系是承认它们而不是创造它们，是支持它们而不是修改它们。所以凡是求助于卢梭这位权威的人，都应该忘掉我们对法律的形式定义。卢梭的法律是实质性的法律，即因内容而成立的法律，它们宛如自然法学说表述的规律那样确定不移。但如果没有这样的先验的寄托，这又怎么可能呢？对此，卢梭的答案是普遍意志，一个看上去似乎挺神秘的但结果又不那么神秘的概念，尽管它动辄就变来变去。我们应记得这是一个自然法出现危机，同时也反映着寻求某种代用品的努力的时代。格劳秀斯的自然法转变为普遍意志所认可并接受的法律，它们的基础虽然不同，但是新角色（普遍意志）有着与老角色（自然法）一样的功能和属性。卢梭的普遍意志并不是所有人的意志，不是"个人意志之和"，也不是摆脱了利己之心和自我主义的独特的个人意志，它介于二者之间的某个地方。尽管卢梭的普遍意志少不了情感、爱情的滋润和激励，但它仍是一种理性的意志——它是浪漫主义宣泄时代之前人们理解的那种意志，而肯定不是先于并支配理性的自发意志。事实上，卢梭在其著作中始终在考虑两个具有根本差别的前提：要么教人以顺应自然（《爱弥儿》），要么"去掉他的自然习性"，使他成为公民。当社会过于庞大而又堕落时能够得救的只有个人。因此，卢梭在《爱弥儿》中

① ［法］卢梭：《山中来信》，李平沤译，商务印书馆 2012 年版，第 292 页。
② ［法］卢梭：《社会契约论》，何兆武译，商务印书馆 1980 年版，第 52 页。

建议废除甚至像"国家"和"公民"这样的概念，并且颂扬为了自己而去爱。根据这个前提，人应该不遗余力地为自己打算。但是如果城市和社会很小，而且仍然实行家族式管理——这就是第二个前提，那就应当去拯救社会。这就是那个"契约"问题。在此，公民应该抵消人，爱国者应当把他自己的爱贡献给机体，个人应当把自我贡献给整体；作为"个体"的他已经死去，他作为集体的道德成员而再生。卢梭的思想是首尾一致的，但是他的前提却只能二选一，并且是互相排斥的。在"自然人"中，情感操纵一切；但在"非自然人"（公民）中，情感和爱就成为根据理性的要求采取行动的社会催化剂，而普遍意志则是这种机构中的应急之物。

可见，法国启蒙理性的自由观深受卢梭自由观的影响，同时也混杂着政治自由的追求。也就是说，这种自由观将形而上的自由和政治自由连在一起，自由既是意志自由，也是政治自由。但法国理性更多地偏向政治自由，即使卢梭的自由也是放在政治框架内讨论的。正是因为此，法国启蒙理性才要追求绝对的自由理想，任何妨碍绝对自由的东西都是不可接受的，都必须被正义的法律和正义的人民所拒绝和反对。这样一来，自由就不再是单纯的政治诉求所追求的保障自由权利的政治自由，而是包含着形而上追求和政治诉求，甚至是某种终极性追求的绝对自由，这种自由在法国大革命中表现得最为充分，它不仅成为大革命的口号，成为号召和动员人民推翻封建王权、追求理想社会的号令，而且也成为以革命的名义清除一切反对者、实现自由理想的旗帜。法国大革命中的一切暴力行为都与这种混合着形而上自由和政治自由诉求的绝对自由追求相关联，因为形而上自由本身就是一种理想境界，它拒绝任何妨碍意志自由的东西；而政治自由虽然是法律下的自由，但是一旦它的诉求受到阻碍，政治自由就会寻求与形而上自由的联姻；反之一样，形而上自由也会如此。所以无论哪种自由诉求一旦得不到实现的话，都会利用或联合另一种自由来达到自身的诉求，而且法国启蒙理性对绝对自由的追求、对无所不在的封建王权的仇恨，更加使得两种自由的界限变得模糊不清，自由就是政治自由，也是形而上的意志自由，更是绝对自由，以法律的名义和人民的名义，也是以正义的名义发出的号令，这种绝对自由是任何力量都无法与之抗衡的，它携着雷霆万钧的力量横扫着一切旧势力，一切黑暗、污秽的东西，最终带来的将是一个充满幸福、美满、理性、人道，没有压迫，没有剥削，人人平等的社会。

　　德国理性则更重视哲学自由。德国理性首先关注的是哲学层面上的自由。不过，需要指出的是，由于把哲学层面上的自由和政治自由混在一起讨论，所以这种自由观有时显得比较含混。哲学家经常思考政治自由问题，但他们极少有人真正把它作为实践问题加以讨论。亚里士多德、洛克及康德都是比较少见的例外，也是极少数没有误用哲学方法回答实践问题的大哲学家中的几位。洛克尤其具有这种美德，他在《政府论》和《人类理解研究》中对自由问题的论述是不同的。在前一个场合，他把自由界定为不"就是不受人间任何上级权力的约束，不处在人们的意志或立法权之下，只以自然法作为它的准绳。处在社会中的人的自由，就是除经人们同一在国家内所建立的立法权以外，不受其他任何立法权的支配；除了立法机关根据对它的委托所制定的法律以外，不受任何意志的统辖或任何法律的约束"①。在后一个场合，他把自由界定为根据自我的决定采取行动。

　　德国启蒙哲学家关注的是意志自由的问题。这被认为是哲学家应该做的工作，没有人为此而责怪他们。康德的道德哲学主要就是讨论意志自由问题，费希特、谢林和黑格尔也都是从哲学层面讨论自由问题，他们对现实中的政治自由虽然也有涉及，但更多思考的还是形而上的自由问题。德国的自由观是建立在生命和价值的观念基础上的，它的先决条件是，我们必须相信个人自由的价值。即使仅仅从本体论的角度说，人不是自由的行为者，而且他们并不真正地和最终地对他的个人行为负责，我们也不应当因此而否定有各种强制性规则加以调整的社会秩序。唯一可能发生变化的是惩罚的意义，它可能丧失作为威慑力量的价值，或者丧失作为惩罚措施的理由。哲学的自由只能由哲学家去研究，否则自由的含义就会被曲解，比如斯宾诺莎坚信，自由就是完美的理性；莱布尼茨认为自由就是思想的自发性；康德认为自由就是自主；黑格尔认为自由就是承认必然性；克罗齐认为自由就是生命的不断扩张。如果把它们放在各自的背景中去理解，这些概念化的东西都是非常有道理的，但是，它们的意义和价值都同追求这样一种自由有关，它是本质的、终极的，或者如康德所说的先验自由。另一方面，这些概念化的东西无一论及"关系中的自由"。由此可见，人们一旦试图运用上述概念处理政治约束的问题——这也是一个关系中的问题——就会把它们的意义曲解到毫无意义、

───────────────

　　① ［英］洛克：《政府论》，叶启芳、瞿菊农译，商务印书馆 1964 年版，第 16 页。

毫无用处的地步。实际上，当斯宾诺莎、莱布尼茨、康德、黑格尔或克罗齐的自由观被归并到经验层面上，并且被用来处理一些它们没有涉及的问题，它们就不仅变成了错误，而且还会带来灾难、祸害。之所以有害，是因为这些哲学家的思想经常被人任意来做伪证。所以我们说，政治自由不是形而上意义上的自由，它不是在实践中解决哲学问题，更不是用哲学的方式解决实践问题。同时，我们还需要解决自由过程的阶段性问题。自由有一种表达式，"我有……的自由"，这一短语有三层语义，它可以表示我可以、我能和我有权怎样。第一种意义上的自由表示一种许可，第二种意义上的自由表示一种能力，第三种意义上的自由表示某种特定条件（或其他方面的条件）予以支持。第三种条件是最新的也是这个序列中的最后一个，我们把它放在后面讨论。我们先看前两个自由：我可以、我能够。显然，表示许可的自由和表示能力的自由是互相联系的，因为撇开能力的许可与未经许可的能力，同样空洞无物。不过，它们不能被混淆起来，因为任何一种类型的自由都不能囊括两个领域。某种类别的自由本来就是有目的地为自由创造许可条件的，政治自由属于此类，还有法律方面的自由和经济自由（这在市场经济环境中是不言自明的）。在其他情况下，首先要强调的是自由的根据，即重视表示能力的自由。对自由问题的形而上研究以及心理和思想自由的概念，都属于这种情况。

我可以和我能够之间的区别，是与自由的客观范畴和主观范畴的差异相对应的。如果我们对自由的客观化即对自由的行为感兴趣，自由就表示为许可的形式。另外，如果问题不涉及客观自由，那我们就会关注标识能力的自由。诸如"独立""保护"和"行为"之类的概念，它们多指称客观自由，而"自主""自我实现"和"意志"等概念则常常涉及内在于人性中的自由。所以关键的问题在于，政治自由并非主观自由，它是一种工具性的、关系中的自由，其根本目的是创造一种自由的环境，为自由提供某种条件。

法国启蒙理性的自由观对同时期的德国的自由观产生了重要的影响。这是因为法国在经济社会发展和文化等诸方面都要比德国领先一步，相对在许多方面落后的德国自然也就视法国为榜样，在哲学方面也是一样。法国的启蒙思想和法国大革命在德国都产生了极大的反响。康德哲学除受休谟的影响外，还深受卢梭思想的影响，而哲学自由观即自由是意志自由，就是由康德首先提出来的。至于政治自由，康德也在其《回答这个问题：什么是启蒙？》

一文中讨论过。尽管德国启蒙理性的自由观更偏爱形而上的自由观，但无疑对政治自由，也同样比较关心，比如言论自由、出版自由等，不断地在德国启蒙哲学家的著作中出现。所以二者在自由观上有差异，也有共同点，但是偏重点有所不同，法国理性虽然也涉及哲学自由，不过它关注更多的是政治自由，对哲学自由的关注仅仅是为政治自由服务的，也就是政治自由是目的，哲学自由仅仅是手段。其实，法国理性并不太关心哲学问题，哲学自由也只是它关心政治问题的副产品，它的兴趣还是在现实政治上，而不是哲学。德国哲学则不同，它的兴趣不能说对政治漠不关心，而是政治现实太过严酷，不是它能够有能力撼动的，强大的政治势力使得任何风吹草动都会引得它的无情反击，将任何反叛性的东西清除殆尽，这也是德国理性规避现实的原因，它更喜欢在形而上领域构筑梦想，更擅长在超验世界打造理想王国，现实的不足可以由理想的世界来弥补，最起码能满足想象。所以对德国理性而言，意志自由要比政治自由更能反映它的实力，这是它擅长的领域，而政治自由是极为困难的，甚至太过凶险，与其付出极大代价，还不如在自己可为的领域发力。这就是二者在自由观上存在的差异性，这种差异性却带来了它们与平等的不同关系：法国理性在天赋人权的内在冲突上表现为自由与平等的对抗关系，而本来可以缓解这种冲突的博爱思想因为与宗教的关联性而被遗弃；而德国理性则因为宗教与理性的和谐和博爱思想使得自由与平等保持和谐。

　　我们知道，启蒙理性的价值观都是建立在天赋人权的思想基础上的，但天赋人权本身就存在一些理论缺陷，因为如果所有的价值都是天赋的话，那么就意味着所有的价值都具有神圣性、合理性、合法性，也意味着都具有不可侵犯性、不可让渡性的权利。天赋人权这一内含的隐性假设，就使得其自身无法协调建基于其上、存在潜在冲突的价值之间的矛盾。其中自由和平等就是其中之一。如果自由和平等都是天赋的，那么它们同样都是神圣的，都具有不可侵犯性和不可让渡性。然而自由和平等恰恰存在很大的矛盾性。当自由获得充分的发展时，自由的结果会首先在法律上冲击平等权利。一个人的充分自由就意味着对他人的限制。因为权利（力）是扩张的，它本身就具有一种很难抑制的扩张欲望，只要人们拥有这种权利，只要人们不限制这种权利，它就会自发的膨胀和扩张，并扫除一切妨碍它的障碍，甚至是法律上的障碍。就像美国的持枪权利一样，尽管它带来了许多人的死亡，但要禁止或取消持枪权则是极为困难的。自由也是一样，任何限制自由权利的要求都被视为不可忍受的，都是对神圣自由权利的危害，尽管法律对自由也有限制，即不能损害他人的自由权利，但这种限制并不包括平等。一些具有较大影响力的人群，他们会把自己的自由权不断地扩大，来为自己和小群体谋取更大的利益或好处，无论是在法律上，还是在其他方面。它的扩张势必会对平等权利造成挤压，甚至带来极大的挑战，这时自由权利就会变成自由权力，这种力就变成了一种强力，对权力的欲望使得自由权力进一步扩张，进而使平等权利的范围进一步缩小或萎缩，自由权利（力）越大，平等权利就越小，最多也不过是法律上的所谓起点公平，至于这种自由的结果就不是人们考虑的事情了。比如说受教育权，人们都有受教育权，这是起点上的平等，并且在法律上有规定。但怎么受教育则是自由的，富人和穷人都可自由的选择，法律并不提供大家都平等的享受同等级别的受教育的权利，只能是各显其能、各显其富、各显其权、各显其贵，为自己的子女选择所谓的"自由"且"平等"的受教育权。这种结果就是自由排挤或限制平等权。要解决自由扩张的问题，就只能使平等也由权利变成权力，唯此才能抗衡自由，但这样的结果会造成更大的冲突和矛盾。另外，在经济领域，这种自由对平等的矛盾更为突出。自由作为一种权利（力），它在经济上最突出的表现就是追求财富、财产的自由，这种自由同样是神圣不可侵犯的。在资本主义社会，自由是和私人财产权所有制紧密相结合的。没有私人财产制度，就没有自由权。自由就是追求自己利益最大化、追求自己获取财富、财产的能力。只要是合法的牟利，无论会造成多大的不平等，都是允许的，都是受法律保护的，就如同华尔街的金融高管一样，无论他们如何攫取财富、掠夺财富，即使造成极大的社会不平等，甚至是给国家经济安全带来危害，也是照样会发生的，没有任何人、任何机构能够制约它，即使是资本主义国家政权也无能为力，因为它的国家合法性就是建立在资本主义财产权基础上的。所以资本主义在经济上的自由，主要表现在：一方面是无限制地追求财富的自由，另一方面是保护所获得的私有财产的自由。无论他们获取的财富有多么的惊人，造成社会怎样的不平等，甚至引发社会经济危机、社会动荡，这些都不能改变导致这一切的自由权。而且资本集团还试图利用资本主义的国家力量（包括政治、经济，文化［意识形态、价值观］、甚至军事力量等）强制推行，从而把这种自由权推向全世界，在世界范围内为资本张目，让资本可以自由地掠夺全世界。

此外，在文化领域，自由就是一种价值取向，它与人权、民主、财产权相结合，共同构成了资本主义最核心的价值诉求，也是资本主义国家软实力、巧实力的表现，作为一种意识形态和价值取向向其他国家渗透。这种渗透方式形式多样，花样翻新，如通过电影艺术、互联网、书籍、学术交流、资金资助科研项目、留学生教育，甚至是诺贝尔和平奖、直接的政治压力等，无不是这种价值观的体现。但这种自由观却极少提及平等权，这在法国大革命之后就表现出来了，资产阶级只要自由、人权和民主，但不再提平等和博爱思想。因为后者就是对自由的限制或抵制，博爱就是爱一切人，这最初是来自宗教的诉求，在法国大革命中主要是社会底层的无裤党人的政治诉求，他们要求平等和博爱，但这在大革命之后，资产阶级只保留了自由、人权，而抛弃了平等和博爱的诉求。事实上，让资本家去爱所有的人和与所有的人都平等是不可能的，他们只爱金钱和利润；而平等的结果不仅仅是权利的平等，而且是对财产的共同分享，也是对资本自由的限制，因为这种无限制的自由，只会带来更大的不平等和两极分化。这就是资本主义国家包括大革命后的法国资产阶级不愿提平等、博爱的原因。

同样，平等的追求也会与自由发生矛盾。平等无疑是一个很复杂而又敏感的问题，只要论述平等的作者发布陈情书抨击不平等，就会引来极大的关注。作为抗议性的理想，平等是最具感召力的一种价值，它能很快呼唤出人们追求平等的热情。不过，如何实现平等的理想却不是那么简单的事。平等面临的第一个复杂问题就是平等概念，它是能够被改造的世界上最简单的概念，要想回答"何为自由？"的问题，我们很难指着眼前的某物说"这即是自由"；但人们可以指着一些桌子说"它们是平等的"来回答"何为平等的"问题。与自由概念不一样，平等概念很容易找出现实的例证。所以平等可以用极为实在的方法简单表述，但也可以用十分复杂而又无从下手的方法加以陈述。一方面，平等表达了相同性的概念；另一方面，平等又包含着公正。两个甚至更多的人或对象，只要在某些或所有方面处于一样的、相同的或近似的状态，人们就可以判定他们是平等的。然而，公正也需要平等观念的支撑。就像公正是个平等问题一样，不公正就是不平等；因而希望建立公正的人就是在试图变不平等为平等。因此，亚里士多德说："既然不公正的人与不公正的事都是不平等的，在不平等与不平等之间就显然存在一个适度，这就是平等。因为，任何存在着过多或过少的行为中也存在着适度。如若不公正包含着不平等，公正就包含着平等。这是不言自明的。既然平等的事是一种适度，公正的事也就是一种适度。然而平等有至少是两个东西之间的平等。所以公正必定是适度的、平等的（并且与某些事物相关的）。"① 不难发现，平等概念并不仅仅是展示其由简而繁排列起来的含义多样性。它们的含义往往差之千里，但又难分难解。平等是一个八面玲珑而又是唯一一个能同时与公正和相同性联系在一起的概念。作为公正性的平等和相同性的平等的纠葛，与语义学的概念有很大关联性。意大利语的 eguale、法语的 egal 和德语的 gleich，不仅指平等，而且严格地说，他们还带有英语中的"相同"之意。用意大利语、法语和德语来表达两物是平等的，就等于说它们是相同的。在此方面，英语世界的人们表述比较清晰，很少模棱两可或含糊其辞。用两个对象，比如两只公鸡，说它们是平等的，在英语中很少见。不过，将平等概念与相同性概念结合起来的用法，却借助自然法理论，也通过大陆作者的著作被译成英文而进入英语中。于是，有人就提出这样的命题：人们理应享有平等的权利和机会，因为，至少在某些方面，就相互间的相同性而言，他们事实上是平等的。但这个论点是有问题的，在此问题上不存在"因为"。对平等的道德要求，既不包含也不需要事实上的相同性。人们是否生来相同或相近与其理应被一视同仁这一伦理原则之间没有必然的联系。既然平等是一个伦理原则，人们追求平等就是因为人们认为它是一个公正的目标，而非因为人们确实是相似的，是因为人们感觉到，他们被认为好像是相似的（尽管事实上不是这样）。从历史上看，这一问题也得到了事实的印证：最基本的平等主义原则，如平等的自由、平等法则、法律面前的平等，并不是来自人是相同的这一前提。希腊人、罗马人所持有的平等观，对后世影响很大，在他们那里并没有人是相同的（相等的、相似的）观念。不过人生而平等的思想，对欧洲大陆也极具影响力。大致说来，凡涉及社会公正的争论，都离不开同样对待或相同标准这个老生常谈的问题。从结构上看，平等概念至今仍然存在两面性，只需看一看平等与自由发生的紧张关系就可证明这一点，因为平等可能成为自由的最好补充，也可能成为它最凶恶的敌人。平等与自由的关系是既爱又恨的关系，这取决于人们要求的是与差异相适应的平等，还是在每

---

① ［古希腊］亚里士多德：《尼各马可伦理学》，廖申白译注，商务印书馆 2003 年版，第 134（1131a）页。

一种差异中寻找出不平等的平等。平等越是等于相同，如此解释的平等就会煽动起对杰出人物、自主精神和多样性的不满，甚至是仇恨，最终则是对自由的厌恶。在实践中，平等与自由的矛盾也会愈演愈烈。早在古希腊时期，亚里士多德就发现了这样的现象，民主的公正事实上已变成了采用"平民性质的正义不主张按照功勋为准的平等而要求数字（数量）平等。依据数学观念，则平民群众必须具有最高权力；政事裁决于大多数人的意志，大多数人的意志就是正义。所谓'平等'就是说全体公民人人相等……"① 这一事实也受到了托克维尔和穆勒的抨击，平等的理想在城邦中已经蜕变成在数量上占据优势的多数派的专制。所以托克维尔说，平等散发着一种邪味，它使得人们"希望小人物能与大人物平起平坐，但人心中也有一种对于平等的变态爱好：让弱者想法把强者拉下到他们的水平，使人们宁愿在束缚中平等，而不愿在自由中不平等"②。可见，平等本身就是一种道德辩护，它是作为一种道德理想而应运而生的，但这又是一种太容易堕落的理想。它以恢复公正这一最纯洁的理想开始，但往往会成为贬低别人、抬高自己的口实而无疾而终。而且正像次等者渴望与他的上司平等一样，相等者有可能变成超能者而忘乎所以。倘若如此，平等的实践就会毁掉它的原则：它的雄辩术会激励追求不平等的人疯狂地打击或凌辱与他们平等人。因此有西方学者认为，"政治自由（摆脱外物的自由）是所有自由权利、所有行动的自由之基本的恒久条件，正是出于这一原因，它也是所有平等权利之基本的恒久条件。使平等失去自由'表达'的能力，它们就会变成鸦雀无声和荒唐滑稽的平等"③。事实上，人们一旦被平等地欲望激发起来，自由的理想就会处于极为不利的地位，因为平等的吸引力要更为强大，它基于这样的事实：一是平等的观念易于理解，平等可以赋予实在的意义，自由则缺乏这种能力；二是平等的结果会提供实在的利益、好处，而自由的利益却无法捉摸。这样的结果，人们自然就会选择平等，自由则成为牺牲品。

正因为此，平等在法国理性那里就与自由形成了激烈的对抗和矛盾，本来博爱思想是可以缓解这种矛盾的，但实际上并没有起到这种作用。究竟为

---

① ［古希腊］亚里士多德：《政治学》，吴寿彭译，商务印书馆 1965 年版，第 312（1317b）页。

② ［美］托克维尔：《论美国的民主》（上），董果良译，商务印书馆 1988 年版，第 60 页。

③ ［美］乔·萨托利：《民主新论》，冯克利、阎克文译，东方出版社 1998 年版，第 404 页。

何呢？我们先看博爱思想。博爱强调普遍的爱，或者用一个是上帝的词表示普世的爱（相当于佛教一样的大慈大悲。大慈即大仁爱，大仁之爱心。大悲，即悲苦心，非仅仅悲自身之悲苦，而是对人类处境之悲苦，即大同情心）。博爱最初来自宗教，在天主教中，天主教的英文词是 Catholic，该词在希腊文中的意思为"普世的"、"大公的"（公共的），人们故此又称天主教为"公教"（公教传入中国后，因中国信徒称神为"天主"，意为至高无上的主宰，所以被称之为天主教）。而基督教承袭了古代犹太教的一神论思想，又吸收了各种东方神秘主义、犹太教的弥赛亚以及古罗马的斯多葛主义。在福音书中，基督教的神圣教义中也有反对私有制的共产主义思想。在原始基督教社团里，由一些信徒自行管理，信徒们组织在一起过集体生活，实行财产公有制，反对私有制，反对剥削，社团成员一律平等，按劳取酬，不劳动者不得食。还有休息权，每周休息一天，称"守主日"，随着社团的扩大，需要成立专门的办事机构——聚会所，处理日常事务。它是社会下层群众中自发产生的平民和受压迫者的宗教。最初的基督教徒主要是属于社会最下层的受苦受难的人，他们主张财产共有，人人平等，要求基督教社团内部实行经济互助，把捐来的钱财用于赈济穷人，也为传教者提供食宿方便，这对受苦难的人具有很大的吸引力。[1] 在对《圣经》的解读中，基督教学家认为："上帝不为他自己、不为他自己的利益，不为他更大的光荣要求什么，上帝要求的仅仅是人的利益、人的真正伟大和最终的尊严。因而上帝的要求是人的幸福。""上帝的旨意在于求得人的各种层次上的幸福、人的最终的和全面的善：用圣经的话来说，即一个人和所有的人的拯救。上帝的旨意是助人的、医治的、解放的、拯救的旨意。上帝要求生命、快乐、自由、和平、拯救、人的最终的伟大幸福：包括个人和整个人类。这就是耶稣所宣布的上帝的绝对的未来、他的胜利、他的国度的意义、人的全面解放、拯救、满足、福祉。"[2] 另外，提出要爱上帝和邻人。把对上帝的爱和对人的爱不可分割地结合为一，这样就不可能让上帝和人对立了。如此，爱就成为一种能够毫无限制地包容人的全部生活并且又因人而异的需求。爱也因此成了虔敬和一个人全部行为的标准。爱

---

① 何新：《新国家主义的经济观》，事实出版社 2001 年版，第 144 页。
② ［瑞士］汉斯·昆：《论基督徒》（上），杨德友译，生活·读书·新知三联书店 1995 年版，第 313 页。

不仅是对人的爱，而且本质上是对邻人的爱。"对上帝的爱在对邻人的爱中都得到证实，事实上，对邻人的爱是对上帝的爱的精确码尺。我爱上帝的程度和爱邻人一样。"① 因此，对上帝的爱和对邻人的爱的共同点是放弃自私、是自我牺牲的意愿。只有在我不再为自己活着之时，我才对上帝坦诚，并对我的同伴毫无保留的坦诚，因为上帝像接受我那样地也接受他。爱还包括对敌人的爱。在基督教那里，真正的爱不考虑报答，不用一种行为平衡另一种行为，不期望什么奖励。它是摆脱了盘算和隐蔽的自私的：它不是利己的，而是完全面对他人的。所以这种爱不会变得自私自利，而是变得坚强有力，真正富于人性，以身心、言行寻求有益于他人的一切。在真正的爱中，一切欲望都不是转化为获取，而是给予。最后，主张关怀社会底层的人们。耶稣从言行上接近弱者、病人和遭轻蔑的人。这不是软弱，而是力量的记号。他把人的机会提供给了为当时的社会标准所冷落的人——弱者、病人、下等人。他从肉体和灵魂方面帮助他们，给许多身躯和精神有病的人带来健康，给许多弱者带来力量，给一切无所适从的人带来希望。所有这一切都是正在来临的上帝之国的表征。他是为整体的人生存的，不仅为强壮、青年的、健康的人，也为虚弱的、老年的、残废的人。耶稣以挑战性的方式宣布他的信息是给穷人的福音。这里涉及的是真正的穷人、遭受虐待的人，那些身处社会底层的人，在这个世界上丧失权利、被遗弃、被压迫的人。所以耶稣是穷人的支持者，不是镇压压迫者，而是和平和放弃权力。这也可能是基督教后来会吸引许多富人和统治阶级的原因。由此，不难看出，基督教的这些思想无疑包含着许多与共产主义思想相近的东西，这些思想深深地植根于人类本性之中，既包含普世的伦理要求，也能为下层受压迫者打开一扇接纳之门，并由此赢得他们的青睐和信赖。因此，我们不难发现博爱思想本可以缓解自由和平等的紧张关系的，即它和平等的矛盾。然而法国的启蒙理性认为博爱出自宗教，法国人已经剔除了宗教在社会生活中的所有影响，他们不能再容许任何宗教的因素再发挥作用，因此，博爱也同样被毫不留情地抛弃了。基于天赋人权的自由和平等的对抗就不可避免了，而且愈演愈烈，无可调和。这也是法国在启蒙运动之后不断爆发革命的原因之一。

---

① ［瑞士］汉斯·昆：《论基督徒》（上），杨德友译，生活·读书·新知三联书店1995年版，第320页。

相较而言，德国启蒙理性在自由与平等之间就没有这种紧张的矛盾关系，尽管德国理性的自由和平等思想和法国理性具有很大的相似性，因为它们都来自启蒙运动，而且很大程度上，德国启蒙思想深受法国启蒙思想的影响，但这些都没有造成德国启蒙思想在自由和平等关系上的这种内在矛盾性。这主要在于德国启蒙运动并没有反宗教或彻底地否定宗教，使得理性与宗教能够和谐相处，而宗教的存在也就能够使它通过博爱思想来调节自由和平等的紧张关系。在德国，宗教从来也没有遭受过法国那样的命运，德国人和德国哲学家很少像法国哲人那样反对宗教，法国哲人甚至动员起全社会的人反对宗教。而德国哲学家则对宗教充满虔敬或尊敬，即使康德曾经批判宗教，但康德批判的是神学形而上学，康德并不反对宗教，他一生都是坚定的虔敬教徒，认定宗教有助于人的人格的形成。费希特和谢林也都是宗教坚定的维护者，而黑格尔更是把宗教作为其哲学的灵魂引领者，他指出："宗教的对象同哲学的对象一样，都是客观性本身中的永恒真理，是上帝，而且只是上帝，以及对上帝的阐明。哲学不是世界之智慧，而是对非世界东西的认识，并非是对外在物质、对经验的定在和生活的认识，而是对永恒者、上帝所是者和从其本性中流出者的认识。因为这种本性必定显示出来，并发展着。"[1] 他甚至认为哲学就是侍奉上帝的，"哲学本身就是侍奉上帝的，就是宗教，因为它是在对上帝的研究中对主观想法和见解的同一放弃"[2]。因此，德国思想界普遍地对宗教比较宽容和理解，甚至是抱着比较敬重的态度，认为宗教和理性是可以相互印证的，理性可以使得宗教成为理性的宗教，避免狂热性；而宗教则可以使理性避免过于怀疑和批判而导致理性自身的迷狂，就像法国理性那样成为理性之王，成为君王、成为最高统治者，没有任何东西可以约束它。而成为统治者的理性会因此而目空一切，要用理性构建或重塑生活世界，甚至要用科学理性来统领整个世界，而科学理性与工具理性是相通的，科学理性强调实验和验证，强调普遍性和确定性、可重复性，这使得它很容易获得人们信任，更愿意把自己的一切都交给科学来安排，进而造就科学的至上地位，科学就成为一种世界观，从而主宰人们。然而，科学理性是反对价值理

---

① 张世英主编:《黑格尔著作选集》（第 16 卷），燕宏远、张国良译，人民出版社 2015 年版，第 13 页。

② 张世英主编:《黑格尔著作选集》（第 16 卷），燕宏远、张国良译，人民出版社 2015 年版，第 14 页。

性的，科学强调的是事实判断，认为在事实判断中不存在价值判断，科学理性不能接受价值判断没有验证或经过试验或检验就得出的结论的，认为那不是科学理性的态度，科学是价值中立的领域，科学理性应该让价值理性走开，正因为此，休谟强调事实和价值时无涉的，二者分属于两个领域，不能交叉，不能发生关系。至于价值最多不过是主观的情感的东西。这样，科学理性就完全排除了价值理性的必要性和合理性，它的世界只有科学研究，而没有价值，只需要得到科学的结论，来指导人们的行为即可，人们就可以获得一个真正的科学的世界，一切都是确定的、必然的，也都是正确的，不需要价值理性没有根据的判断。由此，科学理性就疏离了价值理性，或者说放逐了价值理性。而没有了价值理性约束或引导的科学理性，就一定会成为工具理性。一切只强调确定性、必然性、可预测性、可控性等等。当然，宗教因为它的巫术似的预言方式，与迷信或巫术没有什么两样，所以在科学的世界里，是没有宗教的位置的。这样宗教也被科学理性放逐了。没有了价值理性的引导，更失去了宗教的约束，科学理性就愈发狂热地拥抱工具理性了，这也是法国启蒙理性青睐科学世界观，最终成为工具理性帮手的逻辑理路。

第四章 两种启蒙理性的嬗变与现代民族国家的兴起

法国理性从强调自由、平等、博爱到追求自由、民主、人权的转换，其实质乃是资产阶级的资本价值追求在政治上的体现，它体现的是由古老的债务关系逐渐进化为金融信用体系进而从近代国家向军商一体的近代民族国家的转换；法国理性观的转换——从自由、民主、人权到人权高于主权的转换，标志着西方金融垄断和军事霸权相融合的全球资本主义制度的形成。德国理性发展到黑格尔的辩证法思想，则是对康德启蒙理性思想的颠覆和反叛，也是以理性的方式将康德的道德法则转换为现代金融信用法则的基础；在政治哲学上则是从康德的永久和平论转向了黑格尔的马背上的世界精神，从而为德国建立近代民族国家提供了理论支持。

一 强制与借贷的结合——现代民族国家的兴起

如前所述，我们已指出，法国的启蒙理性在法国大革命时期提出了"自由、平等、博爱"的口号，但在资产阶级真正掌握政权之后，他们却有意遗忘了"平等""博爱"的口号，只保留了"自由"口号，这是因为"平等"和"博爱"口号妨碍资产阶级的"自由"，即他们追逐利益和金钱的自由，因为无论是"平等"还是"博爱"，它们所体现的是第三等级和法国社会底层人民的诉求，其结果一定是要求经济平等和关爱普通的底层人民的生活，要限制资本和由此造成的两极分化，甚至是取消私有财产所有制，建立劳动者平等友爱的社会公有制，这才是法国资产阶级所害怕的后果，也是他们为何不愿再提平等、博爱口号的原因。

法国大革命以后，启蒙理性所倡导的"自由、平等、博爱"的价值逐渐被新的价值所取代，这就是"自由、民主、人权"价值。这种的价值取代或转换，实际上意味着一个新时代的开始，它伴随着现代民族国家的兴起，反映着新兴资产阶级的价值取向，是资产阶级资本价值追求在政治上的体现，更是由古老的债务关系逐步演化为金融信用体系进而从近代国家向军商一体的现代民族国家的转化。

（一）强制与借贷（债务）的结合——现代民族国家从雏形到发展壮大

欧洲的历史是一种通过战争强制征伐的历史，借助军事征服和税收掠夺进行统治，这是欧洲帝国的一般特征。欧洲近代以来形成的民族国家，也是这种征伐的产物。近代欧洲的所谓"主权"国家是在与教廷所垄断的思想霸权的斗争中，才确立起来的。在欧洲的历史中，国家的"统一"、领土的完整，只能靠武力来实现。这已经成为欧洲历史的铁律，利用战争和强制实现自己国家统一，或成为霸权国家，成为一种欧洲公认的真理，只有实力才是王道，而且是人们都普遍认可的王道，甚至就是一种正义的体现。从凯撒到拿破仑，欧洲不断地上演这种历史，并成为一种天经地义的事。甚至由此欧洲还发明了"马基雅维利主义"，其学说就是为实现君主的统治如何利用阴谋诡计，利用欺骗、背信弃义或不道德的手段达成目的而提供的一套学说，是一种赤裸裸的欧洲厚黑学，而且是得到广泛赞誉的黑道学问，并不断地被后世欧洲人传扬。这种强制传统也被近代的欧洲国家所继承，或者说它们本身就是在这种强制或霸权的血腥历史中存活的，各国之间不断征伐，又在某一时期达成一种武力的均衡，在这种均衡的背后，则是一种新型关系的体现——债务连带关系，这种债务关系是现代民族国家得以生存、延续和发展，乃至争霸的核心要素，它不仅支撑着欧洲国家的军事征伐，获取某种国家利益，而且将自身与金融信用相结合，获得了极大的国家军事强力的不断再生。民族国家通过债务借贷获取国与国的某种军事均衡，债务关系既保证了民族国家的分立，又使得这种分离得以固定和永久化——否则债务就会被勾销。可以如此说，西方民族国家的分立就是军事力量均衡和债务连带之契约关系的结果。

那么，何为现代民族国家呢？民族国家的最主要的特征是"主权"的形成，即国家是由人民组成的社会，占有一定的领土，不受外来势力的统治，拥有一个有组织的政府。国家以维护秩序和安全以及增进公民的福祉为主要目的，它拥有以武力做后端的一套法律制度来实现其目的。它在固定的地域内拥有主权，主权对内最高的属性是指国家的政治统治权力，它通过立法、行政、司法、军事、经济、文化等手段来实现，体现在法律的颁布、废除、决定国家组织原则、行政原则、经济体制、统帅军队等权力。主权对外独立的属性是指国家有权独立地决定自己的外交方针，处理国际事务和享有国家权力进而国际义务，不允许任何实体干涉一个主权国家的事务。国家主权是领土、主权和人口三个要素构成的，是现代民族国家的前提。因此，在世界现代化过程中形成的国家主权概念，给现代"民族"的定义提供了外在的、可以检验和衡量的标准。同时，"民族"也给国家主权提供了合法性基础和根据。①

现在我们还回到前面的论题上。相较于古老的中华帝国而言，地域上的"欧洲"成型时间则相当晚。今天的欧洲，最开始是指公元476年罗马帝国崩溃后的帝国边疆的叛乱省份，即帝国的"少数民族"：日耳曼人、法兰克人、马扎尔人及北方的维京人，构成了后来欧洲人的主要成分。无论从哪个角度看，从公元5世纪开始，作为一个整体的"欧洲"是不存在的，分裂是欧洲国家的存在方式，如果真要找一个整体欧洲形态的话，在罗马帝国消亡前的"基督教文明"勉强能够把欧洲人标识为一个整体，这就是欧洲为何在漫长的历史中仅能自称为一种"精神"或"文明"的缘由。真正的欧洲是在1492年美洲的大发现中，才找到了自己精神的依附处，"欧洲"的魂魄才有了其皈依的躯壳。所以一个真正有世界意义的"欧洲"是以美洲的大发现而形成的，它不是一个自古就存在的概念，而是一个历史机缘造就成的概念。

应该说，18世纪的欧洲，民族国家仅仅有了一个雏形，真正意义上的民族国家的形成则是以19世纪民族国家的政治体制在欧洲的确立为标志的。尽管从政治学的维度看，民族是政治生活的存在形式，在现代世界里，则是主要的政治存在形式。正是由民族来调节时间与空间、生与死、确定与不确定、意义与无意义的。然而，民族国家与"民族—国家"并不是一回事，民族国家并不意味着就是"民族—国家"，后者意味着其人民具有极强的宗教信仰、语言和文化身份认同的国家。即便是以如今的欧洲看，也仅有爱尔兰、瑞典符合这一标准，而德国则接近于这一理想标准，但被视为近代民族国家最为典型的国家英国和法国，则都不是我们所言的"民族—国家"。正如一位西方学者所言："民族的存在是理论的也是美学的，是有机的又是人工的，是个人的又是集体的，是普遍的又是个别的，是独立的又是依赖的，是意识形态的又是非政治的，是超验的又是功能的，是族群的又是公民的，是延续的又是

---

① 徐迅：《民族主义》，中国社会科学出版社1998年版，第33—34页。

断裂的。"① 事实上，民族—国家并不是简单的一个词语组合，而是有着特别的含义，并不是说"民族"先于"国家"产生；与之相反，往往是先有国家，而后才有民族。欧洲国家的历史已经证明了这一事实。其实，一些概念的提出是为某些事实提供理论依据或合法性的，比如所谓的"民族美德""民族精神""民族历史"等等，这些观念就是要为现实的国家强制力统治与权力专断者的国家主权提供合理性和合法性的理论基础的。倘若权力本身不能提供形成权力的充分理由，那么国家获得合法垄断权力或暴力的理由，则只能是"民族"。一个国家可以借助保护"民族的美德"、提振"民族精神"、发扬"爱国主义"传统、继承和弘扬民族的"优秀传统"、发展"民族文化"的口实，以民族"守护神"和民族合法的代言人身份，把权力集中到自己手中，成为民族国家的至高权威。或许正因为此，黑格尔才说："国家是伦理理念的现实——是作为显示出来的、自知的实体的伦理精神，这种伦理精神思考自身和知道自身，并完成一切它所知道的，而且只是完成它所知道的。"② 在此，黑格尔深刻地揭示了伦理精神作为民族国家的外衣对民族国家的极端重要性，它使得民族国家披上了神圣的外衣，使它的一切行为都具有合法性、合理性，因此，黑格尔进一步指出："民族精神（雅典那）是认识自己和希求自己的神物……"③ 它无疑表明了民族国家与该民族的特殊精神结合的价值和意义。

从历史发展看，欧洲民族国家的早期萌芽发生在 15 世纪。15 世纪晚期，葡萄牙人开始用战争方式解决自己的出海口问题。欧洲至此开始冲破穆斯林势力的压迫，经过漫长血腥的战争历史，欧洲的民族国家政治体制开始形成。此后，欧洲各国又发展出新型的帝国主义的相互征伐的强权方式，借助战争争夺海洋霸权实现自己的对外扩张。

在这场无休无止的角逐中，倍受掠夺之苦的国家，比较典型的是意大利，从 15 世纪伊始，它就成为各种强力争斗的核心。西班牙帝国、奥斯曼帝国、神圣罗马帝国、法国的波旁王朝等无不垂涎着意大利的财富和领土，整个 16 世纪，就是列强不断蹂躏意大利的战争史。正因如此，深刻洞察意大利悲惨

---

① ［法］吉尔·德拉诺瓦：《民族与民族主义》，郑文彬、洪晖译，生活·读书·新知三联书店 2005 年版，第 22—23 页。

② ［德］黑格尔：《法哲学原理》，范扬、张企泰译，商务印书馆 1961 年版，第 253 页。

③ ［德］黑格尔：《法哲学原理》，范扬、张企泰译，商务印书馆 1961 年版，第 253 页。

命运的马基雅维利才提出著名的狮子与狐狸理论。

在"狮子加狐狸"谋略诞生的地方，首先诞生的是靠金融借贷生存的城市国家——这就是靠"战争借贷"建国的国家。意大利的城市国家就是通过放债来控制强势的军事帝国的。现代民族国家即是通过"战争国债""契约借款""调剂债券"这些国家间及国家内部的战争债务制度而发展起来的。从欧洲的历史演变看，一开始，资本积累既不是靠剥削剩余劳动起家的，也不是通过高利贷形成的。这两种形式即雇佣劳动和高利贷，在历史上早就存在了，它们并没有成为资本。资本形成有其自身的条件，即必须使国家成为借贷方，利润和信用才能够得到保障，并且唯有国家借贷制成为长期或永久的需求时，资本的积累才能够持久。事实上，在民族国家产生之前，地中海地区首先产生了由金融放贷者主宰的城市国家，它是现代民族国家形成的雏形。这种有着金融借贷功能的城市国家就与好战的"强势帝国"结成了战争借贷关系，即"狐狸加狮子"的国家形式，逐渐演化成为现代民族国家体制。根据美国学者查尔斯·蒂利的研究，在整个欧洲，从 900 年到现在，在国家控制资本和强制方面的变化沿着两条并行的弧线。"起初，在世袭制时代，欧洲君主们一般从他们直接控制的土地和人口，以贡赋和租金的形式，榨取它们所需的资本——他们所能要求的数量常常在严格契约的限制之下。在经纪人时代（特别是在 1400 年到 1700 年左右），他们大量地依靠形式上独立的资本家来获得贷款，获取对产生财产收入的企业的管理和税款的收取。然而，到了 18世纪，民族化的时代来了；许多统治者把财政机制直接并入国家机构，大大减少了独立签约人的参与。"① 这也可以证明资本与强制的有力结合在民族国家诞生中产生的巨大作用。尽管 18 世纪后两者的结合有所松弛，但到了 19世纪，这种关系依然存在。蒂利指出："到 19 世纪，大多数欧洲国家内部都有了武装力量和财政机构，从而缩小了政府作为交税的农民、军事立约者和其他独立中间人的作用。因此它们的统治者们继续和资本家以及其他阶级为了信贷、财政收入、人力和战争必需品而讨价还价。"② 蒂利认为，日益增长的战争规模和通过商业、军事和外交相互作用交织到一起的欧洲国家体系，

---

① [美] 查尔斯·蒂利：《强制、资本和民族国家》，魏洪钟译，上海人民出版社 2012 年版，第64 页。

② [美] 查尔斯·蒂利：《强制、资本和民族国家》，魏洪钟译，上海人民出版社 2012 年版，第64 页。

最终把发动战争的优势赋予了那些能够运用大规模常规军队的国家；能够结合大量农村人口、资本集中和相对商业化经济的国家获得了成功。他们确立战争的条件，他们的国家形式在欧洲也成了主要的形式。最后欧洲国家汇聚到那种形式——民族国家。那么，为何欧洲的国家形式最终选择了民族国家形式、而不是城市国家或统一的罗马帝国形式？其主要原因在于，民族国家这种形式实质上是欧洲400年连绵不断的持久战争所导致的一种"武力均衡"的产物（战争编制起欧洲民族国家之网，而准备战争则在国家内部创造出国家的内部结构），也是国家间债务借贷关系的结果。"城市、金融家和资本在国家形成的地区的相对重要性，对在那里形成的国家类型的影响，比其他任何因素都大。根据有无大量的资本和资本家，战争动员有着非常不同的效果。"①

根据蒂利的统计，在公元990年，欧洲由好几千个国家般的单位，每20或30个"国家"可能只有一个10000人口的城市。到了1490年，大约有200个自治的欧洲政治实体控制着平均数为9500平方英里的土地，大约相当于今天的萨尔瓦多、莱索托和卡塔尔的面积。在随后的四个世纪里，许多战争和几个有意的联盟急剧地减少了欧洲国家的数量。在19世纪，国家的数量基本稳定了。到了1890年年初，国家名单下降到大约30个。到了第一次世界大战后，仅有25个欧洲独立的国家，直到当今再没有什么变化。② 可见，在短短的400年间，大约有170个国家先后被欧洲连绵不断的战争给灭掉了。在1500年前的五个世纪里，欧洲国家甚至更为专注于战争行为。在整个一千年里，战争一直是欧洲国家的主要活动。这样，战争就成为欧洲国家这一时期的主题，使得战争得以进行的则是战争债务和借贷关系，这也构成了现代欧洲国际法的基础，这是个既简单而又冷酷的现实。

因此，现代民族国家源于战争，而战争的筹备、战争费用的支付和弥补战争损耗成为欧洲千年战争史的重要任务，并在欧洲内部孕育出现代民族国家的结构形式。而且，在1500年前的五个世纪，欧洲国家甚至更为专注于战争的行为，在整个一千年里，战争一直是欧洲国家的主要活动。为了谋划战争和获取战争费用，欧洲各国的统治者只能向当时的大资本家或大商人进行

---

① ［美］查尔斯·蒂利：《强制、资本和民族国家》，魏洪钟译，上海人民出版社2012年版，第79—80页。

② ［美］查尔斯·蒂利：《强制、资本和民族国家》，魏洪钟译，上海人民出版社2012年版，第55—56页。

借贷，这种不断常态化的行为逐渐形成了欧洲各个国家内部的统一货币形式，也进而发展了信贷业，欧洲的资本家和借贷商人也借此具有了较大的影响力，并逐步进化为近代欧洲的资产阶级，使欧洲成为资本主义的最早发祥地。

　　然而，伴随着战争规模的不断扩大、雇佣兵的广泛使用以及武器装备的近代化，促使战争的费用不断地攀升，这就使得任何一个国家都很难筹到足够的战争经费，就像蒂利所说的那样，"从历史上看，很少有大的国家能够从当前的财政收入中支付它们的军事开支。相反，它们要以这样或者那样的形式的借贷来应付短缺：让债权人等待、出售职位、向客户强行贷款、向获得将来政府财政收入分享权的银行家借钱。如果一个政府或者它的代理机构能够借款，它们就能把开支的节奏和收入的节奏分开，在收入之前花费。在收入之前花费使得昂贵的战争更为容易，因为用于人力、武器和其他战争必需品的开支通常是波动的，而可能的实际的国家财政收入一般两年内很少变动。而且，一个借钱很快的国家能够比它的敌国调动得更快，从而增加了它赢得战争的机会。"① 毫无疑问，信贷的可利用性取决于一个国家以前对它债务的偿还能力，但是它甚至更多地取决于资本家的出现。资本家（当他们愿意这样做的时候）可以作为领导人、贷款的筹集者和偿还贷款的财政收入的管理者或者甚至是财政收入的筹集者，来为国家服务。欧洲的资本家所有的这些行为往往汇聚成一个令人憎恶的征税者的形象，他把钱投入那些凭借国家权威和军事力量收集税收的国家手里，并且收取数量可观的税收的折扣作为他的信贷、风险和努力的报酬。但是更为常见的是，资本家充当主要的公债的组织者和持有者。资本家的这些活动在很大程度上促进了国家货币的产生。

　　应该说，西方大国的崛起首先是从西班牙开始的，而西班牙之所以能够崛起则与它在 1550 年后控制了美洲白银密切相关。西班牙人则把美洲白银用于战场以征服更多领土。当时，西班牙在欧洲的战场主要集中在尼德兰和意大利两个战场，由于长期成为被列强争夺的对象，尽管战祸不断，但意大利境内也因此集聚了大量的白银作为军需财政之用，进而使得意大利——尤其是热那亚成为世界白银的主要集散地，并因此成为控制欧洲和世界白银货币流动的两条轴线的中心。

---

　　① ［美］查尔斯·蒂利：《强制、资本和民族国家》，魏洪钟译，上海人民出版社 2012 年版，第104 页。

　　意大利人之所以能够成功，就在于现代民族国家一定是某种特定的金融资本和法律科层制度相结合来控制的现代国家。国家之间的战争既需要以主权的形式为战争提供合理性、合法性的基础，它需要军队、法律专家、外交人员来应付战争、媾和与和谈；它也需要许多专门的财经人才对战争经费的筹措、管理和派发等，对战争所需的各种资源进行有效的整合，尤其是战争债务年利率进行有效的管理（因为战争债务几乎是不可能偿还的，所以对战争债务之类的只能进行年利率的清理和管控）。这种对战争债务年利率的管控，就是现代官僚制度或者说是现代科层制度特别是银行金融制度的起源。

　　正是在这一时期，也就是西班牙的菲利普二世统治时代，在地中海和意大利的城市国家中产生了一个银行家阶级，并开始在欧洲舞台上发挥重要作用。在此时期，地中海地区则处于为欧洲和中国提供白银的十字交叉口，便利的位置使之成为大量白银的集散中心，由此催生了经营并掌握白银货币的大商人阶层。这些大商人上拥有大量白银货币，他们一方面用白银低价换取黄金，借助金银贸易的差价来获利，即主要为西班牙在尼德兰的战争供给军费的任务而赢利；另一方面，他们还借助输送白银到中国赢取更大的利润。西班牙和葡萄牙的海洋争霸战争，使得海路不畅，美洲的白银很难按时运到西班牙，西班牙人只能就近从意大利银行家或大商人那里借钱，由此就产生了"契约借贷"这一新的借贷形式。

　　事实上，这一时期的西班牙国王要想还清银行家们的债务的话，几乎是不可能的。银行家们所能有保证拿到的也仅仅是伴随着庞大的债务而日渐升高的年利率（即年金）。于是，手中越来越多的"调剂债券"票证，使得商人和银行家们急需一个机构，并能够每年定期开会管控越来越多的债券票证。而西班牙国王的债券是以利息的方式不断地延长，这也就使得无法偿还的债务券不断地增值，这样，经营债权业务也随之成为有利可图的事情。由是，自1579年始至1621年结束，欧洲的大债券商人开始在意大利的皮琴察定期去参加债券年会，进行债券交易。这种年会催生了银行家阶级的产生，这也是最初的世界金融巨头会议。正是基于此，布罗代尔提出了新的理论：资本积累的初始阶段并不是来自公认的剩余价值，而是短期的民族国家的"债务利息"。而庞大利息的不断累积又促成了巨大债务的积累，还有对这些债务的管理、经营，这就成了欧洲资本原始积累的主要形式。这些巨大而又优良的债务成为利息源源不断的源头，并不断转化为优质的资本，它还开始以"转账"的形式作为支付和再投资的手段。可见，正是债务利息而不是作为利润的"剩余价值"是资本的真正来源。因此，我们可以说资本主义严格意义上说应该是一种"债务体系"，不仅仅是"雇佣劳动制度"，而在这个体系顶端的则是银行家和金融资本，绝不是产业资本家和商业资本家。

由此可见，16 世纪乃是资本主义和民族国家在地中海快速发展的时期，到了 17、18 世纪，历史的机遇给予了欧洲，欧洲的民族国家开始崛起，其标志就是西班牙帝国的分崩离析。西班牙哈布斯堡王朝的消亡，意味着欧洲资本主义发展的中心开始从地中海的意大利转向大西洋地区国家。而西班牙的崩溃则是因为连续 13 年之久的王位继承战（1701—1714），其结果是直接导致荷兰摆脱西班牙的统治，逐渐成为新的霸权国家。而英国也在此后建立了现代民族国家，最终成为欧洲乃至全球的霸权国家，这些国家还有法国以及其后的德国等都先后成为民族国家。当然，在民族国家形成的过程中，资本家阶级不断借贷给交战国家，而民族国家则以国债和国家税收为抵押来筹集战争军费，至此，现代民族国家的制度开始在欧洲确立。尤其是战争和借贷就被紧紧地捆绑在一起，二者相互为用，共同形成了资本主义的上层结构，而其下层结构则是由市民阶级（资产阶级）出现而构成的市民社会。需要指出的是，这个与民族国家一起产生的阶级，一开始并不是作为工业革命主体的无产阶级，而是作为纳税人的"市民阶级"。该阶级主要由经营美洲和亚洲贸易的商人组成，他们因为是国家纳税的主体而被发现、并在此意义上才被赋予"资产阶级法权"的，由是，海外殖民地和海外掠夺变得极其重要。因为它们是解决战争善后问题的主要要素，与欧洲民族国家之建立关系密切。因为民族国家作为一种新的政体形式，其主要功能在于解决战争中的损失问题。民族国家之间的战争也是为了把战争的费用转嫁到殖民地和全体国民身上。这样，民族国家就发明新的有效制度，以使全体国民能够甚至是自愿接受这个战争花费或代价，这也是欧洲民族国家要达到的最重要的目的。由于它关涉国家和"市民社会"的关系，它需要找到为其战争行为的持久的或最终"付费者"，而民族国家中最有能力的付费者显然是"市民阶级"，由是，市民国家就需要找到一种国家与市民社会之间的有效地谈判技巧或方法，在这种博弈的过程中，国家找到了如何以谈判和妥办相结合的方式来实现其强制。事实上，在谋求战争费用的过程中，粗暴简单的强制是不能达到目的的，甚至会激化矛盾。基于此，国家一方面要对市民阶级要采取一种补偿制度，它包括允许市民阶级拥有选举权、参政、议政权，特别是可以具有参与殖民地贸易权作为对他们的补偿，这对市民阶级而言，就意味着"无权则不纳税"的权力；另一方面，民族国家还要找到一种新的动员机制，而现代民族主义就是此"战争税务动员机制"，其目的就是要借助维护海外和殖民地利益来保证税收。通过这些形式，国家可实现对市民阶级的征税目的而又能获得市民阶级的认可接受，这种双赢的结果使得民族国家愿意促成市民社会的发展壮大，这也是为何我们说所谓"市民社会"，其实质就是"纳税人"的共同体或集团，民族国家显然不同于仅靠单一的地主、人头税和贡赋维持国家开支的传统国家，它是一种可以随时发明新税种的政体形式，而且在筹措战争经费的有效性上，传统政体根本无法与之媲美，它是一种更有效筹措战争军费、税收的国家形式，也是强制力更强、战争能力更强的政体形式。

现代民族国家发明了许多种纳税形式，最主要的有三种：其一是流通税。包括海关通关税、通行费税、交易税、转让费税和物流费税等。对民族国家而言，之所以对自由贸易感兴趣则是因为流通税对其很重要，是其主要财政的重要来源之一，其二是收入税。收入税作为一种税收也是民族国家的财政来源形式之一。这种税的征收需要一个条件，即拥有一个庞大的工薪劳动者阶层的存在。民族国家能利用收入税直接征收劳动者的税费，从而剥削劳动者。这是现代民族国家的普遍税收机制。其三是市场机制。市场机制的运行必须借助价格形式才能实现。换句话说，只要每一件商品都是有价格的，对商品的全面税收才是可能的。所以建立市场机制，是为了实现国家税收对所有商品的征税。可见，提倡和鼓励自由贸易、促进就业和薪酬劳动、提倡市场经济，这种政策结果就是鼓励和催生市民阶级和市民社会的形成和发展壮大，但它的真正的目的则是近代民族国家借助税收的形式，掠夺来自贸易、薪酬和物权中的利益。需要指出的是，这种榨取并不是通过强制进行的，而是利用种种国家制度或机制，借助谈判的方式，以契约的形式约定而成——从形式看是一种双方自愿的方式，实质上还是一种变相的强制，因为这些用于实现契约的民族国家的制度或机制都是由国家单方面制定的，并没有市民阶级的参与或同意，所以其制度、机制只能是对民族国家有利。就此而言，在国家和市民社会的关系中，蕴含着资本统治的真正秘密。总之，近代民族国家的产生过程与资本财富产生的过程是同步的：大商人和银行家借款给国家进行战争，国家则利用国家主权和科层制度形式经营管理战争，它们共同构成了资本主义的上层结构；而民族和市民阶级及其构成的市民社会，则为战争提供军费，它们则构成了资本主义的下层结构——这也就是欧洲现代民族国家围绕着战争财政所建立起来的国家军费筹措形式。

既然现代国家形式被称为民族国家，自然其形成也就与民族主义有着密切的关联性。在欧洲民族国家产生的历史中，作为"战争税务动员机制"的"民族主义"在民族国家形成过程中同样起着重要作用。需要指出的是，"民族主义"是一个极富争议的概念，从学术层面看，它既是政治、政策、战争，也是社会运动和意识形态，还是社会思潮和文化心理。民族主义作为集体行为的有效形式，是一种历史的社会力量。它包括三个方面的内容：其一，民族主义以及相关的思潮和运动有其历史的起因，他们不是从人性或文化神秘地发生的，而是世界历史发展的独特阶段。把"民族"和把"民族主义"当作不证自明的真理，都有其政治上的动机和文化上的功能。其二，民族主义是现代现象，反映了现代政治、经济和文化在世界范围的格局，即民族主义是不同的共同体进行文化、政治和经济关系交换的有效方式。这特别反映在国家关系领域。其三，民族主义问题紧密地和国家问题联系在一起，特别是和国家政治制度和国家权力合法性交织在一起。在这个意义上说，民族主义是一种政治意识形态，直接为国家权力服务，或是国家权力的重大功能之一。① 正因为此，作为意识形态动员机制的民族主义并不仅仅是一种宣传和煽动的工具，除了政治和战争动员之外，它还具有极强的经济功能。从欧洲历史看，民族—国家的理论是由德国浪漫派的哲学家最先提出的，然而这一理论的实践和发展却是由法国大革命引爆的。更准确地说，与其说民族主义是法国大革命的导火索或产物，还不如说它实际上是因为法国为准备战争而实行的公债制度。正因为这种战争公债的失败，才引发了一场"由民族来拯救国家"的社会革命即法国大革命。

从 1620 年始，在法国与西班牙的战争中，法国实施一种新的战争筹款形式——发行战争公债，以便于实施向巴黎的商人们借款的"国债制度"。由此开始，法国的国债不断扩大，直到 1701—1714 年，法国对尼德兰、英国和神圣罗马帝国的战争，不断被延期偿还的战争借贷最终使法国遭受灭顶之灾。其中影响最大的是英法七年战争，即 1756—1763 年的战争。这场战争将法国

① 徐迅：《民族主义》，中国社会科学出版社 1998 年版，第 4—5 页。

财政推向破产之境，使法国失去了它在亚洲和美洲的大部分殖民地，一方面，战争本身就耗费了法国巨大财力；另一方面，海外殖民地的丧失，更使得法国财政雪上加霜，来自殖民地的财源也被彻底斩断。这样，法国统治者就失去了凭借授予殖民地垄断权而向银行家和商人借贷的基础。然而为了扳回败局，法国王室不惜卷入美国独立战争，以赠款方式投入巨资支持美国与英国开战，尽管美国独立战争取得了胜利，它却导致法国财政的最终破产。马克思因此称法国大革命是"最伟大的天才也想象不出的戏剧"，就是因为美国的独立，反而导致了法国财政的失败，并引发了法国统治者与法国贵族的对抗，他们索要更多特权，拒绝王室的借贷，并追索偿债。此后，双方的协商失败，使得法国王室将征税的希望转嫁到市民阶级即资产阶级及广大劳动者身上，这进一步加剧了法国国内的矛盾，特别是与包括第三等级在内的市民社会的矛盾。由是，在1789年的国民会议上，第三等级提出要征税就必须扩大第三等级的发言权。其实，"第三等级"这个称谓反映了此时法国社会的根本问题，也是欧洲社会结构所包含的矛盾，"第三等级"最初仅仅是对封建特权阶级——教士和贵族的否定而已。

对此，卡尔·洛维特针对西耶士的这一概念作了精彩的解读："他的檄文开始于三个问题，对此他作了三个简短的问答：1. 第三等价是什么？——是一切！2. 它迄今为止是什么？——提什么也不是！3. 它要成为什么？——要求成为某种东西！——在此之后，讨论了人们为了让这什么也不是成为是一切，就必须采取的革命手段。第三等级有这种权利，因为它做了一切'有益的工作'，而与此相反，贵族和教士是它所做出的工作毫无用处的受益者。它包括农民的田间劳动、手工业者对原材料的加工、商人促成使用和消费的工作和更高级的教育部门（教师、公务员和律师）。它已经是一个'完备的国民'；在这里，西耶士所理解的'国民'与卢梭所说的'人民'是一回事。在第三等级中联合起来的人们的共同性建立在其'利益'的共同性之上，这利益也标明了市民社会的经济学特征，这种特征从此时起——在施泰因、黑格尔和马克思这里——直到当代都规定着市民社会的概念。"[①] 这表明第三等级与教士和贵族阶级有着尖锐的矛盾，这种矛盾要求，要实现人民的平等权，

---

① ［德］卡尔·洛维特：《从黑格尔到尼采》，李秋零译，生活·读书·新知三联书店2006年版，第324—325页。

就必须对特权阶级实行专政。与这种诉求相比，1789年的《人权与公民权宣言》只能是一个妥协的产物，它表现在：其一，它同时要实现"人权"与"公民权"，这是不可能的，因为二者彼此矛盾，"人权"是对应于宗教教权的，它表现的是"上帝面前人人平等"的观念，这说明其人权观念的最终来源是基督教。而"公民权"则是对应于国家主权的，其基础是国家的义务和纳税人的权利，所以在大革命中，要保证和维护的应该是公民权即市民社会的权利，而非基督教所谓的人权。其二，把《人权与公民权宣言》简称为《人权宣言》是一种惊心的设计，它旨在误导人们将人权等同于公民权，其实质在于掩盖法国革命的性质，消解其革命精神，法国大革命的革命性在于它以"公民权"取代"特权"，以"人民的权利"代替宗教神权，特别是以"主权"推翻抽象的人权，以第三等级即人民的专政反对抽象的"人"。法国革命的这种革命性，让西方资产阶级感到恐惧，他们只提自由、民主，不提平等和博爱，其原因就在于此。正是通过对法国革命的这种有意误导，来曲解自身的历史，其目的在于实施"人权高于主权"的霸权目的。其三，基于本阶级的利益，法国资产阶级对"公民"一词的界定范围收得很窄，仅仅将第三等级中的商人、律师、公务员视为公民，给予公民权，而将农民排除在外。这样，法国大革命的动因就来自两个方面：一是要求国家按照第三等级中的一部分人的愿望加以改造；二是全体国民（包括农民和手工业者）都以"法兰西民族"的名义被迫承担战争的代价。于是，一方面是第三等级开始登上历史舞台；另一方面广大农民被排除在公民及其所享有的国家权利之外，国家增加的税种主要都压到了农民身上，法国资产阶级没有满足占法国大多数小农的诉求，这就使得小农阶级转而支持王权统治者，反对资产阶级革命。在这种乱局中，一个伟大的历史人物开始登场，这就是拿破仑。他懂得现代民族国家的本质就是通过战争达到诉求的，因此，他高举民族主义的旗帜，以民族国家的名义扫荡和打击欧洲的贵族势力，借助军队和战争的方式向欧洲推行资产阶级革命，真正解决了法兰西民族的认同危机，并借此重构了欧洲的政治结构。由此而论，拿破仑借助手中的农民军队，彻底击溃了欧洲的封建王权统治，实现了欧洲启蒙思想家没有实现的建立现代民族国家的任务。

可见，拿破仑的战争所指的对象乃是封建王权即贵族阶层的统治，其目的是要建成一个可以媲美奥斯曼帝国的统一欧洲帝国，他几乎完成了这一任务。不过，最终妨碍拿破仑实现这一目标的不是封建贵族阶级的反动，而是新型的欧洲金融资产阶级的强力干预和反对。欧洲金融资本家不愿意看到一个统一的欧洲帝国，他们需要一个战乱纷争、四分五裂的欧洲，这样便于他们放贷，利用战争国债获取高额利息。因此他们支持封建贵族复辟的行动，甚至联合欧洲之外的势力反对拿破仑，以达到其目的。除此之外，拿破仑在法军占领区实行的改革，如颁布实施的《拿破仑法典》，也对金融资本家的利益构成了沉重的打击，这都是他们不能容忍的。在此意义上，一位西方学者精辟地指出，拿破仑要结束欧洲的战乱，就必须废除高额利息，以终结银行家对战争的支持资金，"这就是拿破仑废除高额利息的原因。他知道：除非在欧洲消灭银行家的利益，否则战事就将绵延不休。他在1789年命人翻译了伊斯兰法典《伊玛穆马里克》，并一起充实国民法典，大家更为熟悉的是这个法典的另一个名字——《拿破仑法典》，其中90％的内容来自伊斯兰法典。拿破仑知道废除重利的重要意义，可从他的话中得到理解。他说'利息这个怪物没有毁灭全部的人性实在让人吃惊，若不是破产和革命充当了反方向的阻力，人性早就被毁灭了。'——但是，这也就是滑铁卢之战的真正原因所在，为了银行家的利益，为了他们通过支持战争获得超额利润的贪婪，拿破仑就必须被阻止，——这也就是说，这与其说是阻止他传播'异教'，还不说要组织其传播民主信仰"①。应该说，长期以来，西方保守思想家一直对法国大革命进行攻击，原因就在于他们代表的是金融资本家的利益，他们不能容忍法国革命所倡导的一些价值如平等和博爱，也不能容忍公民权对人权的挑战，更不愿让他们认定的"垃圾人"获得公民权。同样，金融资本家之所以支持西方国家对伊斯兰世界的持久战争，其原因也在于他们要阻止《拿破仑法典》——因为它的原本就是伊斯兰世界的《伊玛穆马里克》法典，因为这部伊斯兰法典中有禁止私人银行家放债剥削的民主思想。所以拿破仑战争的结束，意味着欧洲历史的重要转折，意味着欧洲内战的初步结束，也标志着欧洲对全世界的殖民主义战争和帝国主义战争的序幕被正式拉开。至此，由古老的债务关系逐渐进化为金融信用体系进而从近代国家向军商一体的现代民族国家的转换就真正地完成了。从此，殖民主义和帝国主义战争开始在全球范围内蔓延，人类开始陷入一个又一个的无尽灾难深渊中。

① Sidey Rogreson, *Propaganda In the Next War*, Republished in 2002, with covre notes and new foreword by David M. Pidcock, The institute for rational economics, Sheffield S103HN, England.

（二）启蒙理性对现代民族国家理性的塑造

从前述分析中，我们不难发现，现代民族国家的产生和发展，乃至现代全球资本主义金融军事霸权制度的形成，主要是通过强制和借贷的联姻而形成的。但不可否认的是，启蒙运动对现代民族国家理性或精神具有重要的影响，它对改变传统的马基雅维利主义和推行自由、平等、民主、人权等思想具有重要的作用。

1. 西方传统的马基雅维利主义

在讨论马基雅维利主义之前，我们需要引入一个新的概念，即"国家理性"，它对理解国家行为具有重要意义。所谓"国家理性"就是指对于由普遍的权势状况规定的行为方式的一种理性认识。从人类历史看，不管环境如何，国家治理方面需要根据国家理性实施治理，当然，在这一过程中，只要在不影响国家根本利益的情况下，允许国家理性一定程度的偏离，这也国家治理过程中的正常行为。对一个民族来说，国家理性乃该民族采取重要行动或实施重大战略的根据，是规范一个国家政治、经济、军事等诸多方面行为的重要法则。国家理性规定了政客们如何行动或必须遵循哪些原则才能维护国家利益，才能保障国家的有序发展。国家作为一种重要组织的有机体，其高度的集权要求它必须按照某种特定的方式持续发展进步才能有效维护其存在，否则就会被淘汰；作为其发展、进步的"国家理性"则为它规划了战略目标和实现途径、方法。上述目标及其途径、方法绝不能随意选定，但也不会对世界上所有国家提供一个共同的目标或尺度。这是由于国家乃是一个特殊的有机体，有其自身的活动方式和规律，其规律则根据特定的结构模式和特定的环境而发生变化。所以国家理性就是要对其自身及其环境给予恰当的理解，并运用这种理解来决定其行为的准则。不过，不同的国家理性需要与具体国家的特殊国家机体内的要素相适应，还要和哪些影响国家利益和国家行动的法则中具有恒久性价值的东西统一起来。为此，从现在状态到未来状态，需要借助中间环节，能够保证持续连贯地形成一些应然和必然形态的观念。政客们一旦形成了某些对客观形势的正确判断，就需要他立即按照国家理性采取行动，以达成国家利益和国家战略目标的实现。至于这些战略目标怎样实现，要受制于国家及其所处环境的影响。严格说来，无论任何时候，只有一条达到目的的途径（亦即当时可能最好的途径）必须被考虑。事实上，每个具体的国家都有自己的理想目标和实现该目标的理想路径，也因此会有自己合目的的国家理性。这就需要政客们或政治家们努力发现这种路径，因为它的发现对实施国家战略目标会有巨大的支持力，并最大限度地减少阻碍的力量。所以从某种程度上说，国家理性具有极其深刻和国家必需的性质。任何一个国家的特定行动模式必定是在某一特定的因果链条中持续不断地前进。故此，对任何一个国家组织来说，只要遵守国家理性给其规定的法则，除此之外，其所谓的自由行动也只能在此规定范围内进行。

应该说，每一个民族都有自己的国家理性，而西方的国家理性在古代社会就已存在，在古希腊的欧里庇得斯和亚里士多德那里，都有对国家理性的讨论；古罗马时期的西塞罗和塔西陀也对它进行了探讨；在中世纪，这种思想就更为丰富。但真正对国家理性形成系统而严谨理论体系，并且对西方影响深远的则是马基雅维利主义。因此，一位西方学者评价说："'国家理由'观念在现代西方世界的历史随之开始的那个人，马基雅维利主义从其得名的那个人，历史注定必然是个不信上帝的人。他必定不知地狱的恐怖为何物。相反，它能以古代世界的全部天真，着手从事他那分析'国家理由'之本质的终身工作。"[①]

马基雅维利生活在 15 世纪的意大利，战乱频繁的欧洲使意大利也难以幸免，而一些弱国包括意大利的各城市国家，如何谋取生存之道、得以自我保存，以及君主如何保有自己的统治地位，无疑是众多国家要思考的问题，国家理性问题也就由此而生。在当时的意大利，存在着一种根据固定和明确的规则运行的治国方略，它是由文艺复兴文化中的现实主义思想要素孕育而出的、并且由常设驻外使馆加以实施的。这种方略最高规则在于实行"分而治之"的原则，它教导人们每件事情都应当依据其有用性、实效性来思考，它还以一种不太严肃的方式应对一切宗教和道德的制约；但它起作用的方式则是通过思考而寻求一些简单、机械的操作手段来实施，这无疑影响了它的效能。马基雅维利则根据他丰富的政治阅历和敏锐的观察、思考和研究，提出了一套"国家理性"的理论学说。这种学说的全部本质在于为了达到目的而将纯洁与污浊、崇高与可鄙的行为和理论要素混为一体，从而构建出了一套独特而影响深远的国家理性理论。

马基雅维利的理论体现的是一种新自然主义伦理，该理论寻求不讲任何

---

① ［德］弗里德里希·迈内克：《马基雅维利主义》，时殷弘译，商务印书馆 2008 年版，第 86 页。

条件地遵守自然铁律的要求。在这种自然主义伦理中，其最重要的也是其理论的至高价值观念即"美德"概念。它包含伦理内容，要获得自然给予人的某种具有生机和活力的东西，这种东西使得国家追求某种英雄主义、理想主义和建功立业所必备的强大力量，以便建立一个繁荣富强的国家，尤其是它要获得国家发展所需的力量，这种力量在共和体制中已经展现出来。在这种体制中，马基雅维利发现了形成某种美德的东西。该美德既含有作为公民需要具备的美德，也包含政治家或政客所需要的美德；这种美德要求无论是公民还是政治家或政客需要在为国家利益做出牺牲时，应无条件服从国家利益，这便于培养合格乃至优秀的公民和能够创造伟大国家的政治人物。但是，他认为，能够创立伟大国家的政治家的德行是某种更高级的品德。他进而区分了公民的美德和伟大政治家的美德。马基雅维利很喜欢当时极为流行的一句话：广场上的话同宫殿里的话肯定不同。在他看来，对于一个共和国而言，如果没有伟大的政治家或杰出人物的治理，它是不可能长久地存在下去的。由此可见，在马基雅维利的共和理论中，也存在着某种君主政体的幽灵。马基雅维利在波利比阿思想里找到了某种观念——任何国家的生灭存续都有定数，国家的繁荣昌盛也往往伴随着随后的衰败和灭亡的命运。所以他坚信，要重建一个伟大的共和国，使其摆脱沉沦的命运，就必须找到某种具有特殊的"美德"、某种"卓越政治家"的"品德"，由这种优秀品德的政治家治理国家，国家就一定能够获得复兴和繁荣富强。对他而言，那些糟糕的、日益衰落的共和国，或许君主制是其适宜的国家体制。这样，美德观念就成了马基雅维利调和君主政体和共和整体的润滑剂。

马基雅维利的特殊的"美德"伦理无疑是文艺复兴世俗精神的一个产物，他并不掩饰他与基督教道德之间的关系，但这引起了不小的争议，并使之遭到责难和非议。尽管如此，他还是认可宗教有关善与恶的观点，他在支持国家行为上的恶行时，并不觉得有何不妥，或做任何的掩盖。不过，对道德上的恶行，他则将其剔除在其美德之外。在马基雅维利的《君主论》一书里，那些谋害本国人、不忠于朋友之类的行为都不是美德的行为。政治家做这类事情虽可以获得权势，但是可耻的非德性行为，不会获得荣耀。然而，马基雅维利还是从前人身上找到了美德和高尚的品性，这就是政治家或统治者的德性。所以其美德理论尽管是针对政治家或统治者的，但并不妨碍其与其他的美德理论并存。在他看来，该领域可以说是更高的道德领域，它关涉国家的兴旺繁荣或生死存亡，是国家治理者必须具备的品德。由于其隶属于更高的道德范畴，它能够容纳恶的东西的侵犯，这也是为了达到国家理性目的的需要。这类的恶也是宗教上的"罪恶"，始终无法逃脱不道德之名，也的确不能成为"美德"本身的组成部分。尽管如此，它们作为君主达到目的的最后手段，还是可以出自"美德"的。

　　现在，马基雅维利的"美德"观乃是一种理想与悲观、机械与灵活相互交合的理论。他认为，人都是逐利的，依据利益行动，不会为了善而做善事。生活的艰难和贫困的境遇都能使人勤劳，法律能够使人变得良善。对恶行和不法行为的惩戒可以使人认识到公平正义。所以国家理性能够依据国家暴力维护正义和善的存在，他高度敬仰国家而极度鄙视个人。当这种因果链松动时，就需要借助美德来重构二者的关联性，当然，伟大政治家的作用也是不可或缺的，他们凭借自身的美德和其聪明才智，使他们能够协调好二者的关系，从而提高人们的美德水准。他还拥有一套宿命论观念：整个世界总是保持某种平衡，所有的存在物都是循环往复，周期性地出现，所以美德本身的存在并非一成不变的永恒的东西，它会在不同的民族那里昙花一现，不会永驻在一个民族那里。在他看来，发现或创造出这些美德，是国家理性，也是国家战略目标的要求。凭借这些美德的助力，政治家可以把一个民族从沉沦不堪的境遇中提升到强大国家的崭新境遇，把一个民族从历史发展的边缘擢升到历史发展的中心。

　　但在其理论内部，也不可避免地存在着矛盾一面，最新创造的"美德"理论与由其引出的国家道德理论同以往的宗教、道德伦理之间的矛盾冲突。马基雅维利的"美德"一开始仅仅是某种具有活力的观念，但其理论由于处于国家理性和维护国家利益的目的不可避免地包含一些悖于常理方面的东西。在他眼里，这不是某种出自本能的自然力，应将其提升到正常的道德或美德的境遇，使之变成某类受国家目的与国家理性控制的、政治家和公民都能恪守的伦理道德体系。这些伦理美德对宗教及正常的道德规范也很重视，这是因为其能有效地发挥作用，对国家安定有序具有重要意义。他极为重视宗教的作用，尤其对那种令人勇敢、自豪的宗教非常看重。马基雅维利甚至把"宗教、法律、军务"三者统称为国家的三大基本支柱。不过，后来宗教和道德的价值在国家理性中变得没那么重要，成为一种配角，仅是追求国家目的的一种手段。基于此，马基雅维利甚至提出了一种令人极为忧虑的观念——

鼓励政治家或统治者坚持某种怀疑宗教的怀疑主义态度，他进而提出为达国家理性的目的，哪怕是错误、荒谬、欺骗的宗教也可以拥有或予以支持，而一个人越聪明，就越会这么做。"凡是能增益于宗教的，即使他断定为谬说，也应予以发扬光大。他愈是谨慎精明，对自然事物所知愈多，就愈是应当如此行事。既然明智的人一直恪守这种风俗，所以信念从奇迹中诞生，即使基于错误的信仰，也要对它大加赞美。精明的人强化这种信仰，无论它有何起源，它的权威性使他们赢得了人们的信任。"① 因为无论是何人，只要这样想，从宗教的观点看都完全会随波逐流的。在一个失去神灵庇护的世界里，人只有自然本能，在自然世界是一个极为弱势的生命存在，许多生物都能够威胁到他的生命存在。所以马基雅维利因此设想通过"命运"来面对各种危险的挑战。在他看来，人们所面对的各种危险和挑战，都非人的能力就能应对，人们只能听从命运的摆布。但他认为这是缺乏智慧的行为，一个人必须振奋，必须同命运抗争。对人类而言，其自身也只能是部分取决于命运的主宰，部分则由自身的努力来支配。在美德缺失或缺位的地方，命运就会粉墨登场来主宰人类。由于命运变化无常，非人力所能认知或把控，这也导致国家命运存在诸多变数。除非出现一个能够力挽狂澜、具有极高智慧和美德之人才能把控好国家这艘大船不致倾覆。他认为对待命运需要像对待女人一样，通过强力控制命运。于是，他开始思考命运问题，因为"美德"和人类的力量都有局限性，无法对抗自然，人们各种行为都是自然的要求使然。但依照命运要求行事会产生时好时坏的结果。为此，其应对方法乃是以毒攻毒，以"美德"对抗"命运"。尽管"命运"具有不可抗拒的力量和恶毒的一面，"美德"为了对抗这种力量，实在无法时，也只能采取恶毒的方法对抗之。他的信条就是：国家利益和国家是理性至高无上的法则。在维护国家利益或国家安危的国家行动中，即使是邪恶的、肮脏的手段也是合理、合法的，甚至也是合情的。这可视为是国家的"美德"所需。马基雅维利要达到的目的是，在人们置身于一个战场、面对一个邪恶力量的胁迫时，保存生命和维护国家安危就是最重要的使命，一切的普世的善或正义，都不复存在，只要能够达到目的，任何手段都是允许的，哪怕是邪恶手段，人们只能以牙还牙，以血还血。他认为"美德"可以不择手段，以达到征服命运的目的。他将生活中

---

① ［意］尼克洛·马基雅维利：《论李维》，冯克利译，中央编译出版社 2017 年版，第 51 页。

的一切权势都归结为自然力使然，甚至这成为马基雅维利国家理性的前提。

为了做到这一点，他又引出了"必需"概念（"美德""命运""必需"是其理论中贯穿始终的概念）。在他看来，需要弄清"美德"和"必需"之间的极为密切的关系：倘若说美德是人创造出来的，它能够维护国家的良好运行，并且给予其特定的理性和价值，使之保持身生机和活力。他将道德的起源归结为"必需"使然，"必需"对人极为重要，并且导致人的光荣，没有"必需"的推动，人类就永远达不到它现在的高度。他认为，"必需"同需求成正比，必须如果越大，则形成的"美德"也就越多，"必需"促使人做成许多事情，它们是人类理性所无力完成的。当然，当命运产生的"必需"需要不善或恶时，一位统治者要想成就一番事业、有效地维持其统治，就必须有效应对"必需"之要求，学会怎样不善，而后应该依据"必需"的要求行动。命运产生的"必需"要求不善，这也是支配和制约人类全部生活的"必需"使然。于是，邪恶势力就与美善力量拥有了几乎同样的地位，并表明即使它不是一种实际的美善力量，但起码也是实现美善目的不可缺少的手段。如此一度被基督教约束了的原罪力，则赢得了局部性的胜利，恶魔强行进入了上帝之国。这就开启了现代文化的两难之争——超验与经验、绝对与相对的价值标准之间的矛盾（根据自身内在冲动行为的国家，如今是能够挣脱那些束缚其行为的精神枷锁，国家具有否认该世界之外的其他权威的独特权力，以便实现他想要合乎理性的成就。因此，现代国家从诞生起，就包含了这种内在的矛盾：一方面，宗教、道德和法律是必需的；另一方面，它一开始就有意在国家自我保护所需的任何时候损害它们）。或许，马基雅维利并不认为这是矛盾的：强迫帝王将相们在特定环境下做坏事的某一力量，也会强迫人做合乎理性和道德的事情，人们行善是出于必需，而"必需"的行动结果是：必须能够形成一定的伤害，也能够给予一定的治疗。它构成了某种因果机制，一个国家只要有美德存在其中，它就需要并且保证道德和宗教的存在，以弥补这种过失和伤害。如是，"美德""命运"和"必需"就密切联系在一起，它们既为君主使用阴险方法给予辩护，又可防止所谓的"恶"行。矛盾似乎已经解决。他既强调君主为维护国家统治之目的，可以背信弃义，无情、无忠、无人道，做任何恶行；又强调君主尽可能不做背离道德的事情。"你要显得慈悲为怀、笃守信义、合乎人道、清廉正直、虔敬信神，并且还要这样去做，但是，你同时要有精神准备做好安排：当你需要改弦易辙的时候，你要能够并且懂得怎样作一百八十度的转变。必须理解：一位君主，尤其是一位新的君主，不能够实践那些被认为是好人应该作的所有的事情，因为他要保持国家，常常不得不背信弃义，不讲仁慈、悖乎人道，违反神道。……如果可能的话，他还是不要背离良善之道，但是如果必须的话，它就要懂得怎样走上为非作歹之途。"① 在他看来，统治者或政治家无须所谓忠诚、诚挚等品德，不过，出于现实政治的需要，需要他假装具有此类品德，这对他是国家理性、国家利益所要求的，是必要的、有价值的。如此要求统治者或政治家具备特定的道德约束，假如出现其与权势相勾结的情况，迫使其本人在国家需要的环境下，能够担负起国家利益同个体德性之间产生的所有冲突，从而做出一种悲剧性的牺牲。这种矛盾的理论也是他多年从政和对严酷的现实思考的结果。并且是其一生最有价值的思想——借助于某位专制君王的"美德"，根据其"必需"所规定的所有对策的杠杆力，从而把一个已经沉沦了的民族拯救出来，使其浴火重生。

正是因为他是真正洞察国家理性的第一人，使得他能够深入到动物和人的内在兽性中思考问题，"因此，君主必须懂得怎样善于使用野兽和人类所持有的斗争方法。……怎样运用人性和兽性，并且必须知道：如果只具有一种性质而缺乏另一种性质，不论哪一种性质都是不经用的。"② 对他而言，当一个国家遇到其他敌对国家的十分严重的威胁时，它就必须采取某种有效的手段来保护其安全，这时，他采取任何手段都是合法的——无论是邪恶的，还是正当的。然而，马基雅维利蔑视那种无助于解除国家安危的权势贪念，更愿意持守在国家理性的中间道路上。他主张要时刻拥有政治家的清醒大脑，全身关注能够实现的目标，即使最终获得胜利也不容专横跋扈，忘乎所以，而应当抓住时机媾和。更不宜以不当的行为或语言激化矛盾，威吓敌人，那样只能促使对手更加谨慎小心，而不当语言则会徒增敌人对我们的仇恨。同时，对一个政府而言，无论在何种困难情况下，政府的治理工作都不能激起民众长久难消的仇恨之上，这是最致命的，它足以倾覆一个国家或政府。另外，马基雅维利还特别重视作为被统治者的人民，强调必须重视他们的感受，他们甚至比军队更有价值。然而，他也指出，有时候统治者必要时也得迁就

---

① ［意］尼科洛·马基雅维利：《君主论》，潘汉典译，商务印书馆1985年版，第85页。
② ［意］尼科洛·马基雅维利：《君主论》，潘汉典译，商务印书馆1985年版，第83页。

其士兵，因为他的士兵能够帮他做更多的事情，这也是民众无法可比的，是一种功利主义或现实主义的表现。尽管如此，他还是认为，有军队防守的城堡固然重要，但如果能够做到不使民众敌视或仇恨自己却比任何坚固的城堡都更有效。不过，诸多事件中总会有这样那样的漏洞而招致某些特定的祸患。所以在根据国家理性行动时，需要政治家或统治者高度关注那些容易出现漏洞或缺失的地方。"任何一个国家都不能够认为自己总是能够选择一条万全的途径。相反，它倒是应当预料自己只能采取完全可疑的途径，因为事情通常是：人们在避免一种不利的同时，难免遭到另一种不利。但是，谨慎在于能够认识各种不利的性质，进而选择害处最少的作为最佳的途径。"① 他认为君主为自己的利益所做的在大多数场合会损害国家，而他为国家的利益所做的则大多数会损害自己。他甚至还将这种思想扩展到更大的范围，即对统治者管辖下的各个城邦也要有一种一视同仁的父爱。另外，在他的国家理性思想中，还含有一种梦想或希冀，希望降临一位能够使已经沉沦、败落的各国幡然振兴的伟大重建者，他或者通过自己的"美德"，或者依靠一番调整的（亦即一场全面的改革的）"美德"，将给这个国家注入新的生命。需要指出的是，马基雅维利从未强调国家理性有优先于成文法的权力（这一优先则成为 17 世纪所构成的国家理性的首要价值），他更重视对现存法律的敬重和尊敬，这也是其国家理性中部分真实本质，"君主们由此可知，从他们开始践踏长期维系着人们生活的古代法律、制度和习俗的那一刻起，他们便踏上了丧国之路"②。

上述思想表明，马基雅维利的国家理性理论具有伦理的倾向：在其所处时代都追求狭隘的个人利益或目的的大环境下，马基雅维利能够拥有关心共同体利益，即全体人民的共同利益的自觉意识，也足显其理论是有高度的。它的国家理性理论在特定时候对民众或政治家甚至能激励他们获得很高的道德满足，即使牺牲自我利益甚至个体生命，但只要能保护国家安全，一切都是在所不惜。"凡是一心思虑祖国安危的人，不应该考虑行为是否正当，是残暴还是仁慈，是荣耀还是耻辱；其实，他应该把所有的顾虑抛在一边，一心思考能够拯救其生命、维护期自由的策略。"③

① ［意］尼科洛·马基雅维利：《君主论》，潘汉典译，商务印书馆 1985 年版，第 110 页。
② ［意］尼克洛·马基雅维利：《论李维》，冯克利译，中央编译出版社 2017 年版，第 328 页。
③ ［意］尼克洛·马基雅维利：《论李维》，冯克利译，中央编译出版社 2017 年版，第 456 页。

  总之，马基雅维利的思想无疑具有伦理道德的成分，尽管他强调统治者即君主要达到目的，必须不择手段，甚至有过许多卑鄙无耻的伎俩都是合理的，但这一切都是在他的所谓"美德""命运"和"必需"的主使下进行的，也体现了某种理想主义、理性主义和功利主义的结合，具有伦理价值意义。不过无论如何，马基雅维利开启了一个使统治者为达目的不择手段的先河，他主张的这些信条，诸如：那些梦想占有别国领土的君王们，一旦占领后，就必须毫不留情地斩杀原有的君王或贵族；必须把敌人斩草除根，不留后患，而无须抢占他们的财产，因为这会使使其财产的人心怀仇恨，找机会复仇雪恨，而被诛杀的人则无法复仇了。通常人们对谋杀其亲人的事情同剥夺其财产的事情相比，前者失忆要快于后者。那些有谋略的政治家或统治者表现慷慨方式是：对自身的财物要十分吝啬，而对获得的别人的财物要极为慷慨大方，决不小气吝啬；能够获得福祉的不是美德或高尚，反而是善于在德性与邪恶之间的明智选择。如果要加害一个人，就索性把坏事做绝，不留任何遗患。这样，对受到加害的回味就不会存在，加害所留下来的苦痛就十分轻微，可以忽略不计。对人施以恩惠时，不能一下给予很多，应该慢慢施予，一次一点，细水长流，让其时时刻刻感受到君主的恩惠，永远铭记在心；一个功高盖世的手握军权的将军，如若担心其君王会加害自己或背信弃义的话，就应当机立断，发动政变，杀死君主及其支持者，惩罚其忘恩负义的行为，这也是正当的。倘若人们需要选择对自身不利的人施以重罚还是轻微的惩治时，那就需要当机立断实施极为严厉地惩罚；如果说统治者或君主是一个极为残暴的人，他做事残忍，横征暴敛，在公共领域与私人交往中提倡明火执仗的强盗行为的话，那么我们只能说这是一种强盗逻辑。尽管在西方世界，马基雅维利或马基雅维利主义"恶名昭著，成为政治思想与政治行为中弃义背理、不择手段的经典化身。……古典思想家隐秘地，而且怀着明显的厌恶态度所揭示的那个腐化堕落的信条，马基雅维利明目张胆地、欣然自得地加以宣扬。古典思想家假口他们笔下的任务所讲述的那些令人惊心动魄的话，他无所忌惮，以他自己的名义公然道出。只有马基雅维利一个人，敢于用他自己的名字，在一本书里，阐发这个邪恶的信条"①。从上述分析中，我们不难发现，马基雅维利主义的国家理性是一种理想主义与功利主义相结合的理论，是一

---

① ［美］利奥·施特劳斯：《马基雅维利主义》，申彤译，译林出版社 2009 年版，第 2 页。

种用道德和权势相互约束的国家理性，但更主要的是一种政治现实主义、功利主义。在特定情况下，它允许采用不道德的手段，甚至认为这种不道德手段不仅出于国家理性的需要、必需，而且本身就是国家理性之"美德"的"必需"，是"美德"的一种表现形式。所以权谋与美德相结合才能造就强大的国家，创造或改写历史。因此，国家理性必须要在权谋同美德、权谋激情驱使下的行动和美德责任、义务相互激荡下的行为选择中形成某种特定的国家理性，即出于国家战略目的和长远发展来判定何为有利、有效、有价值的国家行动方式的思考或谋划。当然，在此类国家理性里，无疑存在着某种令人心惊胆战和惴惴不安的因素，它们也会在理想与实现、应该与事实物质与精神之间纠结。可见，就如同一个人一样，存在着双重人格、两种或多重面孔一样，在国家理性中也同样具有两面性，对现实的自然物质世界是一种面孔，而对人类理智则又是另外一副模样。除此之外，它有时候还会将自然和精神混为一谈。

在由国家理性驱动的行为中，甘愿顺从权势冲动的那部分属于自然王国。一个人如此行事，他必须这样，因为这里有一种基本的力量在运作，这种永远不能被完全窒息，而且（像我们注意到的那样）没有它，国家本来绝不会兴起。再者，必须本能地感到权势对于国家必不可少的国务活动家，同时也是一个有血有肉的人；在他那里因而必定有颇为个人的权势冲动，因为如果缺乏坚强、冷酷之刃的个人权势欲的这么一种襄助，国家就绝不会成功地取得对它而言必不可少的权势。所有这些仍然寓于因果性和生物性联系的领域中。或许最重要的是，正是在这一领域内，一个人发现那些从国家所处的环境产生的直接的行为动机，它们的缺失招致了人们所称的"国家的必需"。这是国家在内外威胁面前发现自己处于其内的一种制约形势，它迫使国家采取一类很特别的防御和进攻手段。这就是人们在此情境中常说的国家行为受限制的原因。因而，一种更高程度的因果必然性——其载体自身习惯于将其设想为绝对的和无法规避的，并且极为深刻地感受到它的存在——是一切由国家理性激励的行为部分的真正本质。不过，这一因果关系的过程却是由目的决定的过程。或者说，它还是一个目的的过程。当我们将国家理性转向这个层面时，价值世界开始显现其意义，自然力的世界逐渐隐退到阴暗的幕后。在它臻于可能最高形式之际，便是不再仅仅为权势而权势之际，它也是作为获取公共福祉——社会之物质的、道德的、精神的高尚方面——的一个手段。

它使得国家理性既具有一种崇高的道德目的，又具有实现这目的的手段仍然是旧的，而且必定始终是残酷的和原始的。以基督教视之，这是屈从于原罪，而且太容易被误用。然而，倘若一国的国务活动家认为自己是迫于"国家的必需"，要去违背人伦道德和法律，那么他就仍能做到自己在其本人良心的审视面前是道德上有理的，只要这么做时，它可以依据自身个人信念，考虑的首先是被委托给他来照料的国家利益。所以价值世界可以将一种使对象变得崇高的光辉或荣光，远远映射到可疑行为中那最深的幽冥处。尽管如此，这些行为仍旧是令人生疑的和具有双重性的，因为对道德和法律的刻意违背，必然在任何情况下（无论激励它的动机是什么）都是一种道德堕落或败坏，都是伦理在同权势的合作关系中的失败。因此，一切由国家理性支配的行为都不断地在光明和黑暗之间不停地摇摆。①

但无疑，拥有央格鲁—萨克森强盗主义传统和北欧海盗主义逻辑的英美殖民主义、帝国主义显然继承了这种思想理论，并用于建构自己的世界霸权，昨天已经发生的殖民战争和今天正在发生的各种战争，甚至将来还要继续上演的这种人间悲剧及其所采用的丛林法则，仍将是这种马基雅维利主义的逻辑延伸。

2. 启蒙理性对国家理性的塑造

马基雅维利主义的国家理性理论无疑对西方民族国家的崛起产生了重要影响，但启蒙运动及其思想则为这种国家理性注入了新的东西，它要求国家理性必须依据理性法和自然法则行事，必须用它们约束国家理性的自然冲动，并将国家理性纳入人类理性法和自然法的管束中。众所周知，西方人的政治思想中始终贯穿着一条影响深远的红线：一方面是有关普遍支配人类全部思想的自然法理论的基本观念；另一方面则是历史和政治生活中不可规避的事实选择，两者相互激荡、相互碰撞。自然法体系最先由斯多葛派提出，后被基督教吸收和改造，用于其自身发展，而后又有启蒙思想将其世俗化。启蒙思想的前提假设是：理性法和自然法归根结底是相互和谐、相互融洽的，并且它们都产生自宇宙无所不包的神圣统一性（在这方面，它不得不与基督教的二元论相妥协）。启蒙思想家认为，上帝置入的人类理性是能够理解作为整

---

① ［德］弗里德里希·迈内克：《马基雅维利主义》，时殷弘译，商务印书馆 2008 年版，"导言"第 56—57 页。

体的统一与和谐，能够确立此类法律在人类生活中的绝对权威的内容。当然，这些规范在面对国家利益驱动的种种卑鄙冲动和行为时，它们使之高尚化的任务往往不得不与之做出诸多的妥协或让步。但是从其本质和所蕴含的理想价值来看，它们并不甘于受此影响，作为凌驾于全部人类生活之上的最高引导之光，继续保持为永恒、不变和同一的法则。正是在它们的规范下，个人，无论是君主，还是国务活动家，都不得不自觉地理解和解释这种塑造自然灵魂的神圣理性，甚至视个人完美化乃是自然法和理性法的全部目的。世界理性基本上就是——尽管没有人清楚地理解这一事实——个人理性和实现个人目的和价值并使之完善化的一个手段。按照理性法的进一步假定，每个人的理性由于理性法的缘故，在一切人那里都是一致的、同一的，所以应该相信，依据理性法和自然法行事的人们所言的、所信奉的东西是绝对正确的、完全成立的，他们确实找到了某种真理或某种确定不移的东西。基于这个原因，超个人的人类联合体的智力内容也同样应该由此尺度来衡量，那绝不是出自他们自身的性质发展出来的，也不是从他们身上读出来的，而是来自永恒而神圣的自然法和理性法。国家、社会组织等等由此而获得了一个目的：使人变得更加快乐和幸福，并且能够约束他们卑下的自然冲动和欲求，成为一种普遍性的尺度，也是一种对违背它们的行为进行惩罚的鞭子。所以国家的建立也是基于这一目的，这种思想蕴含着国家起源于人与人之间的某种契约的观念。即使如此，该理论还是面临着无法回避的、对政治现实进行妥协或让步的问题，这种国家存在现状（还是某种理想状况）即使基督教也能够承受，作为上帝准许之物，也是对恶的惩罚和匡正的法则。在此需要指出的是，尽管理性法和自然法是启蒙思想置入国家理性的约束性要素，而且也获得了人们的认同，甚至宗教世界也不得不予以肯认、接受，但由此带来的矛盾还是难免的：一方面是政治的严酷现实，需要国家理性据实而变；另一方面则是理想的尺度是基于人性假设，而这种人性假设往往是抽象的、远离现实的。同时，它们还需要将其要求解释为上帝意欲的一种形式——无论是规则还是法则，都是规范或惩戒人们行为的尺度、法则，这就需要协调各种诉求，并使它们彼此和谐、不相矛盾，这显然是极为困难的。①

---

① 参见［德］弗里德里希·迈内克《马基雅维利主义》，时殷弘译，商务印书馆 2008 年版，第13 章。

事实上，具有独特性质和特质的国家及其统治者一开始就拒斥这种观念，它们仅仅将其视为某种可以利用的有益的幌子——在它们的招牌下，可以掩饰君主或政治家们的一些功利主义的自私行为，甚至是恶行。因此，建基于自然法和理性法基础上的国家目的，即普遍的福祉，自然成为某些国家权力被滥用的国家约束，也是它们要极力挣脱或解除掉的东西。而国家理性便是对抗这种启蒙思想自然法和理性法的最好的工具。然而，这种来自启蒙思想的国家目的，尽管受到了抵制，但还是对国家理性产生了不小的影响，或者说已经渗透到国家理性理论的内核之中。因为这种国家目的所强调的"普遍福祉"，涉及全体国民每一个人的利益或福祉，它不仅包括包含着统一在国家中的各自分离的个人的福祉，还包括整个集合体的福祉，这个集合体不仅意味着个人的单纯总和，而且还代表着一个集体人格，并且不仅仅人民是一个集体人格，承载他们的国家本身也是另一个这样的集体人格；它是一个比单纯的人民活跃得多的集体人格，因为它有组织，能够在任何时候使自己的意志发挥效力。因此，这是一个有机体的集体人格，似乎成为一个强大意志的集体人格，并且具有强大的生命力。而这意志的法则就是"国家理性"。然而，这种出自自然法和理性法的国家目的所产生的国家理性，反过来又成为反对自身的东西，即它在无意识中破坏了信奉自然法和理性法逻辑所导向的思维模式。因为这后一种思想模式所导向的是一种个人主义的价值取向，这种取向只能将国家目的即"普遍福祉"解释为统一在国家中的个人的福祉。于是17世纪的国家理性思想就被分为好的国家理性和坏的国家理性两种。前者促进普遍的福祉，同时也有利于统治者的福祉（它与普遍的福祉两相和谐），后者则只是促进统治者的福祉。事实上，这两种福祉，都是从自然法的观点出发，按照个人方式设想的。人格化的国家福祉和要紧的利益自然远远高出单纯个人的福祉，无论那是统一起来的个人，还是统治者自身；而且就算是一个人能够坚定不移地按照自然法的要求行事，也能够在实践中正确地做事，但它还是不可能以任何统一的方式一以贯之。

由是，从16世纪开始到18世纪为止，"国家理性"思想和国家利益的信条就像一个外来物那样强行，并成功地突入一种与之全然对立的主流思维模式。一方面，就"国家理性"和国家利益主题所涉及的一切，都直接源于生机勃勃的生活本身，来自国家和国务活动家的实际需要；另一方面，从整个国家主题所涉及的一切看，却主要来自自然法传统。在前一个场合，得到关注的是个别国家，真实的国家；在后一个场合，得到关注的则是国家的最佳形态，也就是一种理论上的理想国家形态。这样，讲求实际的经验主义和自然法传统的理性主义时常并存，如同水和油一样彼此分离，经常会在思考国家性质的人们那里难分难舍地纠缠在一起。它们就像为一个目标进行竞争那样，时而这种思想占据优势地位，时而那种思想又粉墨登场、独占鳌头。其实，从马基雅维利开始，注重实际效果的经验主义模式就强有力地崭露头角，在马基雅维利那里，自然法的理性主义因素仅仅局限于有关理论框架的某些传统观念，而且其思想的理性主义特征全然服从于他对生活和现实的极为具有洞察力的感知。然而，反宗教改革又一次将基督教的自然法观念恢复到尊荣地位，并在启蒙思想的世俗化过程中得到进一步地强化，从而也对国家理性产生了较大影响，形成了妥协性的"国家理性"信条，即主要是执着于最佳国家形态的理性主义观念，但也赋予（尽管不大情愿和带有某种无奈感）实际存在的国家问题予以考虑和关注，并在国家理性中预留一定的位置。伴随着新的经验主义浪潮在 17 世纪开始盛行，并在法国与其权势政策相吻合，它由此产生了彼此不同的国家利益信条：这种信条由于为纯粹实际的目的服务，所以它始终不受自然法的理性主义思想束缚（但这并不是说信奉这种思想的人们也在内心摆脱了自然法理性思维模式）。的确，自从它在 17 世纪被世俗化开始，并且在启蒙思想影响采取了一种新形式之后，这种理性主义的信条就实现了一种全新的发展，由于 18 世纪产生了个人理性能够展示世界理性的信念，所以理性主义的国家理性变得越来越大胆地努力按照自己的观念来征服和改造国家。不过，与此同时，特别是在 17 世纪后期，政治经验主义仍然强健有力，因此，德国政治哲学家普芬道夫就提出了这种经验主义的国家观，这种国家观基本原则是：统治者和国家的利益是其行为的灵魂；指引他们、迫使他们在为"国家理性"效劳时压制自己的情感，是完全不受情感影响的非人的力量。① 他强调，统治者和国家并不仅仅依照普通法则评判自己的行为；相反，他们首先遵循他们国家的特殊利益。由于这些利益往往极其不同，甚至彼此对立，因而会发生一种情况，那就是每个斗争对手都会希望公理显得在他一边，然而斗争结束后，双方可能将他们事业的争议性看作半斤八两，不相上下②。国家

---

① ［德］弗里德里希·迈内克：《马基雅维利主义》，时殷弘译，商务印书馆 2008 年版，第351页。
② ［德］弗里德里希·迈内克：《马基雅维利主义》，时殷弘译，商务印书馆 2008 年版，第353页。

理性遵从普遍理性，这种理性要求各国利益应当各自独立，但也要求每个人都应在他据有的位置上尽责尽力，从而不可能非难朝秦暮楚的行为，因为给每个统治者和国家提供的服务在本质上互相等同。可见，这种国家观即是经验主义的，又是理性主义的，都深深地打上了启蒙思想的烙印。

到了18世纪，自然法和理性法得到了更为广泛的运用。在行使统治的专制主义的庇护下，中产阶级在思想和社会两方面都得到加强，开始为其自身的阶级利益而利用自然法和理性法。他们在对国家的自然法解释中固有的个人主义思想开始得到滋养，进而充分发展起来。人们开始纯粹从下面、从人类天生的维度审视国家，而不是从上面这么做；甚至比此前时代更为决绝地这么做，它开始被视为一种旨在个人幸福的目的性结构。这样，国家理性思想就从通常的理论讨论中消失了，但它仍继续在国务活动家的实践和传统中发挥作用。在这一时期，另一种有关不同国家特殊利益的理论开始盛行，它主要是为了适应18世纪的专制主义权势政治及其政策的需要而产生的。在此进程中，经验主义和理性主义的国家理性的对立变得十分严峻，并且在德国另一位重要的政治哲学家弗雷德里克那里达到极致，他的人道主义理想和其权势国家观念的两极对立极为尖锐，使得出自个人维度的国家理性开始自行其是，并最终与从国家或统治者维度出发的国家理性相割裂开来，那种兼顾二者、彼此融洽的国家理性思想被这一时代抛弃了。

随后发生的法国大革命，更加确认了这种个人主义的国家理性思想。法国大革命坚持从个人的角度构建国家，它要使旧的国家理性让位于新的国家理性，即人类理性。大革命充分汲取了启蒙思想，提倡与国家对立的个人权利，颁布了保护个人权利的纲领性文件《人权宣言》，宣称人们生来自由，权利平等，私有财产神圣不可侵犯。为新的国家理性观注入了自由、平等、权利思想，这些思想构成了新的国家理性观的基础，也是启蒙理性观在国家理性思想中的反映。这种强调个人权利的国家理性观在17世纪的国家理性观那里是不可想象的，它开辟了国家理性思想的新的维度，把启蒙思想彻底地注入了国家理性理论中。从此，自由、平等、公民权利，还有民主思想，都成为国家理性理论必须面对的价值，也是构筑现代民族国家的基础——因为现代民族国家的财政税收体系和兵役制都是建立在与公民的契约基础上的，没有自由、民主、平等、人权等，公民就无纳税和服兵役的义务。但也应看到，这种新的国家理性尽管强调了公民权利，然而由此构建的民族国家具有恶魔般的力量，它是一种现代民族国家制度，具有巨大的组织力和强大的强制能力，它将权势政策和国家理性有机地结合起来，既解决了国家财政税收问题，又化解了军队的征兵问题，最重要的是，它建立了一套现代国家机器体制，相比传统国家，具有更大的国家力量，可以更有效地发动战争，进行殖民和强制，维护国家利益等等。它就是一种新型的具有巨大破坏力的巨兽，就像霍布斯所说的利维坦那样，它的出现注定要给这个世界带来更大的灾难和不幸，历史开始揭开它狰狞的面孔，它开启了将个体的国别史变成世界历史的进程，将整个世界连成了一个整体。从此，历史变成了世界史。①

　　具体而言，第一，法国理性在政治上强调普遍主义，德国理性则强调政治和社会的特殊性。虽然也强调普遍主义，但那是在哲学领域，在社会和政治领域里，德国则深受浪漫主义影响，更重视特殊性和具体性。法国启蒙理性在哲学领域重视抽象的、普遍性的原则，重视演绎推理，在政治或社会领域里，它同样把这些原则和偏好引入此间，追求一种普遍主义的政治模式。对法国理性而言，历史更多地走向普遍性的历史，历史成为普遍的、综合的、辩证的历史（但在历史事实中，它是双向的历史，既是普遍的，又是特殊的，各民族历史的发展都是如此）。作为一种普遍性的历史洪流，这一时期的所有形式的政治体都开始转向了民族国家，并接纳了民族主义的政治体制。在这种新体制下，民族化成了国家形式的一个重要特。从渴望政治主权方面讲，有数以千计的潜在政治民族。正是这种民族模式，而非民族本身，趋向于成为国家政治体制的专一模式。在这一进程中，17 世纪的君主制为近代民族准备了场地。欧洲宗教战争伴随着文艺复兴的衰退，而这一战争直到每个国家选择了自己的官方宗教之后才告结束。同时，行政与经济集权制造出政治控制的强烈需求，上升的资产阶级可以凭借勤劳和致富活动的理由，要求实行这一控制。而且当人们试图对君主制进行改革时，通过对民族议题的关注能够使议会与原有国家机制同新的国家制度形成一定程度的妥协，不至于激化矛盾。原有的法国旧制度由于在君主体制的议会上备受怀疑，但还是被此后的人民主权制度所吸收。而法国大革命更是把这种民族—国家模式变成了现实，并推向世界，成为统一的模式。在法国大革命中，法国革命党人鼓励人

① 参见［德］弗里德里希·迈内克《马基雅维利主义》，时殷弘译，商务印书馆 2008 年版，第 13 章。

民自己治理国家，由此，它使得民族意识得以觉醒。法国革命者自视为爱国者，因为他们认为，他们的国家是一个民族，他们热爱这个民族，是在为这个民族谋福利。革命爆发以后，革命党人认为世界上所有的民族都会欢天喜地地接受法国给予的福音，由此一来，欧洲的文明必定会抱有其普遍性特征，这也是其能够为所有民族接纳的原因。但是，令他们始料未及的是欧洲各民族会坚决地反对他们，并成为其敌人；革命者认为只有残暴的暴君才是战争的挑起者，开启革命的民族会给这一民族的所有成员带来真正的和平和博爱。因此，它认为，民族—国家成为普遍化而非普遍的模式。这种模式强调国家主权、税收的契约化与自由、平等权、人权和选举即民主权相结合，法国大革命的口号"自由、平等、博爱"，除"博爱"外都在民族—国家的政治形式中得到了体现。这也是一种现代国家制度，它集强制与借贷、自由、民主、人权、平等权与纳税相统一的体制，既便于国家的战争强制体系的发挥，又便于战争财政（即借贷制）的征集，同时也体现了资本主义的民主制度的发展。这一民族—国家模式，由于注入了自由、平等、博爱（尽管没有体现这一口号）的革命神话，使这种普遍化的模式极富有感染力，并且因为它能满足各方面的诉求，特别是能够使国家更加强大和便于维护国家主权和利益，因此，在欧洲，乃至世界产生了很大的影响。从此，在政治信念中，民族成了某种至高的存在，民族主义成为可以被启用的意识形态之一。革命者寻求伟大的希腊—罗马，期望启蒙哲学家所讲的神。他们把民族视为一种生命有机体，认为通过人民参与民族战争是其应对新的冲突和矛盾的手段，需要把国家同民族有机地结合起来，才能成为一个强有力的国家。启蒙思想坐而论道，具有普世主义的情结。与之相较，德国理性在形而上领域更重视普遍性，并且做出了巨大贡献；但它在政治领域则显得较为保守。启蒙时期的德国理性对哲学做出了重大的贡献，康德、费希特，还有此后的谢林、黑格尔的哲学都在人类哲学史上大放异彩，以至于有人说，上帝赐给法国人以土地，赐给英国人以海洋，赐给德国人思想的天空。在国家政治方面，也不能说德国理性没有任何贡献，康德的普遍主义国家学说就是其中的一个典范。其典型的政治理论是关于国家关系理论和世界永久和平理论，这种学所立足于伦理学说的法律理论与自然的欲望相调和的理论。他试图将启蒙思想家的自然状态思想如何过渡到公民社会理论从普遍主义理论维度加以思考。康德认为，相互为邻的人们如果处于自然状态，势必会相互妨碍彼此的自由，因此要求或逼迫这种状况中的人们加入国家中就能保护其自由，就是正当的。但不同的相邻的国家之间的人们的关系又是怎样呢？它也同样存在这样的问题，一是不同国家之间的成员会妨碍其他国家成员的自由，如果这些国家之间没有正式的关系，就无法保证每一个国家的成员会尊重其他国家成员的权利；二是不同国家的成员都可视为一个"道德的人"，它们在一种自然状态下彼此相关，并且都遭遇着所有那些公民社会的必然性困境。这种状况倘若继续下去，一定会促使人们的进步事业受到极大危害，因此提出，应该运用迫使个人成为国家成员的强制手段，促使或强迫国家进入一个国家间的联盟。所以此类联盟在国与国之间能够承担其在普通公民中所承担的角色，并且可以为处于联盟体中的各个国家的公民的外在自由给予充分的保护，这就是后来的联合国理论的基础。但它也存在一个问题，在这个国际联盟中，谁具有最高的统治权？强制力量由谁来主使？显然，康德普遍主义的世界主义理论，并不是针对如何使民族—国家政权更为牢固、怎样更加强大以及如何解决其财政问题的理论，仅仅是为了如何使国与国之间避免战争和怎样保证公民的自由权问题的理论。由此而论，康德的政治理论并不能算得上是真正的民族—国家理论。

相反，德国的浪漫主义思想则对德国的国家理性起到了更大的作用，浪漫主义强调个别性、特殊性，并由此奠定了民族意识的基础。浪漫主义者拒绝人的抽象概念，以人的活生生的个体的、具体的现实存在物为基础，他们要拒斥普遍主义与人道主义理论掩盖下的抽象的政治理论。他们认为，那些尚古的民族主义理论是有很大问题的，不能任由它们左右人们的思想和行为。他们主张，就民族一词而言，它是一个具有内生性、历时性的特征的词，是伴随着个体主义和大众政治理论而产生的，只有当人被界定为具有平等权利的社会里，民族及民族主义才能产生，并发展起来。但这同时也要求个体在社会中既拥有其权利，但也要尽义务。此种个体主义能够加强平等与博爱观念，而借助民族这一共同体概念可以将分散的、原子化的民众聚合为一个有机的有意识的整体。这是一种新型的政治体，但它是伴随着强制性的兵役和民族间的战争屠杀开始登上历史舞台的。新的民族战争形式的有效性使之完全替代了旧有的雇佣或职业军的作战形式。随后，各个民族国家的政府借助宣传教育及让公民平等地参与投票而获得其合法性。此种形式既开启了通向诸多的平等的路径，又使它们发现宣传工作的重要价值。原本宣传是属于各个宗教吸收新的信徒、加强教会影响力的工具，而今变成了民族—国家的政治动员或政治宣传的手段，而它首先具有的特征就是民族特色。

第二，法国理性提倡自由、平等、博爱，并强调没有上述权利，就没有纳税义务。在大革命中，甚至通过了《人权宣言》来保障这些权利（需要指出的是《宣言》中没有提及博爱）。这些价值的提出，对构建现代民族—国家具有十分重要的意义。尽管没有再提及博爱权，但是对自由、平等及人的权利的倡导，则是对历史上的马基雅维利主义国家理性的有效制约，也是建构现代民族—国家理性的前提和基础。如前所述，我们指出现代民族—国家是建立在军事强制和借贷（债务）基础上的，这种形式的国家结构能够有效地把国家强制力和有效的国家财政筹措能力结合起来，形成强大的国家力量，便于在这个盛行丛林法则的欧洲世界里谋取自身存在和争夺霸权。而这种民族—国家的基础，就是强制和债务借贷相结合的体制。这一体制的形成需要建构现代战争军费筹措和管理制度，而构建这些制度就必须保证人们拥有自由和平等权。从自由权来看，它主要强调的是个人自由。根据古典自由主义理论，个体具有积极与消极两种自由形式：积极的自由是指它被界定为积极的且受到法律保护的自由，也就是说，法律反对某些干涉私人生活尤其是涉及个人财产的行动，保证个体不受专横权利的干预或强迫；消极的自由则是指，个体能够自由地选择做任何没有被法律禁止的事情，个体的消极自由范围与个体的积极自由范围相结合，就构成了古典自由主义的自由理论。基于此，斯密强调，在法律的允许的范围里，个体能够拥有"以他自己的手段追求自己的利益"的权利。在追求其自身，包括其家庭及他人的正当的利益中，他能够看到其活动范围是极为广阔的，个体能够在现实生活的方方面面展示其丰富的个性。因此，个人自由是资本主义市场经济的基石。资本主义的市场经济需要个人自由权来保障。因为没有个人自由，作为个体的劳动者就不能主宰自己的劳动，更不能决定是否出卖其劳动力。个体自由表现在市场交换的经济领域就是，个人能够自由占有和支配自己的财产。这些都是基本的经济自由，没有它，市场交易就无法发生；同样，对于资本家来说，没有个人自由，他们也无法进行自由的投资和追求利润，更无法保障他们获取自由竞争的权利。特别是在封建王权和宗教神权还影响极大的欧洲，如果没有法律对个人自由权的保障，资本主义的市场经济就无法产生；此外，自由与市民社会的发展具有重要关联性。就像黑格尔所言市民社会是"欲望的领地"。

而只有一个充满欲望和自私利益追求的社会才是资本家所祈求的社会，因为这样的社会便于资本追逐利润和资本的积累和扩张。而全部西方人文社会科学都是立足于解决"欲望解放"这一问题来进行的，其奠基石是霍布斯的《利维坦》。在该书中，霍布斯如此描述现代社会，认为其基本特征就是平等，而平等就是指所有人欲望前的平等。而权利平等乃指人们拥有平等的追求欲望的权利，因为一个充斥着欲望、欲求的世界才是最有利于资本最好扩张及发展的世界，就像《共产党宣言》所说的那样，资本主义在激发、制造人们的欲望方面是成功的。通过激励市民社会中人的各种消费欲望，资本家创造出了快速扩展财富的掠夺性信贷制度，因此，负债经营和消费成为这一时期资本主义最典型的生产方式。同时，市民社会还是一个充满欲望的自私自利的小市民的社会。从历史上看，文艺复兴没有发现人，因为它只是发现了商人，资产阶级并没有解放人，因为它只是把人变成了唯利是图、自私自利的小市民，资本主义的发展没有把犹太人便成人，而是把所有的人都变成唯利是图的犹太人。资产阶级认为，人的本性是利己的、是自私自利的，所以他们认为，商人是最典型、最具代表性的人，而像犹太人那样被压迫、被排斥、丧失公民权的状态，反而是最仁义的状态。于是，人就是市民，就是自私自利的人，就是鼠目寸光的人，即眼中只有自己利益的自私的人，这种人才是市民社会的基础。就像马克思在《论犹太人》中所强调的那样：犹太人只是市民，而不是公民，犹太人只是商人，并不是"人"——无论他们多么富有、精明，但他们都会被剥夺公民权，剥夺他们从事公共事业、担任公职的权利。可见，资本主义的进程并不是一个解放人民包括犹太人的过程，他的目标不是把人变成公民，而是把人要变成市民，把一切人都变成犹太人，变成唯利是图、自私自利的人，这样才符合资本和资本家的要求。当然，这种市民由于获得了他们所需要的自由权利，而且变成了有钱的资产者，他们就同样有义务要为民族国家纳税了——即使这种民族国家还没有成为真正的资本主义国家，因为要获得自由权，就必须尽纳税和服兵役的义务——这也是一种契约社会的契约或信用。这就很容易完成强制与债务借贷的相结合的任务。至于平等权，也是民族国家实现强制和债务借贷的重要保障。首先，平等权是资产阶级对抗封建王权和宗教神权的利器。没有平等权，资产阶级就无法保障自己的权利，特别是无法分享国家的权力，也无法实现自己的利益。因为强大的王权和神权随时都会收回资产阶级所拥有的各种法律赋予的权利——

只有平等权才能保障他们在议会的言论权、法律的制定权、解释权等。其次，平等也是市民社会的基础。只有拥有了平等权，市民社会的市民才有机会追逐自己的利益，保护自己的财产，平等参与社会生活和国家政治生活，实现资产者的民主和自由。没有平等权的保证，这一切都不复存在，市民社会也将解体。再次，平等权也是资产阶级分享政治权利的要求。没有平等权它们就无法分享政治权利，就必然会排斥在政治权力之外，其利益和诉求也无法实现。最后，平等权也是民族国家要求与市民社会的市民签订契约、履行纳税义务和为国家服兵役的基础。没有平等和自由，就没有纳税义务，这是法国大革命资产阶级的口号。也正是在这一诉求下，通过斗争，法国资产阶级终于以《人权宣言》的形式保障了自己的自由和平等权利，但其代价是要签订契约——要为民族国家承担纳税和服兵役的义务。严格地讲，自由、平等权乃是现代信用制度的基础。这是因为，正是自由和平等权的法律保证，使得市民社会中的市民们，必须依法行事，自由和平等，也仅仅是按照国家的法律采取行动，法律既保护个人的权利，也约束个人的行为不逾矩，也就是每个人的行为都是可以预期的，他的经济行为、政治行为等都是在法律规定或允许的范围内进行的，这就使得个人的行为是确定的、可信的，没有危害的；同样，法律在保障个人权利的同时，也规定了个人对国家的义务，这就是依法纳税和服兵役，个人有建设国家、保卫国家的义务。因此，个人的自由和平等权是建立在法律所提供的信用制度基础上的，没有信用，就没有权利。当然，这是双向的，对民族国家也是一种限制，就是不能侵害市民的自由和平等等权利。由此可见，自由和平等权对民族国家的重要意义，尽管它们是对国家理性的限制，但也进一步建立了现代契约制度（信用制度为前提的）——这一民族国家强制和债务借贷制度的基础。

与此相对的是，德国理性则强调人道主义和民族意志，为民族国家的国家理性注入了仁慈和冷酷的强制两重因素。由于德国理性重视先验理性和超验世界，其理性具有超越性，因此，就使得它强调自由意志和人的尊严的结合，强调人的目的性的重要性，这在以康德、费希特为代表的德国启蒙哲学那里具有突出的表现。但先验的理性、超验的理性并不是完全脱离经验世界的，它对现实世界充满了热情和关怀，在把道德法则设定为理性王国和目的王国的普遍法则之后，在经验世界，这种关怀和热情的具体表现就是人道主义的理想。而意志朝向更大能力方面的转化则是由康德学生赫尔德完成的，在他的努力下，由理性的个人自由意志上升为国家意志，成为推动民族国家追逐自身利益的法器，它们共同型构民族国家的国家理性。应该说，德国的启蒙理性深受法国启蒙理性的影响，法国理性对自由、平等和博爱的追求，在德国启蒙理性那里也产生了深刻的影响，这种影响在康德和费希特哲学里展现为理性的立法和对道德法则的敬重，展现为对人是目的而不仅仅是手段的追求，也是理性对人的欲望、欲求等不确定性的经验东西或恶的克服，人对先验理性和超验存在的追求表现为对规律性与目的性、规范性和理想性、世俗性和神圣性、崇高性的统一，经过康德和费希特对法国启蒙思想和价值的汲取和再创造，德国启蒙思想发展出了人道主义的国家理性思想。这种新的国家理性观又在浪漫主义思想（特别是赫尔德思想）的侵袭下，又把传统的马基雅维利主义的强制性思想予以继承和发展，提出了民族意志理论。于是，德国理性就锻造出了人道主义与民族意志相结合的新的国家理性观。

　　事实上，早在16、17世纪，就产生了一种基于基督教和教会伦理的对国家理性的非自然主义的反动倾向，由此人们试图努力以使国家理性变得无害，以形成一种值得尊敬的政治形式。到了18世纪，伴随着自然神论思想的广泛传播及人们对人类理性的更大信任，德国启蒙理性创造出了一种新的生活理想：它将摆脱迷信和粗鲁的专制主义，迈向人间快乐和世俗福利；不仅如此，这理想将在国家旧政体形式内发育，而且它将在一些君主的领导下产生。甚至君主被视为"上帝在尘世的活生生的逼真形象"①但它不再在一种神秘的或宗教的意义上被接受了，而是以一种按照自然神论被净化了的方式被"人性"的新口号创造出来的，以描述新的目的和情感。这种人性观祈求自己和他人的快乐，并寻求发展出更自然的人类美德——自我克制和关爱邻人，通过澄清自己的心灵和摆脱愚钝阴暗的偏见来服务于社会。这种人性观虽有进步性，但仍是一种旧的基于古老的斯多葛学派和基督教的自然权利观念的人性观，在德国启蒙思想的荡涤下，一种被高贵化了的心灵生活的人性观开始出现，这就是人道主义的人性观。这种人道主义的人性观要侵入权势政治领域，要用启蒙的太阳光照这一黑暗领域，用理性征服它、净化它，使之文明化，启蒙理性试图驯服国家理性，在这个战场上取得胜利。这一思想的代表人物是弗雷德里克——一位18世纪的德国国王，他在《反马基雅维里》一书

---

① ［德］弗里德里希·迈内克：《马基雅维利主义》，时殷弘译，商务印书馆2008年版，第395页。

里，强调统治者是其人民的第一仆人，他必须不仅将其臣民视为与自己等同的人，在某些方面还要将他们视为自己的主人。他将为其臣民提供符合国家需要的最高程度世俗快乐、物质福利、智识觉醒和道德活力视为一项非常严肃和神圣的任务，这是一种人道主义的情感，"对人性的弱点表示同情，对每个人都怀抱一种人道感：此乃通情达理的人应有的行事方式"①。这种人道主义思想在其《政治遗嘱》中表现得更为充分，而且在其治理国家事务中，他认为有必要防止自己忘怀人道指南，特别是在他面临严酷的环境影响的时候，就必须使用严厉方法保护一个不安全和不断遭到威胁的国家生存。当然，不可避免的是他理解的无上命令即国家必需总是占上风，总是压倒他的启蒙哲学理想，这也是严酷的国家安全现实使然。但人道思想也同样以一种深刻有力的内在方式占据其心灵，这是一种不可避免的矛盾因素。作为一个统治者，国家的最高任务即保障和加强其物质权力是国家理性必须保证完成的，但是，他所持有的人道主义理想，即教育人民和使他们幸福，也在时刻提醒着他，实行人道主义政治。这样，两种国家观念并存于其心中——人道主义国家观念和权势国家观念，前者来自启蒙运动；后者处置生活、历史和经验，并且在持续不断地得到日常生活经验和必需的重新确认。为了体现人道思想，他甚至将启蒙哲学部分地纳入了权势国家观念，这是其"统治者乃国家第一仆人"理念的体现，他压抑自己思想和行为中的权势思想，强调人道主义思想，这就使他在旧权势国家与新启蒙理想之间架起了一座相互通达的桥梁，从而使权势理论和人道主义思想相结合，进一步完善了国家理性，在合乎历史性和现实性的基础上，增加了合法性、合理性的成分，这就是启蒙理性对国家理性重要影响。②

对国家理性产生重要影响的还有浪漫主义的民族意志观念思想，这一观念的倡导者是浪漫主义哲学家。浪漫主义哲学强调意志是生活的主宰，而非理性，也不是那些可以研究进而控制的秩序。只要是自我的意志，是自我产生出来并一往无前的意志，浪漫主义者都将其设想为仁慈的并且是具有决定性作用的东西。然而，此后爆发的法国大革命极大地震撼了浪漫主义思想家，

---

① ［德］弗里德里希·迈内克：《马基雅维利主义》，时殷弘译，商务印书馆 2008 年版，第 407 页。

② 参见［德］弗里德里希·迈内克《马基雅维利主义》，时殷弘译，商务印书馆 2008 年版，第 12 章。

当然对启蒙时期的德国人影响极大。由于法国大革命，特别是随之而来的拿破仑战争，引起了受伤的德国民族感情的爆发，而受伤的民族感情则滋养了浪漫主义思潮，最终成为赋予对民族意志的肯定。尽管这一思想并没有成为所有浪漫主义思想家的观念，但是在这一观念在费希特自由观和施莱格尔的反讽观念的激励下，在德国启蒙时期发挥了重要影响。从某种意义上讲，费希特也是一个浪漫主义者，其自由思想也体现了这种浪漫主义特征；其自由观也是一种民族主义自由观。他指出，如果我们是一个自由的民族，如果我们是一个伟大的创造者，因为碰巧未被那些拉丁民族经受过的颓废所腐蚀，创造出那些伟大的价值，其实也是先前的历史施于我们的那些伟大价值；如果我们有幸比那些付费的民族更年轻、更健康（在此，他极为讨厌法国人的情绪表现出来了），他们那精美的文明已经沦为废墟了——如果我们果真如此，我们一定能自由，无论付出什么样的代价，既然世界容不下半奴隶般自由的人，我们就必须征服他人，将其纳入到我们的结构中来。自由是免于障碍的自由，自由是制造自由的自由，自由意味着你在充分发挥了创造力时免受任何事物的阻碍。因此，我们从这里看到了民族主义的驱动力或阶级激发出来的集体驱动力观念的端倪，这个观念是一种神秘的观念——人富于创造性地奋勇向前是为了不冻结、不灭亡，不被任何静止的东西——不管它是静止的自然还是一些制度、道德原则、政治原则、艺术原则或任何其他不适他们创造出的东西——所压迫。对于备受鼓舞的个人或民族而言，这个观念开启了一种巨大的驱策力，驱策他们不断地重塑自身，不断地追求净化自身，直至达到一个未曾听说的高度，永无止境的自我改变、自我创造，成为不断的创造自身的艺术品，向前，向前，犹如一个浩瀚无涯的构想那样永远在更新自己。费希特的自由观强调行动力和创造力和无拘束的行动，认为一个民族的自由意味着摆脱其他民族的统治，如果其他民族妨碍了它，那就只能开战了。也就意味着，德意志民族的自由和行动，如果受到任何民族的干扰，就意味着战争。他的这种自由观无疑会进一步强化国家理性的强制性，并对德国的政治和道德，甚至其他领域产生了巨大的影响力。① 浪漫主义的另一思想即反讽观念，也对这种国家理性产生了重要影响。这种反讽观念最先是由施莱格尔提出的。所谓反讽，就是当你看到一个兢兢业业的良民时，当你阅读一

---

① ［英］以赛亚·伯林：《浪漫主义的根源》，吕梁等译，译林出版社 2008 年版，第 94 页。

首行文工整、格律严谨的诗歌时，当你面对一个保护市民生命财产的和平机构时，你会嘲笑、讽刺、挖苦、戳穿它，你说真实恰与表象相反。在施莱格尔看来，反讽是反抗死亡、反抗僵化、反抗任何形式的一成不变、反抗生命之流冻结的唯一武器。这一概念比较模糊，但总的来说，它是指一个人所共知的命题至少会有三个其他命题与之对应，其中的每一个都与之相反，但每一个都同样正确，所有的命题都是可信的，正是因为它们相互矛盾，因为那是唯一可以逃避可怕的逻辑紧身衣的方式。对于任何形式的逻辑紧身衣，施莱格尔都恐惧有加，无论是物理学的因果关系，还是国家制定的法律制度，甚至是诗歌写作的美学法则、透视法或历史画规则、18 世纪法国那些形形色色的绘画教条都是他避之不及的东西。仅仅拒绝规则还是不够的，因为拒绝会带来另一种保守、另一套与原有规则相反的规则。因此，规则必须被彻底破除。这样，浪漫主义的这两种观念相互联姻，就构成了塑造国家理性权势观的强大力量，"两种因素——其一是自由无羁的意志及其否认世上存在事物的本性；其二是破除事物具有稳固结构这一观念的尝试。某种意义上，这两种因素构成了这场价值非凡、意义重大的运动中最深刻也是最疯狂的一部分"①。它们的结合进一步强化了权势理论的影响力，也使得启蒙理性的人道主义和国家理性的权势观的矛盾得以延续，并对后世的德国国家理性产生了极为重要的影响。

第三，法国理性将建构性、人造性的民族观融入了国家理性。国家理性必须借助民族来实现自己的目的，这是现代民族国家的基本特征，因为诉求民族比任何其他因素都更为有效。但民族不是有机体，不是某种生物体。他们认为，最古老的民族都经历过集体锻造的各个阶段。这种民族与其说是生物性的，不如说是人工的。这种论说满足了理性、透明性的要求。在现代国家建构逻辑中，民族被认为是人的自由创造。事实上，法国理性的这种观念是与法国启蒙理性的机械唯物主义联系在一起的。这种机械论最早是由笛卡尔开创出来的，笛卡尔提出了心物二元论，由此把神学和科学分离开来，并认为它们之间不必有什么冲突。他指出："我首先曾把我看成是有脸、手、胳膊，以及由骨头和肉组合成的这么一架整套机器，就像从一具尸体上看到的那样，这架机器，我曾称之为身体。"② 他认为，人的身体的许多活动都像动

---

① ［英］以赛亚·伯林：《浪漫主义的根源》，吕梁等译，译林出版社 2008 年版，第 118 页。
② ［法］笛卡尔：《第一哲学沉思集》，庞景仁译，商务印书馆 1986 年版，第 26 页。

物的活动一样是机械的。这些身体如何呼吸、血液循环和消化都是自动的。人的身体的作用可以还原为物理学。美健身体的事情都可以由对机械原因或者亚里士多德所说的"动力因"的考虑而得到恰当的说明。这样在描述身体的自然过程时就不需要考虑目的因了。不仅仅人是机器，动物也一样，"自然在它们中按照它们器官的特性而活动，正如一只仅仅由齿轮和钟摆组成的钟一样"①。所以动物也是机器或自动机。由是，笛卡尔就首先用机械论的观点来解释人，这种思想也极大地影响了18世纪的法国唯物主义，他们用一种机械论的观点来解释一切，最具代表性的是拉美特利，拉美特利直接宣布人"人是机器"，"人是一架如此复杂的机器，要想一开始便对它有一个明确的完整概念，……这样的事是不可能的"②。他进一步指出："人是一架自己发动自己的机器：一架永动机的活生生的模型。体温推动它，食料支持它。没有食料，心灵便渐渐瘫痪下去，突然疯狂地挣扎一下，终于倒下，死去。这是一支蜡烛，烛光在熄灭的刹那，又会疯狂地跳动一下。但是你喂一喂那个躯体吧，把各种富于活力的养料，把各种烈酒，从它的各个管子里倒下去吧；这一来，和这些食物一样丰富开朗的心灵，便立刻勇气百倍了，本来一杯白水吃得他要临阵逃跑的那个兵士，这会儿变得剽悍非凡，应着战鼓的声音，勇往直前了。这就叫做冷水浇得定下来的血，热水又使它沸腾起来。"③ 当然，他并不否认在动物或人身上有感情或思想的存在，但认为，感情、思想、意识均由机器所产生，它们都可以由机器得到解释，都依赖于机器。这种思想逐渐被运用到民族观的解说中。

在法国理性看来，人总是最了解自己的创造的事物。我们可以将英国哲学家霍布斯的国家哲学归集结为民族意识理论，维科在其历史哲学中使用了这一原理。伟大的民族是在危机、革命和战争中尽力和巩固的。这种时刻经常是怀疑的时刻、是考验集体意志的时刻。值得玩味的是，以古老自誉的法兰西民族也可以被视为一张白纸，可以从零开始。这样的比喻可以用来赞扬革命，激励革命的拥护者，也可以用来将革命的后果强加于人，甚至让革命的反对者接受。在某种程度上，以民族的名义可使旧变新，在不同的情况下，

---

① ［美］S. E. 斯通普夫、J. 菲泽：《西方哲学史》，匡宏、邓晓芒译，世界图书出版公司2009年版，第211页。

② ［法］拉美特利：《人是机器》，顾寿观译、王太庆校，商务印书馆1959年版，第17页。

③ ［法］拉美特利：《人是机器》，顾寿观译、王太庆校，商务印书馆1959年版，第21页。

民族既可以神化陈旧，也可以神化开新。正因为此，法国理性反对传统、习俗，喜欢革命，厌恶改良——因为它意味着妥协和退让。对它而言，唯有割除传统、废弃习俗，才能使法兰西民族脱胎换骨，获得新生；唯有通过彻底的革命才能真正打破旧世界的桎梏，建立一个合乎理性的理想社会。而理想社会的实现，仅仅靠传统和习俗、仅仅靠改良是无法完成的，必须通过革命的风暴将它们扫除到历史的尘埃中才有可能。

因此，建构性的或人造性的民族就更容易被塑造成国家理性想要的民族，这种可塑性、建构性很强的民族可以借助或融入神话、语言、价值、宗教、爱国主义、民族主义，甚至是被它曾一度抛弃的传统、习俗等诸多因素，只要能起到强化国家理性作用的东西，都是允许的，因为它能使得国家理性更容易破除一切障碍，动员民族力量，达到自身的目的。这才是国家理性要融入人造性或建构性民族要素的目的。

相比之下，德国理性则将有机的民族观念注入国家理性之中。"有机体的"民族当然是一种隐喻，在有机体的隐喻中，民族被赋予生命有机体，每个个体都是这个庞大有机体——民族不可或缺、不可分离的一部分，有机体的好坏直接关涉到每个个体成员，它与它们共命运、共患难，每个个体都必须无条件地维护有机体、保护有机体，甚至要用鲜血和生命来捍卫它，不能使它有任何损伤，对它的伤害，就是对整个民族尊严、民族利益的伤害，也是对每个人的伤害。因为机体一旦有恙，最终会伤及有机体中的个体。用中国的古话就是"倾巢之下，岂有完卵"。同时，有机体观念还有助于浇灌民族感情，提升爱国主义情感，人们经常用民族大家庭、父亲—母亲、儿子—女儿、兄弟—姐妹等比喻。所有这些形象，并非自相矛盾的，而是相互补充、相互支持、交互作用的，通过一代又一代的传承，就使得此民族成为一个牢固的民族有机体。

古代的民族由安土重迁的家族组成，其居住范围不超过几个乡镇。只有贵族家庭有地域范围或王朝之间的联盟。现代国家则将家庭隐喻延伸到整个人民。赫尔德就谈到民族之"树"，其祖先之根繁衍于新的枝叶中。以"民族之树"的隐喻来形容民族的枝叶繁茂、历久弥新，并永葆青春活力，这自然能引起人们的共鸣和认同，并能够以此凝聚人民、团结人民，为民族有机体贡献力量。①

---

① ［法］洁尔·德拉诺万：《民族与民族主义》，郑文斌、洪晖译，生活·读书·新知三联书店2005 年版，第 26 页。

德国另一位哲学家费希特就为此提出了"同一性"思想，在他所发表的一篇题为"关于作为一位作家的马基雅维利及其语录"的文章里，全力提倡马基雅维利的"国家理性"观和权势理论思想，并将其概括为两大命题："1. 你的邻人，即使他可能将你看作他反对你俩都害怕的另一个强人的天然盟友，也总是随时准备一有机会就利己牺牲你来自我得利，只要能够安全地这么做。如果他聪明的话，他就不能不如此；即使他是你的兄弟，他也不能不如此。2. 保卫你自己的领土对你来说全然不够；相反，你必须冷静地注视能够影响你的处境的每桩事情，而且你绝不能以任何方式容忍你势力所及范围内的任何事情变得对你有害，同时如果你能够将那里的某件事改变得对你有利，你就绝不能有片刻犹豫。因为，你可以确信别人同样这么做，在他力所能及的任何时候；而且，如果你那方面不马上去做而有延宕，那么你就会落在他后面。谁未能增进自己的权势，谁就必定减弱它，如果别人增进了他们的权势的话。"① 为了增进和实现这种国家理性观，费希特提出了自己的同一哲学思想：自我设定自身，自我设定非我，自我和非我统一三原则。"自我设定自身"表明其所谓的自我的本质乃是模某种纯粹意识的活动，它表明在其活动中表现的是其客体及其内容，这一原理还表明意识活动所趋向的目的。这样一来，意识的活动、内容和目的就形成了一个整体系统，并将精神与自然、理性与现实混合为一个统一体，以此为现实服务。费希特强调其理论的实践性，指出它是行动的、活动的，乃是依据理性的理念有目的地塑造或引导人们的生活，更是自为的德性控制任何感性冲动，它要在地球之上建立尚未出现的理想的王国。但是，此类理想王国乃是立足于人权及自由之上的，也是所有社会秩序的永恒且不变的基础，一切国家都无法抛弃之。他由此赋予理性一种绝对的地位，并不受暂时性内容的影响。这样，费希特就借助其同一哲学理论为这种民族有机体理论奠定了思想基础，并将其融入了国家理性思想，对后世也产生了重要影响。

　　于是，德国理性的历史叙述就将生命的有机体概念形象化，民族英雄是这一生命的保护者并被供奉在民族记忆的神殿里，一旦需要，它就会被激活，重新鼓舞人民的斗志。由此，民族变成了传说中的身体，神话般的动物，神

---

① ［德］弗里德里希·迈内克：《马基雅维利主义》，时殷弘译，商务印书馆 2008 年版，第518—519 页。

性实体，一半是个人，一半是群体，如同在战场上鏖战的三头六臂的战神。总之，将民族的论据奠基于有机体论，使民族具有了生物属性和生命体征，民族就拥有了搏动的脉搏和永恒的生命力，其存在不断地转化为生命的感召力，不断地催生着民族斗士为民族或国家利益而战，从而成为国家理性最容易召唤的魔兽，一旦需要，只要祭起民族的灵幡，国家理性就能号令人们为民族新生或民族存续而战。

最后，法国理性将个体观念引入了国家理性，坚持个人主义原则；而德国理性则将整体观念融入了国家理性，奉行整体主义原则。由于法国理性深知封建王权和宗教神权对人的奴役和危害性，相信只有维护个人自由和平等权，才能保护个人权利不受侵害。法国人认为，法兰西民族是建立在社会契约的基础上，虽然并不忽视决定个人选择的自然条件和历史条件，但是民族是在个人自愿加入的"结盟"公约的基础上建立起来的。① 因此，它坚持个人主义原则，并用之解释社会、集体是如何构成的，以此为个人权利争取合法性和合理性。这种个人主义的核心是主张社会、集体只是个体行动的结果，社会制度和规范以及它们的变迁亦是个人行为的（有意的或无意的）结果，它拒绝那种认为无情的社会法则、目的或力量决定社会性质及其演变，而个人可能单独或者一起做什么却无关紧要的思想，强调个体行为者先于社会整体的立场。个人是唯一真正的行为者，社会整体是个人行为的产物。个人已经包含了事物的丰富性，从它出发就可以解释一切社会现象，这种个人主义理论有三个关键假设，一是只有个人才有目标和利益；二是系统及其变迁过程产生于个人行为；三是所有的社会学现象，其最终都应该只考虑个人，考虑他们的气质、信念和相互关系。② 前两个命题表述社会现象的性质，第三个命题则定义了一种研究纲领。正是基于这几种假设，个人主义建立了自己的方法论，并将之广泛地运用于社会科学研究。

个体主义理论最早可追溯到德谟克利特和伊壁鸠鲁原子论，犹太教、基督教重个人价值传统，这在哲学上以唯名论的形式表现出来。法国理性继承了这些理论，由于它对超验领域和先验理论不感兴趣，因此，就使得它对爱

---

① ［法］乔治·勒费弗尔：《拿破仑时代》（上），河北师大外语系翻译组译，端木正校，商务印书馆 1978 年版，第 27 页。

② ［英］马尔科姆·卢瑟福：《经济学中的制度》，中国社会科学出版社 1999 年版，第 38 页。

利亚学派、柏拉图和斯多葛派的理论不感兴趣，而是将主要兴趣聚焦在阐释世俗世界的原子理论上，这种原子理论没有那种超验性，尽管也具有一定的抽象性，但这恰与喜欢抽象原则的法国理性相契合，使二者更容易产生共鸣。这种理论气质上的相似性或许是它们能够意气相投的原因。

应该看到，个体主义原则在社会科学和经济学（西方主流经济学派）研究中被广为应用，尤其在经济学中。但是，这种原则是以理性经济人的假定为基础构建起来的。它包括三个方面的内容：（1）从自己的偏好出发来追求自身利益是个体活动的根本动机；（2）个人行为动机或偏好是外生的，既定的，无一例外地追求物质利益（致用）的最大化；（3）社会秩序、公共利益是个人追求利益最大化的结果，即个体理性行为的自然结果。但这种过于抽象的理性公设也因此缺乏对现实实践的观察和研究，致使其在现实实践中，仅仅停留在抽象的理论界说和抽象的原则追求上，无法解决具体实践提出的问题，这也是法国理性不同于英美理性的原因，而英美经验理性则具有求实精神和讲求效果的价值取向，这就使得两种个人主义产生了极为不同的理论结果：法国理性在形而上理论上贡献良多，但它不善于现实事务，只会讲求抽象的原则和理论；而英美理性更善于实践，其理论也更偏于经验研究，对抽象的原则和理论不感兴趣。尽管都信奉个人主义理论，其结果却大相径庭。

与之相比，德国理性更重视整体，它信奉整体主义原则。这与德国理性的精神气质完全一致，德国理性本质上是一种先验理性和超验理性的混合体。它喜欢超验世界和先验理性，继承了古希腊的努斯和逻各斯精神，它要超越经验世界，但也并不因此就割断与它的联系，因为对超验世界至善的追求，其目的还在于解决现象世界的问题，因此努斯的那种一往无前的超越精神和先验理性为现象世界制定法则的取向并不矛盾，前者为现象世界制定崇高的理想或至善的目标；后者则为这种理想和至善在现象世界的实现寻求对接方案。由于先验理性是一种普遍性的法则，所以它所针对的对象也是作为一个整体的社会或群体，或者说是集体、有机体、共同体，而不是原子主义的个体；同样，超验理性所寻求的至善和形而上的理想也绝不是为了个体，而是立足于改造社会整体或群体，唯有群体才值得超验理性为之付出努力和艰辛。这也是为何德国理性要立足整体主义的原因。

德国的整体主义和赫尔德的浪漫主义结合在一起。赫尔德和他以后的浪漫主义运动，都把民族视为一个有生命的存在，像其他的生物一样，也是生命力（即"民族精神"）的无意识活动中产生的。风俗习惯、生活方式、语言、民歌以及艺术，无非都是这种"民族精神"的表现。人们再次发现，德意志处在欧洲发展转化的中心。"它将成为反对革命法国的集结地，这不仅因为它作为一个民族出现，而且还因为它提出了一种不同的民族概念——民族是一种集体存在；在这种集体存在中，个人丧失了全部自主权，而自由，则像神秘主义所认为的那样，存在于愉快的逆来顺受之中；这种集体存在否认理性主义的普遍性的文明，并且赋予自己的需要和激情以神圣的价值。"① 德国整体主义也是一种社会的解释理论和途径。它认为有关社会的事实不能还原为个人的决定、态度和性情，社会整体是一个真实的整体，是使个体的描述具有意义的基础。因此主张从社会、集体结构来理解个体和个体行为。它由三个基本假设构成：其一，社会整体大于其部分的总和；其二，社会整体显著地影响和制约其部分的行为方式和功能；其三，个人行为应该从自成一体并适用于作为整体的社会系统的宏观或社会的法律、目的或力量演绎而来，从个人在整体中的地位（或作用）演绎出来。这些陈述的强弱顺序不同，前两个陈述与社会现实性质有关；最后一个陈述则与研究的纲领相关涉。相对而言，社会整体大于其部分的总和，是对社会大于自主个人的单纯相加总和思想的肯定。社会有一种生成的内聚力、秩序和结构，这使得社会不只是独立行为的个人总和。因为整体若失去某些不太重要的成员，其特性是能够保持不受影响的，而且甚至可以相信，群体可能保持其固有特性，即使它原先的所有成员都被别的成员所取代。但此时相对群体的同一批成员有可能建立了一个非常不同的群体，如果他们还没有逐个进入原先的群体，而是创立新群体的话，成员的个性可能对群体的历史和结构产生很大的影响，但这并不妨碍群体有它自己的历史和结构。也不妨碍该群体对其成员的个性产生强烈影响。因此它主张对社会科学的研究应采取方法论整体主义。这样，通过对某一社会群体或集团所固有的传统、结构、仪式的研究，人们就可以理解或预知这一群体或集团未来的发展规律，更准确地把握它们。同时，德国理性还强调要用整体主义方法论研究各种有机体的历史如何影响它们的行为，并

---

① ［法］乔治·勒费弗尔：《拿破仑时代》（上），河北师大外语系翻译组译，端木正校，商务印书馆1978年版，第27页。

由此可以得出社会集团与有机体之间的具有很大程度上的相似性，他们把社会本身视为一种有机的整体，这种有机体存在着某种共同的集团精神，而集团精神又影响着群体或群体中的每一个成员。总之，整体主义的所有形式都把社会整体放在首位，这个社会整体被认为是个人行为的影响者和约束者。集体（群体、集团）是一种先于个体的实在，差不多个人意识里所有的一切都是从社会集体中来的，个人意识、理性都是集体生活的产物，也只有集体的性质才能理解它们，而集体存在着自己特定的需要，这些需要却可能被还原为个体的需要。所以与其说个体决定了共同生活，还不如说个体是共同生活的产物。

整体主义理论最早源于柏拉图的国家有机主义。柏拉图视理想国家为完善的个体，而公民个体则是国家不完善之摹本。在他看来只有一种稳定的整体，永恒的集体生活才具有真实性，而短暂易逝的个人则没有真实性。个人从属于全体是自然的，而全体不仅仅是许多个体的组合体，而且是具有某种更高秩序的一个自然单位。这种整体主义在近代唯理主义那里被继承，而在黑格尔那里则以极端的国家主义形式表现出来，个体成为国家有机体的附属品。后又被法国空想社会主义所接受，成为社会科学研究的一个十分重要的方法，对当代经济学和社会学（如涂尔干、帕森斯的社会学说）理论都有重要影响。

整体主义理论尽管在经济学（如制度经济学派）或社会领域取得了不少成就，但其局限性也是明显存在的，其一，如果单从整体主义理论来看问题，易导致过分强调整体价值、整体的决定性地位，而忽视个体价值、个体独特性和创造性特征，导致个体的平庸化，使个体失却主体性特征，沦为集体机器上的一个部件；其二，这种理论易强化集体的主导性威权，为某些个体所利用，最终走向专制、独裁的格局，而对一个社会，则易出现或走向专制集权主义；其三，这种理论仍是基于一种先验的决定论，往往会无视社会的具体实践特征，纯粹由先验的逻辑假定推定或判断社会的制度安排及经济绩效，无法有效地解释社会制度变迁或制度演进的集体模式，对社会政治、经济改革也会起妨碍作用。正因为此，马克思对社会整体主义理论持批判态度，认为任何人类历史的第一个前提就是有生命的个体的存在，社会和国家，不管形式如何，都是人类生产活动的产物，社会也是处于社会关系中的人本身。各个人过去和现在始终是从自己出发的。他们的关系是他们的现实生活过程的关系。凡是有某种关系存在的地方，这种关系都是为我而存在。因此，人们的社会历史始终只是他们个体发展的历史，而不管他们是否意识到这一点，其最终目标是实现"每个人的自由发展是一切人发展的条件的"社会。可见，马克思重视从个体发展维度来探求社会发展和制度变迁的，个人的存在状况和发展状况始终是马克思主义创始人关心的中心议题，与黑格尔式的整体主义理论有着原则的区别。①

总之，启蒙理性对国家理性的改造在一定程度上是成功的，它使之注入了启蒙思想的因素，诸如自然法、理性法，自由、平等、人权、普遍主义、人道主义、个体主义、有机体、整体主义思想等等，尽管权势思想并没有因此消失或彻底改变，但启蒙思想还是对此前的马基雅维利主义进行了较大的改革，这些改革虽然没能彻底改变权势国家理性，但仍对它形成了较大的牵制，尤其对它的冷酷的现实主义行为方式注入了自然法、理性法、人道主义和个人主义价值观的元素，使它再行使国家理性时，即受到自然法、理性法的限制，也使得它能够更多地考虑人道和伦理价值因素，而自由、平等、权利观念的引入，则为现代民族国家提供了基于这些权利而建立的现代信用制度，为国家理性在纳税、兵役制等的实施增添了合法性、合理性成分，也有助于增强民族国家的国家能力；同时，也为现代民族国家建构起合法的强制与债务借贷相结合的国家体制奠定了基础。

二　启蒙理性的嬗变与军商一体的资本主义殖民国家的建立

（一）法国理性的嬗变

如前所述，法国理性从强调自由、平等、博爱到追求自由、民主、人权，再到"人权高于主权"的转换，其实质乃是资产阶级的资本价值追求在政治上的体现，这种转换经过了两个阶段：首先是从强制与债务借贷相结合的现代民族国家转向建立在现代信用体系基础上的军商一体的资本主义殖民国家；然后再由金融信用体系基础上构成的军商一体的资本主义殖民国家转向金融垄断和军事霸权相结合的全球资本主义体制。这种价值转化是伴随着国家理性和国家功能的转换的，前者恰恰是后者诉求的价值体现，更是后者利益的真实反映。

第一次转换是在法国大革命中逐渐发生的，直到拿破仑帝国的建立和殖

---

① 宋清华：《经验、理性与制度演进》，中国社会科学出版社 2007 年版，第 144—147 页。

民战争的开启。应该说，法国大革命的结果是建立了现代民族国家，启蒙理性借助"自由、平等"的原则，构建起了现代契约基础上的现代民族国家体制。这种体制是一种反映新兴产阶级利益的国家体制，它有利于资本主义的发展，也是为了适应欧洲相互征伐和倾轧的混乱局势而产生的国家体制。如前所述，自由、平等的原则和诉求，为建立现代契约和信用体系奠定了政治、经济基础，自由和平等权在法律上的保障，就为市民社会中的资本主义发展提供了劳动力和竞争财富的可能性；而且政治上的自由和平等权，使得国家和个人的契约得以建立，并以法律的形式予以确认，从法律上规定了国家对公民的权力保障，与此相应的则是，公民（主要是资产阶级）则要承担纳税和服兵役的义务，它们相互为用，共同构成了现代民族国家的基本原则和政治、经济基础。当然，从法国革命的初衷看，革命的结果是背离了它的理想（即放弃了博爱理想和建立一个没有剥削和压迫的理想社会），但这是有原因的，法国革命之所以背离革命的理想，是由于欧洲国家的联合反对和抵制，由此而引起的法国民族主义情感，导致了法国人抛弃了启蒙思想，开启了民族国家的国家理性征伐世界的先河，也为拿破仑登上法国历史舞台做好了准备。事实上，法国革命和旧制度之间的斗争具有普遍性，它是阶级对阶级的战争，民族情绪起初似乎还没有起作用。而且在整个 18 世纪里，人们并不认同它这种感情是重要的。君主们和各个分支的贵族构成了一个统治者的世界性社会；他们不考虑各民族的起源特性，把各族人民当作交给他们看管的羊群一样地彼此瓜分；当时有国家而没有民族。尽管有见识的资产阶级很明白人类可以分为各种不同的种族，但他们基本上把人类看成是能够具有共同文明的一个整体；虽然理性主义把基督教的概念世俗化了，但也使得这个概念得以延续下去。法国革命一开始，路易十六就呼吁欧洲各国君主团结一致，而且法国的流亡者也向贵族发出了同样的呼吁。这种呼吁产生了一定的效果，1790 年，英国的柏克就鼓吹建立对抗法国的十字军，1800 年左右弗朗索瓦·德·伊韦尔努瓦也这样鼓吹过。同样，对革命者而言，所有的人都是兄弟，所有的暴君都是他们的敌人。直到 1815 年，斗争大致都保持着这种特性；法国在国外始终有一些朋友，而在国内也始终有一些不可调和的敌人。法国革命号召人民起来治理自己，依据同样的原则，它呼唤起了人民的民族意识。革命党人称自己为爱国者，对他们而言，法国是民族。一开始，他们坚信法国革命对一切民族都是福音，文明使之保持普遍性，民主能给所有的民族带来和平和博爱。但事实上，许多欧洲民族将法国视为敌人，而欧洲的君主和贵族也都不愿丧失自己的特权，他们都敌视法国，甚至组成反法同盟。面对这种形势，法国革命逐渐从世界主义转变为民族主义，而战争是这种转变的催化剂。受到各方面攻击的法国人，首先从自己的思想上倒退了，放弃了平等和博爱的理想。他们蔑视那些仍然处于"奴隶"地位的外国人，而视自己是一个"伟大的民族"，从而自高自大起来。法国共和国转向对外征服的时候，利用这种感情来激发自豪感和自利心。不过，这种感情同时也就开始背离革命的理想主义，因此失去了它的纯洁性。但毋庸置疑的是，法国大革命真正地实现了法国从一个封建王权统治的国家转向了强制与债务借贷为基础的现代民族国家，它在法国建立起了现代民族国家制度。但这种现代民族国家制度，并没有维持太久，在欧洲反法同盟的干涉下，这种现代民族国家体制很快又转向了更为适合殖民扩张和在欧洲征伐称霸的军商一体的资本主义殖民国家。这种转换是通过拿破仑帝国的建立而实现的。①

事实上，大革命导致的政治演变，也为拿破仑提供了很好的机会，而拿破仑登上法国政治舞台，则开启了法国由现代民族国家转向军商一体的资本主义殖民国家的历程。尽管看似是对法国大革命成果的"窃取"，但从其施政内容和措施（如《拿破仑法典》）及其客观效果看，他所采纳的诸多措施有一些则是对大革命成果和启蒙思想的继承和延续，比如《拿破仑法典》依据的三个原则"自由和平等的原则、所有权的原则和契约自治原则"都是继承自法国大革命，就自由和平等原则而言，该法典包含两个基本的规定，第8条规定："所有法国人都享有民事权利。"② 民事权利是指非政治性权利，包括关于个人的权力、亲属的权力和财产的权力。这就是说，在原则上，每个法国人，毫无例外，都享有平等的民事权利。第488条规定："满二十一岁为成年，到达此年龄后，除结婚章规定的例外外，有能力为一切民事生活上的行为。"③ 它表明，在原则上，每个人从成年之日起都享有平等的民事行为能力，虽然关于这种能力的享有，法律定有某些限制。人人都享有平等的民事权利和行为能力，所以人人在民法上都是自由和平等的。尽管该法典所规定

---

① ［法］乔治·勒费弗尔：《拿破仑时代》，河北师大外语系翻译组译，端木正校，商务印书馆1995年版，第24—25页。

② ［法］《拿破仑法典》，李浩培、吴传颐、孙鸣岗译，商务印书馆1979年版，第2页。

③ ［法］《拿破仑法典》，李浩培、吴传颐、孙鸣岗译，商务印书馆1979年版，第72页。

的自由和平等仅仅是形式上的自由和平等，它所保障的只是资产者的自由和平等，比如按照法典，人人都可以享有动产和不动产的所有权，然而一个赤贫的工人除了能为出卖其劳动力以供资本家剥削的行为能力外，他的其他有关民事生活的能力是微不足道的。所以该法典是资产阶级性质的立法，只是保护有产者。比如他的政权基础是建立在所谓社会"新贵名流"的基础上的，而这些"新贵名流"就是那些"知名人士""贵人""闻人"等，实际上是以拥有财产为标准的，其中虽有出身旧贵族的大地产所有者，但他们已经被大革命剥夺了贵族头衔和封建主权利，而向资产阶级转化。他们更多的是新兴的资产阶级，这一阶级是拿破仑政权的支柱和根基。不过，总体而言，这个自由平等原则的一些规定消灭了封建桎梏，使得个人有积极发挥其能力的可能性，从而为资本主义的发展开辟了广阔的道路，这在当时是有巨大进步意义的。就所有权原则来说，该法典第 544 条至第 546 条给予动产和不动产所有人以充分广泛的权力和保障。所有权被定义为"对于物有绝对无限制地使用、收益及处分的权力"。国家征收私人财产只能根据公益的理由，并以给予所有人以公正和事先的补偿为条件。不论是动产或不动产的所有人都有权得到该财产所产生以及添附于该财产的一切东西。这样，资产阶级的生产资料和生产工具既可以完全自由地使用、收益和出售，又不愁被国家征收而得不到补偿，资本主义的经济自然可以迅速发展。另外，农民的私有土地也得到了保障，借以安抚他们。另外，他还规定了对他人财产的用益物权（第 637 条以下），这对小农经济也是重要的。在契约自治或契约原则方面，它规定"依法成立的契约，在缔结契约的当事人间有相当于法律的效力"①。即当事人之间的契约，对于当事人就等于法律，除非该契约违反了该法典第 6 条所规定的公共秩序或善良风俗。契约是两个或两个以上的当事人之间在法律上认同某一约定，其目的在于产生某种法律效果，即或者将所有权从一人转移于他人，或者产生某些债务，或者解除当事人先前缔结的债务，或者只是改变已经存在的一些约定。该法律赋予两个或两个以上个人之间的表示一致同意的约定等于法律的效力，以促使他们以自己的行为产生相互间的权利和义务，从而改变其原有的法律地位。所以契约自治，也成为当事人自治。契约一经合法成立，当事人就必须按照约定，善意履行，非经他们共同同意，不得修改或

---

① 《拿破仑法典》，李浩培、吴传颐、孙鸣岗译，商务印书馆 1979 年版，第 170 页。

废除。契约当事人的财产，甚至人身（该法典第2059条以下原来规定了对违约债务人的民事拘留）都作为履行契约的保证，基于这些观念，立法者做出了一系列规定：契约义务的强制履行、不履行的损害赔偿、履行迟延、债务人破产的程序等等。对资本主义社会而言，契约具有巨大的意义：原料的获取、商品的流通、工人的雇佣，均需通过契约。确立了这个契约自治原则，资本主义社会就可以自动地运行和发展。从该法典用一千条文来规定契约之责，就可见契约对资本主义社会的重要性。契约自治也是在形式上平等和自由的名义下实行的，并且是自由和平等原则的逻辑结果。对于这个原则，马克思曾批判地指出："劳动力的买和卖，是在流通领域或商品交换领域的界限以内进行的，这个领域确实是天赋人权的真正伊甸园。那里占统治地位的只是自由、平等、所有权和边沁。自由！因为商品例如劳动力的买者和卖者，只取决于自己的自由意志。他们是作为自由的、在法律上平等的人缔结契约的。契约是他们的意志借以得到共同的法律表现的最后结果。平等！因为他们彼此只是作为商品占有者发生关系，用等价物交换等价物。所有权！因为每一个人支配自己的东西。边沁！因为双方都只顾自己。使他们连在一起并发生关系的惟一力量，是他们的特殊利益，是他们的私人利益。……一离开这个简单流通领域或商品交换领域，……就会看到，我们的剧中人的面貌已经起了某些变化。原来的货币占有者作为资本家，昂首前行；劳动力占有者作为工人，尾随于后。一个笑容满面，雄心勃勃；一个战战兢兢，畏缩不前，像在市场上出卖自己的皮一样，只有一个前途——让人家来鞣"①。可见，法典的资本主义性质昭然若揭，它绝不是为了全体人民的自由和平等而颁布的。

尽管有这样那样的不足，但《法典》对资本主义世界各国政治经济制度的发展具有重要影响，原因在于，其一，法国在19世纪是一个强国，它的力量使该法典易于影响其他国家。其二，该法典在形式上和实质上都有其优越性，也使得其容易传播到国外。就形式说，该法典文字简单明了，逻辑严谨，体系完整。从其实质看，该法典不仅折中了法国习惯法和罗马成文法，使之成为一个和谐的整体；而且最重要的是它废除了一切封建特权和桎梏，它的一些原则使其他资产阶级国家把它评价为发展资本主义最好的上层建筑。其三，19世纪的各国资产阶级国家大都继续编纂统一的民法典，而该法典是现

---

① ［德］马克思：《资本论》，中央编译局译，人民出版社2004年版，第204—205页。

成的模型。由此，我们不难发现拿破仑政治经济政策无疑具有启蒙思想的深深烙印，拿破仑重建法国和欧洲政治经济制度的思想、特别是消灭贵族阶级、在同一个民族国家内部施行行省制度，一些思想应该说是对启蒙思想的继承和发展。但是出于现实主义和严峻的内外形势的考虑，拿破仑更多的采用的是现代民族国家的国家理性来进行政治治理和对外征伐，正像一位历史学家所说的那样："一切似乎都注定他要奉行现实主义的政策，而实际上他在执行政策时，直到细枝末节全部都是现实主义的。在他飞黄腾达的过程中，他摸透了人的种种情感，并且学会了拨弄这些情感。他懂得如何利用自私、虚荣、嫉妒，甚至利用品德不纯；他深知从唤起人们的荣誉感和激发人们的想象力中，能从他们获得些什么；他也没有忽视可以利用恐怖使人屈服。在法国革命的成果中，它准确地分辨出哪些是全国人心所向的，哪些适应他的专制主义的。为了争取法国人的拥戴，他同时既以和平使者又以战神的面貌出现。因此之故，他应被列入历史上伟大的现实主义者的行列之中。"[1] 这或许是对法国拿破仑国家理性的最好阐释，也是马基雅维利主义在其身上的折射。事实上，拿破仑崛起于法国的对外战争中，他是启蒙哲学家的弟子，因此他痛恨封建制度、社会的不平等、宗教的不宽容；他认为开明的专制能够协调政府权威和政治与社会改革，他自己就成为历史上最后一个开明专制君主，并且是开明专制最杰出的代表人物；在这个意义上讲，他是属于法国大革命的人物。然而，他的极端个人主义从来没有接受民主，他摒弃了使革命理想主义生机勃勃的 18 世纪的伟大希望，即将来总有一天，人类文明会发展到使人类成为自己的主人。他的权力欲和荣誉感使他将个人安危置之度外，他梦寐以求的只是通过个人英雄壮举与冒险行动而成就英雄伟业，即使道德伦理也无法约束他，他善于利用别人的情感达到自己的目的，但诋毁一切能激励人们牺牲精神的高尚情操：宗教信仰、公民美德、热爱自由等，因为他感到这些高尚情操对他个人企图构成威胁。在权力欲支配下他可以牺牲任何准则、原则和正义，包括美德，这也是拿破仑个人人格所造就的法国国家理性的特性。正是基于这种国家理性，拿破仑试图征服欧洲大陆和拓展更为广阔的殖民地，在此对外扩张和殖民主义侵略的过程中，法国也由民族国家逐渐转变

---

① ［法］乔治·勒费弗尔：《拿破仑时代》（上），河北师大外语系翻译组译，端木正校，商务印书馆 1978 年版，第 70 页。

为军商一体的资本主义殖民主义国家。当然，这一转变不仅仅限于法国，欧洲的列强英国、俄国，包括后起的德国都先后实现了这种转变，只是在时间上有先有后而已。因为这种形式的资本主义更有利于资本的积累和扩张，也有利于资本对更大范围国家和民族的统治。因此，对这种殖民主义战争和欧洲争霸战争，欧洲国家的资产阶级是极为支持的，战争虽然带来了损失，但也带来了更大的殖民和霸权利益，这也是它们乐此不疲的原因，更是18、19世纪，乃至20世纪，资本主义国家不断发动战争的主要原因。

也正是因为在此进程中，原来由启蒙思想所倡导的"自由、平等、博爱"的价值逐渐被新的价值即"自由、民主、人权"所取代。因为资产阶级在牢固掌握现代民族国家机器之后，他们就需要替换此前的价值，因为唯有"自由"才能保证资本合法地攫取利润，通过竞争实现最大程度的垄断；同时，自由还是现代信用体系的基础；没有自由，就没有现代资本主义制度，也就没有资本家集团的生成，现代民族国家即资产阶级国家的信用制度就无法建立起来（这是一个极为复杂的问题，在此无法展开说明），对普通市民的征税和征兵制也就无法实现。而民主价值，则是资本集团保证自己政治话语权和资本制度，特别是私人财产权、资本家利益不受侵犯的前提，我们可以从当代美国的"控枪议题"一直难以实现就能管窥其端倪。至于平等，虽然在法律上还予以保留和强调，因为那是契约社会的基础，也是保持债务借贷和国家税收的基础，没有它，资本主义的财政金融制度就难以为继，甚至会激起国内民众的反抗，美国的马丁·路德金就是典型。所以在法律形式上保留平等权，既是资本主义国家社会稳定的需要，又是资本主义制度合法性的意识形态基础。但是，作为一种价值追求，平等权似乎就没有那么大的重要性了，甚至还会成为资本霸权的障碍物，因为平等就意味着不仅仅是人与人的平等，也意味着国与国的平等，这种价值追求的结果，使得强者和弱者获得同样的地位，这是无法忍受的，它显然不是资本主义霸权国家所意欲的。因此，资产阶级的学者们都千方百计地诋毁平等价值，认为它是妨碍自由和民主制度和权利，甚至是导致社会主义的罪魁祸首。这样，在价值口号中删除平等价值就是自然而然的事了。

至于"人权"和"人权高于主权"价值，并不是他们真的喜欢保护世界的"人权"，而是为了借此实现自己干预和管控那些不听话的国家、实现自己金融霸权的手段，无论是南联盟，还是利比亚、叙利亚曾经发生和已经发生的事实，包括正在发生的事实，如对伊朗和俄罗斯的制裁，无不如此。这种新的价值遮羞布已经成为现代金融资产阶级和军事霸权相融合的标志，也是金融垄断和军事霸权相结合的全球资本主义制度形成的宣言书。

（二）德国理性的嬗变

德国理性发展到黑格尔的辩证法思想，则是对康德启蒙理性思想的颠覆和反叛，也是以理性的方式将康德的道德法则转换为现代金融信用法则的基础；在政治哲学上则是从康德的永久和平论转向了黑格尔的马背上的世界精神，从而为德国建立近代民族国家提供了理论支持。德国建成现代民族国家是比较晚近的事，因为德国直到 18 世纪都还处在国家四分五裂之中，甚至受到诸如法国等欧洲强国的奴役，直到俾斯麦统一德国。因此，德国的现代民族国家的建构是一个比较艰辛的过程。由于法国是一个强大的欧洲国家，甚至曾一度占领并统治着德国一些地区，因此，它的政治经济制度乃至思想都对德国有着极大的影响力，所以法国启蒙思想对其的巨大影响也就不难理解，这在德国哲学家康德和黑格尔乃至费希特、谢林等身上都有重要的体现。

德国的启蒙理性在康德那里得到了最为充分的体现和发展。他继承了英法启蒙思想的社会契约理论、自由和平等思想，并将之发扬光大。康德高扬理性，要求建立理性法庭，由理性审判一切（当然这是有条件的，即理性不能超越自己的权界范围行事），而且颂扬启蒙的自由和平等价值，并在哲学上论证了自由的崇高价值，肯定了有理性的存在者通过按道德法则行事而成为理性王国、目的王国的公民，对启蒙理性所颂扬的人的价值给予了更高的肯定：人通过自由——自律，可以展现人之崇高和伟大；同时也在政治哲学中论证了平等价值的重要意义，并将其运用到国家理论中。基于启蒙思想，他希望通过社会契约和自由、平等原则，构建一个和平的世界，在永久和平论里，他明确提出了这些原则，他指出，在共和制的公民宪政里："首先依据一个社会的成员之自由的原则（作为人），其次依据所有成员对一个惟一的共同立法之附属性的原理（作为臣民），在此依据这些成员之平等的法则（作为国家公民）所建立的宪政——由源始契约的理念所产生、一个民族的一切法权立法都必须建立于其上的唯一宪政——就是共和制的宪政。"[1] 因此，马克思曾将康德哲学视为 1780—1815 年法国和欧洲状况在思想上的复杂反映，并把

---

① 李秋零主编：《康德全集》（第八卷），中国人民大学出版社 2010 年版，第 354—355 页。

康德看作欧洲现代"思想革命"的开端。

除了康德继承和发展了启蒙思想外，还在于康德是第一个批判欧洲民族国家的产生及金融资产阶级霸权的兴起乃是人类历史的"大灾变"。康德严厉地批判了现代民族国家，这也等于是对其所发动的非正义战争的批判。更是对金融资本利用放债、国家债券等手段来变相驱动战争的抨击。借助抨击整个欧洲的民族国家体制，进而将其指向新的金融资本家的垄断制度——则是康德晚年要做的十分重要的工作。这种批判主要集中在《世界公民观点之下的普遍历史观念》和《永久和评论》两篇论文中，前者完成于法国大革命爆发前的1784年，后者则完成于法国大革命之后的1795年，它们无疑是对欧洲民族国家相互征伐战争的反思，面对连绵不断的战乱，康德开始思考如何解决民族国家之间不断征伐的战争和冲突问题，在其"普遍历史观念"中，康德认为要解决这一难题，需要"建立一部完美的公民宪法"，而它的建立，则"有赖于国家合法的对外关系这个问题，并且缺少了后者前一个问题就不可能得到解决"①。康德的理论立足于自然目的论和社会契约论，提出："人们在宏观上可以把人类的历史视为自然的一个隐秘计划的实施，为的是实现一种内部完善的、并且为此目的也是外部完善的国家宪政，作为自然在其中能够完全发展其在人类里面的一切禀赋的惟一状态。"② 他推论说，在一个每一个共同体在对外关系上处于不受约束的自由状态下，国家之间陷入相互征伐的战争灾难中。"于是大自然就再度地利用人们的、乃至于大社会以及国家共同体这类被创造物的不合群性作为手段，以便从他们不可避免的对抗之中求得一种平静与安全的状态；这就是说，大自然是通过战争、通过极度紧张而永远不松弛的备战活动、通过每个国家因此之故哪怕是在和平时期也终于必定会在其内部深刻感受到的那种缺匮而在进行着起初并不会是完美的种种尝试，然而在经过了许多次的破坏、倾覆甚至于是其内部彻底的精疲力竭之后，却终将达到即使是没有如此之多的惨痛经验、理性也会告诉给他们的那种东西，那就是：脱离野蛮人的没有法律的状态而走向各民族的联盟。"③ 这时候，哪怕是最小的国家也无须仅靠自身的力量或法令，而只须靠这一伟大

---

① 康德：《历史理性批判文集》，何兆武译，商务印书馆1990年版，第11页。
② 李秋零主编：《康德全集》（第八卷），中国人民大学出版社2010年版，第34页。
③ 康德：《历史理性批判文集》，何兆武译，商务印书馆1990年版，第11—12页。

的各民族的联盟，靠这种联合的力量以及联合的意志的合法决议，就能获得
自己的安全和权利了。在此，康德已经认识到了民族国家基于各自自私的国
家理性而相互倾轧和相互征战乃是欧洲战乱的原因，并进而批判民族国家对
公民自由的侵害和对金融资本家放债、国家发行债券驱动资本主义战争的行
径。由于受到启蒙思想的影响，欧洲各国在保障公民自由权方面都有了进展，
因此，康德指出，公民的自由现在也不可能受到严重侵犯，而感受不到此事
在所有行业中，尤其在贸易中的弊端，以及在对外关系中国力的削弱。但是，
这种自由在逐渐地发展。如果阻碍公民以他自己所喜爱的、只不过能够与别
人的自由共存的一切方式去寻求他的福祉，那么，人们也就阻碍了一般经营
的活跃，从而阻碍了整体的力量。因此，对公民的行止的人身限制日益被取
消，普遍的宗教只有得到允许；而这样，随着妄念和怪念头的出现，逐渐地
产生出启蒙，启蒙是一大笔财富，只要这些统治者懂得其自己的好处。但这
种启蒙，连带得到启蒙的人对自己完全了解的善不可避免还有的某种向往，
必然逐渐地一直上达君王们那里，甚至影响到他们治理的原理。在此，康德
开始批判民族国家的战争债务政策，"例如，虽然我们世界的当政者们目前并
没有余钱用之于公共教育设施以及一般有关人民福利的一切措施，因为全部
的金钱都已经预先支付给未来的战争了；然而他们却至少将在不去阻止他们
的人民自己在这方面尽管是微弱的而又漫长的努力之中，发现他们自身的利
益。终于，战争本身也将逐渐地不仅成为一桩如此之人工制造的、而其结局
对于双方又都是如此之难于把握的行业，而且——由于国家不断增加无法可
望清偿的国债（这是近代的一大发明）而感到后患无穷——还会成为一桩如
此之可疑的行业。"① 在此，迫于德国政治的高压，为避免哲学家成为新的不
幸的哥白尼，康德仅以举例的方式比较隐秘地批判了这种国家战争债务行为
和金融政策。不过，康德还是对这种行为的最终结果表示乐观，因为它是自
然目的的最终实现，那就是"构建国家共同体"，"在我们这部分由于它那贸
易而如此紧密地联系在一起的世界里，国家每动荡一次都会对所有其余的国
家造成那样显著的影响，以至于其余这些国家尽管自己并不具有合法的权威，
但却由于其本身所受的危险的驱使而自愿充当仲裁者；并且它们大家就都这
样在遥遥地准备着一个未来的、为此前的世界所从未显示过的先例的、伟大

---

①　康德：《历史理性批判文集》，何兆武译，商务印书馆1990年版，第17页。

的国家共同体"①。然而，到了晚年，康德对这种借贷债务战争制的批判就显得更为直接和严厉，在永久和平理论里，康德提出任何国家均不应当在涉及外部国家纠纷时举债，他批判现代民族国家如果是"为了国家经济（改善道路、新的移民、为令人担忧的荒年和购置仓储等等）而在国外或者国内寻求援助，这种援助来源没有嫌疑。但是，债务增长漫无边际，却始终不愁当前的索债（因为毕竟不会所有债权人一下子都索债），这种信贷制度——这是一个经商民族在本世纪里的巧妙发明——作为强权相互之间对抗的机器，是一种危险的经济力量，亦即一种用于战争的财富，它超过所有其他国家的总财富，且只能被一朝来临的税收亏损所耗尽（但也由于凭借反作用于工业和经营而活跃贸易，这种亏损还被延迟很久）。因此，这种进行战争的轻易性与掌权者那似乎置入人性之中的战争偏好相结合，就成为永久和平的一大障碍，禁止此事愈发必须是永久和平的一个临时条款，因为一个国家最终无法避免的破产必然使得诸多其他国家未举债也一起蒙受损失，而这会是对这些国家的一种公开侵害。所以，其他国家至少有权联合起来反对这样一个国家及其非分要求"②。在此，康德已经预言了资本主义危机产生的根本原因：战争国债耗尽了一个国家的税收，又势必牵涉那些向它放债的国家，从而导致更大范围的经济危机。康德秉承了启蒙思想，坚信理性的重要价值，在政治哲学里，理性针对的就是"战争"这一最大的非理性行为。政治哲学领域里的批判就是寻求人类合作和平交往的行为方式和制度形式，以排除战争这一非理性形式。在他看来，一旦理性使人认识到世界是紧密联系的，而民族国家债务体制的崩溃，会使得一国破产，世界面临经济危机，在这个意义上，战争债务的循环和最终破灭必将摧毁整个世界经济，所以他主张必须先为国家金融和借贷资本体制立法，以构成"国家法"的重要内容和先决条款。

正因为康德洞察到了现代民族国家发动战争的根本原因——建立在债务信贷和强制的国家体制，康德才提出了怎样解决民族国家相互冲突的方案，它包括两个方面：一方面，对一个具体的民族国家来说，需要建立一个具有完美公民宪法的普遍法治的公民社会，这样的社会（即民族国家）既能保证公民的自由、幸福的福祉，又能保证民族国家拥有合法的对外关系——不以

---

① 康德：《历史理性批判文集》，何兆武译，商务印书馆1990年版，第17—18页。
② 李秋零主编：《康德全集》（第八卷），中国人民大学出版社2010年版，第350页。

战争或强制对他国相威胁的法治国家；另一方面，在国与国的关系即国际关系上，康德提出了所有共和制的国家建立一个具有保障永久和平的国际联盟。"人们可以称之为和平联盟，它与和约的区别在于，后者仅仅试图终结一场战争，但前者却试图永远终结一切战争。这个联盟并不旨在获取国家的某种权力，而是仅仅旨在维持和保障一个国家本身连同其他结盟国家的自由，但这些国家可以不因此（像自然状态中的人一样）而服从公共法律及其下的一种强制。——这个应当逐渐地扩展到所有国家并且就这样导向永久和平的联盟制理念，其可行性（客观实在性）是可以展示的。因为如果幸运如此安排，让一个强大而且已受到启蒙的民族能够形成一个共和国（它在本性上必须倾向于永久和平），那么，这个共和国就为其他各国提供了一个联盟统一的中心，以便它们加入其中，并这样依照国际法权的理念来保障各国的自由状态，且通过更多的这类联合来逐渐地越来越扩展更远。"①

康德写作《永久和评论》的背景是：欧洲知识界尚未看到银行家罗斯柴尔德家族在滑铁卢战役中所扮演的关键角色，更未对《拿破仑法典》与法国革命的关系认识清楚。故此，康德在这本小册子中表达了如此深刻的历史预见，可谓是政治思想史上的一份十分厚重的思想遗产。从此，对战争国债的抨击，特别是对于金融资本家阶级支配的生产和交换、支配经济与国家政治的抨击，就成为康德之后欧洲"自由"思想的一个重要方面。在 1815 年打败拿破仑之后，神圣同盟的支持者——银行家阶级实际上就控制了欧洲的政权，而后，在第一次世界大战之前，欧洲的银行家又借助提供贷款、消减贷款、冻结贷款，最终摧毁了奥斯曼帝国。而历史上最具决定性的金融资本家垄断事件发生在新生的美国，1790 年，美国第一任财长亚历山大·汉密尔顿，不顾富兰克林和杰弗逊的坚决反对，将美国金融政策制定和货币发行权交给了美国第一银行，而这个银行属于私人银行（80% 为私人所有），其中内森·罗斯柴尔德即英国伦敦最具实力的银行家，乃是其大股东。汉密尔顿如此做的唯一理由是，只要将有钱人的力量、利益与征服的资源结合起来，就能产生持久的、无所不能的信贷，而这正是银行所需要的。然而，汉密尔顿的这种做法不仅让美国政府和美国人民丧失了控制货币和信用的权利，由此而形成了一个权钱交易的体制，更为重要的是，"成立这样的银行无异于被英国和国

---

① 李秋零主编：《康德全集》（第八卷），中国人民大学出版社 2010 年版，第 361 页。

际央行家集团再殖民一次"。尽管富兰克林等人至死都反对这个方案，但汉密尔顿的法案还是最终获得通过，由是，金融家资产阶级从此控制了世界上最强大的美国。实际上，富兰克林、杰弗逊等人对金融资本家垄断信贷的反对，都是康德思想在历史长河中的悠远的回声。康德晚年的主要工作，就是针对建立在战争债务制度上的欧洲民族国家体制的严厉批判。这种批判是在其完成"三大批判"而后进行的工作。尽管康德在当时的历史条件下，康德没有也无法找到他所期待的"世界永久和平"理想的通途，也无法为他所希望的普遍的国际寻求到一个承载体，因为那仅仅是一个组织松散的自愿联合并且又能随时解散的"永久性的民族联合大会"，然而，康德在 18 世纪末的这些思想，其影响极为深远，直到今天仍在历史的长廊中回荡着，此后，马克思对金融资本垄断的批判，无疑是这种思想回声的更为激越更为振聋发聩的声音。①

　　然而，康德有关国家理性的启蒙思想指向，在黑格尔那里发生了根本性的转换，由追求永久和平的理想国家转向了崇尚战争和霸权的民族国家理性，其价值追求也由"自由、平等、博爱"转向了"自由、民主、人权"。这种思想的突变是有其现实基础的，因为此时的德国，尚处在民族四分五裂、倍受欧洲列强欺凌的历史时期，在这令人痛苦的形势下，德意志知识分子只有两条路可以选择：要么将德意志知识分子的命运与其国家命运分开，在个人内心的宁静圣地中寻求避难所，以便致力于一个纯粹精神或思想的世界；要么就是在此思想世界和现实苦难世界之间构建起一座桥梁，以寻求实际存在的国家与理性理想之间的统一纽带，从而为德国的统一和新生寻找理论先声。唯此，理想与现实之间的痛苦关系才能得到真正地解除，从而彻底弥合理性之绝对规范与历史生活之实际法则和过程之间的鸿沟。现实对理论的呼唤往往会产生巨大的理论催生力，其破茧而出也仅仅是时间问题。而解决或弥合这一理性的绝对规范与历史生活的世纪法则和现实过程之间鸿沟的是大哲学家黑格尔，他创造了这一伟大的划时代成就。其学说得出的结论就是，现实存在的国家也是理性国家。"凡是合乎理性的东西都是现实的；凡是现实的东西都是合乎理性的。"② 为了使这一说法合乎实际，就需要黑格尔重新解释理

_____

① 韩毓海：《五百年来谁著史》，九州出版社 2011 年版，第 338—339 页。
② ［德］黑德尔：《法哲学原理》，范扬、张企泰译，商务印书馆 1961 年版，"序言"第 11 页。

性这一概念，并使之成为流动的、能动的概念，也就是说理性必须能够动起来。他必须剥去它的规范至此为止拥有的稳定性，将这些规范本身转化成一种流动不息但又不断升华的生命形态，转变成历史和人类的发展。由是，新的理性概念就不再必须在矛盾和显然不可解决的反论中间忧伤哀叹，因为通过其首次直接深入历史事件的辩证法，他将这些反论融入其体系中，成为其自身发展和进步的必然中介。这就意味着他承认，在历史本身与其所有较为险恶、较模糊的方方面面之间，有一种聚合的因果联系。每件事情都起促进神圣理性逐步自我实现的作用；它最令人吃惊的是，甚至可以迫使那些邪恶的事情为它效劳。这种承认邪恶具有相对的正当性的推论，迫使人们必须深入其思想的内核，他断言："哲学正是从这一信念出发来考察不论是精神世界或是自然世界的。……所以最关紧要的是，在有时间性的瞬即消逝的假象中，去认识内在的实体和现实事物中的永久东西。其实，由于理性的东西（与理念同义）在它的现实中同时达到外部实存，所以它显现出无限丰富的形式、现象和形态。它把它的核心用各色包皮裹起来，开始时意识在包皮里安家，而概念则首先贯穿这层包皮以便发现内部的脉搏，同时感觉到在各种外部形态中脉搏仍在跳动。"[①]

　　然而，在黑格尔看来，在构成历史外壳的一切令人瞩目的多样性的意象之中，没有什么比国家更接近于根本内核。正是在国家中，他察觉到了人类历史中最有力、最有效并且无所不在的因素。这些经验的东西又得到了其唯心主义理性逻辑的支持。这样，曾被人们诟病的马基雅维利主义堂而皇之地成为其关于宇宙，也包含一切道德价值在内的唯心主义观念体系的组成部分，如同一个私生子被合法化了。于是，19 世纪初叶，马基雅维利重新得到了尊重，对马基雅维利主义的德意志思想得到发展，这也不能仅仅归因于黑格尔的理论及影响。黑格尔将一切智识现象都视为仅是一种既定民族精神的表现，认为所有各自独立的民族精神反过来又都由世界精神引领。无疑，作为在德国具有巨大影响力的黑格尔及其思想对这种国家理性的转向肯定有影响。但是，真正影响德国人进行这种选择的更多的是现实的苦难和需要。急于结束四分五裂、甚至还有外国占领地区的德国如何走向统一，怎样在相互倾轧、征战频繁的欧洲保全自身、并能走向强大，这是每一个德国人，包括哲学家

---

① ［德］黑德尔：《法哲学原理》，范扬、张企泰译，商务印书馆 1961 年版，"序言"第 11 页。

都向往的国家状态，在此情况下，德国的国家理性转向马基雅维利主义也就很正常。对德国人而言，马基雅维利的权势政治乃是舶来品，德国并没有这种传统，弗雷德里克大王的权势理论，也不是来自德国传统。尤其在革命战争和拿破仑统治下的德国，面对行将崩溃的国家局势，那些备受磨难的人们十分渴望和敬畏权势国家理性的武器，他们自然会追随马基雅维利主义。在这些渴望权势国家理性的人中间，黑格尔则是一个最具影响力的思想家之一。黑格尔在其哲学体系形成之前，就已经对马基雅维利主义表现出了亲近感，事实上，他对马基雅维利主义的认可，也与其头脑中的一些基本倾向密切相关，而他个人的人格和历史情势两者共同促成了其产生。

黑格尔的早期思想发展可谓是一幕极为扣人心弦的历史剧。它展现的是一个古已有之而又常演常新的历程：一个有力和原创性的头脑开始仍依赖固有的观念，而后就怀着某种朦胧的需求开始了艰辛的思想征程，它不停地与固有的观念对抗，并不断地挑战和克服它们，甚至将其改造得适应于自己的需要且成为其思想的组成部分，从而来营造一座富丽堂皇的崭新大厦。那是一个伟大哲学家不断地发现自己、造就自己，并最终在形而上学史上独树一帜、成就伟业的历史。在他寻求自己哲学的征程中，他发现他要面对的首先是一种个人主义：它要按照争取思想和精神自由的理性个人的需要和尺度去判断历史生活和国家，主要要求要尊重神圣的个人权利。但他深切地感受到需要克服国家与个人之间空洞的对立，需要一种将二者统一起来的理论。为此，他深入到了古代世界从中寻求用之不竭的力量和思想资源，并在古希腊城邦国家中找到了这种统一的现实理论基础。他似乎看到了古希腊最繁盛时的图景：那是一类将自己的国家和祖国当作世界最终目的的人，是让自己的小我在面对此目的时逐渐削弱的人，因为他本人在实现其自身活动的理念，从而在产生至高的生活统一，即理性永远不能停止寻求的绝对观念。当理性不再能够在堕落了的古代国家里见到它时，它在基督教里发现了它。但这是衰败的迹象，生活丧失了它统一的象征。基督教只能被"一个腐败的人类"所接受，它们丧失了祖国和自己的自由国家，当下仅能拿起有关人类腐败的信条作为一种安慰——它所尊重的是可耻的，将此无能神圣化和永恒化，办法是将只信强制的可能性这一点当作原罪。由此，马基雅维利的一些基本感受在他身上复活了。在他看来，基督教通过将人们的思想集中于彼岸而使他们在此世事务中变得衰弱无能，懒散呆滞。因此，他渴望恢复古代人的自然

"美德"，连同其所有的辉煌，首先是连同它为效劳国家提供的力量。甚至有一种历史情势的相似性，它在这两位相隔300年的思想家哪里激起了如此相似的情感。那时就像现在，一个政治崩溃时代与一个思想和精神更生时代重合。甚至在此时，还有在接下来招致旧帝国崩溃的岁月里，黑格尔已在愈益分明地设想旧世界即将分崩离析。他在旧世界的废墟里寻找，力图找到一些要素，以构建新的、更牢固的大厦，恢复个人存在与生活普遍力量之间破碎了的联系。这就是年轻黑格尔心中的基本感触，他感到个人生活与民族普遍生活之间的这一不可或缺的联系已被一个发展过程摧毁了，该过程此时正被革命战争的灾难带向必然的终结。这些灾难驱使大多数德国知识分子直接退回自身，栖身于他们自己的个人人格。德意志在新世纪头10年里积累的巨大精神财富和思想伟力乃是在一种极为艰难的政治命运的阴暗压力下形成的。正是这种厄运驱使德国黑格尔登上了政治存在的巅峰，为其思想提供了最为坚实的磨刀石。但他很快就意识到，这种形势不自然，也不会长久，真实生活和思想生活无法长期保持如此刻板地彼此分隔状态而不发生新的崩溃，与之相伴的是思想的崩溃。"人的状态（时代迫使他在一个内在世界避难）能够变得要么是永久的死亡状态，如果他留在这个内在世界的话，要么可以使奴隶状态，奋力驱除现存世界里的消极因素，以便在那里欢享他自身和发现他自身，并能够生活。……关于自然与现实生活抵触的意识表明，人的状况需要提升，而一旦现有生活丧失其所有权能和所有威望，一旦它变得是一种纯粹的否定，人的状况就会得到提升。这个时期的一切现象都表明，在现有生活中不再会找到满足。"① 这段话反映了德国的被压抑的思想力量，它被沉重的生活压迫着，但是已经准备好要用强力反抗苦难的生活，以展示思想的力量。这段话取自《自由与命运》的片段，它构成了后来德意志宪法的导言。

对黑格尔来说，仅仅单纯强调个性还是远远不够的，他越来越强烈地认识到促使个人依赖普遍生活的那可怕的力量。虽然这并未导致纯粹消极的屈从，相反，却导致了关于古代"美德"的积极理想，即生活在一个值得为之牺牲个人生命的国度里，并为了这个国家而生活。此外，还有他所目睹的在法国大革命和帝国崩溃中显现出的那巨大可怕力量导演的历史剧，帝国对他

---

① ［德］弗里德里希·迈内克：《马基雅维利主义》，时殷弘译，商务印书馆2008年版，第495页。

而言，比对任何其他德意志人有着更多含义，因为他认为他代表了"国家"，可是它现在不再是真正的国家。德国不再是个国家，因为只有以权势为手段，一国才真正变成一个国家。因为多个国度要组成一个国家，它们就必须有共同的国防和国家权威。表明所有局部与整体之间的联系的强度的，是战争活动，而不是和平安宁。在与法兰西共和国的战争期间，德意志亲身体验到自己不再是个国家。不仅如此，它所换来的和平表明，除了那些沦于征服者之下的国度，多得多的国家仍将丧失它们最可贵的所有物，即自主构成国家的能力。这是黑格尔从残酷的现实中获得的新的认识，一个国家的最根本属性是力量，亦即维护自身、不受他国侵害的能力。16、17 世纪期间所有实际的"国家理性"和关于这个主题的一切理论思考都由这一原理指导。与此同时，与之平行的、依据自然法看待国家的模式大多不受其影响。不过，作为一个大哲学家，黑格尔显然不满足于单纯经验的和现实主义的认识，即权势国家的确存在。反之，他认为必须将其纳入一幅统一的、理性的世界图景中。为此，他必须为自己开拓一条全新的、极为艰难的理论探索之路。①

　　一开始，他被一种无所不在的并僵硬地主宰人类生活命运的观念折磨着，此后这种观念开始动摇，直至成为一种没有根据的观念。这样，他试图寻求的自我、民族、国家和宇宙之间根本同一的理论没有实现，他的命运概念逐渐发生改变，变得更接近于人类和历史领域，利用它本身特殊的最内在的力量，从而成为包含理智和理性的东西，直至最后在其体系的顶端，命运转化为由理性本身构成其唯一内涵的世界精神，由此导致其在民族国家精神的星系中的自我显现，反过来它又激发、塑造和指引世界历史。黑格尔在 1801—1802 年写作其关于德意志宪法的思想时，其世界图景尚未达到这个阶段。但其命运概念已获得了某种活生生的历史内涵，最为重要的是，他已将国家视为命运力量的根本载体，但它还未具有能够调和一切的世界理性的那种能力。但无疑的是，这种决定性的思想应出现在其思想的世界里，它将在黑格尔的哲学体系中大放异彩，并用来对付世界图景中的一切矛盾和歧异，用来同时承认整个历史现实中的背离和不洁之处，使得一个人能够容忍这些（怀着对整个世界和宇宙的宁静感），将它们当作单纯的前台现象，视为能够在和谐中

_____

　　① 参见［德］弗里德里希·迈内克《马基雅维利主义》，时殷弘译，商务印书馆 2008 年版，第 13 章。

得到解决的单纯的不调和，只要一个人从存在的最高端看事物。因此，一切形态各异、丰富多彩的历史活动就被重新解释为被一只神手操控着牵线的木偶戏。而所谓的自由和个性则成为一种表面的自由和权利。他指出："德意志民族初始的坚固特性已由其命运的铁的必然性决定。在由其命运标出的领域之内，政治、宗教、需要、美德、权威、理性、狡黠和所有其他在被允许给它们驰骋的广阔天地里驱动人类的力量做尽一场巨大和显然无序的游戏。每个都作为一张绝对自由和独立的力量自我运作，完全不知它们统统是更高力量手中的工具，是原初的命运和政府一切的时间的工具，这些力量能够讥笑这'自由'和'独立'。"① 这一牵线木偶戏理论是理解黑格尔权势国家理论的关键。他将权势现象（以及一切其他生活现象）解释为单纯的表象，出自存在的最高的和不可见的权威，而后它的影响只是作为其最高词义上的权势才被感觉到。由于（而且只是由于）确实存在这么一种至高无上和包罗一切的权势，才有可能赋予历史生活的一切可见的现象性力量自由驰骋天地（尽管只是表面上的自由），因为这些力量无不从最高权势那里得到自己的受命和所需之力。由此，还需要理解它们之中每一个的特殊受命和特殊个体力，通过它本身的能动行为领悟它，不将出自任何其他生活领域的标准应用于它。为了辨识最高真理，首先就必须认识到寓于各自分离的事物本身的真理。以此方式，即"寓于权势中的真理"被发现，政治摆脱了寻常的道德规则和个人的理想要求。他认为："因为关于政治自由和宗教自由的利他估算这一理想主义想象，人们蠢得在其激情的狂热中忽视了寓于权势中的真理；于是，他们被导致在自然和真理的更高正义面前坚信一种人为的正义体系和梦幻构造，虽然这更高的正义为了对人们施行其权威而利用必需，不管任何理论信念或内在狂热。"因而"一个外部强国，被一个较弱的国家允许参与其内部事务，而成功地获得该弱国的某些领地"②，此乃一种形式的正义。

在他看来，是慈善家和道学先生，将政治谴责为一种试图以牺牲正义来谋取治理的竞争和人为技巧，一种靠不义造就的体系。是不偏不倚、大灌啤酒的公众（即缺乏任何真正的忧国爱国之心、以啤酒馆的安宁无事为美德理想的群氓），怪罪政治背信弃义或浮躁无常；或者，这同一公众至少对其国家

---

① ［德］弗里德里希·迈内克：《马基雅维利主义》，时殷弘译，商务印书馆2008年版，第498页。
② ［德］弗里德里希·迈内克：《马基雅维利主义》，时殷弘译，商务印书馆2008年版，第499页。

的利益寓于其中的法律形式有些兴趣，同时怀疑之。如果这些利益与他们自己的利益一致，那么他们也会去护卫这些法律形式，但驱使他们的真正内在力量是他们自己的利益而非国家利益。在国家间关系中被谈论的那类正义仅仅是一国的经协定承认和保证的利益。而且它全然取决于形势，取决于权势的结合（即取决于政治判断），不管被危及的利益和正义是否应当以全力来捍卫。然而在这场合，另一方也将能够用它自己一边的权利和正义来为自己辩护，因为它也有着那正在产生冲突的对立的利益，从而也拥有权力。战争（或不管叫什么）现在有个任务，即决定在两方宣称的两个权利当中，哪个要让位于另一个，而不是决定其中哪个是真正正当的权利。如此，老式的利益信条在此又一次得到确认。在他看来，这特殊利益（国家利益）是需要首要考虑的，此乃众所周知、广泛公认的原则。但作为哲学家的黑格尔对原有理论还是有突破性的方面，就是直接宣布政治与道德、正义之间不存在冲突（较早的国家理性承认它们之间有冲突，只是强调政治至高无上），因为这首先要考虑不可能被认为与权利义务或道德相互冲突，国家没有比维护它自身更高的义务。在他那里，发生对立的不再是道德的与不道德的，而是较低类型与较高类型的道德和义务；不仅限于此，国家的自我维护义务被宣告为国家的最高义务，它的自我私利和私益从而获得了伦理上的肯定。这样，在一切利益冲突和权势胜利中，一种更高的、自然和真理的正义被显露出来。而后来在黑格尔历史哲学中的那种统治世界的神圣世界精神尚未打造出来，但给世界精神的皇位已经空出，尽管它还遮蔽在命运概念的云雾中。此外，马基雅维利也被召唤到这皇位前，备受宠爱，那些非难印记被一扫而光。漂白后的马基雅维利获得了最高荣誉和无比的颂扬，他关于君主的书表达了"一个真正的政治思想家的极伟大真实观念，具有最高尚、最重要的意义"。在一种混乱无序的形势中，他"以冷静的审慎把握了一个必要的思想，即意大利应当通过被结合为一个国家而得到拯救"①。在黑格尔看来，一国应当构成一个民族的观念被盲目的自由呼喊淹没，德意志的一切苦难，以及从自由后的法国狂热汇拢来的一切经验，或许都将不足以使各民族相信这个观念。不过，这丝毫没有减少这个观念的"必要性"。他甚至为马基雅维利令人厌恶的方法辩护，并鄙视寻常的道德观念，认为不择手段，如下毒、暗杀等是可以理解

---

① ［德］弗里德里希·迈内克：《马基雅维利主义》，时殷弘译，商务印书馆2008年版，第501页。

的，只有依靠最有力的行为，几乎糜烂状态的生活才能得到改造。①

　　黑格尔的国家理性理论可与马基雅维利媲美，他渴望有一位忒修斯拯救德意志，并能将其统一为一个国家，他表达了自己的权势国家理性思想，而且这种思想在 19 世纪中叶后开始为人们所接受，人们相信，德意志的统一只能借助权势国家理论才能实现。但对黑格尔来说，他并不满足于仅仅成为一个统一的国家，他还要对个人与国家的关系予以界定，他对私人个性的单纯结构甚为不满，他提倡国家具有超个人的力量，个人与国家的关系是：国家第一，国家凌驾于个人之上，个人应服从国家，甚至要为国家献身。他认为："把个人的利益和权利设定为瞬即消逝的环节这个规定，同时是肯定的东西，即肯定个人的绝对个体性而不是个人的偶然和易变的个体性。因此，这种关系以及它的承认就成为个人的实体性的义务，他有义务接受危险的牺牲，无论生命财产方面，或是意见和一切天然属于日常生活的方面，以保存这种实体性的个体性，即国家的独立和主权。"② 也就是说，个体与国家相比，保存国家更为重要，这也是公民的义务。因为国家的独立和主权是不容侵犯的，"国家的独立自主是一个民族最基本的自由和最高的荣誉"③。他甚至认为，为国家牺牲，乃是一切人的普遍义务，因为国家就是最大的个人，具有个体性，它远高于具体的个人。"由于国家的个体性而牺牲是一切人的实体性的关系，从而也是一切人的普遍义务，所以这种关系，作为理想性的唯一的方面以对抗巩固地存在的特殊物的实在性，同时就成为一种特殊关系，而献身于这种特殊关系的人自成一个等级，以英勇著称。"④ 由此，从寻常的个人主义中就产生了一种更新、更高的个人主义，这就是国家个体，黑格尔认为国家具有超个人本质的个体性，人们可以将单独的个人的种种权力转交给它，以实现自己的个体性。在其哲学的顶端，黑格尔则将一般国家设想为一种"个别总体"，它按照它本身专门和特别的根本法则，以具体的方式发展，从而既被允许，同时也必须无情地抛弃其他原则，包括普遍的道德命令。它并不因为这么做而被视为行为不道德的，反而体现的是一张更高的道德精神，它远

---

　　① 参见［德］弗里德里希·迈内克《马基雅维利主义》，时殷弘译，商务印书馆 2008 年版，第 13 章。

　　② ［德］黑德尔：《法哲学原理》，范扬、张企泰译，商务印书馆 1961 年版，第 340 页。

　　③ ［德］黑德尔：《法哲学原理》，范扬、张企泰译，商务印书馆 1961 年版，第 339 页。

　　④ ［德］黑德尔：《法哲学原理》，范扬、张企泰译，商务印书馆 1961 年版，第 342 页。

优于普遍的和寻常的道德。对他而言，国家道德不是一个人信念为主宰成分的道德的、反思的要素；个人信念更容易为现代社会理解，而真正的和古代的类型植根于每个人都有自己的义务这一原则。这样，他年轻时心系的古代理想，即关于一个公民为国家献身的理想，就再次被表达出来，以加强这样的观念，就是国家应当基于它自己最个性的利益行事，而不是基于任何普遍的道德命令。

黑格尔的这种新个体主义理论在德国产生了重要的影响，并获得了德国浪漫主义和历史主义的强力支持，通过黑格尔和浪漫主义、历史主义的推动，从而使人们不会那么盲信理性是不会错的并且是具有普遍性的道德法则的规定，于是，德国人开始重视个体生活的丰富性和多样性。至此，德国思想界进一步深化了个体研究，由此就进一步深化了对人之个性的研究，而个性的研究又与国家的研究相结合起来。这样，某种新的世界图景开始呈现出来，这就是：世界史充满了丰富个性特征的世界，而且在每一个不同的个性中，都有一种根本法则在起作用，进而把自然和历史视为铸就无限丰富个性的东西。人们开始相信，理性借助多种多样的形式展示自身，它对人们生活的个别法则或特殊法则进行规定，但并不涉及普遍规律，它的终极归宿是统一到某种人们无法发现的哲学基础上。无数的历史事件都具有无法预测的深厚历史背景，这些历史事件不是各种事件的周期性的永恒重复，而是无数具有特殊个性特征的事物的一种恒久重生。关于个体的这一新意识如同一团烈火，开始逐渐烧向社会生活的诸多领域。一开始，它仅仅是燃烧那些极易点燃的东西，也就是个体的生活，涉及艺术、诗歌等方面，而后，其漫天的大火开始吞噬整个国家。由是，黑格尔在哲学史上首先把对个体主义的尊崇引向了国家崇拜。黑格尔立足于个体，对理性观念予以新的解释，把理性不再视为某种静止的东西，而是某种人类历史不间断地进步和发展的历程。所以黑格尔借此以一种完全崭新的理性形式来解读人类个性的丰富性和多样性。在理性的发展过程中，任何一个具体的个性，统一的神圣理性都通过某种特定的具体方式来展示它们，在此诸多形式中，国家形式则是其最高且最具有影响力的形式。他不仅确认了这种国家个性，而且还认可了国家理性和国家利益的合法性；而且这些国家理性和国家利益主宰其他一切事物，其权利凌驾于任何其他权利之上。在以往的若干世纪里，一个国家以及其所渴望的权势冲动，只能导致一种虽有力、然而却缺乏神圣性的国家形式，而新的理性主宰下的国家生活则为人们提供了神圣性和完全崭新的个体形式。由是，民族国家就获得了比马基雅维利主义更为有力的理论支持，并造就了民族国家对个体的绝对优越性，具有对个体的绝对支配或统治力。

因此，黑格尔的历史个体、个性理论使其理论成为历史主义理论的早期奠基人之一，这也是黑格尔历史哲学里最有生命力和恒久价值的东西。不过，这并不是他首要关注的东西，不像浪漫主义和历史主义那样关注它。这不过是他要实现其理论目的的一个扶手，其根本目的是要借此观念，要把世界历史中的无数特殊的个性材料像压缩饼干一样压缩成唯一的神性，也就是他所指的世界理性、世界精神、绝对精神。作为这种世界理性的绝对精神被理解为人类不断变化着无比丰富的人类生活；不过，绝对精神最终被视为世界历史或人类历史的幕后真正的导演，某种控制历史舞台上演剧目的力量。任何个别之物都服从并服务于这种绝对理性，而且这种理性可以诱使善或者恶，既能左右人类的知性或精神、心灵，又能支配自然事物供其驱使。而对这一时代最重要的概念——同一性概念及个性概念，他则更看重同一性概念，因为这一概念乃是其化腐朽为神奇——借助同一性来不断克服异化、不断超越自我意识的有限性，而最终达到绝对精神的漫长征程。但是，在这一不断征服现象世界的事物、促使其服务并服从理性概念的要求中，其中自然也存在着斯多葛派、基督教，乃至后世启蒙思想的因素在潜移默化地造就着其历史理论。自我意识在不断跃升的过程中，不仅实现了自我的升华，而且也把历史中的个性事物予以了理性化，并最终被吞噬了事物的个性和本质，而归化到理性的汪洋大海之中。绝对精神收服了无数的个性，并创造了不少概念，这些概念都是在绝对精神的控制下的囚徒，就像一个巨大的牢笼，关押着无数犯人或囚徒。在此牢笼里，还有国家理性的观念，它同样有自己的囚室，在此它可以自由自在、不受妨碍地行动。这是所有囚笼里最大的囚室之一，在黑格尔看来，能够使绝对精神或世界理性变成现实力量的就是国家理性，它开启着国家发展的路径。并且它需要把国家放在最高的位置，这是它要实现其伟大理性梦想的必要手段，绝对精神或世界理性必须在历史中不断地展现自身并实现自身。在无数事物的演进历程中，只有通过国家组织的权势能力，理性才能把它作为一个载体，就如灵魂依附到肉体上一样，理性成为国家权势的灵魂主宰着国家行为来达到理性的目的，进而主宰人类的全部生活历史。对黑格尔来说，只有通过国家，个人才会有任何价值，或任何精神和思想实现。"由于国家是客观精神，所以个人本身只有成为国家成员才具有客观性、真理性和伦理性。结合本身是真实的内容和目的，而人是被规定着过普遍生活的；他们进一步的特殊满足、活动和行动方式，都是以这个实体性的和普遍有效的东西为其出发点和结果。"① 另外，黑格尔还借助国家概念来调和或统一他那个时代的两个重要概念——个性概念与同一概念。并且通过普遍的意志和个体的特殊的意志的联系，黑格尔发现了国家的真正本质，这就是它所具有的美德本性。出于其历史形而上学的目的，他必须论证在现象世界存在某种普遍的东西——一种可以控制个体的权势力量。由此，他把国家看作一个道德体，将国家和个人视作同一个实体。国家的意志就是个人的意志，个人也代表着这个国家的精神，"我们要把在个人中间国家的生动性叫做'道德'。国家、它的法律、它的设备是各分子的权利；它的天然形态，……一切都是他们的所有，就像他们是为国家所有一样，因为国家构成了他们的实体，他们的存在。他们的想象是被上述理想所占据了，他们的意志就是这些法律和这个祖国的意志。这种成熟的全体就是一个民族的本质，一个民族的精神。各个人民都属于它，只要他的国家在发展之中，每个人民都是它的时代的骄子。没有人逗留在后面，更没有人超越在前面。这个精神的'存在'就是他的，他就是它的一个代表，在它中间他诞生，他生活着"②。在历史哲学中，他更明确地指出："'精神'在本性上不是给偶然事故任意摆布的，它却是万物的绝对的决定者。它全然不被偶然事故所动摇，而且它还利用它们、支配它们。"③ 于是，他就这样完成了对国家的神化，国家成了一个真正的利维坦。

总之，黑格尔的国家理性思想，既权威又深刻。比如其有关理性的狡计、理性容许善从恶产生的理论对后世具有极大影响力。人类历史及其现实生活的确在一定程度上证明善与恶之间有着某种令人不安的关联性。不过，黑格尔的权势理论对德国政治理论产生了一些糟糕的影响，他的理论很容易让人忽视其关联性中所形成的恶的因素，也就是说国家理性中那些原始因素、兽性和黑暗方面的危害性。理性的狡计理论仅仅是其同一哲学中的逻辑推演的

---

① ［德］黑德尔：《法哲学原理》，范扬、张企泰译，商务印书馆1961年版，第254页。
② ［德］黑德尔：《历史哲学》，王造时译，上海书店出版社1999年版，第55页。
③ ［德］黑德尔：《历史哲学》，王造时译，上海书店出版社1999年版，第57页。

结果，也是为了实现其整个理论体系的统一性与合乎理性所需要的必要手段。然而，其自然神学理论无疑隐藏着极度的危险，并且使得能够辨识善恶的道德情感在此失去了辨别力，对政治的过度解释也加大了这种可能性。同时，这一危险还隐匿在新的个性学说中。倘若个体被视为能够不受限制地追求自己的权利，并被看作同人类的普遍性道德相对立的某些道德的话，它极有可能将个体的道德引向末路。如果这一理论被引入国家这个利维坦中，就很容易使其为任何权势政治及实践辩护，把它看作国家的生存和发展不可或缺的东西。黑格尔在其法哲学中说："因为国家可以把每一细小事件都看成涉及它的无限性和荣誉；当一个强有力的个体性愈是经过内部长期和平而被驱使向外寻求和制造活动的题材时，它愈会有这种感受。"① 除此之外，他非常崇拜拿破仑，将其视为世界历史的征服者，深受其影响。由此，他对伟大历史人物持有某种不受拘束的、极为开放的解读，并因此开启了某种对政治道德理论的更加毫无顾忌地理解的倾向。同时，黑格尔对国与国之间的利益政策也给予了极为自由空间，没有费心竭力地思考以何种方式限制其权力。尽管他对马基雅维利的一些不洁思想表示反对，但这仅仅提供了一道很脆弱的抵挡现代马基雅维利主义的防线，这种马基雅维利主义很容易找到借口为自己的恶行辩护。所以这种同一性和个性观念——德意志此时思想界的两项最高和最富有成果的理念，揭示了一切伟大历史思想和力量的内在悲剧性的两重性。由此，黑格尔就完成了对康德世界和平思想的颠覆，并为现代民族国家的发展奠定了理论基础。

（三）启蒙理性观的畸变与军商一体化的资本主义殖民体系的建立

法德启蒙理性观的畸变，为国家理性使用武力提供了合法性，同时，也使得本就有着资本债务借贷和国家相结合传统的民族国家制度开始转向军商一体的殖民主义体系，从对全球的殖民扩张中，资本通过与国家政权的结合获得了更大的发展，甚至将资本的触角扩展到了过去从未达到过的地域或国家。

应该说，现代世界的真正大转型发生在 16 世纪，且于 19 世纪达到转型的高峰，这一转型是在欧美的国家推动下开始的，最终构建了西方强权控制、瓜分世界的"威斯特伐利亚条约体制"世界体系。这种殖民主义体系的制度

---

① ［德］黑德尔：《法哲学原理》，范扬、张企泰译，商务印书馆 1961 年版，第 348 页。

基础是"自然法权"理论。"自然法权"理论就来自畸变后的启蒙理性观，在法国拿破仑和德国费希特、谢林、赫尔德和黑格尔的思想中都有充分的体现。费希特从改造康德的物自体思想开始阐释其哲学思想，因为破除康德的物自体也就解除了套在理性身上的魔咒，理性就获得了彻底的释放和无限的权力，不再受任何东西的限制。这种解咒过程也是为进一步地释放国家理性进行理论准备的。毕竟德国仍处在四分五裂中，要完成德意志民族的独立和统一，就必须在哲学理论上为时代提供先导性的理论，用极为强大的理论勇气来面对极为残酷的现实，从而为德意志民族的解放和独立开辟出一条道路来。为此，费希特开始了他的征程。他认为，像笛卡尔一样，作为严密的形而上学理论应该立足于一个清楚明白且无须证明的最高原理出发，根据其所具有的内在逻辑必然性，以严格的逻辑演进而来的体系来展示自身。他赞同休谟所提的问题，即从物到理智之间的过渡是不可能的，在逻辑上无法实现，由此他认同康德的观点，即唯有唯心主义才有可能。但强调人们应拒斥物自体概念，用绝对自我的概念来取代之。这种绝对的自我，吸纳了全部自我意识中的先验因素。可以而且能够为一切认知保证其先验根据，使之成为一切经验之物和全部知识的依据和先验的根源，该绝对的自我构成了费希特知识论的最高根据，也是其知识论的起点。借此，他化解了康德的二元世界理论，使得康德的理论理性与实践理性融为一体，而自我则因此获得了一种新的使命，为其开启新的理论创造提供了理论根据。在其《自然法学基础》中，费希特将其自我意识看作某种社会现象。认为全部事物的自我意识，要想存在就必须以其他理性事物的存在为其条件。这些客体可以联合影响并召唤起每一个个体的自我意识。这一思想是由其知识论引申而来的，他从逻辑上说明了每一自我意识的形成有赖于它对非我的每一次把握（即自我设定非我）。由这些理论出发，产生出我、自我之间的差别（即自我设定非我）最终形成了其认识论（绝对自我，自我设定自身）。其这种自我设定非我的理论，直到最终实现绝对自我的历程，本身也就是一种个体与个体相统一和融合，而后经过艰辛和苦难最终达到绝对自我的目的的过程，这种绝对自我，从政治哲学视域看，我们可以将之理解为国家共同体的一种预备性演绎的理论，也就说，个性或个体性逐渐融入国家理性、国家性之中的过程。费希特由这种知识论又推导出了其国家理论。他将国家视为某种法权状态，表现为有限者之间的一种外在关系。他把自由看作自然法原的体现，不过，该自由尚属于个体的自由，但是为了达到特殊，这些个人必须提出或者接受一些前提——有众多的个人。而国家的整个制度必须以个人自由受到普遍自由的限制为其主要规定。于是，禁锢愈来愈多，束缚愈来愈严，国家成为一种专制机器。在国家关系上，他强调，一个国家需要控制国与国之间的关系，控制货币价值，并能够保持一种自给自足的社会状态。由于为了实现个体意识与其他理性存在者建立相互之间关系，他认为不同的党派间必须建立一种相互间的共识。在法国攻占柏林后，费希特为了激起德国人民奋起反抗的意识，接连发表了多篇《对德意志民族的演讲》，极大地激发了德国国家主义和民族主义情绪，同时也是一种浪漫国家主义思想的体现。在这些演讲中，他认为德意志民族是一个伟大的民族，它比其他民族更为优越。而在他的早期作品中，他甚至称犹太人将腐化和侵蚀德国，他声言应将犹太人驱逐出德国。他也对波兰人深表厌恶，认为其文化是野蛮的，而波兰人则是未开化的野蛮民族。此后，赫尔德、谢林又进一步发展了这种理论，最后在黑格尔的绝对精神中，西方成为绝对精神发展的正确方向，"真正的哲学是自西方开始。惟有在西方这种自我意识的自由才首先得到发展，因而自然的意识，以及潜在的精神就被贬斥于低级地位。在东方的黎明里，个体性消失了，光明在西方才首先达到灿烂的思想，思想在自身内发光，从思想出发开创它自己的世界。……一个民族之所以存在即在于它自己知道自己是自由的，是有普遍性的；自由和普遍性就是一个民族整个伦理生活和其余生活的原则"①。而德意志民族成为其世界精神的体现。对黑格尔而言，绝对精神控制着整个世界，也有权利征服这个世界，他在《历史哲学》中就说："大海给了我们茫茫无定、浩浩无际和渺渺无限的观念；人类在大海的无限里感到他自己的无限的时候，他们就被激起了勇气，要去超越那有限的一切。大海邀请人类从事征服，从事掠夺，但是同时也鼓励人类追求利润，从事商业。"② 既然征服有限性是普遍性的表现，是绝对精神的要求，具有最高的合法性，那么代表着这种绝对精神的民族对那些有限性民族的征服和殖民就是合法的，而资本在此征服中追逐利润也是合乎理性的，同样具有合法性。这或许就是黑格尔的潜在逻辑。也是整个

---

① ［德］黑格尔：《哲学史讲演录》（第一卷），贺麟、王太庆译，商务印书馆1959年版，第98页。

② ［德］黑格尔：《历史哲学》，王造时译，上海书店出版社1999年版，第96页。

"自然法权"的逻辑基础。

威斯特伐利亚条约体制反映的就是该理论,它确立了现代世界首个"强权政治"范式,这种新范式将西方列强为攫取各自的私利而进行战争冲突的丛林法则尊奉为新世界秩序的法则。该秩序是一个通过殖民战争、殖民掠夺和资本盘剥形成的秩序,也是一个你死我活的竞争性秩序,马尔萨斯的《人口论》中已经做了经典的描述。一个奉行殊死搏杀的竞争社会,乃是资本所控制的社会的重要特征。这种社会是在欧洲国家长期征伐、相互交战的基础上形成的,国与国之间是在相互争霸、相互倾轧、决死争斗的残酷境遇中存在的,这就使得欧洲国家都崇尚霸权主义和强权政治,也是欧美国家纷纷效法的圭臬和生存法则,并将这种法则置入其对全世界的殖民战争和殖民掠夺中。

从历史事实看,早在 1500 年之前,当时的欧洲有 200 多个的国家,神圣罗马帝国此时就拥有 300 个诸侯,相互征战则是这一时期的欧洲 500 年的主题。事实上,16 世纪之后,由于欧洲在资源上的不足而引发的经济危机,进一步推动了新能源的产生和推广使用,由此产生了影响后世的工业革命,不过,由于欧洲国家相互征战的危机则进一步促使了金融领域的革命,然而,新兴的资本主义社会是一个你死我活、强调竞争的市民社会,为了获得更大的利益,它开始推动欧洲国家从资本主义国家加速向殖民主义、帝国主义国家进化。因此,西方现代性是以实施丛林法则的全面竞争性社会为本、为中心,以军事和金融扩张为动力,它驱动着欧美国家实现了向军商一体化的全球殖民主义体系的转化。

因此,西方学者查尔斯·蒂利强调,从 1500 年之后的长达 500 年的历史中,欧洲各国的政治家们都在想方设法地准备战争和筹措战争开支以及补充战争损失,由此就产生了一个新的阶级——银行家阶级,他们的工作就是服务于各个国家的战争借贷之事。自从 1492 年西班牙强占美洲之后,从此拉开了欧洲军事掠夺世界的殖民地模式,而西方的战争筹款制度又为其军事扩张和殖民掠夺提供了新的金融推动力(从金融资本的发展史来看,16 世纪以来,欧洲国家先是从美洲抢夺白银,而后在与中国的黄金和物产相交换,从而为欧洲的强大筹备了大量的资本货币。1810 年之后,在美洲的白银资源耗尽后,它们又控制了大量黄金,并开始用金本位制取代了此前的白银货币体系,这样,从这种金本位、到第二次世界大战后的美元货币体系,再到 1971

年后的美国国债拉动的世界经济的债务经济形式，欧美国家凭借其军事霸权及金融霸权控制世界的方式，也就不再有新的改变）。

正是因为欧美诸国在其兴起的历史中，军事及金融变革则是它们的两个重要驱动要素，所以才成就了西方国家的军工和金融资本集团，使之最终成为西方世界最大的、最具垄断性的资本集团，在很大程度上控制着整个世界经济和地缘政治的发展，也是各种战争频繁发生的根本因素。

前文说过，西方军商一体化的殖民主义体系是建立在债务的基础上的，这种债务思想是从古老的债务理论发展而来的。而在此过程中基督教发挥了重要的作用。假如在地球上真有某种既具有强制性，又具有非互惠性特征的宗教存在的话，则该宗教的立教基础必定是基于某种债务——现世生活的人对已然死去之人的债务，此债务具有无比神圣性特征，它不容赖账，必须偿还，则该宗教就一定是基督教。基督教就是反映或体现债务关系的宗教，该宗教认定人具有与生俱来的原罪，耶稣之死乃是为拯救人类。依据教义精神，人类所欠的上帝的债务是这个世界上最为神圣的债务，它是人们必须无条件地偿还的。大哲学尼采将基督教看作"奴役的宗教"或者"奴隶的宗教"，他强调上帝本身就是最大的债主和资本家，认为上帝的"爱"本质上就是某种极为沉重的"债"，基督教意义上的道德与责任都起源于债务。尼采认为，"信仰什么？爱什么？期望什么？毋庸置疑这些弱者也想有朝一日成为强者，有朝一日迎来它们的'天国'；对他们来说，'上帝的天国'就是所谓的人在任何情况下都卑躬屈膝！为了经历这个天国，人们必须活得很长，超越死亡——是的，人必须获得永生，这样人才能在'上帝的天国'里永久地得到对那种'在信仰中、在爱中，在期望中'的尘世生活的补偿。"[1] 因此，信徒们的卑躬屈膝就是对上帝之爱的报答，也就是一种债务，爱就是一种需要偿还的债务。尼采认为，欠债一词源于债权人同债务人的契约关系，此契约关系非常古老，它可上溯到买卖、交换、商业和交通的基本形式那里。这种债务关系被银行家们运用到他们所要盘剥和勒索的对象上，无论是国家还是公民个人，而且他们还将债务与信用相联系，使还债变成了一种信用，通过信用来使资本不断增值。同时，这种债务和信用要受到契约社会的保护，也就

---

① ［德］尼采：《论道德的谱系·善恶之彼岸》，谢地坤、宋祖良、程志民译，漓江出版社 2007 年版，第 29 页。

是说是由资本主义国家的法律来保证的，具有强制性。这也是资本家的一个新发明。所以在西方资本主义国家，债务就是财富的表现形式，一旦欠债还钱从道德戒律变成无法改变的法律时，对于贷款者而言，放债就是完全没有风险责任的。

事实上，为了获得高额利润，资本家将所有的东西都予以货币化，这样做的目的是实施投资放贷活动，实际上，政府、企业和个人的大量借贷款中都包含在这些债务中。因此，我们可以说，资本主义发展的进程可谓是一个债务借贷不断被合理化、最终理性化的历史，即以制度法规的形式予以确认，从而获得合法性、合理性，当债务被货币化、数字化后，债务就变成了掠夺公民、政府，以及世界其他国家的财富，换句话说，就成了资本，即可投资和买卖的东西，可以向全世界打包销售，进行资本的再盈利和升值。由是，我们也就不难理解，为何美国和西方国家一直要求各个国家金融要自由化和全面开放的原因了，因为这种没有任何限制的金融自由化，就意味着华尔街和西方大资本金融垄断和控制的全球化，也是其掠夺和盘剥其他国家和人民金融财富的全球化。

因此，迈向资本主义的最重要的环节乃是：必须使道德成为某种不再受人类情感控制之物，并且是能够借助东西可以计量的东西，而货币的成功就在于它将道德数量化了，成为一种能够凭借数字计量和管理之物，亦即道德和债务的理性化。这样一来，"债务"与"道德责任"的区分就表现为债务人有无什么可将其定量之法，以便于能够准确和详细地指明债务人到底欠其多少债，而不在于债务人的强制力有多强，或者债务人的内疚或自省能力有多大等等。这个道理早在 1536 年就被年仅 26 岁的加尔文认识到了，在他看来，仅仅抽象地讨论良心没有任何价值和意义，在那些债务人眼里，那不是什么良心问题，"良心"一词只能在可以准确无误地确定其特定数目时才有价值，才是能够谈论的东西。于是就有了我们所称道的"良知自由"。该理论极为巧妙地将放高利贷者阶层或阶级成功地从道德的指控中完全地解脱出来，这个也是人类理论又一个极为高级的"发明创造"。"这个人欠我的债的数目等同于他自己身上的一磅肉。"莎士比亚小说中的夏洛克的问题，意味着西方文明向资本主义的致命一跃。所以尼采指出，可计量或可计算性的债务关系是资产阶级的生产关系的本质，而该关系的进一步理性化则是一切资本主义的法律和伦理关系的本质和理论起源。不过，将伦理道德关系变成某种可计量的债务，这却是一种极为独特的视野，也是某种特殊的知识理论——近代启蒙知识理论就因此而生，其理论基础则是近代数学理论。由于该新型的知识理论的诞生又以牛顿的《自然哲学的数学原理》的出版为标志的，由于此，宗教、道德及近代形而上学理论才变成了自然哲学——一种对债务进行数目计算和管理的科学。自此以后，宗教转变为自然科学，伦理道德学说成为信贷理论，伴随着这种转换，经济学因此而创立。所以马克思指出："的确，路德战胜了虔信造成的奴役制，是因为他用信念造成的奴役制代替了它。他破除了对权威的信仰，是因为他恢复了信仰的权威。他把僧侣变成了世俗人，是因为他把世俗人变成了僧侣。他把人从外在的宗教笃诚解放出来，是因为他把宗教笃诚变成了人的内在世界。他把肉体从锁链中解放出来，是因为他给人的心灵套上了锁链。"① 这样，启蒙运动之后，在欧洲的资产阶级社会中，宗教似乎不起任何作用了，欧洲社会逐渐的世俗化了，与之正相反对的是，启蒙理论和资本主义市民社会的根基却是依据宗教而建立的。离开了这一点，就很难理解债务、道德和宗教之间的关系的。

在解释何为信用及何为信贷两个概念时，马克思把信贷看作将人的道德责任予以货币化。在他看来，如果想使货币资本成立的话，就需要把人的个性、人的道德以及一切无形的价值转变为可计算、可计量、可买卖之物，其根本之处在于将它转化成货币形态。由于是人的全部个性，是其道德，而非什么"物"转化为信贷，因此，在金融时代，精神与物质、宗教与经济学、"神学"与"世俗"之间并不会发生一个取代另一个、新的发展代替旧的历史之事，原因在于它们在资本主义社会构成中是本质上一样的东西，有着极为密切的内在关联性。因而，马克思指出："信贷是对一个人的道德做出的国民经济学判断。在信贷中，人本身代替了金属或纸币，成为交换中介，但是人不是作为人，而是作为某种资本和利息的存在。……人的个性本身、人的道德本身既成了买卖的物品，又成了货币存在于其中的物质。构成货币灵魂的物质、躯体的、是我自己的个人存在、我的肉体和血液、我的社会美德和声誉，而不是货币、纸币。信贷不再把货币价值放在货币中，而把它放在人的肉体和人的心灵中。"② 由此而论，经济学乃是人学，是一门有关道德的理

① 《马克思恩格斯选集》（第 1 卷），人民出版社 2012 年版，第 10 页。
② ［德］马克思：《1844 年经济学哲学手稿》，人民出版社 2000 年版，第 169 页。

论,而非单纯的商品交换理论。基于此,我们可以说,斯密最重要的书乃是《道德情操论》,而不是什么《国富论》。假如说马克思从斯密理论中汲取了怎样的营养话,那一定是《道德情操论》而非后者。信贷不过是把伦理道德像魔术师变魔术那样将其变成货币可计算的东西而已,从而使其可进行买卖或投资,即把伦理道德责任变成了可计算的债务问题。所以唯有从建基于信用基础上的债务关系纬度出发,也是将道德责任计算成债务并用货币管理和计量这一角度研究资本主义的债务问题,才能真正澄清资本主义与宗教、道德的复杂关系的实质。

由此我们可以说,马克思对资本主义社会的剖析其极其深刻之处在于,他认为要解释资本主义,需要从道德的货币化及债务的理性化开始,即从商品生产向着信用生产的转变着手,必须从国际信用体系的创生着手,这既是社会关系的革命性变革,也是经济关系的根本变革。正是由于资本主义现代性把信任转化成了能够以货币计算的信用,也由此将所谓的"经济基础"即实体经济转变成了虚拟的信用经济,虚拟经济支配实体经济进而成为资本主义经济的根本特征,并且随着资本主义的进一步发展,这一特征就更加不可逆转。

总之,这种建立在军商一体化的信用基础上的资本主义殖民体系,由于资本扩张和债务信用的维护需要,它们就必须对任何不向其资本开放市场的国家或地区,不惜采取殖民战争和资本强势扩张的手段来攫取利润和使资本增值,这是殖民主义战争一直无法终止的原因,也是殖民主义军商一体化体系的根本支柱。事实上,启蒙运动之后,资本主义的大发展使得军事技术和金融技术都获得了突飞猛进的质的飞跃,而这种技术的飞跃也造成了资本更为强劲的殖民主义战争手段和资本更为欲壑难填的攫取资本增值的欲望,这就是为何争夺殖民地的两次世界大战如此残酷但仍然无法避免的原因,在一个资本实力和军事实力等各方面都存在着极为严重不平等的世界里,殖民主义霸权国家对世界的掠夺和控制,除了资本手段之外(尤其在资本仍然不能奏效的地方),战争仍是资本进行扩张和掠夺的重要手段,在政治经济手段无法达成资本目的的时候,对弱小国家实施战争仍是资本霸权国家的不二选择,这也是为什么列宁说垄断资本主义是战争的策源地的原因。

结　语

　　从法德启蒙理性的发展和最终演变看，它们确实对欧洲推翻封建王权统治和宗教神权对人们思想的钳制，进而将启蒙思想注入社会生活的各个领域，促进了人们的思想解放，为资本主义发展奠定了思想基础和社会制度基础（特别是法国大革命的成果《人权宣言》为资本主义发展扫清了障碍）。另外，启蒙思想在促进资本主义发展的同时，也进一步强化了强制与债务借贷相统一的现代民族国家的形成和发展，并在政治、经济和法律制度方面为这种民族国家体制提供了制度保障和意识形态支持，比如其关于自由、平等权的规定，就对基于契约精神的现代民族国家的征税和债务借贷制度的形成具有很大的促进作用，从而在政治法律制度上为民族国家拥有这种权利和征税、债务借贷，以及为战争而推行的兵役制度提供了有力的保证。伴随着大革命的失败，拿破仑登上历史舞台，启蒙思想及其理想开始发生嬗变，这种嬗变，使得民族国家的国家理性得到进一步的发展，马基雅维利主义也从比较粗俗的国家理性转化为具有启蒙理性特征等现代性特征的国家理性，它既接受了部分启蒙思想，修订了马基雅维利主义粗俗野蛮的部分内容，注入了权势政治的合法性、合理性思想，特别是其价值观的嬗变，更是为军商一体的现代资本主义——殖民主义体系制度奠定了意识形态或价值观基础，现代民族国家开始进入殖民主义时代，从此，西方殖民主义国家开启了殖民掠夺和殖民战争的时代，广大亚非拉国家从此陷入了极度绝望的苦难生活中。通过对法德启蒙理性观的比较，我们认为：（1）启蒙理性并不必然导致和谐的社会和公正的制度；（2）启蒙的价值追求并不必然导致价值观的共识或统一的价值观；（3）必须构建中国社会的核心价值观和价值共识；（4）以人类命运共同体应对启蒙理性畸变后形成的全球资本主义制度体系的挑战。

　　对启蒙理性的正本清源，有助于祛除人们对西方启蒙思想的过度迷恋和盲目崇信，便于破除一些人所以为的中国社会必须通过宪政主义和公民社会才能实现现代民主国家的谬误思想，促使人们认真思考如何从启蒙思想和中国文化传统中汲取有价值的东西，以重建中国社会的共同价值和理想信念。

（一）启蒙理性并不必然导致和谐的社会和公正的制度

启蒙思想基于对理性的高度信任，主张历史进步论，认为只要按照理性及其原则行事，人类的进步就是无限可期的。无论是法国理性还是德国理性，它们都坚持这种历史进步观。这种进步观是在 18 世纪发展成熟的，它是以启蒙运动首次出现的观念为基础且系统地阐述和制定了的一种世界观。为了更广泛地概括进步观的特点，应当把它说成是面向未来的、改良的或向善的、普遍的、世俗的和富于反抗的力量。前三个特征可以看作基督教的遗产。尽管面向未来是一般历史意识的标志，但对未来，可能是在恐惧与忧虑中盼望，也可能是在期待和希冀中盼望，就进步观而言，它典型地属于后者。尽管有时会有不同的看法，但它是乐观主义的一个例证，因为历史被认为是改良或救赎的过程。人们相信，人的当前状况并非他的应然状况，他可以改进，也可以在世俗过程（无论是有限的过程，还是无限的过程）中通过世俗手段改进。所以历史有治疗和救赎的功能。这一基础原理以前就被运用于现代性中，培根在宣传新科学时，把真理描绘成"时间的女儿"，即知识可以在时间的进程中得到改进。然而在现代历史哲学中，不仅人的知识（它已经得到改进），而且人的性格和条件一般也得到改进。如果不考虑某些停滞和倒退的话，一般而言，后来的状况仅仅因为是"后来者"，就会比"先前的"状况要好。究竟"后来者"比"先行者"好到什么程度，它在各种场合、各个方面并非千篇一律。"后来者"比"前行者""先来者"好，并不表现在某个方面，尽管某个方面，比如知识，能够为其他方面提供钥匙或答案。简言之，历史被认为是一个过程，在这个过程中，构成人的存在的特征的罪孽、邪恶、动物性及局限性，一般地会得到克服或减少。

这一过程也被视为所有人类的普遍过程，而不仅仅是人类某一特殊部分的过程，尽管某一部分常常被看作先驱者。可以看到，现存的历史文明和区域文化之间的差异会消失。普遍的救赎同普遍的文化是联系在一起的，而通向普遍救赎的过程与通向世界文明的过程是一致的，可能也与通向一个世界政府的过程是一致的。作为同质性整体的人类（所有重要文化差异从中消失）可以成为主导性的理想。而且这里还有一种为了人类种群的利益而轻视个人的倾向：真正的人，即完整的人，不是个别人，而是人类。个体与个体之间的差异常常有望减少或减少到无足轻重、不足挂齿的地步，人将成为完整的人，这意味着他将成为完全彻底的"种的存在"。原初的基督教普世主义避免了这种后果，因为事实是：救赎被视为是通过个体而非集体应用于人类的。得救是独立于其种族、民族和文化的单个的人，而不是被叫作人类或社会的集体。普世主义的集体主义或共同体因而就同其他世俗性联系在一起。不管你是否承认近代历史哲学是世俗的产物，你都不能怀疑它具有世俗化的特点。其中没有宗教内容，至少宗教不是其实质性内容。在这一方面，哲学家和历史学家的立场是一致的。历史学家在其工作中理所当然地认为今天起作用的自然规律在过去就一直在起作用，过去的所有事件都有其"自然"原因、理由或条件。即使他认为自己是个虔诚的基督徒，其职业与基督教有关，他也会很谨慎地把奇迹或启示从他对某些事件的原因的解释中清除出去，而只承认"自然的"解释。

哲学家也赞成这种观点。他们试图揭示的历史意义是尘世的意义，他也不允许超自然的或超验意义的介入。要么将超自然的与超验意义的存在直接予以否定，要么将自然的与超验的区别直接宣布为多余的东西（因为二者融合在更高的同一种）。他认为，历史具有救赎或改良过程的特点，这一事实当然不是由于超自然的干预，而是由于一般规律或原理的作用。但是，当超自然力量不再起作用或仅仅起一种形式的作用时，人的力量就显示出来了。完善的或改进了的未来状态将由人类自己经过某种普罗米修斯的努力来实现。这注定是由历史安排的，而历史是通过人的意志在起作用的。尽管根据规律，它不可避免地会发生，但正是人类才是这一规律的主体。历史的趋势是，人们使自身及其条件完善，他们的自觉斗争直接或间接地导致完善。这大体就是进步观的基本内涵。[①]

由是，法国启蒙哲人伏尔泰强调科学和艺术的进步是社会发展的重要因，"我们可以相信，理性和产业将总是取得越来越大的进步；有用的技艺会得到改进；在折磨人类的各种罪恶中，偏见并非其中的最小祸端，而偏见将随着支配各民族的所有那些祸根的绝迹而逐渐消失；广泛传播的哲学将为人性在

---

① 参见［英］格鲁内尔《历史哲学》，魏仁莲译，安希梦校，广西师范大学出版社 2003 年版，第 3 章。

所有时代中所经历的各种灾难提供某种慰藉。"① 帕斯卡尔认为民族国家的历史一如个人的历史，是一个不断学习进步的过程。进步的观念也和近代的经验论一致：知识在于积累，经验是老师。既然经验是不断丰富和日趋增多的，随之而来的是人类的不断进步和发展。爱尔维修和霍尔巴赫相信人类的进步，他们坚信，社会幸福乃知识的产物；而杜尔阁和孔多塞则把进步观改造成历史哲学。在杜尔阁的《论人类理性的持续进步》中，他希望借助对历史发展的研究来了解社会进化的过程。他深信，人类知识和智慧的积累，可以自行纠正人类的谬误，使人类发现真理。尽管各民族的社会环境不同，进步有迟有缓，但从长远看，都在持续的进步。人类之所以进步，乃因人类有语言。语言是知识积累和传播的工具。他认为："人类创造语言文字符号，给人一种工具，使之能确定、保存其思想，并与他人沟通，是个人的知识宝库合成共同宝库。"并进一步指出："各种发明，无论是物质的，还是非物质的，均是从知识的积累与传播而发生，此系人类进步的阶梯。"② 人类的知识积累造就社会的进步，但各地进步的速度不同，这取决于天赋和环境（战争、政府、教育等）的差别。人类社会的进步是时断时续的。这种进步是从尝试错误中得来的。人类越进步，愚昧就越少。历史是人类不断受教育的进程。杜尔阁的思想深受重农学派魁奈的影响，魁奈相信，理性和教育的进步是必然的。杜尔阁认为，人类社会同自然界不同，是不断进步的。自然界存在着一成不变的循环重复，人类社会则服从于进步的规律。在进步过程中，人类理性得到启迪，风俗趋于淳朴。自然，人类有时也会遭遇灾难，但人类仍会一往无前地进步。每一次的变革都会带来好处。教育的成功，推动人类幸福，甚至个人野心也有利于大国的建立；而贪欲则会使人的思想丰富多彩。孔多塞则主张未来的社会要更好。他认为，将来的进步会沿着三个方向发展：所有种族和国家将会如法、美一样，变得文明和进步。民主将使欧洲人成为黑人的兄长，种族间的剥削会被消除。在一国之内，也将消除社会不平等。贸易自由、医疗保险、废除战争、消除贫困，普及教育、保障妇幼权利，将为一切人创造平等的机会。他相信，社会进步是积累渐进的，因为社会管理的完善将会提高人类的智力、体力和道德。

---

① [英] 约翰·伯瑞：《进步的观念》，范祥涛译，上海三联书店 2005 年版，第 106 页。
② 龙冠海、张承汉：《西洋社会思想史》，（台湾）三民书店 1996 年版，第 230 页。

德国哲学家同样也坚持历史进步观。莱布尼茨在其宇宙乐观主义中为人类进步论提供了一种基础，而他自己也附带论述了进步论思想。门德尔松强调历史是不断进步的，他说："进步只有个体才会获得；但是，蕴涵于个体之下的整个人类在时间的进程中将总是取得进步并使得自身完善，这在我看来似乎并非是上帝的意图。"① 赫尔德则认为，人类总是存在持续的发展，一个民族的发展建立在另外一个民族的成就之上。我们对过去时代的判断，不应根据现在，而应相对于这些时代自身的条件。现在的存在在以前是绝对不可能的，因为人类创造的任何东西都受到时间、气候和环境的制约。他认为，神明设计了世界，但从未干涉过其过程，无论是自然宇宙还是人类历史，作为人类历史自身的文明纯粹是一种自然现象。各种事件严格地交织在一起；连续性没有中断；在任何一个特定时间发生的一切只会在那一时间发生，而且任何其他事件均不会发生。这是一种严格的决定论，它强调人类不可能控制自己的命运；其行为和命运决定于事物的本质、人的身体构造和自然环境。在地球上已经出现的文明阶段各种各样，这是因为人性的可能性表征种类多样，而且所有这些表征都必定会实现。在低级的表征形式中，我们本性中最佳的（也是最具有人性的）能力尚未得到发展。最高级的形式尚未得以实现。"人性之花依然禁锢在其萌芽状态之中，但终有一天将以人的真实形式绽放，就像达到上帝的境界，任何一个世俗之人都无法想象这种状态的伟大和壮观。"② 莱辛则从宗教的视角来论述人类的进步，他指出，富有戏剧性的历史需要被解释为通过一系列渐进的宗教对人类进行教育，这一系列尚未终结，因为未来将会产生另一种启示，使人类上升到一个比基督教所给予的更高的地位。对历史的解释宣告了进步，但也假设了一种理想，而且所应用的措施大大不同于法国哲学家的，其目标不是全社会的幸福，而是对上帝的充分理解。

而大哲学家康德认为，任何生物在其本性上所具有的全部倾向最终都必定得到完美的发展，并适合他们的最终目的。因此，人所具有的服务于其理性之用的那些倾向注定要得到充分的发展。因为理性借助于进步和倒退而尝试性地发挥作用。每个人都需要特别长的时间才能充分利用其天赋的倾向。

---

① ［英］约翰·伯瑞：《进步的观念》，范祥涛译，上海三联书店 2005 年版，第 168 页。
② ［英］约翰·伯瑞：《进步的观念》，范祥涛译，上海三联书店 2005 年版，第 169 页。

因此，由于生命短暂，就需要难以计数的一代又一代人做出努力。在他看来，追溯人类的历史无异于清楚地解释自然的一个隐秘的计划，这一计划是为建立一个普遍社会而去创造一个完美的公民体制，因为普遍社会是人性的各种倾向能够在其中得到充分发展的唯一状态。我们无法确定其轨道，因为整个发展时期非常久远，而我们只知道其中很小的一部分，但这已足以表明存在一个确定的发展过程。

比较而言，黑格尔的历史哲学影响更大。在他看来，历史等同于政治历史，即国家的发展。艺术、宗教、哲学等这些社会之人的创造物属于圣灵自我解释的一个不同而更高级的阶段。到了第二阶段，黑格尔忽视了人类原始的史前阶段，而将人类的发展开端设置于充分成长起来的中国文明。他认为圣灵持续地从一个民族转移到另一个民族，以便实现其自我揭示的相继阶段：从中国到印度，从印度到西亚的各个王国，然后从东方到希腊，随后到罗马，最终到达日耳曼世界。东方人只有一人是自由的，其政治特征就是专制；希腊和罗马人则有一些人是自由的，其政治形式是君主制。他把第一阶段比作是儿童期，第二阶段比作青年（希腊）成年（罗马）期，第三阶段比作老年期，苍老但不羸弱。第三阶段包括欧洲的中世纪史和现代史，被黑格尔指定为日耳曼世界——因为"日耳曼精神是现代世界的精神"——它也是最后阶段。在这一阶段中，上帝彻底意识到自己在历史中的自由，就像黑格尔自己的绝对哲学也是终极哲学一样，上帝彻底了解了自己的本质。这里存在着费希特和黑格尔理论之间的最显著的差别。两人都认为人类历史发展的目标是实现自由。不过对费希特来说，发展永远不会终止，因为目标是无法企及的；对黑格尔而言，发展业已完成，目标不仅可以达到，而且现在已经达到。所以黑格尔的理论可以被称为一个封闭的系统。历史一直是进步的，但没有为未来的前进利用下一条开放的路径。黑格尔以一种无以复加的满足感来看待有关发展的结论。于是，其体系就是如此无情冷酷，个体的幸福或痛苦对绝对精神来说是极为不重要的事情，绝对精神为了实现自身，往往冷酷无情地牺牲具有意识的存在。所以就其与社会生活的关系而言，黑格尔哲学的精神与作为一种实用学说的进步相对立。进步曾经有过，但进步已经完成了自己的使命，普鲁士的君主国家就是历史的最后定论。而康德的世界计划，他的思想中隐含的自由主义和个体主义，他为未来设想的民族政治，所有这些都被他当作一种错误的观念弃之一边。一旦绝对圣灵的需要得到满足，获得黑格尔哲学中揭示的最高权力和彻底辉煌，那么世界的完美就已经达到极致。社会改善就无关紧要，人类的道德进步也无足轻重，人类对自然力量的控制的增长也无关宏旨。

秉持进步观的哲学家、思想家并不仅仅限于这些人，我们仅以这一时期的法德启蒙思想家为例，他们都相信理性和科学，相信人类未来的社会会更好，理性将使社会根据理性的原则建构更加合理、合乎人性需求的社会，过去所有的苦难都会伴随着新世纪的曙光而消失，光明将照耀理性的世界，一切剥削、压迫、不平等、不人道、不和谐的现象都会最终消失，人类将生活在新世界的理性阳关的照耀下。然而，正如我们所述，启蒙理性并没有带来人们期望的进步结果，反而是近代民族国家的相互征伐和战争，是伴随着资本主义的兴起和科学技术的革命而产生的资本对利润的贪婪追求，是殖民主义的强权在整个世界的掠夺和压迫，资本与军事霸权有机地集合在一起，共同为资本和强权政治服务。启蒙的平等和自由价值，在民族国家那里成为公民合法纳税和承担兵役以支持战争体制的国家机器的有力保证，尽管在政治形式上，也就是在法律上，民族国家承认公民的自由、平等、民主权利，然而，这些权利都是建立在契约社会基础上的，契约社会的前提是自然状态下的人是彼此尔虞我诈、相互侵害的人，是在丛林法则主导下的野蛮人，并不是启蒙理性所希望的人的状态，因此，启蒙哲学家设想一个将个体权利让渡给一个共同体的方案，由共同体统一行使个体意志，而共同体代表个体意志，为每个个体带来安全和利益，甚至幸福。这个契约（也是卖身契）已经签订，共同体就拥有了超级权力，因为它是所有这个社会成员让渡权利的总和，自然要远远高于单个个体的权利，从理论上说，这个共同体要保证给每个个体以自由、民主和平等权利，这也得到了共同体法律的认可。但同样的是，契约或法律（法律就是契约，在民族国家那里就是卖身契）也要求公民必须无条件地献身国家、服务国家、服从国家，不仅要纳税，而且还要服兵役，要为国家利益进行征伐，要促使为与国家利益绑在一起的资本利益获得收益，这也是契约或明或暗地强制要求，因此，自由、平等和民主也意味着个体公民对国家的信用或诚信，如果这种信用或诚信不能得到保证，公民不仅会失去所有的政治自由、平等和民主权利，进而会成为国家的罪人，甚至成为阶下囚。因此，契约社会是资本社会的基础，更是民族国家进行债务借贷和战争征伐的前提条件，没有自由、平等和民主权利的绑架，也就不会有公民对资本和民族国家的效忠和义务。所以启蒙思想的自由、民主和权利的观念，反而为资本和民族国家的发展提供了一个既有价值的意识形态保证。当资本和民族国家都强调契约社会，强调信用社会时，它们所表达的无非是：公民个体的自由、民主和权利，是建立在个体信用、个体与国家的契约的基础上的，契约所规定的内容就是信用必须信守的，不守契约的公民，就是不守信用的人，就是解除了国家和资本与之签订的契约的人，也同时意味着是丧失了自由、民主和平等权利的人，这种人就不再具有公民权，也不再是这个国家或共同体的公民，甚至成为国家的罪人、共同体的仇人，国家或共同体有权力对其采取包括法律等一切强制手段在内的行为。这就是启蒙价值追求在民族国家和资本相结合的政治体中的现实。至于民主、自由、平等权利，以及由此而设计的三权分立的所谓民主体制，它们所表现出的历史后果，我们在此就不多讨论，可以从历史和今天的残酷事实中发现问题的全部答案，但有一点还是需要澄清的，那就是资本和民族国家，包括现代军工一体化的现代资本主义霸权体系，它们所发动的一切战争和肮脏行为，都与这些国家的公民的自觉或不自觉的支持密切相关，因为资本主义国家所带来的这种"战争利润"或好处，他们无疑也会得到某些"好处"这也是战争获得民众支持的原因，我们可以从德国和日本民众在第二次世界大战中对战争的狂热支持得到明证。

（二）启蒙的价值追求并不必然导致价值观的共识或统一的价值观

信奉或主张用启蒙思想来改造中国社会的人们，在其潜意识中，认定启蒙的价值追求，会形成一种价值共识，因为理性具有普遍性和统一性的特征，这些中国的启蒙者似乎在康德、黑格尔，包括在法国启蒙哲学家那里，找到了这种主张的根基，在康德、黑格尔那里，理性的无可置疑的普遍性力量令人震撼，理性建立的法则不仅为道德世界提供了律法，也为人们的价值世界提供了价值观或意识形态基础；而在法国启蒙理性那里，理性通过寻求社会法则或社会原则，为一个可欲的自由、民主的国家建立了理论基础。这种美好的社会制度具有共同的价值基础，它就是出自法国大革命的普世价值"自由、平等、博爱"，这些价值构成了所有现代民主国家社会制度的基础，也是人类的普遍价值共识。之所以会形成如此的信念，是因为中国的启蒙学者们认为，中国的启蒙事业并没有完成，尚需要进一步的启蒙，"由于源于西方的现代化浪潮席卷全球，从而使得西方式的启蒙主义具有了某种普遍的意义：

现代化的出现迫使任何文化都不可避免地面临启蒙的洗礼。这就决定了中国的启蒙运动的性质：它主要是借助于西方的观念'启'中国传统之'蒙'，而非发生在中国文化内部，故而其掀起的'古今之争'在一定程度上源于'中西之争'。在西方主要是启蒙为现代化开辟道路，在中国则是现代化的需要呼唤启蒙运动，至少两者差不多是同时发生的。西方启蒙运动经历三百年之久，其影响和作用是潜移默化地逐渐渗透到社会各个层面的，而中国的启蒙运动则急于求成，力图毕其功于一役，加之特殊的时代背景，使得启蒙的理念始终未能彻底地深入人心，因此之作用受到了相当程度的限制"①。另一方面，中国的启蒙开始于特殊的历史时期，即"始于救亡图存，亦困于救亡图存"，结果就是"救亡压倒了启蒙"，这种先天不足使得先进的知识分子不能成为独立的社会力量来完成启蒙的伟大使命。中国自20世纪70年代末的改革开放以来，知识分子有重新扛起了启蒙的大旗，对真理标准、人道主义、异化、主体性等问题开展了大讨论，开启了思想解放运动，这都是启蒙精神的体现。但尽管如此，对中国启蒙思想家来说，启蒙仍未完成它未竟的事业，还需要继续启蒙。因为启蒙不仅仅是一个过去时，启蒙不是一个过去的事件，也不是一个过时的要求，启蒙还有很大的当代价值和意义，因为只要理性还包含自我冲突、自我制约的因素，就存在着理性被误解为某种特定的理性主义或其产物的倾向和危险，作为一种活动，它就是未完成的，那么作为其自身动力的自我批判和自我反思就是不可或缺的，这就意味着启蒙依然是必要的。进一步说，只要人类还是一个理性存在者，理性是通过人类存在而运转的，它就不可能达到某种完成与完善共存的状态。

正因为此，有学者认为，启蒙的作用可以体现在如下方面：其一，在科学研究领域里，充满着或充盈着启蒙精神，因为在此领域里，理性的批判和自我批判是唯一有效的原则，也是唯一可以清楚地分辨出来的科学研究的动力。其二，启蒙本身就是理性的自我反思的要求而不是来自理性之外的其他限制。启蒙作为理性的自我反思和自我批判，从本质说，它是一个形而上问题。它所关心理性的界限、自我反思和批判以及理性的视域等问题。这涉及两个方面：一是独立性活动的条件的不断寻求，故此，其理论是批判的，它不承认任何给定的或确定的东西，而坚持理性的批判要求，对它们要进行理

---

① 张志伟：《启蒙的合法性危机》，《中国人民大学学报》2009年第1期。

性的审查、怀疑和检验；二是它终归要回归理性本身，从各种特殊的理性中来理解和领悟普遍的理性，以便于追求理性的统一性。其三，理性试图自我澄清的结果是自觉地体认到理性自身的复杂性、多维性和有限性特征，它同时也导致对理性自身的不断追问、审查、质疑和追溯，这是由康德最先发起的批判，至今仍在发挥作用。其四，理性的启蒙是多主体的，也是逐渐展开的过程。它既包含地域的区别，不仅仅限于欧洲 17、18 世纪，也包括主体的区别，即不同的人群。其五，理性的视域或视野，也就是理性的界限问题。这个问题是康德最先提出来的，理性本身是有限的，它有自身活动的范围，并且不能越界，否则就是荒谬。所以觉知到理性的范围、界限，也是启蒙的功绩，体现的是一种理性的视野。其六，启蒙的政治效应。启蒙理性无疑具有很大的政治效应，事实上，西方人也确实赋予启蒙更多的政治意义，他们强调启蒙技艺运动的普遍性，最主要的是其政治影响力，甚至今天人们研究启蒙还是出于政治影响。其七，启蒙对信念的挑战问题。启蒙运动在把理性推上至高法庭之后，就意味着理性具有主导性地位或权利，这种权利使它要审视一切、怀疑和批判一切，这一切也包括对宗教神权和封建王权、特权的挑战，也是对信仰的挑战和反抗。其八，自由思想。启蒙精神的核心可以归结为自由思想，即主要指思想自由。它包括两个方面：运用理性的勇气与意志，以及破除外在的政治限制。

这种对启蒙思想的解读无疑是形而上层面的解读，它将启蒙的问题还原回了理性最初的逻辑本性和自由发展的状态，以及由此可能带来的对人类生活的各种困扰，包括对特定利益集团、阶级、宗教意识形态的挑战，这也使得启蒙在其按自然逻辑发展的进程中，具有了政治性的意义。因为一旦当理性具有绝对的或决定性的话语权时，理性就会自然而然地挑战它所认为不合理的东西，这必然导致政治上的震动和意识形态上的挑战。由此，理性也成了一种权力，一种意识形态的东西，它本身也会遭到质疑和批判，理性如何有权力对已存在数千年的宗教、权威进行挑战？它有何资格或资质？而且理性本身具有分析性，强调逻辑的严谨性，理性过度的分解和怀疑，最终会使得理性自身也站不住脚。它所主导的价值，诸如自由、平等、民主、权利，也会在理性的显微镜下变得支离破碎，逐渐的碎片化。其结局就是寻求普遍性、统一性的理性最终会消解自己所主张的自由、平等、权利，还有后来的民主。我们可以在当今社会的现实中看到已经发生的一幕幕瓦解这些启蒙价值的真实情景剧，以自由之名的极端主义、恐怖主义、分离主义，以民主为口实的自决独立运动，为了各自的利益而令政府瘫痪的三权分立的民主制度；为了自身的利益，而不惜导致世界性的金融危机、经济危机的华尔街金融寡头等等，都可以从中发现启蒙理性的逻辑，它使得启蒙的价值逐渐的破碎，统一的价值追求最后成为各自表述的碎片化的理性价值，但它们都打着启蒙价值的旗号，只是利用理性来为自己的招牌加注上合法性、合理性，合乎意识形态性而已。至于以美国为首的北约集团更是打着"自由、民主、人权"乃至"人权高于主权"的旗号对弱小国家大打出手，造成了一桩桩极为悲惨的人间地狱事件，使得这些国家毁家灭族，这也是假启蒙理性及其价值之手所干的令人发指的霸权主义、强权政治行经。历史和残酷的现实逻辑向我们展示了一种可能的希望，如何约束以理性的名义，或者说是以启蒙的名义来行不法之事？最为根本的是用什么来约束理性的强大逻辑？（当然，这只是从理论上来说的，现实的问题乃是这些背后的东西——利益，永远是需要假理性及其价值之口实来攫取自身的利益的强大集团的行为问题，）而现代性问题本身就是理性带来的问题，这些都是值得人们思考的。

　　至于自由主义的价值追求，被中国自由主义学者称之为普世价值，这种价值也来自启蒙运动，主要是英国的经验主义，特别是洛克、休谟、亚当·斯密的学说，以及此后的英国功利主义，法国的启蒙思想家孟德斯鸠以及此后的贡斯当、托克维尔的理论；美国的杰斐逊、汉密尔顿等人的思想。中国的自由主义者认为自由主义的价值观是一种普世价值，因为现代化起源于西方，西方代表着人类文明发展的方向，其中一些价值就具有普遍性、普适性，这些价值包括自由、民主、平等、市场、法治、人权、多元、宽容等，他们认为，"文明中的另一种价值是普世价值及其体现这些价值的相应制度，如人权、自由、平等、正义、宽容及其制度载体如民主、宪政、法治和自由企业制度等等，这些价值在自由主义意识形态中得到了系统化。它们之所以为普世价值是因为从趋势上看这些价值正在被各种文明所接受，而不论其殊别价值如何。含有普世价值越多的文明越先进，越少则相对落后。从这种意义上说，西方文明是一种先进的文明并不是因为基督教比伊斯兰教或儒教高一等，而是西方文明中所包含的普世价值多于其他文明"[①]。他们进一步强调，这种

---

① 刘军宁：《共和·民主·宪政》，上海三联书店 1998 年版，第 230 页。

普世价值是走向世界大同、消弭冲突的价值，"从人类文明发展史看，在普世价值尚未出现的时代，冲突最普遍，即所谓'春秋无义战'。对普世价值分歧最大的时代是冲突最激烈、对峙最严峻的时代，如第二次世界大战及随后的冷战。对普世价值的认同越多，文明间的冲突就越少。所以自从普世价值被发现之后，文明间的冲突已不再取决于殊别价值，而是取决于普世价值的普世程度。换句话说，取决于各个文明对自由、民主、市场、法治、人权、多元、宽容的自由主义意识形态的认同程度。认同的程度越高，冲突越少；认同的程度越低，冲突则越有可能发生。从这种意义上讲文明的冲突不是殊别价值问题，而是普世价值或意识形态问题"①。

我们且不评价其所说的普世价值是否真的就是普世的，而就其所说的这些"普世"价值在西方世界是否达成了共识而言，恐怕就是有问题的。我们前面提到的西方世界出现的一系列问题，比如西方国家发生的各种极端主义、恐怖主义、分离主义，以民主为口实的自决独立运动，为了各自的利益而令政府瘫痪的三权分立的民主制度；为了自身的利益，而不惜导致世界性的金融危机、经济危机的华尔街金融寡头以及由此导致的"占领华尔街运动"等等无不是这种自由主义价值观及其所支撑的资本制度和制度所保护的资本利益引起的问题，因为无论是自由、民主、平等、法治、人权等所谓的普世价值，只要它是在私有财产制度下的价值要求，它们都只能服务并服从于资本主义制度的需要。事实上，自由主义的价值追求与哲学家讨论的启蒙理性及其价值追求还是存在较大的差别的。前者立足于现象世界，是一种世俗世界的价值追求，它携带了几乎世俗世界的所有东西，负重而行。它几乎要受到世俗世界的形形色色的物质利益等感性之物的诱惑，甚至左右，也是受诸多极为不纯粹的欲望在推动着的，人们的灵魂在此种种欲望中会迷失自我，因为它没有高尚的信仰，缺乏崇高，没有至上的价值，也没有对纯粹至善理想或绝对真理的追求，只有无尽的欲望和欲求，并倍受它们的纠缠和折磨，如同《浮士德》中与魔鬼签了约的大魔术师约翰纳斯·浮士图斯一样，尽管与魔鬼签约，使得他享尽人间的各种感官的欢娱，但其灵魂却再也无法摆脱魔鬼的纠缠，直到最后不得不堕入地狱，永劫不复。这也是自由主义价值观带给人们的痛苦，人们已经沉溺于这种感官享乐中，不仅无法摆脱其纠缠，而

---

① 刘军宁：《共和·民主·宪政》，上海三联书店 1998 年版，第 231 页。

且也不愿、甚至没有意愿要摆脱它，如同吸食毒品的瘾君子一样，他们欲罢不能，根本无法摆脱这种诱惑力，面对被监禁的灵魂囚徒，柏拉图说是灵魂的自愿自我监禁，"哲学知道这个囚徒自己主动的欲望在狡猾地影响着这种监禁，对灵魂的监禁来说，使灵魂进监狱的首先是灵魂自己"①。但被感性欲望控制的灵魂囚徒，完全习惯于这种享乐，已无法自拔，更无法回归到正常的生活状态。"因为每一种快乐或痛苦都像有一根铆钉，把灵魂牢牢地钉在肉体上，使之成为有形体的，把被身体肯定的任何东西都当作真实的来接受。我想，灵魂与身体一致，在相同的事情上寻找欢乐，由此产生的结果是灵魂必定会变得在性格和训练上与肉身相同，这样它就决不能逃往不可见的世界，而是习惯于和肉身在一起，于是它在离开肉身后很快就又回到另一个肉身中，在那里扎根和生长。由此带来的后果就是，它成为纯洁、单一、神圣事物的同伴的可能性就完全排除了。"② 试想，在这种境遇下，自由主义的价值如何能使人高尚、崇高？如何能向往至善？而无尽的欲望（在利益支配下）又如何能专注于统一的价值追求？况且，这种价值本身就是利益的符号和代名词，也是利益的修饰品、装饰品，它们与利益是共生的关系，又如何去遏制利益？进一步说，自由、民主、人权、平等，这些所谓的普世价值本身就是建立在公民与国家和资本的契约上的，这些契约因此才会保证公民的这些形式上的权利；但这本身也是牢笼或囚室，一旦公民获得了这些（名义上的而非实质上、实际上的）权利，他们也就陷入了国家和资本的牢笼，将自身关进了囚室。因为接下来他们就要为此履行义务，他们必须无条件地为国家尽义务，比如纳税、服兵役、接受资本的盘剥。这种国家机器，一旦获得这种契约，要么是作为民族国家，一心要发动战争进行征伐，以便获取更多地盘、金钱、利益，也是在为借贷资本服务（偿还资本的战争利息）；要么是作为殖民主义国家进行殖民战争，从殖民地获取利益，也同样要为借贷资本集团服务；要么是成为军商一体的全球资本主义霸权国家，并为其服务，还要受金融垄断资本的剥削。而金融垄断资本对内剥削自己的人民，对外控制国家机器，发动战争。由于这种资本控制的国家机器，一切只为获取高额垄断利润，因此，它把一切都变成有价值的金钱，一切都用金钱来衡量，而金钱或者货币就是

---

① ［古希腊］柏拉图：《柏拉图全集》（第一卷），王晓朝译，人民出版社2002年版，第87页。
② ［古希腊］柏拉图：《柏拉图全集》（第一卷），王晓朝译，人民出版社2002年版，第88页。

建立在信用基础上的，人们因为相信金钱的信用价值，才会使用金钱，并在市场上进行流通，通过金钱获取自己的需要物。所以在资本国家，一切都被资本变成了信用，而信用就是资本赚钱的最有效手段。同样，自由主义的这些所谓的"普世价值"也都成了信用的符号：自由是以信用为基础的，无信用就无自由，甚至是违法犯罪行为，要受法律的惩处；平等也是信用，因为它体现的是契约精神中同等地为国家和资本纳税和贡献利润、服兵役、保护国家和资本利益的义务，平等是一种为国家和资本服务、尽义务的无差别原则；人权更是信用，没有将人权作为信用保障，作为诱惑普通公民服从国家和资本要求的契约基础，国家和资本的最大或超级权力利维坦就无法形成，因为国家和资本就是人权的提供者、保障者、维护者，也是人权的象征，因为它们所建立的私有财产制度就是保障公民个人财产权的经济制度安排（自由主义认为，没有私有财产权，就没有人权），也是公民政治人权的法律保证，因此，人权也是一种信用保证。至于其他的如市场、多元化、宽容等价值都是资本以信用形式诱骗自己公民的手段，市场可以以形式上的"公平、公正"进行交易，如同股市一样，亏盈是"自愿"选择的结果，市场规则是"公正的"，但不容违背。在市场中，强大的资本力量可以为所欲为，赚取更多利润；多元化意味着思想的多元化、政治力量的多元化、社会的多元化，在这样一个信息急速扩展的世界里，这些也成为资本的工具。只要资本控制了媒体和思想，出钱豢养思想的制造者——学者，再通过自己控制的媒体传播之，也就可以控制思想了。通过这种有利于资本的思想洗脑、漂白，公民们就只能心甘情愿地听任资本的摆布；而政治力量在资本面前更不堪一击，不用资本对其威胁或行动，它们早就知趣地自觉地站到资本一边了，甚至直接坐到资本的怀里。否则，不仅要丢失政治位置，还会威胁到饭碗，甚至丢掉性命（美国的不少被暗杀的总统都与其不听从资本的摆布有关）；而"宽容"意味着要宽容和理解资本的高贵和艰辛，它们要为国家赚钱，要养活工人，支持国家利益（对外战争），维护国家制度。同时也要在行动上宽容它们，不能反对它们，即使它们偶尔犯错，甚至自私一下，也是无心之错，因为形势所迫，资本自身也得强健体魄，不多搞点资本，如何在资本战场上搏杀获胜。

如此，一切都成了信用，只要在这种信用体系中，资本及其国家才能过得惬意。这就是所谓的自由主义"普世价值"的实质。当然，在这种自由主义价值观的洗脑下，资本国家的公民也深受其影响，与市民社会的人一样，变成了自私自利的人，正如黑格尔所说："市民社会是个人私利的战场，是一切人反对一切人的战场，同样，市民社会也是私人利益跟特殊公共事务冲突的舞台，并且是它们二者共同跟国家的最高观念和制度冲突的舞台。"① 这里所不同的是，市民社会的人不仅是自私自利的，而且其利益是跟国家利益相冲突的，而在军商一体化的资本霸权时代，这种矛盾暂时会被淡化，但潜在的矛盾依然存在，比如美国的占领华尔街运动就是其体现。总体而言，资本社会的公民眼里只有自私的目的和自我利益，面对这种欲望机器（资本）造就的欲望零部件（公民），资本机器就更容易收割其果实了。这也难怪启蒙的价值被异化了，因为利益是最好的异化利器。

比较而言，哲学上的启蒙要纯净得多，因为它是抽象的理性的一种理念，理念按柏拉图的说法乃是超验的、彼岸世界的理想，也会是规范、尺度、标准，它不杂经验世界的尘埃，不受经验世界的利益、欲望的污染和控制，因而是纯洁、纯净的。所以启蒙的理性要讲究逻辑的力量，要用超验世界的理念尺度来丈量经验世界的事物，要为其立法，要批判其丑陋性、丑恶性，要在思想上纯洁它们，用批判的力量让它们自惭、蒙羞，并自觉地向往崇高，在内在信念和伦理观念上接受这种超验的规范；如果还不能达到启蒙理性的目的的话，理性则要将其理念制度化，用制度约束和规范市民社会的人们。但毕竟仅仅是理论的力量，毕竟也仅仅是用超验世界的善的理念和尺度规范和呼唤人们的良知，就如同柏拉图"洞穴"神话中的哲学家，自己经过艰辛磨难而成为大彻大悟的智者，拥有大智慧，已经十分清醒。不过，要回头重入洞穴，唤醒那些沉睡不醒的人们，让他们走出牢笼去追求真正的光明——世界之善，则是万万不可能的。那不仅是极为艰辛、极为冒险的事，而且还有付出失去他们所熟悉的且极度习惯的生活，那是不可接受的。因此，哲学家的失败就是自然而然的事，单纯的理性及其信念是无法撼动物质利益构筑的强大力量的，所以马克思说："批判的武器当然不能代替武器的批判，物质力量只能用物质力量来摧毁……"② 在严酷的现实环境中，理性批判的力量是远远不够的，只能用物质力量的批判才能达到目的，但在资本社会里，物质

① ［德］黑格尔：《法哲学原理》，范扬、张企泰译，商务印书馆1961年版，第309页。
② 《马克思恩格斯选集》（第1卷），人民出版社1995年版，第9页。

力量或者得到群众的支持（这恰恰是启蒙哲学家最不重视的），或者借助资本的力量，一旦寻求资本的支持，理性就要与资本订立契约，并执行契约，这就意味着理性要出卖自己的灵魂。这样，理性就成了契约的俘虏，并最终被资本所吞噬。至于要寻求群众的力量，在一个日益被资本所控制了思想和意识形态、价值观念传播的资本国度，在一个都是自私自利的市民社会里，就更是不可能的了。于是，启蒙也就走向终结，资本开始粉墨登场，并主宰理性曾经的舞台，开始了新的博弈，这就是启蒙异化的历史，也是启蒙价值的畸变史。

此外，启蒙哲学家认为理性具有批判和审视一切事物的权力，是最高的法官，康德甚至认为，"启蒙就是人从他咎由自取的受监护的状态走出，……因此，Sapere aude［要敢于认识自己］！要有勇气使用你自己的理智！这就是启蒙的格言。"① 显然，康德对理性寄予了极大的厚望，认为它就是人们走向成熟、摆脱愚昧的条件。他还进一步指出，人类理性就是时代成熟判断力的结果，理性应该成立一个法庭，以保障理性的合法性要求，"这个法庭将在其合法要求方面保障理性，但与此相反，对于一切无根据的非法要求，则能够不是通过权势压人的命令，而是按照理性永恒的和不变的法则来处理之；而这个法庭就是纯粹理性的批判本身"②。这个纯粹理性不仅要审查理性自身，为自然立法，还要为道德立法，甚至在审美判断力领域也具有绝对的话语权。显然，理性不仅掌管认知能力，还要支配伦理道德领域，甚至是人类的审美也不例外。康德在启蒙思想中的影响是毋庸置疑的，但理性是否真的就有那么大的力量？现代西方学者则不认可，他们认为，理性更擅长投机取巧，它只是人们自我辩护的手段和说服别人的工具，"尽管人们一般认为理性是逻辑应用，或者至少是某种规则系统，可以用来拓展知识、改善决策，然而我们却认为理性更擅于投机取巧、博采众长，还不会受到正规范式的束缚。我们认为，逻辑在推理中的主要作用很可能是修辞，因为逻辑能够对直觉性论据进行简单化、系统化，从而突出强调直觉性论据的说服力。……理性具有两项主要功能：一是拿出为自身辩护的理由，二是拿出说服他人的论据"③。之

---

① 李秋零主编：《康德著作全集》（第八卷），中国人民大学出版社 2010 年版，第 40 页。

② ［德］康德：《纯粹理性批判》，李秋零译，中国人民大学出版社 2004 年版，"第一版前言"第 5 页。

③ ［法］雨果·梅西耶、丹·斯珀伯：《理性之谜》，张慧玉、刘玉婷等译，中信出版集团 2019年版，第 17 页。

所以如此是为了说服别人与自己达成丰富多样的合作形式。而孤独的推理会过分自信，出现信念极化和信念固着的问题，主要在于一是它具有偏见性，人们会不顾一切寻找支撑其观点的理由；二是它具有懒惰性。人们不会仔细检查自己的理由①。这都会是理性产生问题。

　　基于上述原因，我们认为启蒙及其价值追求，并不能达成社会的价值共识，也不能形成共同的价值观。这不仅是由启蒙理性本身的特点决定的，而且也是现实力量对比的结果，物质的力量从来都要远远胜过精神的力量，哪怕是最强大的理论，如果没有物质力量的支持，也无法撼动现实的一切。在思想和意识形态领域也是一样，价值观和价值追求也是服务于社会现实的，在一个人人自私的市民社会里，高尚的价值是没有市场的；而对那些实行资本市场体制的国家，高雅、高尚价值更成为社会的稀缺品、奢侈品，因为人们整天忙于利益追逐，根本无心思去关心这些东西，况且这些东西又不能带来利益和实惠，如何能拨动市民社会人们的心弦？所以其落魄的情景也就不难想象。如果真要找到所谓的价值共识，那就是如何获得更多的利益和金钱的共识，这就是市民社会的真正法则！

（三）认真应对启蒙理性畸变后全球资本主义的挑战

　　当代世界，霸权主义和强权政治仍是世界体系的支配者，就像沃勒斯坦在其《现代世界体系》中所分析的那样：在现代世界体系中，一个强力的民族/国家或者民族/国家集团对其他弱势的民族/国家在政治、经济、文化方面进行支配，一个世界体系就是一个权力体系。其实，历史上所有类型的西方帝国或者领导性的国家都是支配式的权力中心，因为西方文明的基本原则就是"支配"，无论是支配自然还是支配社会。沃勒斯坦认为：霸权国家提供一种对世界的设计，意指"一个国家能够将它的一揽子规则强加给国家间体系，并由此以它认为的明智方式创建一种世界秩序。在这种情势下，霸权国家会给予属于它的或受它保护的企业以某种特殊的优势，这种优势不是由'市场'赋予的，而是通过政治压力获得的"②。并且强调："霸权国家提供的领导不

---

　　① ［法］雨果·梅西耶、丹·斯珀伯：《理性之谜》，张慧玉、刘玉婷等译，中信出版集团 2019 年版，第 297 页。

　　② ［美］伊曼纽尔·沃勒斯坦：《现代世界体系》（第二卷），郭方、吴必康等译，社会科学文献出版社 2013 年版，"序言"第 11 页。

仅是在政治－经济方面的，也是在文化方面的，不仅是在艺术方面的，而且更重要的是在知识结构方面的。……这种对文化领域的控制，以及对金融领域的控制，是霸权优势的最后一道防线，但它最终也会失去这种控制。"① 在这样的霸权体制下，世界不断地陷入局部战争、纷争、无序混乱之中，而对广大发展中国家而言，无论是国家治理能力，还是应对外部挑战能力，都显得力不从心，进退失据。这就要求人类必须找到一种新的国家治理方式和世界治理形式，以应对世界有可能真正陷入失效和无序的危险局面。

其实，面对这种民族国家为了各自利益而相互征伐的问题，哲学家早就开始思考如何解决这些问题，康德因此提出了"永久和评论"的主张，不过，康德并没有完全抛开民族国家。组成他的永久和平世界的是诸共和国的共存以及某种形态的世界公民身份（这也是后来的国联以及更靠后的联合国的理论基础）。然而，这种永久和平的世界却从来没有存在过，由于现存世界秩序仍是由西方霸权国家主宰的"中心—边缘"模式，它们信奉的是丛林法则、零和博弈，赢者通吃的理念，体现的是单边主义、强权政治和资本利益至上的行为方式，坚持西方中心主义和文化霸权、文化殖民的价值观，并利用敌视外部世界的拉帮结派的抱团、联盟方式强推自身的利益。这种格局使得战争的阴影始终萦绕在人类的头顶，各个民族国家为了利益不断地相互倾轧，不惜以战争相加，欧洲的历史就是一部为了资本和民族国家利益的战争史，从启蒙运动到第二次世界大战，从未停止过。而自从美国崛起为世界超级大国后，为了垄断资本或金融资本集团的利益，更是不断地将战争强加给那些不服从其资本利益的国家头上。因此，仅仅靠学者的思辨理论还是无法解决霸权国家及其金融垄断资本对世界的战争威胁，因为资本为了利润是不惜战争的，当资本的软实力、巧实力及政治外交手段无法解决时，战争就是其最有效的手段。所以必须寻找新的世界治理理论和手段来应对这种威胁。这种理论需要满足这样的条件：一是能够将世界各国的利益能够比较有效地协调起来，结成利益共同体，各个国家的利益都能得到照顾和发展；二是能够有效地对抗军商一体的霸权国家及其金融资本对世界的威胁，在经济、政治和军事上都能应对其挑战；三是能够在价值观和意识形态上取得话语权，这种

---

① ［美］伊曼纽尔·沃勒斯坦：《现代世界体系》（第二卷），郭方、吴必康等译，社会科学文献出版社 2013 年版，"序言" 第 16 页。

价值取向得到众多民族国家的认可和支持，并能够凝聚众多国家力量形成一个共同体；四是这种共同体能够联合起来共同对现存的霸权体制和强权政治进行有效的抵制和抗争，最终以和平的方式解决争端；五是这个共同体必须坚持和维护全球正义原则，坚决反对利用战争和威胁手段解决争端。从上述条件的要求而论，应该说，中国的"人类命运共同体理论"就是一种很不错的方案，因为我们不仅满足了上述条件，而且还给出了具体的方案，这就是"一带一路"，由中国给世界提供公共产品，把整个加入"一带一路"的国家紧密地结合在一起，彼此互利合作，共同发展，实现利益共赢。

　　事实上，习近平总书记2015年9月提出人类命运共同体观念，指出："我们要继承和弘扬联合国宪章的宗旨和原则，构建以合作共赢为核心的新兴国家关系，打造人类命运共同体。"[①] 这一理论包括：建立平等相待、互商互谅的地位观；公道正义、共建共享的安全观；合作共赢、开放创新、包容互惠的发展观；和而不同、兼收并蓄的文明观；崇尚自然、绿色发展的生态观。中国的这一方案涵盖了当今世界面临并且困扰人类共同发展的诸多问题，一经提出就得到了许多国家的高度肯认。而中国的人类命运共同体方案，并不是一个简单的口号或理论，而是有着实现该目标的具体方案，这就是"一带一路"，从2013年，习近平总书记提出"一带一路"战略构想，经过近6年的发展，"一带一路"发展战略已经得到了越来越多的国家的认可和支持，目前已经有123个国家以及29个国家组织与中国政府正式签署了共建一带一路的合作文件，标志着这一战略已经赢得了世界绝大多数国家人民的广泛支持，其影响力已经不仅仅是中国的周边国家，而是覆盖整个世界的广大范围。中国的人类命运共同体发展蓝图和"一带一路"实施方案，相得益彰，使中国和世界不仅紧密相连、休戚与共，而且彼此正在通过共同的行动，来实现这一伟大构想。我们不仅赢得了发展中国家的支持，我们还赢得了欧洲一些发达国家的理解和支持，它将成为也正在成为人类走向美好未来、创建新的国际秩序和新型国家合作关系的理想蓝图，也是我们团结世界绝大多数国家和人民共同反对和抵制霸权主义、强权政治的有效手段，更是我们抵御和防范金融资本和霸权国家相结合的军商一体的帝国主义体系的有效途径。这将是我们凝聚世界各国人民共识，合作共赢、平等互利、共享共建一个公平正义的世界

---

① 《习近平谈治国理政思想》（第二卷），外文出版社2017年版，第522页。

新秩序的开始，人类期待的大同世界也许在不久的将来真的能够实现。

　　因此，我们完全有理由相信，高举着社会主义旗帜、怀揣着中国梦，还拥有着构建人类大同理想——"人类命运共同体"的中华民族一定会而且必将会实现民族的伟大复兴！因为它既有铁肩，又有道义，而且还有一个领导它的聪明、睿智、坚强的中国共产党，还有在其身后的伟大的中华民族，它注定"天不能死，地不能埋"（荀子的话）！而能够给这个被金融垄断资本和强权政治破坏得支离破碎的世界带来希望和梦想的也只有敢于担当和直面强权政治、维护世界公平正义的中国，历史将会证明这一切！

参考文献

一　中文著作

陈康：《论古希腊哲学》，商务印书馆 1990 年版。

邓晓芒：《古希腊罗马哲学讲演录》，世界图书出版社 2007 年版。

邓晓芒：《思辨的张力》，商务印书馆 2008 年版。

邓晓芒、赵林：《西方哲学史》，高等教育出版社 2014 年版。

高宣扬：《德国哲学概观》，北京大学出版社 2011 年版。

韩毓海：《马克思的事业》，中国人民大学出版社 2012 年版。

韩毓海：《五百年来谁著史》，九州出版社 2011 年版。

何新：《新国家主义的经济观》，事实出版社 2001 年版。

李秋零：《德国哲人视野中的历史》，中国人民大学出版社 2011 年版。

李慎明：《全球背景下的中国国际战略》，人民出版社 2011 年版。

刘军宁：《共和·民主·宪政》，上海三联书店 1998 年版。

龙冠海、张承汉：《西洋社会思想史》，（台湾）三民书店 1996 年版。

《马克思恩格斯文集》（第五卷），人民出版社 2009 年版。

《马克思恩格斯选集》（第一卷），人民出版社 1995 年版。

［德］马克思：《资本论》，中央编译局译，人民出版社 2004 年版。

《1844 年经济学哲学手稿》，人民出版社 2000 年版。

苏国勋：《理性化及其限制》，上海人民出版社 1988 年版。

王德峰：《哲学导论》，上海人民出版社 2000 年版。

《习近平谈治国理政思想》（第二卷），外文出版社 2017 年版。

徐迅：《民族主义》，中国社会科学出版社 1998 年版。

杨耕、吴向东主编：《社会主义核心价值观理论与方法》（上），四川人民出版社 2017 年版。

叶秀山、王树人主编：《西方哲学史》（第六卷），江苏人民出版社 2005 年版。

叶秀山、王树人主编：《西方哲学史》（第三卷），江苏人民出版社 2005 年版。

叶秀山、王树人主编：《西方哲学史》（第五卷），江苏人民出版社 2005 年版。

赵汀阳：《天下体系》，中国人民大学出版社 2011 年版。

珍美、逸群编：《理想的太阳》，上海社会科学院出版社 1996 年版。

二　中文译著

［美］A. N. 怀特海：《观念的冒险》，周邦宪译，贵州人民出版社 2000 年版。

［英］阿克顿：《自由史论》，胡传胜、陈刚等译，译林出版社 2001 年版。

［英］埃德蒙·柏克：《自由与传统》，蒋庆、王瑞昌、王天成译，商务印书馆 2001 年版。

［英］埃德蒙·柏克：《自由与传统》，蒋庆、王瑞昌、王天成译，商务印书馆 2001 年版。

［英］安东尼·帕戈登：《启蒙运动为什么依然重要》，王丽慧、郑念、杨蕴真译，上海交通大学出版社 2017 年版。

［英］柏克：《自由与传统》，蒋庆、王瑞昌、王天成译，商务印书馆 2001 年版。

［古希腊］柏拉图：《柏拉图全集》（第一卷），王晓朝译，人民出版社 2002 年版。

［古希腊］柏拉图：《柏拉图全集》（第一卷），王晓朝译，人民出版社 2002 年版。

［古希腊］柏拉图：《理想国》，郭斌和、张竹明译，商务印书馆 1986 年版。

［法］邦雅曼·贡斯当：《古代人的自由与现代人的自由》，阎克文、刘满贵译，冯克利校，商务印书馆 1999 年版。

北京大学哲学系编：《十六—十八世纪西欧各国哲学》，商务印书馆 1961 年版。

北京大学哲学系外国哲学史教研室选编：《西方哲学原著选读》（上），商务印书馆 1982 年版。

［美］彼得·盖伊：《启蒙时代》（上），刘北成译，上海人民出版社 2015 年版。

［法］布罗代尔：《地中海与菲利普二世时代的地中海世界》（第一卷），唐家龙、曾培耿译，商务印书馆 2013 年版。

［美］查尔斯·蒂利：《强制、资本和民族国家》，魏洪钟译，上海人民出版社 2012 年版。

［法］丹尼斯·于思曼：《法国哲学史》，冯俊、郑鸣译，商务印书馆 2015 年版。

［美］道格里斯·索希奥：《哲学导论》，王成兵等译，北京师范大学出版社 2014 年版。

［法］笛卡尔：《第一哲学沉思集》，庞景仁译，商务印书馆 1986 年版。

［法］笛卡尔：《第一哲学沉思集》，商务出版社 1986 年版。

［德］费希特：《论法国革命》，李理译，贵州人民出版社 2001 年版。

［德］弗里德里希·李斯特：《政治经济学的国民体系》，陈万煦译，蔡受百校，商务印书馆 1961 年版。

［德］弗里德里希·迈内克：《马基雅维利主义》，时殷弘译，商务印书馆 2008。

［英］格鲁内尔：《历史哲学》，隗仁莲译，安希梦校，广西师范大学出版社 2003 年版。

［德］海德格尔：《论真理的本质》，赵卫国译，华夏出版社 2008 年版。

［瑞］汉斯·昆：《论基督徒》，（上）杨德友译，生活·读书·新知三联书店 1995 年版。

［德］汉斯·约阿希姆·施杜里希：《世界哲学史》，吕淑君译，山东画报出版社 2006 年版。

［德］黑格尔：《精神现象学》（上），贺麟、王玖兴译，商务印书馆 1979 年版。

［德］黑格尔：《历史哲学》，王造时译，上海书店出版社 1999 年版。

［德］黑格尔：《逻辑学》（上），杨一之译，商务印书馆 1966 年版。

［德］黑格尔：《哲学史讲演录》（第四卷），贺麟、王太庆译，商务印书馆 1978 年版。

［德］黑格尔：《法哲学原理》，范扬、张企泰译，商务印书馆 1961 年版。

［美］黄燎宇、［德］奥特弗利德·赫费编：《以启蒙的名义》，北京大学出版社 2010 年版。

［英］霍布斯：《利维坦》，黎思复、黎廷弼译，杨昌裕校，商务印书馆 1985
　　年版。

［法］吉尔·德拉诺瓦：《民族与民族主义》，郑文彬、洪晖译，生活·读书·
　　新知三联书店 2005 年版。

［美］J. J. 克拉克：《东方启蒙：东西方思想的遭遇》，于闽梅、曾祥波译，
　　上海人民出版社 2011 年版。

［美］卡尔·贝克尔：《18 世纪法国哲学家的天城》，何兆武译，生活·读书·
　　新知三联书店 2001 年版。

［德］卡尔·洛维特：《从黑格尔到尼采》，李秋零译，生活·读书·新知三
　　联书店 2006 年版。

［德］卡西尔：《启蒙哲学》，顾伟铭等译，山东人民出版社 1988 年版。

［德］康德：《纯粹理性批判》，李秋零译，中国人民大学出版社 2004 年版。

［德］康德：《历史理性批判文集》，何兆武译，商务印书馆 1991 年版。

［德］康德：《未来形而上学导论》，庞景仁译，商务印书馆 1978 年版。

［法］孔多塞：《人类精神进步史表纲要》，何兆武、何冰译，生活·读书·
　　新知三联书店 1998 年版。

［法］孔多塞：《人类精神进步史表纲要》，何兆武译，生活·读书·新知三
　　联书店 1998 年版。

［法］拉美特利：《人是机器》，顾寿观译、王太庆校，商务印书馆 1959 年版。

［德］莱布尼茨：《人类理智新论》，商务印书馆 1982 年版。

［英］雷蒙·威廉斯：《关键词》，刘建基译，生活·读书·新知三联书店
　　2005 年版。

李秋零主编：《康德著作全集》（第八卷），中国人民大学出版社 2010 年版。

李秋零主编：《康德著作全集》（第四卷），中国人民大学出版社 2005 年版。

李秋零主编：《康德著作全集》（第五卷），中国人民大学出版社 2007 年版。

［美］利奥·施特劳斯：《马基雅维利主义》申彤译，译林出版社 2009 年版。

梁志学主编：《费希特著作选集》（第五卷），商务印书馆 2006 年版。

［美］列奥·施特劳斯：《自然权利与历史》，彭刚译，生活·读书·新知三
　　联书店 2003 年版。

［法］卢梭：《山中来信》，李平沤译，商务印书馆 2016 年版。

［法］卢梭：《社会契约论》，何兆武译，商务印书馆 1980 年版。

［法］罗伯斯庇尔：《革命法制和审判》，赵涵舆译，王之相等校，商务印书馆 1965 年版。

［英］洛克：《人类理解论》（上），关文运译，商务印书馆 1959 年版。

［英］洛克：《政府论》，叶启芳、瞿菊农译，商务印书馆 1964 年版。

［美］马丁·贝尔纳：《黑色雅典娜：古典文明的亚非之根》，郝田虎、程英译，吉林出版集团 2011 年版。

［英］马尔科姆·卢瑟福：《经济学中的制度》，中国社会科学出版社 1999 年版。

［英］麦基编：《思想家》周穗明、翁寒松译，生活·读书·新知三联书店 1987 年版。

［英］麦克唐纳·罗斯：《莱布尼茨》，张传友译，中国社会科学出版社 1987 年版。

［法］孟德斯鸠：《论法的精神》，张雁深译，商务印书馆 1961 年版。

苗力田主编：《亚里士多德全集》（第九卷），中国人民大学出版社 1994 年版。

苗力田主编：《亚里士多德全集》（第一卷），中国人民大学出版社 1990 年版。

［法］《拿破仑法典》，李浩培、吴传颐、孙鸣岗译，商务印书馆 1979 年版。

［德］尼采：《论道德的谱系·善恶之彼岸》，谢地坤、宋祖良、程志民译，漓江出版社 2007 年版。

［意］尼克洛·马基雅维利：《君主论》，潘汉典译，商务印书馆 1985 年版。

［意］尼克洛·马基雅维利：《论李维》，冯克利译，中央编译出版社 2017 年版。

［美］彭慕兰、史蒂夫·托皮克：《贸易打造的世界》，黄中宪译，陕西师范大学出版社 2008 年版。

［法］皮埃尔·勒鲁：《论平等》，王允道译，肖厚德校，商务印书馆 1988 年版。

［法］皮埃尔·罗桑瓦龙：《法兰西政治模式》，高振华译、沈菲、梁爽校，生活·读书·新知三联书店 2012 年版。

［美］乔·萨托利：《民主新论》，冯克利、阎克文译，东方出版社 1998 年版。

［美］乔·萨托利：《民主新论》，冯克利、阎克文译，东方出版社 1993 年版。

［美］乔治·霍兰·萨拜因：《政治学说史》，刘山等译，南木校，商务印书馆 1986 年版。

［法］乔治·勒费弗尔：《拿破仑时代》（上），河北师大外语系翻译组译、端木正校，商务印书馆 1978 年版。

［英］R. H. 巴洛：《罗马人》，黄韬译，上海人民出版社 2000 年版。

［荷］斯宾诺莎：《伦理学》，商务印书馆 1983 年版。

［法］古斯塔夫·勒庞：《乌合之众》，严雪莉译，凤凰出版社 2011 年版。

［英］苏迪·哈扎里辛格：《法国人是如何思维的》，李虎、李宋乐颖、梅应钰译，新华出版社 2017 年版。

［法］苏珊·邓恩：《姊妹革命》，杨小刚译，上海文艺出版社 2003 年版。

［美］S. E. 斯通普夫、J. 菲泽：《西方哲学史》，匡宏、邓晓芒译等，世界图书出版社北京公司 2009 年版。

［美］S. E. 斯通普夫、J. 菲泽：《西方哲学史》，匡宏、邓晓芒译，世界图书出版公司 2009 年版。

［美］S. 汉姆西尔：《理性的时代》，光明日报出版社 1989 年版。

［美］梯利：《西方哲学史》，葛力译，商务印书馆 1995 年版。

［法］托克维尔：《旧制度与大革命》，冯棠译，商务印书馆 1992 年版。

［法］托克维尔：《论革命：从革命伊始到帝国崩溃》，曹胜超、崇明译，生活·读书·新知三联书店 2016 年版。

［法］托克维尔：《论美国的民主》，（上）董果良译，商务印书馆 1993 年版。

［意］托马斯·阿奎那：《亚里士多德十讲》，苏隆编译，中国言实出版社 2003 年版。

［美］威尔·杜兰特：《哲学的故事》（上），金发燊等译，生活·读书·新知三联书店 1997 年版。

［德］威廉·格斯曼：《德国文化简史》，王旭译，广西师范大学出版社 2017 年版。

［美］W. 安德鲁·霍菲克编：《世界观的革命》，余亮译，中国社会科学出版社 2010 年版。

［美］西蒙·克里奇利：《解读欧陆哲学》，江怡译，外语教学与研究出版社 2009 年版。

［法］西耶斯：《论特权：第三等级是什么?》，冯棠译，张芝联校，商务印书馆 1990 年版。

［英］休谟：《道德原则研究》，曾小平译，商务印书馆 2001 年版。

［英］休谟：《人性论》（下），关文运译，商务印书馆 1980 年版。

［英］休谟：《宗教的自然史》，徐晓宏译，上海人民出版社 2003 年版。

［古希腊］亚里士多德：《尼各马可伦理学》，廖申白译，商务印书馆 2003
年版。

［古希腊］亚里士多德：《形而上学》，吴寿彭译，商务印书馆 1959 年版。

［古希腊］亚里士多德：《政治学》，吴寿彭译，商务印书馆 1965 年版。

［古希腊］亚里士多德：《政治学》，吴寿彭译，商务印书馆 1995 年版。

［英］伊莉莎·玛丽安·巴特勒：《希腊对德意志的暴政》，林国荣译，社会
科学文献出版社 2017 年版。

［美］伊曼纽尔·沃勒斯坦：《现代世界体系》（第二卷），郭方、吴必康等
译，社会科学文献出版社 2013 年版。

［英］以赛亚·伯林：《浪漫主义时代的政治观念》，王崇兴、张蓉译，新星
出版社 2011 年版。

［英］以赛亚·伯林：《浪漫主义的根源》，吕梁等译，译林出版社 2008 年版。

［英］以赛亚·伯林：《扭曲的人性之材》，岳秀坤译，译林出版社 2009 年版。

［英］以赛亚·伯林：《启蒙的三个批评者》，马寅卯、郑想译，译林出版社
2014 年版。

［法］雨果·梅西耶、丹·斯珀伯：《理性之谜》，张慧玉、刘玉婷、徐开译，
中信出版集团 2019 年版。

［英］约翰·伯瑞：《进步的观念》，范祥涛译，上海三联书店 2005 年版。

［英］约翰·霍布森：《西方文明的东方起源》，孙建党译、于向东校，山东
画报出版社 2009 年版。

张世英主编：《黑格尔著作选集》（第 16 卷），燕宏远、张国良译，人民出版
社 2015 年版。

张玉书选编：《海涅选集》，张玉书等译，人民文学出版社 1983 年版。

三　期刊报纸

胡敏中：《论价值共识》，《哲学研究》2008 年第 7 期。

张志伟：《启蒙的合法性危机》，《中国人民大学学报》2009 年第 1 期。

四　外文文献

Deutsche Geschichtsphilosphie：ausgewählte texte von Lessing bis Jaspers.

F. W. J. Schelling, Werke. Auswahl in drei Bände, *von F. Eckardt*, *Leipzig* 1907, *vol.* 2,

J. G. Fichte, Werke. Auswahl in sechs Babnden, *von F. Medicus*, *Leipzig* 1910 – 1912, *vol.* 4.

Sidey Rogreson, *Propaganda In the Next War*, Republished in 2002, with covre notes and new foreword by David M Pidcock, The institute for rational economics, Sheffield S103HN, England.

后 记

　　本书稿是我们完成的一个河南省社科规划办项目的最终成果。其实，对启蒙理性的关注由来已久。还在攻读博士学位的时候，就已开始关注这一问题，博士论文曾经想围绕这方面的内容来做，当时想选的论文题目是"批判的理性与理性的批判"，前一个批判是指法国的启蒙理性，后一个批判是指德国的启蒙理性；前者主要是一种政治和社会批判，后者主要是一种哲学的或形而上的批判。后来因为该论文题目涉及的哲学家过多，感觉自身能力有些不足，就只好放弃了。但对这一问题的研究和思考，倒是没有中断过。而且为了弥补这种遗憾，总是希望把这一问题在什么时候能挽一个结，以便对自己有一个交代。也是基于这种情结，后来就报了课题，并获得了课题立项。

　　本书稿是在2019年完成的，并顺利获得结项，该项目还被匿名评审专家评为优秀等级。尽管书稿完成了，但还有不少遗憾，一些工作未能完成。原打算要讨论启蒙以后的当代哲学家在启蒙理性畸变过程中是如何发挥作用的，以及他们的思想又是如何影响到现当代的资本主义社会的价值观或意识形态等问题的，但因种种原因未能完成，于是，呈现在大家面前的就是这样的书稿。这种缺憾只能以后再来补缺了。

　　本书稿完成后，得到了中国社会科学出版社的刘艳老师和刘亚楠老师的热诚帮助。特别是刘亚楠老师为此书的出版付出了许多心血，从书名的确定，到书中存在的一些细节问题的处理，以及某些不妥当的提法的修改，概念的界定问题，甚至细化到具体西方学者的译名问题等等，刘亚楠老师都提出了详细的修改意见，这种极为严谨的敬业精神和一丝不苟、诲人不倦的待人态度，非常令人感佩！

　　最后，本书之所以能够得以顺利出版，还要感谢河南省社会科学规划项目的支持和省重点马克思主义学院基金的支持，特别要感谢刘振江院长的鼎力帮助，无论是书稿的完成，还是在出版经费的解决方面，刘振江教授都给予了极大地支持，再次衷心地感谢刘振江教授；此外，对李文汇博士和苗贵山教授的热情帮助和支持，表示真诚的感谢。

2021 年 12 月 16 日